태종, 조선의 길을 열다

【이한우의 군주열전】

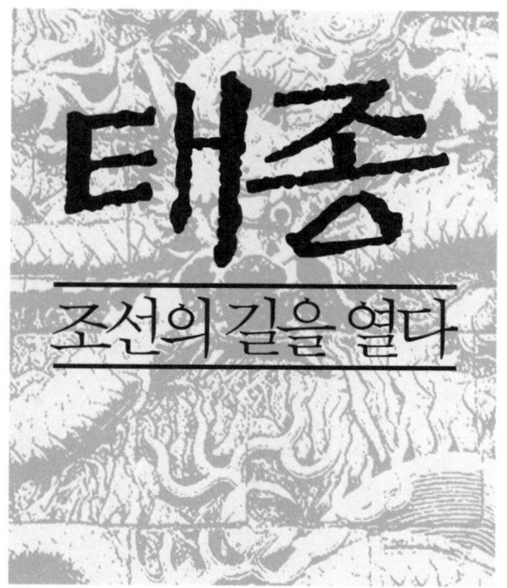

태종

조선의 길을 열다

해냄

호모 폴리티쿠스, 태종

호모 폴리티쿠스(Homo politicus), 인간은 본성상 정치적이라는 의미를 갖고 있는 이 말은 서양에서는 사상가 마키아벨리와 연결되지만 적어도 이 땅에서는 현실정치인 태종과 불가분의 관계를 가질 수밖에 없다. 조선 500년을 통치한 27명의 국왕 중에서 흔히 이방원으로 불리는 태종만큼 호모 폴리티쿠스의 이상에 충실했던 임금을 찾기란 불가능하다.

당연히 그의 삶 전체, 혹은 삶 자체는 권력투쟁으로 이뤄져 있었다고 해도 과언이 아니다. 크게는 고려라는 나라가 무너지고 조선이라는 새 나라가 세워지는, 오천 년 한반도 역사에서 몇 차례 없었던 왕조 교체라는 거대한 권력투쟁의 한복판에 그가 있었다. 또 새로운 나라 조선의 기본 골격을 둘러싸고 임금과 신하가 함께 통치하는 군신공치의 이상을 앞세운 정도전 세력과의 피비린내 나는 싸움에서 승리하고 조선을 왕권 중심의 나라로 틀 잡은 것도 그다.

무자비와 잔혹, 태종에 대해 부정적인 시각을 가진 사람들은 이 두 단어로 태종의 성품을 나타내기도 한다. 그러나 『실록』을 통해 확인한 그는 결코 무자비하거나 잔혹한 성품의 소유자는 아니다. 냉정하다거나 냉철하다고 해야 한다. 그는 열정과 냉정을 골고루 갖춘 인물이다. 앞으로 보게 되겠지만 그는 무조건 사람을 죽이는 스타일이 아니다. 1차 왕자의 난 때 세자 방석과 방번을 죽인 것은 그의 뜻과 무관했다. 심지어 자신을 향해 2차 왕자의 난을 일으킨 방간을 죽이지 않고 끝까지 보호했다. 사실 그의 손으로 형제를 직접 죽인 경우는 전혀 없다. 그런데 역사는 방간이 했던 행위까지 방원의 몫으로 덮어씌워 비난해 왔다.

막스 베버가 '위대한 혁명적 힘'이라고 부른 카리스마(Charisma)는 "한 개인의 자질로서 이 때문에 그는 초차연적, 초인간적 혹은 적어도 특수하게 예외적인 권력이나 자격을 지닌 비범한 존재로 취급된다." 간단히 이야기하면 삶과 죽음의 경계를 넘나든 인물이라야 카리스마를 가질 수 있다. 그것도 개인적인 이익이 아니라 공적인 대의(大義)를 위하여. 우리가 이승만·박정희·김대중 전 대통령의 카리스마는 인정하면서도 전두환 전 대통령의 경우는 그가 내건 대의에 많은 사람들이 동의하지 못하기 때문에 카리스마를 인정하지 않는 것인지 모른다.

이런 점에서 태종은 이승만, 박정희, 김대중 세 사람의 카리스마를 모두 합친 것 이상의 카리스마를 가졌다고 할 수 있다. 우선 적어도 목숨을 건 세 차례 결단을 내렸고 모두 그의 승리로 끝났다. 국가 설계 차원에서도 누구도 따라갈 수 없는 안목과 비전으로 나라의 기반과 골격을 튼튼히 했다. 그의 나라 사랑과 백성 사랑은 세종대왕을 제외한다면 어느 국왕도 따라가기 힘들다.

물론 그렇다고 해서 600년 전의 그를 오늘날의 리더십의 표상으로 불러내는 일은 시대착오다. 그러나 적어도 그에게서 난세(亂世)를 치세(治世)로 바꾸어놓은 지혜는 배워야 한다. 거기에는 나라의 장래에 대한 원대한 구상과 그것을 관철하기 위한 확고한 결의와 추진력이 핵심이다. 멸사봉공(滅私奉公)과 성심집중(誠心執中), 태종이 사람을 대하고 일을 만들어가는 태도는 이 여덟 자에 고스란히 담겨 있다.

조선과 대한민국

상당히 거친 비교가 되겠지만 조선 초의 국왕들을 대한민국의 역대 대통령들과 겹쳐 보면 500여 년 전 그들의 고민과 성취를 좀더 구체적으로 포착할 수 있다. 조선은 구제국 원나라가 망하고 신제국 명나라가 흥하는 과정에서 탄생했다. 만일 대륙의 권력이 안정기였다면 명나라와 고려의 국경도 안정되어 있었을 것이고 그랬다면 '위화도 회군'의 영웅 이성계는 탄생할 수 없었다. 500년 고려를 무너뜨리고 새 왕조를 개창한 인물이 군문(軍門)에서 나올 수 있었던 것도 결국은 이 같은 대륙의 세력 교체기와 밀접하게 맞물려 있었기 때문이다.

대한민국의 탄생도 크게 다르지 않다. 조선을 지배하던 일본 제국주의가 물러가고 북쪽에는 소련과 중국이, 남쪽에는 미국이 영향력을 발휘하게 된 결과다. 남북의 건국 주역으로 각각 미국이나 소련과 깊은 연대가 있던 인물들이 등장할 수밖에 없는 여건이 조성되었던 것이다. 결국 이승만 전 대통령은 건국과 함께 대한민국이라는 나라를 해양의 미국, 일본 등 서방권에 편입시키는 데 크게 기여했다.

이승만과 이성계. 건국의 공은 이성계가 훨씬 크지만, 정도전의 명나라 방문을 둘러싼 논란에서 드러나듯 대외 전략에 관한 한 이성계는 실패자였다. 왕위에서 물러날 때까지 명나라에서 공식 승인을 얻어내지 못한 것도 그런 맥락에서 볼 수 있다. 그 부분은 태종에게 맡겨진 숙제였고 태종은 그 과제를 이승만 못지않게, 또는 그 이상으로 달성해 조선의 대외적 안정을 이루었다.

박정희와 이방원. 무척이나 닮았다. 쿠데타에 이은 공신 정치 그리고 민생 안정을 바탕으로 한 국가 체제의 정비 등은 너무나 비슷하다. 눈물이 많으면서도 정적은 가혹할 만큼 탄압했던 점에서도 그렇다. 대외 관계 면에서 보면 박정희는 철저한 실용주의자였다. 그는 이승만의 노선을 계승한 바탕 위에서 일본과의 관계도 개선했다. 그것은 굴욕 외교 논란에도 불구하고 대한민국이 본격적으로 서방의 영향권 속으로 들어가 번영을 누릴 수 있는 조건을 마련해 주었다. 이 점에서 신흥 제국 명나라의 세력권에 조선을 편입시키려 노력했던 태종의 외교적 노력과 비슷하다고 볼 수 있다.

한국 역사학의 뿌리 깊은 편견 : '신권(臣權) 만능'

우리나라 역사학자들의 상당수는 왕권과 신권이 대립하면 무조건 신권을 거들어야 '민주적인' 학문을 한다는 편견을 갖고 있는 듯하다. 또 그것을 근대의 학문하는 태도인 양 생각하는 것 같다. 그러나 조선의 역사는 조선의 틀로 봐야 한다. 조선의 역사를 왕권과 신권의 대립 관계로 보면서 신권을 중시하는 국왕은 선, 신권을 무시하는 국왕은 악이라는 단순 도식은 곤란하다. 이런 접근법에는 일과 성취에 대해 눈을 감게 된다는 취약점이 있다.

실제로 개개의 역사학도들을 만나서 이야기를 나누다 보면 우리 역사학계가 하나의 패러다임처럼 갖고 있는 '신권 중심주의'에 대해 비판적인 의견을 토로한다. 그러나 막상 그런 사람들도 논문을 쓰고 책을 쓸 때는 '학계 공인'이라는 무언의 사고 틀에서 한 걸음도 벗어나지 못하는 것을 보게 된다.

당파성의 문제가 대표적인 경우다. 당파성은 굳이 일제의 식민사학이 아니어도 조선 초부터 늘 경계의 대상이었다. 태종이나 세종 때 이렇다 할 당파가 생겨나지 않은 것도 왕권이 안정되어 있었기 때문이다. 오히려 당파는 왕권이 거의 붕괴되고 공리공담을 일삼는 사림파가 권력을 잡으면서 생겨난 폐해다. 그것을 여론 정치니 민주 정치니 하며 호도하는 논리를 보고 있노라면 실소가 나올 정도다. 당파의 가장 큰 폐해는 일 중심의 사고에서 벗어난다는 데 있다. 조선 중기 이후 사회가 온갖 학설의 횡행에도 불구하고 이렇다 할 발전을 이룩하지 못한 것이 이를 입증해 준다. 오히려 중인 이하 민중들에게서 자연발생적으로 생겨난 발전적인 경향을 억누른 것도 바로 이 당파에 매몰돼 있던 관료 계급들이다.

그런데도 실상에서 한참 벗어나서 사색당파를 맘껏 정당화할 수 있는 것은 조선 역사의 모든 부정적인 면을 식민사학의 유산으로 매도하고 신권 중심주의로 '재해석'해 온 학계의 그릇된 풍토와 무관치 않다. 필자가 몇 년 전에 청년기의 세종에 대한 전기의 제목을 '세종, 그가 바로 조선이다'로 정한 것도 조선 역사는 조선 내부의 척도에 따라 봐야 한다는 나름의 문제의식이 반영된 결과였다.

신권 중심주의는 무엇보다 비현실적이다. 조선은 왕조 국가다. 기본적으로는 전근대적인 국가다. 전(前)근대란 기본적으로 백성 개개인의 인권이라는 개념조차 없다는 뜻이다. 전근대 국가의 역사를 살피면서 근대의 잣대를 들이대는 것은 역사에 대한 무지이자 늦게 태어난 이의 오만일 수밖에 없다. 우리 사회에 이런 무지와 오만이 강한 이유는 정상적인 근대화의 실패와 식민지 경험에서 나오는 강한 콤플렉스와 연결지어 설명할 수 있을 것이다.

누가 국립중앙박물관을 찾아 고려청자를 보면서 '귀족놈들이 민중들의 고혈을 짜내 만든 것'이라며 그것의 미적 가치까지 부정한다면 우리는 그런 사람을 어떻게 바로 보겠는가? 그런데도 조선 역사 전체에 대해 이런 시각이 지배하는 지금의 현실에 대해 우리는 아무 말도 하지 못하고 있다.

신권 중심주의는 역사에 대한 오해, 나아가 왜곡을 부르는 시발점이다. 예를 들어보자. 500년을 이어온 고려를 붕괴시키고 그후 500년을 이어가게 될 조선을 세운 태조 이성계에 대한 이렇다 할 전기 하나 없는 우리 역사학계다. 반면에 정도전에 대한 연구는 비교적 활발하다. 정도전 연구가 문제가 아니라 이성계 연구가 없다는 것이 문제다. 물론 학계 내부에서 단편적인 연구들이야 축적되었겠지만 그런 성과들은 일반인들이 공유할 때 의미가 있다.

태종에 관한 전기도 물론 없다. 여러 가지 이유가 있겠지만 기본적으로는 우리 역사학자들이 유전인자처럼 갖고 있는 신권 중심주의와 무관치 않아 보인다. 그리고 이런 편견의 최대 희생자가 바로 정도전과 정면 대결을 펼쳤던 태종 이방원이었다. 호모 폴리티쿠스, 태종을 만나러 가는 여정에 나서보자.

2005년 10월
이한우

차 | 례

제2부 준비된 국왕

제3부 조선의 마키아벨리스트, 태종

제4부 과거와 미래 사이에서

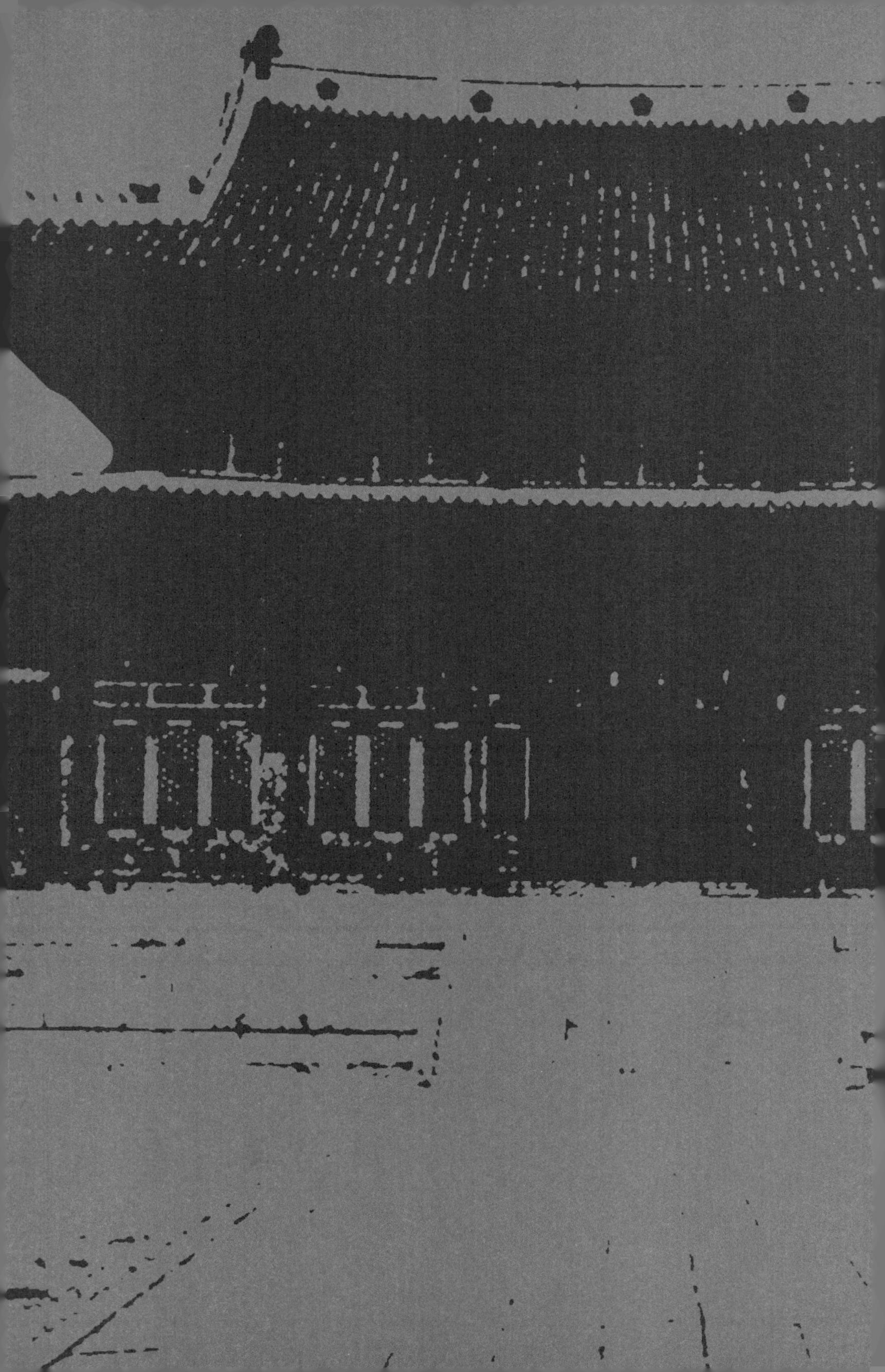

제1부

어둠 속에서 길을 찾다

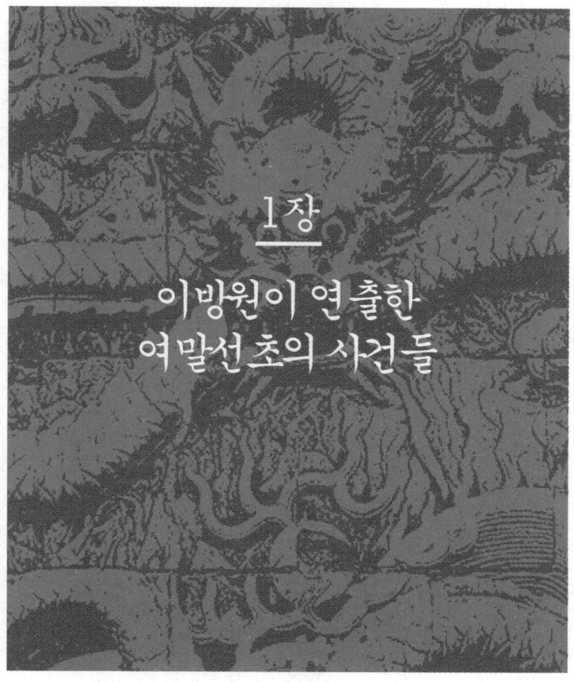

1장

이방원이 연출한
여말선초의 사건들

고려 우왕 말년인 1388년 4월 18일, 고려는 요동 정벌 계획에 따라 최영을 최고 지휘관인 팔도 도통사로 하고 조민수를 좌군 도통사, 이성계를 우군 도통사로 하는 10만 병사를 평양에서 출발시켰다. 그러나 최영은 우왕의 요청으로 개경에 남고 조민수와 이성계가 정벌군의 지휘를 맡았다. 압록강을 건너기 직전인 5월 7일, 지금의 신의주와 의주 사이 압록강 가운데 있는 가장 큰 하중도(河中島)인 위화도에 주둔한 조민수와 이성계는 다섯 가지 이유를 들어 군대를 남쪽으로 돌리겠다는 회군 의사를 우왕에게 주청했으나 거부당했다.

이때 조정의 실력자는 실은 우왕이 아니라 최영이었다. 흔히 '최영장군'으로 더 유명한 최영(崔瑩, 1316년 고려 충숙왕 3년~1388년 고려 우왕 14년)은 고려의 명장으로 1361년 한반도 서울 이북을 점령한 홍건적을 물리쳤으며, 우왕 2년(1376)에는 홍산(鴻山-지금의 부여)에서 왜구를 크게 무찌르는 등 왜구와의 전투에만 30여 년을 바쳤다. 1388년에는 오늘날의 부총리 격인 수문하시중(守門下侍中)이 되어 왕의 밀명을 받아 당시 횡포가 심하던 권신(權臣) 염흥방, 임견미 등을 숙청하였다. 그리고 바로 이때 원나라가 물러간 틈을 타 명나라가 철령위의 설치를 통고하고 압록강 이북 일대를 요동에 귀속시키려 하자 팔도 도통사로 요동 정벌을 단행하고자 한 것이었다.

요동 정벌 계획은 조정 안에서 철령위 설치 문제 등 고려에 대해 무리한 요구와 압력을 일삼는 명나라에 대한 저항감이 커진 데 따라 나온 구상이기도 했다. 이를 주도한 인물이 최영이다. 따라서 조민수와 이성계의 회군 주청은 우왕이 아니라 사실상 최영이 거부한 것이나 마찬가지였다. 이를 잘 아는 조민수와 이성계는 다시 최영에게 사람을 직접 보내 "현재 병사들 중에 굶어죽는 사람이 많고 또 물이 깊어 행군하기 어렵다"며 속히 회군을 허락해 줄 것을 재차 요청했지만 역시 또 거부당했다.

이성계, 위화도 회군을 단행하다

진퇴양난. 병사들 사이에서는 이성계가 자신의 병사들만 데리고 그의 고향이자 군사적 근거지인 동북면(함흥 일대)으로 가려고 말에 올랐다는 등의 유언비어가 돌고 분위기가 심상치 않았다. 오죽했으면 계급상으로는 상관인 좌군 도통사 조민수가 이 말을 듣자마자 혼자 말을 타고 이성계에게 달려와 "우리들은 어떻게 하고 혼자서 떠난단 말인가"라며 눈물로 호소했을 정도였다. 이성계는 장수들을 불러 모아 "상국(上國-명나라)을 범하면 종사와 만백성에게 큰 화가 닥쳐올 것"이라며 요동 정벌 포기 의사를 밝혔고 장수들은 모두 이성계를 따르겠다고

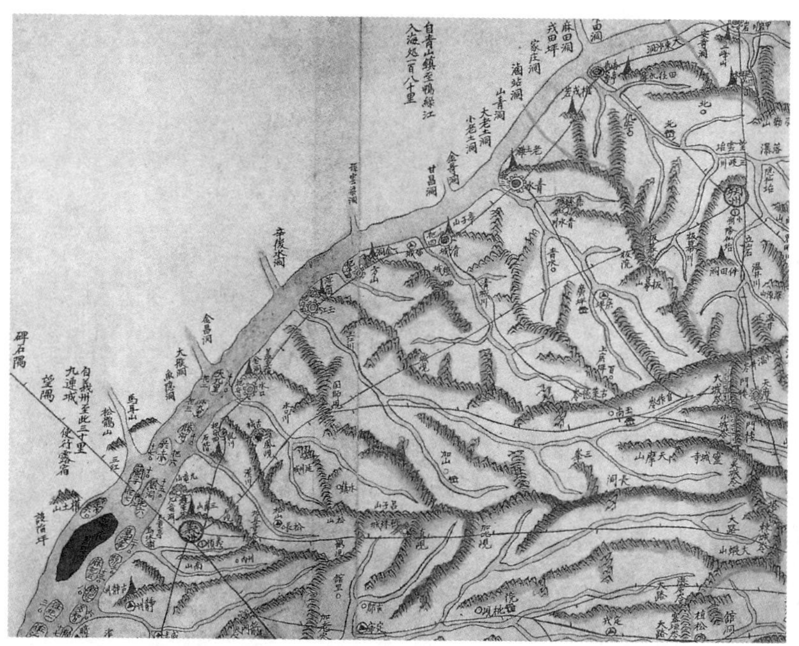

'동여도' 중 위화도 일대의 모습_ 요동 정벌을 위해 나섰던 이성계와 조민수 부대는 압록강 하중 도인 위화도에 머물다가 마침내 회군이라는 일대 결단을 내림으로써 조선 개국을 향한 첫 걸음을 내딛게 된다.

맹세했다. 결국 위화도에 진영을 설치한 지 2주 만인 5월 22일 이성계는 "돌아가 임금 곁에 있는 악한 자들을 제거하여 세상을 편안케 하리라"고 다짐하며 군사들을 돌렸다. 이것이 그 유명한 위화도 회군이다.

그러나 이것은 분명 왕명을 크게 어기는 것이었다. 항명(抗命) 정도가 아니라 사실상의 반란이었다. 이 소식을 들은 우왕과 최영 쪽에서는 회군에 맞서기 위해 병사들을 개경에 집결시켰다. 6월 1일 개경 근처에 도착한 이성계는 자신이 억류하고 있던 환관 김완을 왕에게 들여보내 최영의 제거를 요구했다. 김완은 이성계가 첫 번째 회군 의사를 밝혔을 때 왕명을 받들어 이를 무마하기 위해 위화도로 왔던 인물로 그때까지 억류당해 있었다.

최영의 편이었던 우왕이 이성계의 요구를 받아들일 리 만무했다. 일전(一戰)이 불가피했다. 6월 3일 마침내 회군 세력은 개경의 숭인문과 선인문(내 동대문)을 통해 궁성 진입을 시도했다. 유만수의 부대와 조민수의 부대는 최영이 이끄는 왕군에 격파당했다. 이어 황룡대기를 흔들어대는 이성계군이 선죽교를 거쳐 일시에 주도권을 장악했다. 73세의 노장 최영은 붙잡혀 마산으로 귀양을 갔다가 그해 12월 개경으로 붙들려 와서 참형을 당했다. 최영은 사형을 앞두고 "내가 평생에 탐욕의 마음을 가졌다면 무덤 위에 풀이 날 것이요, 그렇지 않다면 나지 아니하리라"는 유언을 남겼다. 풀은 나지 않았다. 그래서 한동안 최영의 묘를 사람들은 '홍분(紅墳)'이라고 불렀다고 한다.

"최영은 일을 모르는 사람"

위화도 회군이 진행될 무렵 이방원은 개경에 있었다. 당시 22세의 이방원은 과거에 급제한 뒤 전리정랑(조선의 이조정랑에 해당함)이라는 직위로 일하고 있었다. 일촉즉발의 위기였다. 아버지가 위화도에서 회군을 단행해 개경으로 향하고 있다는 소식을 듣자마자 사태의 심각성을 직감한 그는 퇴근하면서 집에 들르지도 않고 곧바로 포천을 향해 말을 달렸다. 그때 친모 한씨는 경기도 포천 재벽동의 한 농장에 있었고 계모인 강씨는 같은 포천의 철현에 있는 농장에 머물고 있었다. 훗날 신의왕후로 추존되는 한씨는 6남 2녀를 두었고, 전쟁과 정쟁의 격랑 속을 헤쳐나가는 남편을 간 졸이며 지켜보다가 불행하게도 조선이 건국되기 1년 전인 1391년 55세를 일기로 세상을 떠나게 된다. 반면 마침내 왕후의 자리에 오르게 되는 신덕왕후는 자신의 아들 방석을 세자로 세우고 태조 5년에 세상을 떠나지만 2년 후 결국 두 아들과 사위까지 죽게 만드는 씨를 뿌린 인물이다.

개경에서 달려온 이방원이 두 어머니를 모시고 일행과 함께 출발한 목적지는 이씨 집안의 오랜 군사적 근거지가 있는 동북면의 함흥 쪽이었다. 철원을 지날 때쯤 관아에서 자신들을 체포하려 한다는 소식을 전해 들었다. 밤을 새워 걸었고 신변 안전을 위해 인가에는 들르지도 않은 채 풀밭에서 자기도 했다. 이방원은 철원에서 함흥으로 가는 도중에 있는 이천의 한충 집에 이르러

최영 영정_ 홍건적과 왜구를 섬멸하고 원나라의 횡포에 맞서 고려를 구한 명장. 위화도 회군을 단행한 이성계 세력에 맞서 싸우다 참수된다.

자신과 어머니를 호위하던 장정 100여 명을 모아놓고 이렇게 이른다.

"최영은 일을 모르는 사람이니 반드시 나를 추격하지 않을 것이다. 설사 오더라도 나는 두렵지 않다."

'일을 모르는 사람', 이 말은 대단히 중요하다. 리더로서 이방원의 가장 큰 장점이 바로 '일을 아는 사람'이라는 데 있기 때문이다. 이방원은 결국 7일 동안 한충의 집에 머물다가 상황이 종료되었다는 소식을 듣고 개경으로 돌아온다.

이성계의 세상

최영 없는 고려의 병권은 고스란히 이성계의 손에 들어갔다. 조민수는 좌시중, 이성계는 우시중을 맡았고 훗날 이방원의 든든한 버팀목 역할을 하게 되는 조준은 대사헌이 되었다. 반면 최영의 심복들인 안소, 정승가, 인원보, 안주, 김약채, 정희계 등은 귀양길에 올랐다. 원나라의 연호를 버리고 다시 명나라의 연호인 홍무(洪武)를 채택했고 의복도 몽고식에서 다시 명나라식으로 바꾸었다. 그런데 정희계는 이성계의 두 번째 부인 강씨의 조카였기 때문에 강씨의 도움으로 풀려나 마침내 조선 개국에 참여함으로써 개국공신 1등에 오른다.

이성계 주위에는 사람들이 구름 떼처럼 몰려들었다. 이방원의 나이 22세 때였다. 11세 때부터 아버지를 따라 전장을 누볐고 16세에 과거에 급제한 이방원은 이미 새로운 학문인 성리학으로 무장한 당대의 신진 기예들과 어울리며 현실에 대한 비판적인 안목을 키워가고 있었다. 아버지의 신임 또한 절대적이었다. 외부인들이 볼 때는 이성계가 이방원이었고 이방원이 곧 이성계였다. 군사 문제를 제외하고는 특히 그랬다.

이성계를 수행해 위화도 회군에 참여했던 남은, 조인옥 등 이성계의 심복들이 회군 직후 이방원을 찾아왔다. 이 자리에서 두 사람은 '이성계 추대론'을 제기했다. 이에 이방원은 시기상조임을 강조했다. 하지 말자는 것이 아니라 신중해야 한다는 입장이었다. 그것은 곧 이성계의 뜻이기도 했다.

여기서 잠깐 풍운아의 삶을 살다 간 남은의 이력과 가족 관계를 정리해 둘 필요가 있다. 남은의 형 남재는 훗날 영의정에까지 오르게 되지만 동생 남지는 1차 왕자의 난 때 남은과 함께 살해된다. 이것만으로도 그 시대 격동의 진폭을 알 수 있다. 남은(南誾, 1354년 고려 공민왕 3년~1398년 태조 7년)은 공민왕 23년 성균시에 합격하여 궁궐에서 소요되는 제사용품 등을 수납 관리하는 사복시정을 지냈고 위화도 회군 때 이성계를 지지했다. 그후에는 일관되게 정도전과 같은 노선을 걸으며 개국공신 1등에 책록되고 의성군에 봉해졌으며 경상도 지방의 왜구 소탕에도 큰 공을 세운다. 1394년 한양의 종묘와 궁궐 터를 정하는 데 기여했으며 태조의 입장에 따라 이방석을 세자로 세우는 쪽에 섰다가 1차 왕자의 난 때 자기 첩의 집에서 참변을 당하게 된다. 사실 태종의 남은에 대한 애정은 각별했다. 그래서 자신이 집권한 후 새롭게 개국공신을 정할 때 정도전은 삭제하면서도 남은은 그대로 두었고 심지어 좌의정으로 추증(죽은 후에 관직을 부여하는 것)하기까지 한다.

최영은 제거되었지만 여전히 정몽주를 중심으로 한 고려의 중신들은 회군 이후 본격적으로 제기되기 시작한 이성계 추대론에 반대하며 대항 세력을 결집하기 시작했다. 정몽주의 위세 또한 만만치 않았다.

개경 점령 5일 후 '위화도' 혁명군은 우왕에게 강화도로 떠나줄 것을 요청했다. 처음에는 완강하게 버티던 우왕도 결국 옥새를 공민왕비인 정비(定妃)에게 넘기고 강화도로 들어갔다. 이 무렵 조민수와 이성계의 관계는 5·16 직후 장도영과 박정희의 관계를 연상시킨다. 실질적인 기여는 별로 하지 않았지만 상관인 조민수도 무장이었다. 그리고 그는 우왕 때 최고 실권자였던 이인임의 도움으로 그 자리까지 올랐다. 이성계와는 조금 다른 노선이었다.

이들의 노선 차이는 다음 왕을 누구로 할 것인가를 두고 결정적으로 드러났다. 이성계는 우왕의 친자식 중에서 왕이 나오는 것을 꺼렸다. 그러나 조민수는 이인임의 외종인 이림의 딸 근비와 우왕 사이에서 태어난 창(昌)을 세우려 하였다. 약간의 갈등이 있었지만 당시 양쪽에서 신뢰를 받고 있던 이색이 "마땅히 전왕(前王)의 아들을 세워야 한다"고 주장하는 바람에 결국 9세의 창이 왕위에 올랐다. 자신과 가까운 종친을 세우려 했던 이성계의 계획은 뜻밖에도 믿었던 이색에 의해 무산된 것이다. 사실 이때 이색은 이성계와는 다른 길을 모색하고 있었다.

창왕이 즉위하자 조민수는 경기·전라·충청·경상·황해도 일대를 책임지는 군사령관인 도통사가 되었고, 이성계는 지금의 평안도, 함경도, 강원도를 책임지는 도통사로 임명되었다. 그러나 이성계는 병을 이유로 이 직을 맡지 않았다. 조민수에 대한 불만의 표시였다. 그리고 창왕이 즉위한 지 한 달이 지날 무렵 대사헌 조준은 권문세가들의 권력 기반인 사전(私田)을 개혁해야 한다는 장문의 상소를 올렸다. 이성계의 최측근 중 한 명인 조준은 조세와 토지 제도 분야의 최고 전문가이기도 했다. 토지를 기반으로 하고 있던 권문세가들이 반대했음은 물론이고 그 정점에 총리 격인 문하시중 조민수가 있었다. 방해 공작이 치열했다. 조준은 다시 조민수가 백성들의 땅을 빼앗고 심지어 자신의 상소를 막으려 한다는 폭로성 상소를 올렸다. 이때 이성계도 나서 창왕에게 강한 압박을 가했다. 결국 그해 7월 조민수는 권좌에서 물러나 경상도 창령으로 귀양을 떠나게 된다. 애당초 조민수는 이성계의 라이벌이 될 수 없고 노선을 함께할 수도 없는 인물이었다. 이색이 조민수의 후임으로 문하시중 자리에 올랐고 이성계는 수시중(守侍中), 즉 부총리에 해당하는 자리를 맡았다.

실패로 끝난 우왕의 복수극

그해 6월 강화도로 유폐되었던 우왕은 9월 여흥군(지금의 경기도 여주)으로 옮겨졌다. 그리고 병사들의 호위를 받으며 어느 정도 대우도 보장받았다. 그런데 다음해안 1389년 11월 최영의 친조카인 김저와 최영의 심복이었던 정득후가 우왕을 찾아왔다. 두 사람 모두 위화도 회군 이후 관직에서는 쫓겨나 있었다. 그들을 만나본 우왕은 눈물을 흘리면서 "도저히 이렇게 살 수가 없다. 역사(力士)를 얻어 이성계를 죽여야 내 마음이 풀릴 것 같다"며 "예의판서 곽충보와는 예전부터 좋은 사이이니 너희들이 찾아보고 함께 일을 도모하라"고 하면서 칼 한 자루까지 곽충보에게 전해주라며 내주었다. 곽충보는 문신이면서도 왜구와의 전쟁에서 공을 많이 세웠으며 위화도 회군 때도 줄곧 이성계 쪽에 서서 최영을 유배 보내는 데 결정적인 기여를 했던 인물이다. 우왕이 사람을 잘못 본 것이다.

김저에게서 칼과 함께 "이번 팔관일에 거사를 하여 성공하면 왕비의 여동생을 아내로 삼게 해주고 부귀영화를 함께 누리자"는 우왕의 말을 전해 들은 곽충보는 그렇게 하겠노라고 거짓 약속을 한 다음 곧바로 이성계에게 달려가 우왕에게서 받은 칼을 내놓고 그 같은 사실을 알렸다. 이들의 계획을 전해 들은 이성계는 팔관회 전날 밖에 나가지 않고 집에 머물러 있다가 집으로 찾아온 김저와 정득후를 포박했다. 정득후는 그 자리에서 자결했고 김저는 관련자들의 이름을 불었다. 변안열, 이림, 우현보, 우인열, 왕안덕, 우홍수 등이 김저의 입에서 나온 이름들이다. 이들은 모두 유배되었고 우왕도 강릉으로 내쫓겼다. 1389년 11월 14일의 일이다.

위화도 회군 이후에도 정치 문제에 관한 한 적극적인 태도를 보이지 않았던 이성계는 이 사건을 계기로 일대 반격에 나선다. 우왕을 강릉으로 보낸 그날 이성계는 조신들을 흥국사에 모이도록 했다. 이것이 그 유명한 '흥국사 회의'다. 흥국사는 개경의 내성 남문인 광화문(廣化門)을 나서면 왼쪽에 있었다. 고려 국왕들의 생일잔치가 반드시 그곳에서 열릴 만큼 중요한 사찰이었다. 이 자리에는 심덕부, 지용기, 정몽주, 설장수, 성석린, 조준, 박위, 정도전 등이 참석했다. 주위에는 수많은 군졸들이 삼엄한 경계를 펼쳤다. 논란 끝에 이성계의 주장대로 창왕을 폐하고 고려 20대왕 신종의 7대손인 정창군을 왕위에 올리기로 결정했다. 이성계는 우왕과 창왕은 왕씨가 아니라 신돈의 자식이니 신씨라며 왕씨를 다시 왕위에 올려야 한다는 논리를 전개했다. 폐가입진(廢假入眞), 즉 가짜 왕씨를 폐하고 진짜 왕씨를 세워야 한다는 이성계식 논리의 등장이다. 훗날『조선왕조실록』이 공식적으로 채택하게 되는 우왕, 창왕, 두 왕의 신돈 자식설은 여기서 나왔다. 그러나 역사는 "정창군은 재산에만 관심이 있고 매사 우유부단했기 때문에 이성계의 괴뢰 역할에 적합한 인물"이라고 평한다. 정창군은 이성계의 먼 인척이기도 했다. 다음날 정창군이 왕위에 오르니 그가 고려의 마지막 임금 공양왕이다. 우왕의 어설픈 친위 쿠데타 기도를 제압한 역(逆)쿠데타의 결과였다.

최후의 반격

역쿠데타의 성공에도 불구하고 조정에는 반(反)이성계 세력이 만만찮게 포진해 있었다. 전통적인 고려 중신들이 중심이 된 이들은 다시 공양왕을 둘러쌌다. 1391년 공양왕 3년 이성계는 공양왕 세력과 숨막히는 신경전을 벌인다.

그해 6월 대간들이 귀양 갔다 돌아온 반이성계파의 우현보를 다시 유배지로 돌려보내야 한다는 상소를 올렸다. 우현보의 생애를 살펴보면 그 시대가 얼마나 난세였는지를 한눈에 알 수 있다. 우현보(禹玄寶, 1333년 고려 충숙왕 복위 2년~1400년 정종 2년)는 1355년(공민왕 4년) 문과에 급제, 우왕 때 정2품 정당문학 등을 지냈다. 최영, 정몽주, 이색 등과 가까웠던 그는 자연스럽게 이성계의 반대편에 섰다. 그래서 위화도 회군 직후 파직되었다가 1390년(공양왕 2년) 삼사 판사로 관직에 복귀하지만 우왕의 역모 사건에 연루돼 귀양을 갔다가 다시 개경에 돌아와 있었다. 그리고 이때 또 대간들의 탄핵을 받게 된 것이다. 훗날 그는 정몽주의 시체를 수습하여 장례를 치렀다 하여 경주에 유배되지만 1398년(태조 7년) 1차 왕자의 난 직후 이방원에 의해 복권되어 이듬해 단양백에 봉해진다. 이방원의 어릴 때 스승이었기 때문이다. 그리고 1400년(정종 2년) 이방원과 함께 공부했던 또다른 제자인 이래(李來)에게서 2차 왕자의 난에 관한 정보를 듣고 이를 정안공 이방원에게 알린 공으로 좌명공신과는 별개로 추충보조공신(推忠輔祚功臣)에 책록된다.

그러나 이때만 해도 우현보는 이성계와 정면으로 대립하고 있었다. 손자 우성범이 공양왕의 사위였기 때문이다. 그래서 공양왕은 우현보의 재귀양을 청하는 세 차례의 상소를 모두 무시한 채 오히려 밀직사 판사로 있던 이성계의 셋째 아들 익안대군 이방의를 불러 이성계의 집에 보내 "대간들의 상소를 금하라"고 통보했다. 이에 이성계는 "내가 대간들을 뒤에서 사주한다는 말이냐"고 반발하며 총리에 해당하는 문하시중 자리를 내던져버렸다. 이에 놀란 공양왕은 바로 우현보를 철원으로 유배시키고서는 다시 시중을 맡아달라고 매달렸다. 그러나 이성계는 병이 났다며 대신 이방원을 보내 거칠게 항의하고 재차 사직서를 제출했다. 이처럼 이방원은 이 무렵 이성계의 복심(腹心)을 전달해야 할 일이 있을 때면 늘 밀사로 활약했다.

일은 뜻하지 않는 데서 터졌다. 다음해 3월 이성계가 해주에서 사냥을 하다가 낙마하여 중상을 입은 것이다. 그때 문하시중을 맡고 있던 정몽주는 만면에 미소를 띠었다. 그는 이성계를 중심으로 한 신진세력의 발호를 부정적으로 바라보고 있었다. 특히 조준, 남은, 정도전 등 이성계의 무리가 언젠가는 이성계를 추대하리라는 것을 알고서 대반전의 기회를 노리고 있을 때였다.

정몽주는 간관(諫官) 김진양 등을 불러 이성계 무리들을 탄핵할 것을 사주했다. 이들을 먼저 제거한 후에 이성계를 칠 계획이었다. 그래서 김진양 등은 글을 올려 조준, 정도전, 남은, 윤소종, 남재, 조박 등을 탄핵했다. 정몽주는 공양왕에게 압력을 넣어 이들을 모두 잡아들여 국문한 다음 멀리 유배를 보냈다.

개경에서 일어나고 있던 일을 전혀 몰랐던 이성계는 병도 치료할 겸해서 바로 개경으로 돌아가지 않고 예성강 변의 벽란도로 가서 장기간 머물렀다. 그때 이방원이 급히 말을 타고 달려왔다. 그리고 그날 밤 이성계는 이방원의 강권에 가까운 설득으로 개경으로 돌아왔다. 기본적으로 이성계는 서둘지 않았고 이방원은 서둘렀다. 서두른다는 것은 곧 서툴다는 뜻이다. 백전노장 이성계는 상황을 장악할 자신감이 있었고 이방원은 젊은 혈기에 불안감이 컸다. 개경으로 돌아오면서도 이성계는 "죽고 사는 것은 다 천명에 달려 있으니 순리에 따를 뿐"이라며 이방원에게 자중하라고 오히려 타이른다.

이방원은 아버지의 구상과 관계없이 이성계의 이복 동생인 이화와 함께 독자적으로 정몽주 제거 계획을 세웠다. 그런데 이성계의 이복형인 이원계의 사위 변중량이 이를 전해 듣고는 즉각 정몽주 쪽에 알렸다. 이성계와 이원계의 사이는 그리 원만하지 못했다. 어머니가 노비였던 이원계는 이성계에 대한 콤플렉스가 있었다.

그러나 변중량의 이야기를 전해 들은 정몽주로서도 진퇴양난이었다. 조선시대 때 집필되었다는 점에서 조선 왕실의 시각이 고스란히 담겨 있긴 하지만 『고려사』는 이성계가 멀쩡하게 살아서 개경으로 돌

아왔을 때 정몽주가 두려움
과 걱정으로 3일 동안이나
아무것도 먹지 못했다고 기
록하고 있다. 1392년 4월 4
일 정몽주는 이성계의 동태
를 살피기 위해 모른 척하고
이성계의 집을 찾았다. 이성
계도 마치 아무 일도 없었다
는 듯이 정몽주를 대했다.
이성계는 속으로 시간과 대
세는 자기편임을 확신하고
있었다. 무력도 장악하고 있
었다. 평소와 다름없이 자신
을 대하는 이성계를 보고 정
몽주는 일단 안심하고 이성
계의 집을 나섰다.

　정몽주가 집에서 나가자

정몽주_ 이방원은 자신이 직접 주도해서 정몽주를
격살했음에도 불구하고 고려에 대한 충성심을 기
려 늘 높이 평가했다.

이방원은 바로 아버지에게 뛰어들어가 다시 설득을 시도했다. 그러나
이성계는 단호했다. 이방원은 밖으로 나와 이지란을 설득했다. 여진족
출신으로 이성계 군에 투항하여 이성계와 의형제를 맺었던 이지란은
이성계 편이었다. 결국 이방원은 자신의 심복인 조영규, 조영무, 고여,
이부 등 45명을 보내 선죽교를 건너던 정몽주를 철퇴로 쳐서 무참하게
살해했다. 이성계는 분노했고 이방원을 크게 질책했다. 사실 이성계는
정몽주 같은 인물을 잘 설득해 새로운 정권의 정신적 상징으로 삼고
싶은 생각이 있었을 것이다. 이런 자신의 계획이 한꺼번에 허물어져버

렸다. 이 일을 계기로 이성계는 그후 줄곧 이방원을 경계하고 멀리하게 된다. 이방원은 '참혹한 인간'이라는 깊은 인상을 이성계의 측근들에게까지도 심어주었다. 그럼에도 불구하고 이 일을 계기로 공양왕은 자리를 내놓았다. 7월 17일 마침내 고려는 34대 475년 만에 멸망하고 이성계가 즉위하면서 향후 500년을 이어갈 새로운 왕조가 시작된다.

그로부터 7년이 지난 태조 7년(1398년) 7월 19일 하륜은 충청도 도관찰출척사(관찰사)로 발령받았다. 하륜은 가깝게 지내던 지인들을 집으로 초대해 송별잔치를 벌였다. 그러나 왠지 쫓겨가는 느낌이었다. 당대의 최고 실력자는 삼봉 정도전이었고 하륜은 한양 천도 문제로 정도전과 대립하다가 돌아올 수 없는 다리를 건넌 상태였다. 더욱이 정도전은 하륜이 가까이 지내고 있던 정안공 이방원의 목을 하루하루 죄어오고 있었다.

하륜 자신이 남긴 기록을 보면 이방원과의 친분은 자신이 의도적으로 접근해서 맺게 됐다. 관상을 볼 줄 알았던 하륜은 이방원의 얼굴에서 왕기(王氣)를 느꼈고 그래서 예전부터 친하게 지내던 이방원의 장인 민제에게 "내가 사람의 상을 많이 보았으나 둘째 사위 같은 사람이 없었다. 소개해 달라"고 부탁했던 것이다.

하륜은 송별잔치가 있던 날 일을 벌이기로 결심했다. 그날 술자리에는 정안공도 와 있었다. 정안공이 앞에 나가 술잔을 돌릴 때 하륜은 취한 척하면서 일부러 술상을 엎어 정안공의 옷을 더럽혔다. 정안공은 크게 화를 내며 자리를 박차고 나와 집으로 가버렸다. 얼마 후 하륜은 다른 손님들에게 "왕자가 노하여 가시니 내가 가서 사죄해야겠다"고 양해를 구한 후 급히 말을 타고 정안군을 뒤쫓았다.

화가 머리 끝까지 난 정안공은 하륜이 뒤따라오는 것을 알면서도 모르는 척하고 집까지 갔다. 정안공은 중문을 거쳐 안문으로 들어선 뒤에야 분을 참지 못한 채 돌아보며 "왜 그랬는가?"라고 물었다. 이때 하륜은 "장차 경복(傾覆)될 환란이 있겠기에 미리 고하기 위해 일부러 상을 엎은 것입니다"라고 말한다. '경복'이란 '세상이 뒤집어진다'는 뜻이다.

이에 정안공은 하륜을 내실로 데리고 들어가 물었다. "그러면 앞으로 어떻게 해야 하는가?" 하륜은 자신은 왕명을 받아 지방으로 가야 한다며 안산군수로 나가 있던 이숙번을 추천했다. "이 사람에게 대사를 맡길 수 있습니다." 마침 이숙번은 신덕왕후의 능인 정릉을 이장할 군사를 거느리고 한양에 들어와 있었다.

정안공은 당장 이숙번을 은밀하게 불렀다. 하륜의 이야기를 전하면서 의향을 묻자 이숙번은 "이런 일은 손바닥 뒤집기보다 쉬운 일인데, 무엇이 어렵겠습니까?"라고 답했다. 절호의 기회를 모색하며 7년을 참아온 정안공은 마침내 그 순간 결심한다. 이때 정안공은 32세, 하륜은 52세, 이숙번은 26세였다.

정도전의 비참한 최후

태조 7년 8월 26일 밤 10시경 경복궁 근처 송현에 있는 의성군 남은의 첩이 사는 집에 남은과 봉화백 정도전, 그리고 세자 방석의 장인인 부성군 심효생이 모여 가벼운 술자리를 갖고 있었다. 세 사람은 태조의 막내 아들인 방석을 세자로 추대한 후 7년 동안 막강한 권세를 누리고 있던 트리오이자 정안공 이방원의 최대 정적이었다. 그리고 경복궁에서 걸어 5분도 안 되는 거리에 있던 이 집은 그들이 늘 회합하던 장소였다.

　이들은 등불을 밝히고 집 밖으로 새어 나오는 웃음까지 섞인 담소를 나누며 술을 마시고 있었다. 그런데 갑자기 이웃집들이 불길에 휩싸였다. 놀라서 집 밖으로 뛰어 나오던 심효생은 측근인 이근, 장지화와 함께 그 자리에서 살해되었다. 남은은 하경, 최운 등을 거느리고 달아났고, 자리를 함께했던 이직은 지붕으로 올라가 불 끄는 노비처럼 위장해 달아나는 데 성공했다. 정도전은 옆집으로 숨어들었다. 그러나 집주인이 달려나가 "배가 불룩한 사람이 내 집에 들어왔습니다"라고 신고했다. 이 말에 그가 정도전임을 곧바로 알아차린 정안공 이방원은 4명의 병사를 들여보내 잡아오게 하였다. 침실에 숨어 있던 정도전은 자그마한 칼을 손에 쥔 채 걷지도 못하고 엉금엉금 기어 나왔다. 정도전은 말을 타고 있는 정안공을 올려다보며 "공이 예전에 이미 나를 살렸으니 이번에도 한 번만 살려주소서"라고 애원했다.

　천하를 호령하던 정도전의 모습은 온데간데없었다. 정도전이 말한 '예전'이란 임신년의 일을 염두에 둔 것이다. 임신년의 일이란 1392년 이방원이 정몽주를 죽임으로써, 사형 집행을 기다리고 있던 정도전이 목숨을 구할 수 있었던 일을 말한다. 한때는 학문을 이야기하던 동료이자 아버지 태조를 도와 사선을 함께 넘나들던 혁명 동지였다. 순간이었겠지만 정안공의 머릿속으로 지난날 정도전과 얽힌 기억의 파편들이 스쳐 지나갔을 것이다.

그러나 살려주고 싶은 마음은 추호도 없었다. 특히 태조가 즉위하면서 서로 다른 길을 걸어온 지난 7년을 생각하면 더욱 그랬다. 끊임없이 자신을 죽이려 했던 인물 아니던가?

"네가 조선의 봉화백(伯)이 되었는데도 부족하더냐? 어떻게 악하기가 이 지경에까지 이를 수 있느냐?"

순간 정도전의 목이 날아갔다. 정도전에게는 네 아들이 있었는데, 정유와 정영은 변고가 생겼다는 말을 듣고 아버지를 구하러 가던 도중에 병사들에게 피살되었고, 정담은 아버지의 죽음을 전해 듣고 자기 목에 칼을 찔러 자살했다. 정담은 일찍부터 아버지 노선을 반대했고 정안공을 지지했다. 그러나 그렇게 생을 마감해야 했다. 유일하게 살아남은 정도전의 장남 정진은 관직에서 쫓겨나 전라도 수군으로 충군되었다가 성실한 인품을 인정받아 1407년(태종 7년) 나주목사로 재기용되었다. 그 뒤 평안도 관찰사, 공조판서, 개성유후를 거쳐 세종 때인 1425년 형조판서에까지 오르게 된다. 정안공보다 여섯 살 위인 그는 혁명이 일어날 때까지만 해도 정안공과 가깝게 지냈다.

정도전을 제거함으로써 거사의 절반은 성공을 거둔 셈이었다.

어느새 시간은 새벽 2시를 넘고 있었다. 광화문으로 달려온 정안공은 광화문에서 남산에 이르는 곳곳에 횃불을 피워 올리라고 명했다. 얼마 되지 않는 군사의 수를 대규모 병력인 것처럼 위장하기 위함이었다. 이날 군사작전의 암호는 '산성(山城)'이었다. 경복궁에서의 일전에 대비해 정한 군호(軍號)였다.

정안공은 이숙번과 박포, 민무질을 시켜 자기 집에 머물고 있던 좌

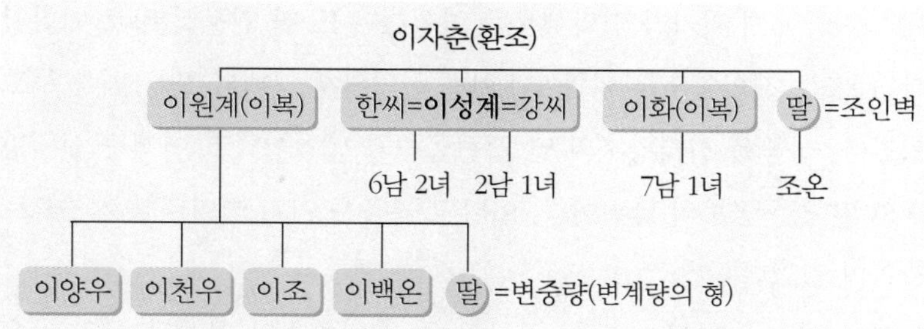

정승 조준과 우정승 김사형을 밖으로 나오도록 했다. 쿠데타에 대한 명시적인 지지 요구였다. 동시에 조준에 대한 배려였다. 거사 성공 시 조준을 중용하려는 생각에서였을 것이다. 이어 이방원의 병사들은 경복궁 경비를 서고 있던 나머지 병사들을 모두 집으로 가게 했다. 무력도 제거되었다. 군호 '산성'을 사용해 보지도 못하고 사실상 상황이 끝났다.

뒷간의 결단

시계를 다시 대여섯 시간 앞으로 돌려보자. 해가 질 무렵부터 경복궁 안에서는 숨막히는 긴장감이 감돌고 있었다. 태조의 병이 중하여 거처를 다른 곳으로 옮기려 하니 아들과 사위들은 모두 입궐하라는 전갈을 받고 왕자와 사위 들이 근정전으로 들어가는 근정문을 마주한 행랑방에 모여들었다. 광화문을 들어서면 왼쪽에 있던 행랑이었다. 소격전에서 아버지 태조의 쾌유를 빌고 있던 영안공 이방과(훗날의 정종), 내전에서 태조를 모시던 세자 이방석을 제외한 모든 아들과 심종·이제 등 사위들이 그 방에 모였고, 왕실의 최고 어른인 이화도 그 자리에 있었다. 이성계의 이복동생인 이화는 늘 이방원 편이었다. 하륜과 함께 정안공에게 위기가 임박했음을 역설했던 또 한 인물이 바로 이화였다. 태조는 신의왕후 한씨와 6남 2녀, 신덕왕후 강씨와 2남 1녀를 두고 있었다. 심종은 신의왕후의 딸 경선공주의 남편이었고 이제는 신덕왕후의 딸 경순공주의 남편이다. 이날의 싸움은 이미 어머니를 기준으로 갈리어 있었다.

원래 행랑방에 모여 있던 왕자들 중 신의왕후의 자식과 사위 들은 내전의 부름에도 불구하고 근정전으로 가지 않고 얼마 후 궐 밖으로 나왔다. 거사를 위함이었다. 근정문에 들어서는 순간 세자 방석의 즉위에 걸림돌이 되는 신의왕후 쪽 왕자들을 정도전 세력이 제거하려 한다는 정보도 있었다. 이 당시 급박했던 상황을 전하는 『실록』에는 아주 흥미로운 일화가 담겨 있다.

저녁 8시 무렵 내시가 와서 왕자들은 모두 들어오되 시종하는 무리들을 데리고 들어오지 말라고 전했다. 이화와 태조의 사위 심종·이제 등은 안으로 들어갔다. 그런데 정안공이 생각해 보니 시종을 물리치라는 말도 이상한 데다가 밤에는 궁중의 문에 등불을 밝히게 되어 있는데 모두 꺼져 있는 것도 의심스러웠다.

정안공은 갑자기 배가 아프다며 뒷간으로 들어갔다. '근정문을 들어서는 순간 우리를 죽이려는 음모일까? 아니라면 집에 준비해 놓은 병사들은 어떻게 하나? 오늘 거사를 하지 못하면 또 어떻게 될 것인가?' 생각이 복잡했다. 밖에서는 둘째와 셋째 형인 익안공 이방의와 회안공 이방간이 이방원을 애타게 찾고 있었다. '이제 어쩔 수 없다.' 훗날 1차 왕자의 난으로 불리게 되는 역사적 결단이 마침내 화장실 안에서 이뤄지는 순간이었다. 영추문을 통해 밖으로 뛰쳐나온 정안공은 형들과 함께 병사들이 기다리고 있던 집으로 말을 타고 내달렸다. 그러고는 병

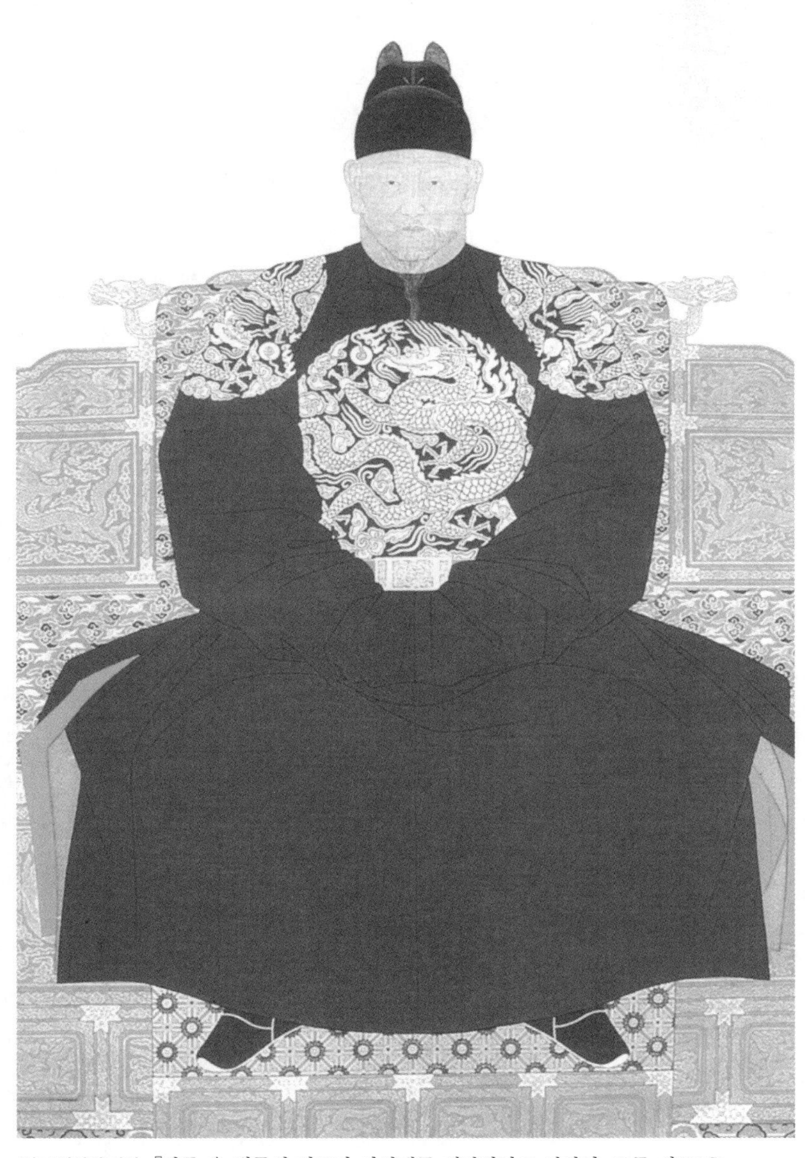

태조 이성계 어진_『실록』은 태종의 외모가 이성계를 빼닮았다고 전한다. 보물 제931호

사들을 이끌고 송현에 있는 남은의 첩의 집을 친 것이었다.

그래서 송현에 불길이 올랐을 때 궐 안에는 태조, 이화, 방석 형제, 심종, 이제뿐이었다. 정안공은 신하들을 광화문 앞에 모두 모이게 했다. 조준과 김사형이 불려나온 것도 이 무렵이었다. 멀리서 새벽을 알리는 닭 울음 소리가 들려왔다. 정안공은 좌부승지 노석주를 시켜 태조에게 올리는 글을 쓰도록 했다. 글을 받아 보던 태조의 곁에 있던 사위 이제는 지금이라도 군사들을 거느리고 나가 공격하겠다고 했으나 태조와 이화가 말렸다. 상황 종결이었다. 이것이 1차 왕자의 난이다.

이제 남은 것은 뒤처리였다. 장남인 진안공 이방우는 이미 세상을 떠난 후였기 때문에 영안공 이방과가 집안의 장남이었다. 이방과는 전날 거사가 벌어지고 있을 때 소격전에서 제사를 올리다가 대궐에 난리가 났다는 말을 전해 듣고는 몰래 종 하나만 거느리고 걸어서 궁성 남문 밖에 있는 측근 김인귀 집에 숨었다. 정안공이 영안공을 찾아낸 것은 다음날 저녁 무렵이었다. 정안공은 적장자(嫡長子)론을 내세워 영안공이 왕위에 올라줄 것을 요청했다. 처음에는 사양하던 영안공도 동생의 강권에 마지못해 "그러면 내가 맡겠노라"고 수락했다. 우리 역사에 종종 나타나는 허수아비 정권의 등장이었다. 이로써 정안공은 두 번째 킹메이커가 되었다.

"방번아, 잘 가거라. 잘 가거라"

혁명 사령부 역할을 하던 도당(都堂)에서 태조에게 사람을 보내 전날까지 세자였던 의안공 이방석을 밖으로 내보내줄 것을 요청했다. 의정부의 전신인 도평의사사를 줄여서 부르던 도당은 문하부, 중추원, 삼사 등 핵심 기관의 고관으로 구성된 최고의 통치 기구였다. 통보를 받은 이방석은 불안한 눈빛으로 아버지 이성계를 바라보았다. 더 이상 천하를 호령하던 이성계가 아니었다. 이미 늙고 기력이 쇠한 태조로서는 세자인 방석을 지켜줄 힘이 없었다. "나가도 무슨 일이 있겠는가?" 경복궁 서문인 영추문을 나서자 이거이, 이백경, 조박 등으로 구성된 도당의 핵심 인사들이 길에서 이방석을 죽였다.

도당은 이방석의 형 이방번도 밖으로 내보내줄 것을 요청했다. 태조는 "세자는 죽었지만 너는 먼 지방에 안치하려는 것"이라며 역시 내보낸다. 이방번이 궁궐을 나와 남문을 나서려는 순간 이방원이 말을 타고 와서 이방번을 맞았다. "내가 널 살리려고 어젯밤 그렇게 불렀는데 왜 나를 따르지 않았느냐? 지금은 외방으로 가지만 얼마 안 되어 반드시 돌아올 것이다. 잘 가거라. 잘 가거라."

잘 가라는 말을 두 번이나 할 정도의 이런 애틋함은 가식이 아니었다. 실제로 전날 화장실에서 나와 거사를 위해 집으로 달려가기 직전 정안공은 심복 마천목(1358~1431)을 보내 "나와 함께 가자"고 권유했다. 왜냐하면 방번은 방석과 같은 어머니에게서 나기는 했지만 세자의 자리가 동생에게 돌아가자 사람들을 불러모아 기회를 엿보고 있었다. 이런 사실을 정안공도 잘 알고 있었다. 그리고 위화도 회군 시절 자기 어머니뿐만 아니라 계모인 강씨까지 함께 이천으로 대피시켰던 정안공이다.

원래 무안공 이방번은 경기도 김포 쪽의 통진에 안치하기로 되어 있었다. 그러나 회안공 이방간, 이거이 부자, 조박 등을 중심으로 한 도당의 핵심은 사람을 보내 양화진을 건너 숙소인 도승관에 머물고 있던 이방번을 죽여버렸다. 이때 이방번의 나이 18세였다. 이 소식을 전해 들은 정안공은 크게 분노했다. 그는 이때 조용히 이숙번을 불러 말한다. 이 말은 대단히 중요하다. 훗날 도당을 이끌었던 회안공, 이거이 부자, 조박 등은 비록 다른 이유에서이긴 하지만 결국 정안공에 의해 제거되기 때문이다.

"내가 양측에서 오락가락했던 유만수도 살려주었다. 하물며 형제에 대해 어떻겠는가? 이거이 부자가 내게는 알리지도 않고 도당하고만 의논하여 내 동기를 살해했다. 지금은 민심이 안정되지 않아 속으로 참는다. 그대는 이 말을 입 밖에 내지 말라."

대궐에 있던 사람들이 하나 둘씩 불려 나왔다. 정도전 쪽 사람이었던 좌부승지 노석주와 우부승지 변중량, 남은의 동생이자 우상절

마천목_ 두 차례 왕자의 난 때 정안공 이방원을 도와 공훈을 세웠다.

도사인 남지 등이 잡혀왔다. 조선 초의 명신 변계량의 형인 변중량은 정안공을 우러러보며 "내가 공에게 뜻을 기울이고 있은 지가 벌써 두 서너 해 되었습니다" 하며 목숨을 구걸했다. 정안공은 거절했다. "저 입은 고깃덩어리다." 세 사람은 모두 감옥에 보내졌다가 참형당했다.

이어 마지막까지 저항했던 태조의 막내 사위 이제가 나왔다. 정안공은 말했다. "본가로 돌아가라." 이제가 집에 들어서자 부인인 경순공주가 자기와 함께 정안공의 집에 가서 빌면 살 수 있을 것이라며 당장 함께 가자고 눈물을 흘리며 간청했다. 이제는 자존심 때문에 가지 않았고, 그날 저녁 군사들이 와서 이제를 죽였다. 그후 태조 이성계가 친히 머리를 깎아준 경순공주는 승려가 되었다.

그리고 한 사람, 첩의 집에서 습격을 받고 하경과 최운을 데리고 도망쳤던 남은은 성 밖의 움막에 숨어 있다가 자수했다. 자신은 정도전과 달리 미워하는 사람이 없어서 살 수 있을 것이라고 자신했지만 정도전처럼 목이 날아가는 참형으로 세상을 떠났다.

이때 공을 세운 사람들을, 사직(社稷)을 바로 잡았다는 의미에서 정사공신(定社功臣)이라고 한다. 그중 1등 공신 12명을 보면 이화, 익안공 이방의, 회안공 이방간, 정안공 이방원, 이백경, 조준, 김사형, 이무, 조박, 하륜, 이거이, 조영무 등이다. 이방원의 6형제 중 첫째인 진안공 이방우(1354~1393), 막내인 덕안공 이방연(생몰년 미상)은 이미 이 세상 사람이 아니었고 영안공 이방과는 소격전에서 제사를 올리느라 현장에 없었다. 조준과 김사형은 막판에 정안공의 부름에 응한 공이고, 원래 정도전 쪽 사람이던 이무는 이화와 함께 세자 방석과 정도전 진영의 내밀한 정보를 제공해 준 공이 컸다. 그리고 이무는 정안공의 처남 민무질의 인척이었다. 조박과 조영무는 군사를 성공적으로 이끈 공이 있었다. 이거이는 태조의 장녀 경신공주와 결혼한 이저의 아버지로 병사를 지휘한 공이 컸다. 매부인 이저는 처음부터 이방원과 행동을 함께했다.

1400년 정종 2년 1월 20일 일종의 천문 관측 기관인 서운관에서 정종에게 다음과 같은 보고를 올렸다. '어제 어두울 때에 붉은 요기(妖氣)가 서북쪽에 보였으니, 종실(宗室) 가운데서 마땅히 맹장(猛將)이 나올 것입니다.' 조정 신하들은 술렁였다. 이미 마음속으로 힘이 쏠려가는 방향을 다들 알고 있었다. 그 '맹장'이 바로 정안공이라는 것을. 시기의 문제만 남아 있었다. 그런데 인심이 정안공을 향하는 것을 극도로 꺼리는 인물이 있었다. 정안공의 바로 위 형이자 1차 왕자의 난 때 동지였던 회안공 이방간이었다. 이 무렵 이방간이 처조카인 교서감 판사 이래를 은밀하게 불렀다.

"정안공이 나를 시기하고 있으니, 내가 어찌 앉아서 개죽음을 당하겠는가!"

이래는 정안공과는 과거 동기생이기도 했다. 이래는 깜짝 놀라지 않을 수 없었다. 그래서 자칫 정안공을 먼저 공격했다가는 오명을 덮어쓰게 될 뿐만 아니라 일의 성사도 어려울 것이라며 말렸다. 이에 이방간은 "네가 나를 도울 사람이라면 그렇게 말하지 않을 것"이라며 화를 벌컥 냈다.

다음날 이래는 어릴 때 스승인 우현보를 찾아갔다. 그리고 이달 말 이방간이 거사를 하려 한다고 알렸다. 우현보는 태조와는 좋지 않은 관계였지만 정안공은 자신의 제자 아닌가. 즉시 아들 우홍부를 시켜 그 내용을 정안공에게 전했다. 정보전에서 이방원은 늘 한수 위였다. 그날 밤 정안공은 하륜과 이무 등을 불러 대응책을 비밀리에 의논한다.

이방원의 눈물

문제의 28일이 찾아왔다. 개경 서북쪽에 요기가 서린 지 8일째 되는 날이었다. 이날 개경은 온통 누런 안개로 뒤덮여 있었다. 정안공 이방원은 다음날 사냥을 위해 조영무를 시켜 몰이꾼을 거느리고 새벽에 들에 나가 있도록 하였다. 조영무는 개국공신 2등, 1차 왕자의 난 때 정사공신 1등인 이방원의 최측근이었다. 그런데 이방간의 아들 이맹종이 와서 "우리 아버지도 오늘 사냥을 나갑니다" 하자 이방원은 어느 곳으로 사냥을 가느냐고 물었다.

아무래도 이상했다. 정안공은 이방간의 집으로 사람을 보내 그가 사냥하는 곳을 정탐하였다. 방간의 군사는 모두 갑옷을 입고 있었다. 사냥 복장이 아니라 전투복 차림이었다. 정안공은 즉시 자기 집에 의안공 이화, 완산군 이원계의 아들 이천우 등 최측근 10인을 불러들였다. 이천우는 이성계의 배다른 형 이원계의 둘째 아들로 시종일관 정안공의 입장에 섰다. 반면 그의 형 이양우는 이때 중립을 표방하다가 태종 즉위 후 유배되어 어려운 시절을 보내게 된다.

일촉즉발의 순간이었다. 그런데 정안공은 느닷없이 이번에는 자신이 직접 군사를 지휘하지 않겠다고 밝힌다. 그는 눈물을 흘리며 "골육상쟁은 큰 불의다. 내가 무슨 낯으로 형과 맞서 싸우겠는가?"라며 거절했다. 이화와 이천우 등도 물러서지 않고 울면서 청했다. 결국 사람을 보내 대타협을 하는 쪽으로 방향을 잡았다. 그러나 이방간은 뜻이 정해졌다며 단호했다.

부인 민씨, 직접 갑옷을 입혀주다

이방원은 여전히 자신이 직접 나설 수 없다고 버텼다. 그러나 작은아버지 이화가 억지로 그를 끌고 나왔고 결국 이방원은 종 김소근을 시켜 장수들에게 갑옷을 나누어주도록 지시한다. 다시 안방으로 들어가자 부인 민씨(훗날 원경왕후가 된다)가 말없이 갑옷을 꺼내 입혀주었다. 1차 왕자의 난 때도 마지막 결단을 내리지 못하고 있던 남편에게 갑옷을 입혀주었던 민씨다. 이방원은 예조전서 신극례를 시켜 형님인 정종에게 출병을 통고했고 이방간도 얼마 후 상장군 오용권을 보내 출병을 통고했다. 정종은 도승지 이문화를 이방간에게 보내 만류했지만 이미 이방간은 인척인 민원공, 이성기를 거느리고 아들 이맹종을 앞장세운 채 수백 명의 병사들을 출진시킨 뒤였다. 방간의 병사는 내성의 동대문을 향하고 있었고 선죽교 근처에서 이문화와 마주쳤다. 이문화가 싸움의 중지를 명하는 교지를 전했으나 이방간은 무시하고 병사들을 이끌어 가조가(可府街)에 포진시켰다. 일전을 위한 준비가 끝났다.

한편 승지로 승진해 있던 정안공의 측근 이숙번은 이런 사정을 까맣

게 모른 채 정안공과 함께 사
냥 갈 생각으로 백금반가(白
金反街)를 지나는데 정안공
의 처남 민무구가 사람을 보
내 서둘러 무장을 하고 정안
공의 집으로 오라고 전했다.
이숙번이 정안공의 집에 달
려왔을 때는 이미 병사들이
출발한 후였다.

동대문 안쪽에서는 정안공
이 시가전을 준비하고 있었
다. 먼저 자신의 아랫동서인
노한을 셋째 형인 익안공 이
방의에게 보내 "형은 병들었
으니 호위를 철저히 하고 움

이지란_ 여진족 추장 출신이나 고려에 귀화한 장
수로 위화도 회군에 참가했다. 두 차례 왕자의
난 때도 이방원을 도와 공을 세웠다.

직이지 말라"며 중립을 지킬 것을 요청했다. 동시에 이응으로 하여금
동대문을 닫도록 했다. 이응은 훗날 호조판서를 지낸다. 그날 정안공
이 택한 전술은 시가전에 적합한 매복 기습전이다. 이숙번은 소수의
군사를 거느리고 정면 돌파를 한다. 이지란(1331~1402)은 남산을 타
고 넘어 이방간의 배후가 되는 태묘 쪽으로 잠입해 들어갔다. 이화는
남산 위에서 병사들과 함께 대기했다. 측면 공격을 준비한 것이다. 그
리고 시내의 주요 길목마다 나머지 병사들을 보내 골목 안에 숨어 있
으라고 명령했다. 이중에서 이지란은 특이한 인물이었다. 그는 원래
여진족의 추장으로 본명은 쿠룬투란티무르(古倫豆蘭帖木兒)였으며
1371년 부하들을 이끌고 고려에 귀화하여 이씨 성을 하사받았다. 귀화

할 때 고려의 장수가 이성계였던 관계로 줄곧 이성계를 보좌했으며 개국공신 1등에 책록되었다. 형님 동생하며 의형제를 맺을 만큼 가까웠다. 이지란이 활을 쏘아 아낙네가 이고 가는 물통을 관통시키면 이성계는 솜뭉치를 매단 화살을 쏘아 구멍을 막았다는 이야기의 주인공이기도 하다. 두 차례 왕자의 난 때는 이방원 쪽에 섰다. 벼슬이 좌찬성에까지 이르렀으나 오랜 전투 과정에서 많은 사람을 죽인 것을 속죄하고자 말년에 불교에 귀의한 특이한 인물이다.

1차 교전은 선죽교 근처에서 있었다. 이숙번이 선봉장이 되어 말을 탄 채 한규, 김우 등과 앞으로 나아가자 화살이 날아왔다. 그중 하나가 한규의 말에 맞았다. 이를 지켜보던 정안공은 한규에게 다른 말을 내주며 다시 싸울 것을 독려했다. 현대의 기관총에 해당하는 활로 탐색전을 벌이고 있었기 때문에 본격적인 전투는 잠시 미뤄졌다. 그때 정종이 보낸 대장군 이지실은 이방간을 만나 싸움을 중지시키려 했지만 비오듯 쏟아지는 화살 때문에 접근조차 하지 못했다.

이어 이방간의 보병 40여 명, 기병 20여 명과 이방원의 병사들 사이에 첫 번째 교전이 이뤄졌다. 정안공의 휘하 목인해와 김법생이 화살에 맞아 즉사했다. 이방간 군사들의 최고 표적은 이숙번이었다. 그러나 10여 개의 화살이 날아들었지만 그의 몸에 와서 닿은 것은 하나도 없었다.

다시 선죽교에서 운명이 갈리다

잠깐의 소강 상태. 이때 정안공의 매부인 이저가 병력을 이끌고 합류했다. 한편 대궐에서는 자신의 명을 이방간이 거부했다는 소식을 듣고 낙담하던 정종에게 문하부 참찬사 하륜이 "다시 교서를 내려 달래면 풀 수 있을 것"이라고 건의했다. 정종은 즉시 교서를 내렸다. 지금

선죽교_ 개성시 선죽동에 있는 다리로, 정몽주가 격살당한 곳이다. 2차 왕자의 난도 이 선죽
교에서 승패가 갈린다.

까지는 주변 무리들의 이간질에 놀아난 것으로 간주하고 당장 군대를
해산하면 목숨을 보전토록 해주겠다는 내용이었다. 그러나 상황은 다
시 달아오르고 있었다. 정안공은 대규모 시가전을 앞두고 병사들에게
명한다.

"만일 우리 형을 보거든 화살을 쏘지 말라. 어기는 자는 베겠다."

이숙번의 화살이 날았다. 말 위에 있던 기병 한 명이 고꾸라지며 말
에서 떨어졌다. 이방간의 '입 안의 혀' 이성기였다. 이방간의 아들 이
맹종은 원래 활을 잘 쏘았는데 그날은 활줄이 너무 팽팽했는지 제대로
솜씨를 발휘하지 못했다고 한다. 이방간 군대의 선봉장 역할을 하는
사람들이 부진한 가운데 전세는 이방원 쪽으로 기울었다. 정안공 쪽의
서익, 마천목, 이유 등이 선봉이 되어 퇴각하는 이방간의 군사들을 추

격했다. 서익은 창을 잡고 북쪽으로 달아나던 이방간을 쫓았다. 이를 본 정안공은 김소근을 불러 "무식한 자가 형을 해칠 수도 있으니 달려가서 해치지 말도록 하라"고 급히 명령했다.

김소근이 고신부, 이광득, 권희달 등 몇 사람을 거느리고 뒤쫓았다. 이들은 서익이 이방간을 따라잡기 전에 먼저 이방간과 마주쳤다. 도망치던 이방간은 성균관 내 적경원이 있던 터에서 저항을 포기하고 아예 갑옷과 활도 내팽개친 채 드러누워 있었다. 권희달 등이 오는 것을 보고 이방간은 순순히 투항했다. 이방간은 자신의 갑옷은 고신부에게, 활과 화살은 권희달에게, 환도(環刀)는 이광득에게 주면서, 김소근에게 힘없이 말했다. "네게는 줄 것이 없구나. 내가 살아만 나면 뒤에 반드시 후하게 갚겠다."

하륜이 작성한 교서는 그때에야 승지 정구를 통해 이방간에게 전달되었다. 교서를 읽어본 이방간은 큰 소리로 울면서 권희달 등을 돌아보며 이렇게 말했다. "내가 남의 말을 들어 이 지경이 되었다." 그나마 정종의 교서는 그 상황에서 이방간이 매달릴 수 있는 유일한 생명의 끈이었다. 무슨 일이 있어도 생명을 보전케 해주겠노라는 다짐이 들어 있었기 때문이다. 물론 그것은 정종의 뜻만으로 될 일은 아니었다. 정안공도 이방간의 목숨만은 살려둘 계획이었다. 배다른 형제였던 이방번도 살리려 애썼던 그다.

『실록』에서 표현하는 만큼 이방간이 '광패(狂悖)한 인물'이었는지는 정확히 알 길이 없다. 그러나 1차 왕자의 난 때 도당을 틀어쥐고 방석과 방번을 무참하게 죽이도록 지시한 인물이 이방간이다. 젊어서 이렇다 할 경력도 없다. 일을 도모하는 데에서도 치밀함보다는 감정이 앞섰다. 그저 우직한 사람이었고 애당초 이방원에 비할 바가 안 되는 인물이었다.

이방간이 '남의 말을 들어'라고 했다. 정확히 말하면 '박포의 말을 들어'다. 상황이 끝났을 때 정안공은 냇가에서 군사들을 쉬게 한 뒤 크게 울었다. 장수와 군사들도 울지 않는 이가 없었다고 한다. 승리의 눈물보다는 끊임없이 손에 피를 묻힐 수밖에 없는 자신의 운명이 서러워서 울었던 것 같고, 부하들은 이런 정안공의 모습에 감동해 울었을 것이다. 한참을 울고 난 정안공은 이숙번을 이방간에게 보내 난을 일으킨 연유

개경의 성균관_ 개성시 방직동의 성균관 전경. 이방간은 이곳 적경원 터에서 투항한다.

를 알아오도록 했다. 이방간은 처음에는 입을 다물고 말하지 않았다. 그래서 이숙번이 권희달에게는 말을 다 했다면서 왜 말을 않느냐고 다그치자 이렇게 털어놓았다.

큰비가 내렸던 작년 동지 때 박포가 찾아와 '큰비가 도를 상하게 하면 군대가 저잣거리에서 교전한다'면서 '정안공의 눈초리가 예사롭지 않으니 먼저 선수를 쳐야 할 것 같다'고 말했다는 것이다. 박포는 1차 왕자의 난 때 정안공의 군사를 이끌었던 인물이다. 그런데 정도전 쪽에 있다가 막판에 정도전 쪽의 움직임을 제보하면서 투항한 이무는 1등공신이 되고 자신은 2등공신이 되었다. 불만이 없을 수 없었다. 박포는 처음에는 이무를 헐뜯고 다니다가 마침내 이방원에 대해서도 욕을 했다. 이를 들은 이방원은 박포를 충청도로 귀양 보냈다. 그리고 귀양에서 돌아온 박포는 뒷날을 도모하기 위해 이방간을 찾아갔다. 거사 당일 겉으로는 '중립'을 표방하며 현장에는 얼굴도 내밀지 않고 집에 머물러 있다가 체포되었다. 결국 형장의 이슬로 사라진다. 이방간 부자는 목숨

을 건져 황해도 토산군으로 귀양을 떠났다.

두 차례 킹메이커 노릇을 끝낸 정안공 이방원 앞에는 이제 자신이 왕위에 오르는 일만 남아 있었다.

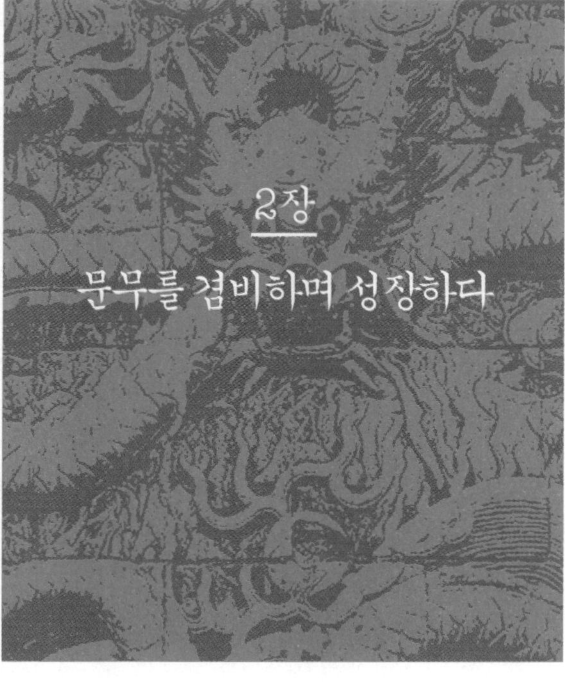

2장
문무를 겸비하며 성장하다

왕조 교체기의 한복판에서 나다

이방원(李芳遠), 한때는 박정희를 연상킨다 하여 지식인 사회에서는 일체의 호평이 금기시되기도 했던 인물이다. 우연하게도 두 사람의 집권 기간 역시 18년으로 똑같다. 그러나 그에게서 박정희를 떠올리는 것은 비판을 위해서건 찬양을 위해서건 올바른 태도가 아니다. 이방원은 이방원이고 박정희는 박정희다.

한때 유행했던 말로, 조선 최대의 '문제적 인간' 이방원은 고려 공민왕 16년(1367) 함흥 지역의 사저에서 이성계의 다섯째 아들로 태어났다. 위로 형이 이방우, 이방과, 이방의, 이방간이 있었다.

그가 태어나던 무렵, 타고난 장수 이성계는 혁혁한 무공을 세우며 국가적 영웅으로 급격하게 부상하고 있었다. 이성계는 공민왕 10년(1361) 동북면의 상만호(上萬戶)로 등용된 이래 홍건적 격퇴(1361), 동북면에 침입한 몽골 오랑캐 나하추 격퇴(1362), 조선인 최유가 끌어들

인 원군(元軍)의 격퇴(1364), 두 차례에 걸친 동녕부 정벌(1370), 계속되는 왜구의 격퇴(1372~1380) 등 수많은 전쟁에서 혁혁한 전공을 세우고 있었다. 정확한 비교는 어렵지만 상만호란 경찰청장에서 해당되는 순군만호부 바로 밑의 자리로 동북면 경찰청장에 해당되는 직위였다. 그러나 경찰과 군대가 엄밀하게 구분되지 않았던 당시 상황을 고려하면 동북면 방위사령관을 겸한 자리였다고 할 수 있을 것이다.

당시 대륙에서는 원나라가 쇠퇴하고 새로운 세력들이 천하를 차지하기 위해 다투어 대혼란이 벌어지고 있었다. 주원장이 욱일승천의 기세로 대륙을 장악해 가는 가운데 압록강 주변에는 홍건적이 밀려들었다. 공민왕 8년(1359) 2월 홍건적(홍두적이라고도 함)이 글을 보내 사실상의 선전포고를 해온다. 그리고 실제로 그해 11월 말 압록강이 얼자 3,000여 명이 넘어와 약탈을 시작했다. 또 12월 8일에는 4만여 명의 홍건적이 내려와 관리와 주민 1,000여 명을 학살했다. 조정에서 군사를 보냈으나 연전연패하였고 결국 12월 28일 지금의 평양인 서경이 함락되었다. 공민왕은 호부상서 주사충을 급히 파견해 공물을 바치고 타협을 시도했으나 홍건적의 오만방자한 답변만 듣고 왔다. 그 바람에 공민왕 9년 1월에는 한양 천도론이 나오기도 했다. 그후 이방실 등이 이

청량사 유리보전(琉璃寶殿)_ 공민왕이 직접 현판 글씨를 썼다고 전해진다. 경북 봉화군 청량산 소재.

끄는 2만 명의 군사를 보내 많은 희생을 당한 가운데 2월 26일 어렵사리 홍건적을 압록강 건너편으로 내몰 수 있었다.

공민왕 10년 10월 사유, 주원수, 파두번 등이 이끄는 10만 홍건적이 다시 압록강을 건너 침략해 왔다. 중과부적이었다. 『고려사』에는 그나마 이성계만 적을 쳐 100여 급을 베었다고 기록되어 있다. 결국 공민왕은 10월 19일 남쪽으로 피란을 떠났고 공민왕 일행이 경기도 이천에 당도한 24일 개경은 적들의 수중에 들어갔다. 공민왕은 복주(福州-지금의 안동)로 몽진해 행재(行在-임시정부)를 마련하고 대책을 지시하기 시작했다. 국망(國亡)의 위기가 눈앞에 닥쳤다. 지금도 안동에는 공민왕 관련 유적지가 많이 남아 있다. 공민왕이 어머니를 대피시켰던 왕모산성, 오마대, 자신이 직접 현판 글씨를 썼다는 경북 봉화군 청량산 도립공원 내 청량사 유리보전 등이 그것이다.

고려 조정은 다음해 1월 군사를 정비해 안우, 이방실, 황상, 한방신, 이여경, 김득배, 안우경, 이귀수, 최영, 이성계 등을 지도부로 하는 20만 병사를 지금의 황해도 장단군 진서면에 총집결시켰다. 총사령관인 총병관(摠兵官)은 정세운이었다. 정세운은 어려서 원나라에 인질로 끌려가던 공민왕을 수행했던 당대 최고의 무장이었다. 작전은 모두가 깊은 잠에 빠져 있던 새벽에 이루어졌다. 이때 공격의 선봉장이 이성계였다. 이성계는 2,000명의 군사를 끌고 가장 먼저 성을 넘어 들어가 주도권을 장악하는 데 결정적인 공을 세웠다. 홍건적은 이성계의 기습에 혼비백산해 달아나기에 바빴고 고려군은 압승했다. 이때 벤 홍건적의 목만 10만 급이었다고 한다.

공민왕 폐위 음모

　정세운은 구국의 영웅으로 떠올랐다. 그러나 그의 옆에는 함께 공민왕의 총애를 받던 평장사 김용이 있었다. 김용은 정세운을 시기하고 있었다. 홍건적을 내몬 뒤 5일도 안 돼 김용은 왕지(王旨-어명을 담은 종이)를 위조하고 안우, 이방실, 김득배 등을 술자리에 초대한 다음 그들이 보는 앞에서 정세운을 몽둥이로 쳐죽였다. 임금의 명령이라는 것이었다. 그리고 2월 말 안우가 복주의 공민왕을 알현하러 가자 자신의 왕지 위조 사실이 드러날 것을 두려워한 김용은 문지기를 시켜 행궁에 들어서던 안우의 목을 베었다. 그러고는 공민왕에게 "안우, 이방실, 김득배 등이 정세운의 목을 쳤다"고 거짓 보고해 이방실, 김득배 등도 세상을 떠났다. 홍건적 격퇴의 영웅들이 한 순간에 사라져버렸다.

　학계에서는 이를 원나라 순제의 제2황후로 가 있던 기황후의 지지 세력인 최유 등과 국내의 김용이 손을 잡은 국왕 폐위 음모의 일환으로 본다. 공민왕이 즉위하기 전 기황후의 오빠인 기철의 위세는 하늘을 찔렀으며 바로 이 기철을 척살하고 공민왕을 즉위시킨 1등공신이 정세운이었다. 최유는 그후 원나라로 도망가 있었다. 거기서 자신의 오빠를 죽인 공민왕을 극도로 증오하던 기황후를 부추겨 고려에 대한 침공 계획을 꾸미고 있던 중이었다.

실제로 최유는 공민왕 13년 일부 원나라 군대를 끌고 들어오지만 이성계의 군대에 패퇴해 다시 원나라로 돌아갔고 그해 10월 원나라 황제는 공민왕의 복위를 인정하면서 최유도 국내로 압송했다. 최유는 사형당했다. 개경으로 돌아온 김용도 홍왕사에서 임시로 머물고 있던 공민왕을 죽이려다가 최영 등에게 붙잡혀 몸을 갈기갈기 찢어 죽이는 거열형으로 생을 마쳤다.

중앙 정치의 이 같은 혼란상과 무관하게 이성계는 늘 전선에 있었다. 공민왕 13년 서북면, 지금의 평안북도 정주 지방에서 최유를 물리친 이성계에게 이번에는 새로운 명령이 떨어졌다. 삼선, 삼개 등이 이끄는 여진족이 함흥 일대를 점령하고 여러 차례 군사를 보냈으나 물리치는 데 실패했으니 그쪽으로 진출하라는 것이었다. 사실 서북면보다는 동북면이 이성계에게는 훨씬 익숙한 곳이었다. 동북면은 그가 어려서부터 아버지 이자춘(훗날 조선 건국 후 환조로 불리게 된다)을 따라 군사작전을 많이 했던 지역이다. 계곡 하나, 능선 하나, 물길 하나 모르는 곳이 없었다. 이 작전에서도 이성계는 압승을 거둬 이 지역에 대한 지배권까지 확고히 하게 되는 공을 세웠다. 재미있는 것은 여진족의 추장 삼선과 삼개가 다름 아닌 이성계 고모의 아들들이었다는 점이다.

중원의 세력 교체 틈새를 노리다

세계를 호령하던 초거대 제국 원나라는 안에서 무너지고 있었다. 기황후의 남편 순제(1320~1370)는 황음(荒淫)으로 날을 지샜고 한족의 저항 또한 곳곳에서 들불처럼 일어났다. 이때 남쪽에서 곽자흥의 부하로 있던 주원장이 독립을 선언하고 금릉(지금의 남경)을 근거지로 해서 급속하게 세력을 넓혀나가기 시작했다.

1356년(공민왕 5년) 오나라의 왕이라는 뜻에서 오국공(吳國公)을 자처한 주원장은 1364년 3월 관제를 정하고 국가의 모습을 갖추더니 1368년(공민왕 17년) 1월 마침내 지방 세력들을 제압하고 금릉에서 국호를 명(明), 연호를 홍무(洪武)라 하여 황제에 등극했다.

500년 조선 역사에 수많은 빛과 그림자를 드리우게 될 '제국' 명나라가 탄생하는 순간이다. 이때 이방원은 우리 나이로 두 살이었다. 명 태조 주원장은 황제에 오르자마자 급속하게 원을 밀어붙였다. 결국 원나라는 내분까지 겹쳐 황제 순제는 북진하던 명에 쫓겨 상도(上都-개평)를 버리고 원래 몽골의 도읍지였던 화림으로 도망쳤다. 이렇게 해서 생긴 나라가 북원(北元)이다.

이때 뜻하지 않게 만주 지방이 공백 상태가 되었다. 만주는 고려가 계승했다고 자부하는 나라 고구려의 옛 영토다. 틈만 있으면 회복하려고 했던 고토(古土)였다. 게다가 공민왕은 즉위 초에 이미 만주에 대한 원나라의 지배권이 약해지던 정세를 틈타 압록강 서쪽의 8참(站) 정벌에 나선 바 있었다. 그때와는 비교할 수 없을 만큼 좋은 정세가 형성된 것이다.

이번에는 동녕부 정벌이 목표였다. 동녕부는 지금의 심양과 봉천 일대를 말한다. 게다가 이 지역에는 기철의 아들이 아버지의 원수를 갚겠다며 세력을 모으고 있다는 정보가 있었다. 공민왕은 명나라가 들어선 바로 다음해인 1369년 가을부터 국경 지방으로 병사들을 대거 파견하는 등 본격적인 준비에 들어갔다. 그리고 12월 이성계를 동북면 원수, 지용수를 서북면 원수, 이인임을 서북면 도통사, 양백연을 부원수로 하는 원정군 지도부를 구성했다. 다음해인 1370년 1월 이성계는 기병 5,000명, 보병 1만 명을 거느리고 동북쪽 압록강을 건넜다. 곧장 지금의 봉천 지역까지 진격해 들어가 오로산성을 점령하고 이원경, 이백안, 이장수, 이천우, 현다사, 김아로정 등 300명의 장수를 포로로 잡아왔다. 양백연도 동녕부 두목 50여 인을 끌고 왔다. 8월에 다시 이인임을 도통사로 해서 동녕부에 진격해 들어갔고 이성계 등은 선봉장이었다. 그러나 군을 주둔시키지 않고 돌아옴으로써 이곳을 우리 땅으로 만들지 못했고 이것은 훗날 두고두고 불씨로 남게 된다.

전장의 피바람 속에서

공민왕은 재위 14년 2월에 극진히 좋아했던 부인 노국공주가 출산 도중 세상을 떠나고부터 이상해지기 시작했다. 한마디로 정신적 피폐 현상을 보였다. 묘하게도 그로부터 3개월 후인 5월경 편조(遍照)라는 이름의 승려를 불러들여 청한거사라는 이름을 주고 모든 것을 그에게 자문해 결정했다. 두 달 만에 국왕에 버금가는 권력을 갖게 된 편조는 이름도 신돈으로 바꾸었다. 그리고 그해 12월 그는 '수정이순논도섭리 보세공신 벽상삼한삼중대광 영도첨의사사사 판중방감찰사사 취산부원군 제조승록사사 겸판서운관사'라는 역사상 초유의 자리에 올랐다. 아마도 요즘 식으로 하자면 '총리를 겸하는 검찰총장 겸 헌법재판소장 겸 국회의장 겸 조계종 종정'이라고나 할까?

공민왕과 신돈의 최후

　신돈은 색광이었다. 사대부의 부인들이 불법(佛法)을 듣겠다고 찾아오면 꾀어서 관계를 갖고 남편들을 진급시켜 주었다. 그러니 너도나도 신돈을 찾아와 치마를 올렸다. 부인에게 신돈을 찾아가라고 압력을 넣는 사람들까지 생겨났다. 송사가 있을 때에도 부인이 신돈을 찾아가면 그대로 승소였다. 게다가 자신이 밀어서 대신의 자리에 오른 김란의 두 딸을 부인으로 삼았고 거느린 첩의 수도 헤아릴 수 없었다.

　신돈의 횡포는 공민왕 20년 그가 역모를 꾸미다 발각되어 참살될 때까지 장장 6년 동안 이어졌다. 신돈의 악행에 대한 사대부들의 분노는 극에 달했지만 누구도 내놓고 비판하지 못했다. 그러다가 신돈이 역모를 꾸미던 바로 그해에 혈기 왕성한 20대의 유학자인 정언 이존오가 '논신돈소(論辛旽疏)'라는 유명한 상소를 올렸다. 이존오는 공민왕 9년 정몽주, 이박 등과 함께 과거에 급제한 인물이었다. 그는 "요물이 나라를 그르치고 있으니 제거하지 않으면 안 된다"고 밝혔다.

　공민왕은 대언 권중화를 시켜 읽도록 하였다. 반도 읽어 내려가지 않았는데 공민왕은 크게 화를 내며 당장 불살라버리라고 명했다. 그리고 이존오, 함께 소를 올린 이존오의 친척 정추를 불러 크게 꾸짖었다. 그 자리에 신돈도 공민왕과 마주 앉아 있었다. 이존오는 여기서도 눈을 부릅뜨고 신돈을 쳐다보며 "노승이 어찌 무려하기가 이와 같으냐!"고 일갈했다. 너무나 당황한 신돈은 자신이 상에 엎어지는 것도 모를 정도였다고 한다. 신돈과 그의 패거리들은 이존오를 당장 죽이려 했다. 그러나 이때 옥사를 책임지고 있던 이색이 "태조 이래로 일찍이 한 번도 간관(諫官)을 죽인 일이 없다"며 반대했다. 그래서 외직으로 쫓겨난 이존오는 결국 귀양 가서 얼마 후 울분을 삭이지 못하고 세상을 떠났다. 그의 나이 겨우 서른한 살이었다. 그리고 같은 해 말 신돈도 역모를 꾸미다가 발각되어 죽었다. 이존오의 이 같은 행동은 특히 당시 유학적 세계관으로 무장해 가고 있던 신진 사대부들에게는 6년간의 침묵에 대한 부끄러움을 일깨워줌으로써 일대 각성을 촉구하는 의미를 갖게 된다.

사실 신돈의 문제는 신돈에게 책임이 있다기보다 공민왕에게 있었다. 신돈을 내친 공민왕은 남색에 빠져들었다. 공민왕 21년 10월에 설치된 자제위(子弟衛)는 미소년들을 뽑아 관리하던 국가기관이다. 여기에 홍륜, 한안, 권진, 홍관, 노선 등이 속해 공민왕의 사랑을 받았다. 심지어 공민왕은 총신인 김경흥, 홍륜 등으로 하여금 자신의 비들과 관계를 갖도록 했다. 그 때문에 정비, 혜비, 신비 등은 자살하였고 익비만이 죽지 않고 강압적으로 이들과 관계를 가졌다고 한다. 공민왕 23년 9월 내시 최만생이 화장실에 가는 공민왕을 따라가서 익비의 잉태 사실을 고했다. 공민왕은 누구와 통하였느냐고 물었고 최만생은 홍륜이라고 답했다. 이에 공민왕은 홍륜을 죽일 것과 이런 사실을 아는 최만생도 죽게 될 것을 공언하였다. 결국 이날 밤 12시경 이를 두려워한 최만생은 홍륜 등과 함께 침전에 들어가 공민왕을 시해했다.

아버지를 따라 전장을 누비다

명나라의 위세가 커져가면서 신진 유학자들의 위상도 함께 높아갔다. 명나라의 등장과 함께 말년의 공민왕도 친명배원(親明排元) 정책을 확고히 했다. 1374년 우왕 즉위년 4월 최고 실력자 이인임, 경부흥 등은 이를 돌리려 하였다. 이인임이 공민왕이 죽고 원자인 우(禑)가 왕위를 계승한 사실을 북원에 고하고자 관련 부서의 관리들에게 서명하게 하자 좌대언 임박, 전교령 박상충, 전의부령 정도전 등 성리학으로 무장한 신진 관리들이 거부하고 나섰다. 박상충은 훗날 태종 후반기 좌의정에 오르는 박은의 아버지다. 이때 정도전의 나이 33세, 이방원은 8세였다.

그해 5월 북원의 사신이 강계에 도착했다. 이에 삼사 좌윤 김용구, 전리총랑 이숭인, 전의부령 정도전, 예문응교 권근 등 신진 학자들은 도당에 글을 올려 북원의 사신을 맞아서는 안 된다고 건의했다. 그런데 이인임과 경부흥은 신진 학자들의 수장 격인 정도전을 지목해 북원의 사신을 접대하라고 명한다. 정도전은 경부흥의 집에 찾아가 "나는 북원 사신의 목을 베어 오겠다"고 맞섰다. 결국 이 일로 정도전은 나주로 귀양을 가는 신세가 된다. 그 밖에 전녹생, 박상충, 전백영 등이 장형을 받았고 정몽주, 이숭인 등도 유배당했다. 친명(親明) 노선 유학자들의 대시련기였다.

우왕 때는 왜구의 침입이 극에 달했다. 최영과 이성계는 당시 왜구 격퇴의 양대 영웅이었다. 우왕 3년(1377) 5월 '바다를 덮을 만큼' 많은 왜구가 조선을 침범했다. 그중 대규모 부대가 지리산 쪽으로 들어왔다. 이때 이성계는 아들 이방원을 데리고 출전하여 그들을 섬멸했다. 이방원의 나이 11세 무렵이다. 물론 이 같은 기록을 담고 있는 『고려사』가 이방원의 아들인 세종 때 저술되었음을 감안하면 이방원의 참전은 사실이 아닐 가능성도 있다. 그러나 훗날 이방원이 문재(文才)뿐만 아니라 무예(武藝)와 군사작전에도 깊은 조예를 보여준 것을 보면 사실일 가능성이 훨씬 크다. 오히려 이때만이 아니고 다른 전장에도 이성계는 이방원을 데리고 다녔던 것으로 보인다.

3년 후인 우왕 6년 8월에는 500여 척의 배를 동원한 왜구의 침략이 있었다. 이로 인해 충청도, 전라도, 경상도 등 소위 하삼도는 피로 물들었다. 단순한 해안 약탈을 넘어 마치 임진왜란의 전조를 보는 듯하

황산대첩 기념 누각_ 황산에서 왜적과 싸워 거둔 승리로 이성계의 명성은 고려 전역으로 퍼져 나갔다. 전북 남원군 소재.

였다. 이때 우왕은 이성계를 최고사령관 격인 삼도 순찰사로 임명했다. 남원의 남쪽 지방인 황산에서 이성계는 왜구와 맞서 여러 차례 교전했다. 이성계는 왼쪽 다리에 화살을 맞자 그것을 손으로 직접 뽑아내고 계속해서 싸우는 투지를 보여 대승을 거두었다. 노획한 말만 1600여 필이었고 지리산으로 도망친 왜구의 수는 70여 명에 불과했다. 병사 규모에서는 10 대 1의 불리한 상황이었다. 흔히 황산대첩으로 불리는 이 전투의 승리로 이성계의 명성은 부여 지방인 홍산에서 대첩을 거둔 최영과 함께 다시 한 번 고려 전역에 퍼져나갔다. 이 전투에는 이성계의 배다른 형인 이원계도 원수로 참전했다. 황산대첩에 이방원이 함께했다는 기록은 없지만 11세 때 데리고 갔다면 14세인 이때도 함께 갔을 가능성이 높다. 당시 개경을 떠나 전장으로 내려가면서 이성계는 곳곳에 널브러진 시체들을 보며 "측은한 마음과 분격한 생각에 침식도 잘 하지 못했다"고 한다. 만일 이방원이 함께 따라갔다면 비슷한 마음을 느꼈거나, 설사 함께 가지 않았어도 개경으로 돌아온 아버지 이성계에게서 그때의 소감을 들었을 것이다. 훗날 이방원이 왕위를 세종에게 물려주고 상왕으로 있으면서 대마도 정벌을 감행한 것도 이때의 체험과 무관하지 않다고 볼 수 있다.

대마도 정벌의 경우 이미 공민왕이 죽던 해인 공민왕 23년 정지가 왜구 토벌 차원에서 대책을 올린 바 있었다. 정지는 그후 황산대첩, 홍산대첩과 함께 왜구와 싸워 이긴 3대 대첩의 하나인 남해대첩을 이끈 수군 장수다. 그는 우왕 13년에도 글을 올려 왜구를 근원적으로 차단하려면 대마도와 일기도(壹岐島―일본 본토와 대마도 사이에 있는 섬)를 엎어버려야 한다고 건의했다. 그리고 1년 후인 1388년 창왕 즉위년에 박위가 대마도 정벌에 나서게 된다. 조선시대 때 이뤄진 태종 주도의 대마도 정벌은 이런 역사적 뿌리를 갖고 있었던 것이다.

공민왕과 우왕 때를 거쳐 40여 년 동안 집중적으로 이뤄진 왜구의 침략은 가뜩이나 흔들리던 고려의 국력을 더욱 피폐하게 만들었다. 그러나 이성계를 중심으로 한 신흥 세력은 왜구와 싸우는 과정을 통해 전국적인 명망을 얻을 수 있었다.

이색이 일으킨 신진 학풍

　이성계가 최영과 다투며 군사 분야에서 혁혁한 공을 세우고 있을 때 학술 정치 분야에서는 이색과 정몽주가 앞다퉈 학문 연구와 학술 진흥 그리고 제자 육성에 혼신의 힘을 쏟고 있었다. 이색은 1328년생이고 이성계는 1335년생이므로 이색이 일곱 살 위였지만 서로 존중하며 가깝게 지냈다.

　이색은 일찍부터 원나라에 유학을 가서 국자감 등에서 공부했고 1352년 공민왕 원년에 귀국해 국정에 참여했다. 그는 주로 인재 양성과 학술 진흥에 관심이 많았다. 그는 귀국하자마자 공민왕에게 시국에 대한 진단을 담은 상소를 올렸다. 여기서 그는 당시 학교가 부진을 면치 못하고 있는 이유가 "모두들 녹봉을 구하기 위해 암기만을 일삼거나 이익을 추구하는 공부에만 힘쓰고 있고, 벼슬하는 자가 반드시 과거에 급제한 사람이 아니어도 되고 또 급제자도 반드시 국학을 경유하

이색_ 고려 말의 대학자 이색은 점차 이성계와 다른 길을 모색함으로써 이성계 세력과 갈등을 빚게 된다.

지 않아도 되기 때문"이라고 보았다. 그래서 그는 지방에서는 향교, 서울에서는 학당에서 인재를 뽑아 성균관으로 보내 공부하도록 해야 한다고 역설했다. 과거제의 부활을 근간으로 하는 학술 진흥책을 건의한 것이다.

그후에도 여러 차례 원나라를 오가며 국내에서 재상의 자리에도 올랐던 이색은 마침내 공민왕 16년 자신의 소망을 이루게 된다. 이방원이 태어난 그해다. 공민왕은 성균관을 재건하고 이색을 최고 책임자인 대사성으로 임명했다. 그리고 경학에 뛰어난 김구용, 정몽주, 박상충, 박의중, 이숭인 등을 교수로 삼고 학생들을 모집했다. 이렇게 되면서 이색의 주위에는 유학을 공부하려는 인재들이 구름처럼 몰려들었다. 이들 교수 외에도 정도전, 권근, 하륜, 길재 등이 이색의 대표적인 문인(門人)들이었다.

이방원, 문과에 급제하다

이방원은 어린 시절 아버지를 따라 전장을 다니기도 했지만 기본적으로는 머리가 뛰어난 문사(文士)였다. 이방원은 우왕 8년(1382), 16세 때 진사시에서 2등으로 합격하고 다음해 문과에서는 7등으로 급제했다. 김한로가 수석, 심효생이 2등이었고 그 밖에 이래, 성부, 윤규, 윤사수, 박습, 현맹인 등이 함께 합격한 '동방(同榜)'이었다. 김한로는 훗날 이방원이 왕위에 오르고 나서 딸을 세자 양녕에게 시집 보냄으로써 이방원과 사돈을 맺게 된다. 이래는 신돈에게 거칠게 항의하다가 결국 귀양을 가서 죽은 이존오의 아들이며 2차 왕자의 난 때 결정적인 공을 세웠고 훗날 세자 양녕의 스승이 된다. 윤규는 경승부윤에 오르게 되고 아들 윤형은 태종 때 관직에 나와 세종 때 형조판서, 예문관 대제학에까지 이른다. 성품이 강직했던 윤사수는 태조 시절에는 많은 고초를 겪다가 태종이 즉위한 후 제학과 강원도 관찰사에 오른다. 박습도 태종 시절 대사헌, 형조판서까지 지냈지만 불행하게도 태종이 왕위를 세종에게 물려주고 상왕으로 있으면서 세종의 장인인 심온 등을 제거할 때 함께 형장의 이슬로 사라지게 된다. 성부와 현맹인에 관해서는 이렇다 할 기록을 찾을 수 없다. 쉽게 말해 태종의 동방들은 적어도 태종의 시대가 열리고 난 후 모두 출세를 하게 될 그의 잠재적 우군들이었다. 이 무렵 이방원이 쓴 시가 전한다.

> 평상에 의지했을 때는 밝은 달을 생각하고
> 월헌에서 읊조리면서는 맑은 바람을 생각하도다
> 대를 깎아 둥근 부채를 만들고 보니
> 명월청풍이 손바닥 안에 있도다

약간의 과장이 없진 않지만 성종 때의 문신 성현은 『용재총화』에서 이 시에 대해 "옛날부터 문사(文士)로서 대업을 이룬 자는 거의 없고, 문장이 또한 이와 같이 특출난 제왕도 거의 없었다. 사물을 인용하여 비유한 것과 함축된 의미는 성인이 아니면 할 수 없다"고 평했다. 그가 태종이 즉위했을 때 쓴 글에 보면 태종의 외모나 성품에 관한 흥미 있는 기록이 나온다.

"태종이 세상을 구제할 뜻이 있어, 능히 몸을 굽히어 선비들에게 겸손하였다. 태조께서 대접하기를 여러 아들보다 다르게 하고, 현비(顯妃) 강씨도 또한 기이하게 여기고 사랑하니, 태종이 또한 효성을 다하였다. 태조가 높은 코(隆準)에 용의 얼굴이었는데, 태종의 용모가 이를 닮았다."

무엇보다 여기서 주목해야 할 점은 계비 강씨와 이방원의 사이가 좋았다는 것과 용모가 태조 이성계처럼 코가 높고 용의 얼굴이라는 것이다. 훗날 강씨와 이방원은 최대의 정적 관계가 되지만 이방원보다 열한 살이 많은 강씨는 늘 방원을 보며 "왜 내 몸에서 나지 않았던고"라며 아쉬워했다고 한다. 또 '몸을 굽히어 선비들에게 겸손하였다'는 대목도 그가 신흥 사대부들의 신망을 폭넓게 얻을 수 있었던 이유의 하나가 된다.

'인질'로 명나라 수도 남경에 가다

1388년 6월 우왕을 내쫓고 창왕을 세운 이성계 일파는 다음달에 문하찬성사 우인열, 정당문학 설장수 등 측근 인사를 명나라에 사신으로 파견한다. 전왕의 폐위와 새 왕의 즉위를 고하기 위해서였다. 그러나 명나라로서는 세워진 지 20년밖에 되지 않아 정세가 여전히 불안한 데다가 고려에서 전해오는 소식 또한 걱정스러웠다. 이미 몇 차례 친명 친원 노선이 갈리며 혼란상을 보이고 있었고, 고려 조정의 정확한 실상도 알기 어려웠기 때문이다. 9월에도 명나라의 오랑캐 평정을 축하하는 사신단을 보내 고려의 내정 상황을 보고했다. 그래도 고려에 대한 명나라의 불안감은 해소되지 않았다.

이때 총리 격인 시중을 맡고 있던 61세의 이색이 대담한 제안을 했다. 10월에 떠나는 하정사(신년 축하 인사차 가는 사신)로 자신이 직접 가겠다고 나선 것이다. 당시 명나라와의 상황은 국왕이나 이성계 같은 실세가 직접 남경에 가서 설명을 해야 겨우 오해가 풀릴까 말까 할 만큼 심각했다. '늙고 병든' 이색이 사신을 자원한 데는 나름대로 이유가 있었다. 어차피 창왕이 갈 수는 없고 그렇다고 이성계가 가지는 않을 것이다. 이런 상황에서 자신이 나선다면 누구도 반대하기 어려웠다. 그러면서 이색은 이방원을 지목해 함께 데리고 가겠다고 제안했다. 이성계로서는 거부하기 곤란한 제의였다.

이렇게 해서 문하시중 이색은 이방원을 '서장관' 자격으로 수행케 하고서 명나라로 향한다. 서장관이란 사신단에 포함되는 직책으로 주

72

로 공식적인 사신 활동의 기록을 담당하는 자리다. 그러나 관직에 들어온 지 5년밖에 안 된 22세의 젊은 문신 이방원이 맡기에는 벅찬 자리였다. 이방원은 '인질'이었다.

이색의 사신 자원은 두 가지를 노린 것이었다. 하나는 방금 밝힌 대로 이성계의 아들 중에서도 가장 뛰어난 방원을 묶어둠으로써 자신이 없는 몇 달 사이에 일이 터지는 것을 예방하자는 것이고, 또 하나는 비밀리에 명나라에서 고려에 관리를 파견해 고려 조정의 상황을 감시해 줄 것을 청하자는 것이었다. 요즘 식으로 말하면 일종의 신탁통치 청원이다. 이색은 이성계와는 전혀 다른 길을 구상하고 있었다.

이색의 구상은 또 하나 있었다. 그는 제자 이숭인에게 이렇게 지시했다. 자신이 떠나고 나면 곧바로 또 한 팀의 사신을 급히 파견해 명나라 황제에게서 '고려 국왕이 친조(親朝)하라'는 명을 받아내도록 한 것이다. 그렇게 된다면 이성계가 함부로 창왕을 폐하고 왕위를 차지할 수 없으리라는 계산에 따른 것이었다. 실제로 이숭인은 11월 밀직사 강준백, 부사 이방우를 사신으로 삼아 명나라로 파견했다. 물론 겉으로는 '명의 의혹 해소'를 내세웠다. 이방우는 다름 아닌 이성계의 장남으로, 이때 사신으로 다녀오면서 아버지 이성계가 혁명할 뜻이 확고하다는 것을 알고서는 황해도 해주의 한적한 곳에 숨어들어 술과 함께 은둔생활을 하다가 일찍 생을 마친다. 아버지가 혁명에 뜻이 없다면 굳이 두 아들을 사지에 가까운 곳에 가는 사신단에 포함할 이유가 없다고 생각했기 때문이다. 자신의 성격과는 맞지도 않았다.

이색 일행보다 한 달 늦게 떠난 강준백, 이방우 일행은 이색, 이방원 일행보다 한 달 이른 다음해 3월 개경으로 돌아온다. 이색과 이숭인의 입장에서는 강준백이 명나라에서 친조 명령을 받아내는 일이 더 급했던 것이다.

명 태조 주원장은 고려 문제는 귀찮아하는 수준에서 보고 있었다. 어차피 마음대로 왕을 내쫓고 새 왕을 세우고 하면서 왜 중국에게 관여하기를 바라는가 반문하면서 "새 왕을 명나라에 들어오지 못하게 하라"고 아예 못을 박아버렸다. 이색의 구상이 근본에서부터 부정당했다. 강준백 일행보다 한 달 늦게 돌아온 이색은 주원장을 직접 만나기는 했다. 이미 이색의 학문적 명성에 대해 들은 바 있던 주원장은 "그대는 원나라에서 벼슬을 지냈으니 중국말을 할 줄 알겠구나"라고 말했고, 당황한 이색은 친조를 청한다는 뜻으로 '請親朝'를 중국말로 했으나 주원장은 못 알아들었다. 어쩌면 못 알아듣는 척한 것인지도 모른다. 예부 관리가 다시 통역을 하고 나자 주원장은 "네 발음은 나하추와 같다"고 핀잔을 주었다. 나하추는 여진 지역을 지배하던 원나라 장수로 1362년 고려에 쳐들어왔다가 이성계에게 패했던 바로 그 사람으로, 결국 주원장에게 정복당했다. 이색의 제안에 대한 주원장의 부정적 반응으로 이색의 꿈은 무너져내렸다. 『동각잡기』에 따르면 이색은 개경으로 돌아와서 사람들에게 이렇게 말했다고 한다.

"지금의 황제는 주견이 없어서 내가 맘속으로 황제가 이 일을 반드시 물을 것이라고 한 것은 묻지 않고, 황제가 물은 것은 모두 내가 생각했던 바와 다른 것이었다."

당시 남경에서의 상황을 그대로 보여주고 있는 언급이다. 『연려실기술』은 당시의 배경에 대해 이렇게 설명한다.

"이색이 명나라에 사신으로 갈 것을 자청한 것은 장차 어떤 계획이 있었던 까닭에 태조가 의심할까 두려워서 태종을 데리고 갔던 것이다.

명 태조를 보고 우리나라를 붙들어 보호하여 달라는 뜻을 말하였으나, 황제가 일부러 알아듣지 못하는 체하였다고 한다."

당시 이색의 남경행은 워낙 많은 사람들, 특히 정계와 학계의 관심을 모았던 탓인지 그 밖에도 이런저런 일화들이 많다. 그중 이색의 외모와 관련해 주원장은 지극히 모욕적인 언사를 던지기도 했다.

"고려 말 공이 명나라에 가니 명 태조가 불러서 만났다. 공의 얼굴이 못났음을 보고 희롱하여 말하기를, '이 노인 얼굴은 그림 그릴 만하구나'라고 하였다."

『필원잡기』가 전하는 이 일화는 사실일 것이다. 이색의 철저한 좌절로 끝난 전반적인 흐름과 정확히 일치하기 때문이다. 그러면 그때 서장관으로 이색을 따라갔던 이방원은 이색과 함께했던 6개월 동안의 여정에서 무엇을 보고 무엇을 느끼고 무엇을 배웠을까? 건국 20년을 넘기면서 욱일승천의 기세로 올라가던 명나라의 기세를 보았을 것이고 우리가 얼마나 작은 나라인가를 절실히 느꼈을 것이며 우리가 가야 할 길은 명나라와 함께하는 길이라고 결심했을 것이다. 더불어 이색을 6개월 동안 가까이 관찰하면서 그가 이성계 진영과는 전혀 다른 길을 모색하는 인물이라는 사실을 분명히 파악할 수 있었다. 이색은 정치를 하고 있었고 이성계와 이방원은 혁명을 꿈꾸고 있었다.

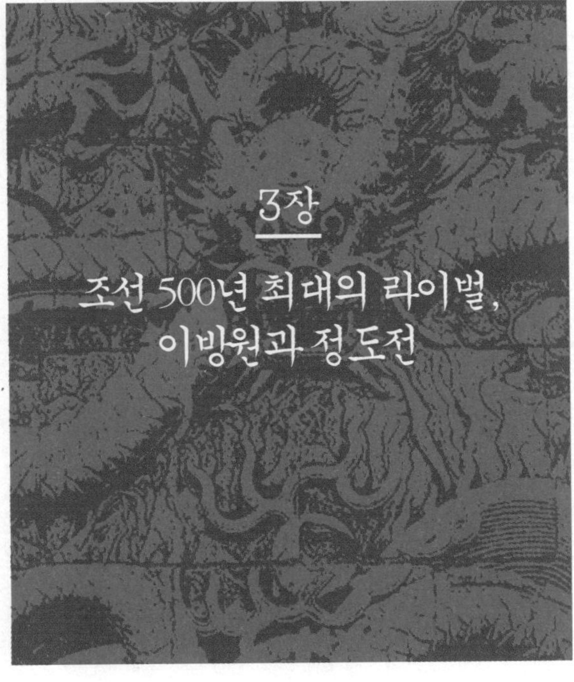

3장

조선 500년 최대의 라이벌, 이방원과 정도전

청년 정도전

삼봉(三峰) 정도전(鄭道傳). 조선 태조 재위 7년 동안 '일인지하 만인지상(一人之下 萬人之上)'의 최고 권력을 맘껏 누린 재상 치고는 집안 배경이나 출생 시기가 불투명하다. 학계의 오랜 연구에도 불구하고 명확하게 해명되지 못했다는 것은 그의 출생에는 뭔가 말 못 할 비밀이 숨어 있었다는 뜻으로 봐야 한다. 사실 정도전의 삶 전체가 말 그대로 풍운(風雲) 그 자체였다. 때로는 풍랑에 휩쓸리기도 했고 그 자신이 피의 격랑을 불러일으키기도 했다. 거센 비바람에 어쩔 수 없이 휩쓸리기도 했지만 남들을 자신이 빚어낸 폭풍우에 떠내려가게 만든 장본인이기도 했다.

정도전 영정_ 조선의 설계자로까지 칭송받는 정도전은 결국 2인자로서의 한계를 뛰어넘는 바람에 이방원에 의해 죽음을 맞게 된다.

출생을 둘러싼 논란

그의 출생에 관한 명시적인 기록은 없다. 이는 곧 그의 집안이 한마디로 별 볼일 없었다는 뜻이다. 다만 학계에서는 명나라와 외교 문서로 논란을 빚던 태조 5년(1396) 정도전이 명나라의 강권에도 불구하고 자신이 명나라에 갈 수 없는 이유의 하나로 "이미 55세가 되었기 때문"이라고 밝힌 것을 유일한 근거로 해서 그의 출생 연도를 1342년(고려 충혜왕 복위 3년)으로 보고 있다. 실제로 이렇게 추정할 경우 그의 생애에서 일어난 사건들이나 그와 관련된 사람들과의 관계도 비교적 아귀가 들어맞는다.

출생 연도는 그렇다 쳐도 그가 어디서 태어났는지에 대해서는 실마리조차 없다. 출생 당시 아버지 정운경이 중앙 관직인 홍복도감 판관이었다는 것을 근거로 개경이라는 설이 있고 외가에서 태어나던 당시의 관습을 근거로 해 충청도 단양이라는 설도 있다. 다만 그가 성장기를 개경에서 보낸 것만은 분명하다.

그런데 앞에서 이방원이 정도전을 죽일 때 '봉화백'이라고 불렀다. 경상도 봉화(지금의 영주)와 연관이 있었다는 이야기다. 실은 당시 이방원의 정확한 칭호도 사극 등에서 흔히 사용되는 정안대군이 아니라 '정안공'이었다. 여기서 잠깐 조선의 작(爵)에 대해 살펴보자. 작이란 원래 중국 은나라와 주나라 때 사용되던 귀한 술잔의 하나였다. 그릇의 모양이 참새와 닮아 참새 작(雀) 자를 써서 작이라고 부르기도 했다. 그후 고대 중국에서는 황제가 자식들을 제후로 봉해서 공(公), 후(侯), 백(伯), 자(子), 남(男)의 5등급으로 나눴다. 반면 왕실이 아닌 사람은 경(卿), 대부(大夫), 사(士)의 3등급으로 나눴다. 조선 초에는 황제국을 자처했던 고려의 전통이 남아 공, 후, 백이라는 작호를 사용했지만 태종 때 이를 각각 부원대군, 군, 부원군으로 바꿨다. 조선은 황제국이 아닌데 참람되게 공, 후, 백이라 할 수 없다는 사대의 차원에서 였다.

그런데 여기서 중요한 점은 봉화'백'이 아니라 '봉화'백이다. 정도전과 봉화는 어떤 연결고리를 갖고 있었을까? 봉화는 그의 아버지 대까지 조상 대대로 살던 곳이었다. 조상들은 향리 수준의 미미한 관리였고, 아버지 정운경이 처음으로 과거에 급제해 개경으로 진출했다. 오히려 그의 아버지는 1305년에 태어나 1366년 사망했다는 정확한 기록이 나온다. 그러니 모든 것이 모호한 정도전의 출생에 대한 궁금증은 더욱 커질 수밖에 없다.

경상도 산골 청년 정운경은 안동에서 사록이라는 벼슬을 지내고 있던 일곱 살 연상의 이곡과 사귀게 된다. 이곡은 이색의 아버지다. 이색과 정도전이 사제 관계를 맺게 된 배후에는 이미 이런 깊은 인연이 있었다. 정도전에 따르면, 아버지 정운경은 이곡과 함께 금강산을 비롯한 관동 지방을 함께 유람하기도 했다고 한다.

정도전은 정운경의 3남 1녀 가운데 맏아들로 태어났다. 동생들의 이름은 도존(道存), 도복(道復)이었다. 이걸 보면 정운경은 뜻을 갖춘 유학자였음을 알 수 있다. 유학의 도를 전하고, 지키고, 부흥시키라는 의미를 가진 이름들이기 때문이다. 정운경은 1359년(공민왕 8년), 정도전이 18세 때 정3품의 형부상서에까지 올랐다. 그랬기 때문에 정도전은 한결 쉽게 중앙 관직에 진출할 수 있었다.

문제는 어머니 쪽 핏줄이었다. 정도전 어머니의 외할아버지 김전은 승려였다. 김전에게는 수이라는 종이 있었는데, 김전은 이 수이의 아내와 관계하여 딸 하나를 낳았다. 바로 정도전의 외할머니다.

경상도 첩첩산중에서 일어난 연사(戀事)는 쉽게 묻혀버릴 수도 있었지만 세상사가 늘 그렇지는 않다. 이성계를 도와 우왕, 창왕을 폐하고 공양왕을 즉위시킨 후 정도전은 공양왕 3년에 우군 총제사에 올랐다. 이성계가 삼군 도총제사, 조준이 좌군 총제사로 이성계 진영 트리오가 병권을 확고하게 잡았다. 그런데 그해 9월 대간들이 정도전의 '출신'을 거론하며 탄핵 상소를 올렸고 실제로 이 때문에 그는 봉화로 유배를 가게 된다. 그의 출신과 관련해 대간들은 "정도전의 가풍이 바르지 못하고 파계(派系)가 밝지 못하다"고 지적했다. 다음해 4월에는 같은 성리학자 계통의 간관 김진양, 이확, 이래, 이감, 권홍, 유기 등이 합동 상소에서 "정도전은 천지(賤地)에서 몸을 일으켜 높은 벼슬에 올랐다"고 인신공격했다. 물론 정도전에 대한 공격은 정몽주를 중심으로 한 고려 사수파가 새 왕조 수립을 추진하는 이성계 진영에 대한 반격의 일환이기도 했다. 그러나 유일하게 정도전만 '출신'이 특별한 문제가 되었다.

우현보 집안과의 악연

도대체 개경의 고위 관리들이 100여 년 전에 있었던 김전의 일을 어떻게 알 수 있었을까? 이 의문을 풀 열쇠가 바로 우현보이다. 앞서 몇 차례 언급된 바 있는 우현보는 단양 출신의 유학자다. 김전은 우현보와 먼 인척간이었다. 『태조실록』 7년에 있는 정도전의 졸기(卒記-『실록』에 죽은 사람의 행적을 기록한 기사)의 일부다.

"우현보의 자손은 김전과 인척으로 이런 사실을 잘 알고 있었다. 정도전이 처음에 벼슬길에 오를 때 대간에서 고신(관리 신분증) 발급을 지연시키자 정도전은 우현보의 자손이 소문을 퍼뜨려 그렇게 되었다고 생각하고 원한을 품었다."

시간은 30여 년 전으로 거슬러 올라간다. 1362년 21세 때 정도전은 진사시에 합격했지만 다음해에 맡게 된 첫 보직은 뜻밖에도 외직인 충주목의 사록이었다. 1374년 여름에야 그는 종7품의 전교주부에 임명되어 개경에 돌아올 수 있었다. 아마도 이 무렵 뭔가 사건이 있었던 것 같다. 태종 때 편찬된『태조실록』원년 8월에는 좀더 상세한 기록이 나온다.

"정도전이 처음에 벼슬길에 오를 때 우현보의 아들들이 모두 정도전을 경멸하였고, 정도전이 승진할 때마다 사헌부에서 고신에 서명을 하지 않았다."

유심히 살펴보면 졸기의 기록과 이것은 다르다. 졸기에서는 처음 벼슬길에 오를 때 그들이 고신에 서명을 하지 않았다고 되어 있다. 그러나 여기서는 처음 벼슬길에 오를 때는 경멸했고 벼슬이 높아질 때마다 서명을 하지 않았다고 되어 있다. 졸기만 보자면 이것은 완벽한 날조 아니면 픽션으로 치부할 수 있다. 왜냐하면 우현보는 1333년생이다. 아무리 일찍 결혼해 아이를 낳고 그 아이가 과거에 일찍 급제해 벼슬을 한다고 해도 1362년 무렵에 사헌부의 관리가 될 수 없다. 게다가 한 명도 아니고 세 명이 그 자리에 오를 수는 없다. 일단『실록』의 기록을 존중한다면 졸기는 버리고 후자의 기록만 취해야 한다. 이쪽이 개연성이 높다. 당시 우현보의 세 아들은 우홍수, 우홍득, 우홍명이다. 이들은 정도전의 손에 죽는다.

삼각산 아래서 청년 시절을 보내다

정도전은 19세 때인 공민왕 9년 성균시에 합격하고 2년 후 10월 진사시에 합격해 관리의 길에 오른다. 공민왕 13년 전교주부를 거쳐 다음해에는 정7품의 통례문 지후로 승진해 공민왕을 보좌할 기회를 갖는다. 그러나 공민왕 15년 1월에는 부친상, 12월에는 모친상을 당해 고향 봉화로 내려가 3년상 기간 동안 여묘살이를 하며 보냈다. 이때 그는 두 동생과 지방의 학자들에게 성리학을 가르쳤고, 개경의 정몽주가 보내준 『맹자』를 열심히 정독을 했다고 한다. 이방원이 태어난 것(1367)은 정도전이 여묘살이를 하며 독서에 정진하고 있을 때였다.

공민왕 18년에 3년상이 끝났지만 그는 신돈의 전횡이 극에 달해 있던 개경으로 가지 않고 삼각산 옛집으로 돌아와 학문 연마에 힘을 쏟았다. 현실정치에 비판적이었던 것이다. 28세 청년 지식인이라면 당연한 세계 인식이기도 했다.

1370년(공민왕 19년) 이색이 주도하여 성균관을 중수하고 정몽주, 이숭인, 김구용 등을 학관으로 임명해 본격적으로 성리학을 강론한다는 소식이 들려와 개경에 잠시 다녀오지만 복직을 시도하지는 않았다. 여전히 신돈의 세상이었기 때문이다. 그는 1371년 7월 신돈이 주살되었다는 소식을 듣고서야 비로소 개경으로 돌아와 성균관 학관들의 천거로 정7품의 성균박사에 임명되어 복직했다. 그리고 곧바로 종6품의 예의정랑(조선의 예조정랑)으로 옮겼지만 학생들을 가르치는 일은 계속했다.

정치의 급물살에 휩쓸리다

어쩌면 그때부터 1374년(공민왕 23년) 9월 공민왕이 시해되기까지 3년의 기간이 정도전 생애에서는 가장 화려하면서도 평온한, 그래서 가장 행복했던 시기였는지 모른다. 공민왕의 각별한 총애를 받았고 맘껏 공부하며 학생들도 가르쳤다. 이때의 공민왕과 정도전은 마치 조선시대의 정조와 정약용을 연상시킨다. 쇠망해 가던 나라를 혁신하기 위해 안간힘을 다하는 '개혁' 군주와 새 세상을 향한 불타는 열정으로 그를 뒷받침하는 청년 지사. 실패가 예고되어 있었다는 점에서도 공민왕 개혁과 정조 개혁은 닮았다.

정조의 경우 아직은 '설'이기는 하지만, 둘 다 암살당하는 것까지도. 정도전과 정약용, 두 젊은 지식인은 각각 오랜 유배 생활을 거치며 당시로서는 혁신적 내용을 담은 방대한 저술로 새 국가의 방향을 제시한 점에서도 비교된다. 다만 다산은 끝까지 지식인으로 남았고 삼봉은 세

이인임 · 이제 가계도

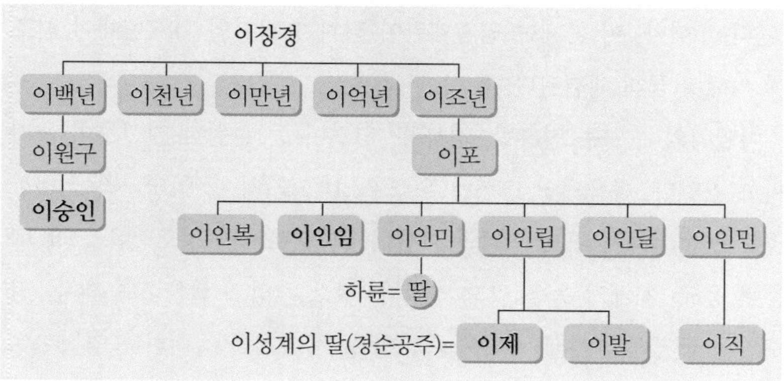

상을 움켜쥐었지만 결국 권력투쟁의 희생물이 되고 마는 차이는 있다.

우왕이 즉위하면서 고려는 다시 공민왕 이전으로 돌아갔다. 권문세족의 세상이었고 친원파들이 득세했다. 자연스럽게 대외 정책에서도 역사의 시곗바늘을 거꾸로 돌리는 친원반명의 기치가 높이 올랐다.

우왕이 즉위했으나 실은 이인임의 세상이었다. 이인임(李仁任 ?~1388년 고려 우왕 14년)은 문음으로 관직에 나와 1358년(공민왕 7년) 좌부승선(左副承宣-조선의 좌부승지)이 되었다. 1359년 홍건적이 침입하여 의주, 서경(평양) 등이 함락되자 서경존무사로 임명되어 홍건적을 물리쳤다. 1374년 공민왕이 피살되자 명덕태후의 의견을 무시하고 우(禑)를 왕으로 추대하여 정권을 장악한 뒤, 그때까지의 친명 정책을 버리고 친원 정책을 취하였다.

훗날의 이야기지만 이성계와는 이래저래 얽히게 된다. 이성계와 신덕왕후 강씨 사이에서 태어난 외동딸 경순공주와 결혼한 이제는 이인임의 친조카다. 게다가 명나라 공식 역사서에는 이성계가 이인임의 아들로 등재되는 바람에 조선 초 200년 동안 국왕들은 거의 매년 사신을 보내 이 문제를 해결해 줄 것을 간청하게 된다. 이를 종계변무(宗系辨誣)라고 했다. 이 문제는 임진왜란이 터지기 직전인 1587년에야 선조에 의해 말끔히 해결된다.

이인임의 주위는 염흥방, 경복흥, 임견미 등 친원파 권신들이 둘러싸고 있었다. 다음해인 1375년(우왕 원년) 고려와 함께 명나라에 대한 공격을 논의하기 위해 북원의 사신이 왔다. 34세의 정도전은 그때 예문관 응교, 지제교 등을 맡고 있었다. 평소 친명 노선을 고수해 온 정도전을 궁지에 몰아넣기 위해 이인임 등은 사신을 접대하는 영접사로 정도전을 임명했다. 불같은 성격의 정도전은 이를 정면으로 거부하면서 "내가 사신의 목을 베어오거나 체포하여 명나라로 보내겠다"고 맞섰다. 결국 그해 여름 정도전은 전라도 나주의 거평 부곡으로 귀양을 간다. 정도전의 재주를 아꼈던 경복흥은 사람을 보내 "내가 이인임에게 말하여 노여움이 많이 풀렸으니 조금 기다리면 좋은 소식이 있을 것"이라고 회유하기도 했다. 그러나 정도전은 이를 거절하고 귀양을 받아들였다.

밑바닥 인생에 눈뜨다

정도전의 어린 시절 집안은 그리 부유하지 못했다. 오히려 가난한 쪽에 가까웠다고 할 수 있다. 그렇다 하더라도 먹고사는 것을 걱정할 정도는 아니었고 신분 또한 분명히 양반이었다. 이런 그가 34세의 나이로 그냥 농촌도 아니고 '부곡'에서 유배 생활을 시작해야 한다는 것은 쉽지 않은 일이었다. 고려 말에 그 성격이 많이 완화되긴 했지만 그래도 부곡은 신라 때부터 향, 소와 함께 특수 천민들이 모여 사는 집단 거주지를 뜻했다.

원래 향, 소, 부곡이란 국가 성립 과정에서 각종 전쟁으로 생긴 포로나 투항자, 반역죄인, 생산 노비 등을 집단으로 거주하게 하면서 생겨난 일종의 특수 행정구역이다. 이들의 신분은 양민과 노비의 중간쯤 되었다. 소는 중앙정부에서 필요한 각종 물품을 생산 공급하는 공장(工匠)들이 집단적으로 모여 사는 마을이었다. 향과 부곡은 호장 등 지방의 토착 관리들이 통제했던 반면 소는 국왕에 소속된 주, 군, 현의 기관이 직접 주민들의 천적(賤籍)을 관리했다. 향, 소, 부곡은 주민들의 잦은 반란과 조선 초 행정 개편 등으로 15세기 후반이 되면 모두 사라진다. 따라서 정도전이 귀양살이를 하던 고려 말에는 전통적인 부곡의 성격이 상당히 남아 있었다고 봐야 한다.

정도전은 거평 부곡 중에서도 소재동이란 산간 마을에서 새로운 생활을 시작했다. 다행스럽게도 정도전은 이때의 생활을 「소재동기(消災洞記)」라는 글에 잘 담아놓았다. 그 밖에도 「답전부(答田父)」, 「금남야인(錦南野人)」 등도 당시 정도전의 시대 인식을 잘 보여주는 글들이다. 당시 그의 심정은 어떠했으며, 사회에서 천대받는 부곡 농민들의 삶을 그는 어떤 시각에서 바라보며 어떤 문제의식을 갖게 되었을까?

「소재동기」를 보면 거기에도 사람이 살고 식자(識者)가 있었으며 사람의 도리가 잘 지켜지고 있었다. 어쩌면 여기서 정도전은 무엇보다도 유학자들의 허위의식에 대해 크게 부끄러워했는지 모른다. 실제로 나머지 두 글은 각각 농부와 중앙 관리의 문답 형식으로, 또한 순박한 농사꾼이 박학다식을 자랑하는 유학자에게 보내는 경고문 형식으로 당시 지배계급의 위선을 통박하는 내용을 담고 있다. 여기에 등장하는 중앙 관리나 유학자는 보기에 따라서는 유배를 떠나오기 전의 정도전 자신일 수도 있었다.

6년의 유랑 생활을 접고 이성계를 찾아가다

거평 부곡에서 2년여의 유배 끝에 형이 다소 완화되었다. 거주지를 옮겨 다닐 수 있게 된 것이다. 그래서 1377년 7월 정도전은 먼저 고향인 봉화로 간다. 그리고 다시 형이 완화되어 개경을 제외한 어디든 원하는 곳에서 살 수 있게 되어, 어린 시절을 보낸 삼각산 아래 옛집으로 돌아와 아이들을 가르치는 일에 종사했다. 그러나 이 또한 쉽지 않았다. 이곳 출신의 재상이 그의 오두막집을 헐어버린 것이다. 그래서 과거에 함께 급제했던 부평부사 정의를 찾아가지만 여기서도 다시 압력을 받아 김포로 이사했다. 이리저리 떠도는 생활을 8년 가까이 하면서 혁명적 사고를 갖지 않는다면 오히려 그게 이상할 정도였다. 결국 정도전은 1383년 가을 이성계의 함주 막사로 찾아가기로 결심한다. 이미 이때 이성계는 북방 오랑캐 퇴치와 왜구 격퇴 등으로 전국적인 명망을 얻고 있었고 그때의 직함은 동북면 도지휘사로 동북 지방의 국방을 책임지고 있었다. 아마 이때는 탐색전 차원의 방문이었을 것이다. '이성계는 과연 함께 혁명을 할 만한 인물인가?'

이 무렵 이성계가 혁명을 구상하고 있었는지는 확실치 않다. 학계에서는 다소 부정적인 의견이 많다. 그러나 적어도 당시 시국의 심각성에 대한 인식은 함께했을 것이다. '이대로는 곤란하다.' 어쩌면 이방원과 정도전의 첫 만남도 이때 이뤄졌을 가능성이 있다. 이때 이방원은 17세, 정도전은 42세였다. 그러나 함주 막사에서 실제로 두 사람이 만났을 가능성은 별로 없어 보인다. 이방원은 그 전해에 진사시에 합격하고 1383년에 문과에 급제했기 때문에 개경에 머물며 공부를 하거나 산사에 들어가서 공부하고 있었을 것이기 때문이다. 오히려 이방원이 문과에 급제하고 중앙 관직에 진출한 직후 개경에서 처음 만났는지도 모른다. 대신 이때 정도전은 훗날 정치적 동맹 관계를 맺게 되는 이성계의 둘째 부인 강씨를 처음 만났을 가능성이 크다.

다음해, 즉 1384년 정도전은 다시 전의부령이라는 관직에 복귀한다. 그때까지는 서로 가까웠던 실력자 이성계와 정몽주 두 사람의 적극적인 추천이 있었던 것으로 보인다. 실제로 정도전은 그해 7월 성절사로 황제의 생일을 축하하러 떠나는 정몽주를 따라 서장관 자격으로 금릉을 다녀왔다. 정몽주와는 어려서부터 가까웠다.

그후 이성계의 본격적인 지원이 이뤄졌다. 1387년 부총리에 해당하는 수문하시중에 오른 이성계는 정도전을 성균 대사성으로 추천했다. 정도전의 나이 46세 때였다. 아마도 1384년 정도전이 관직에 복귀해 1387년 성균 대사성에 오를 때까지 3년이라는 기간 동안 이방원과 정도전의 교류도 대단히 활발했을 것이다. 서로 다른 입장에서이긴 하지만 두 사람 모두 이성계를 기반으로 한 새로운 세상 만들기를 꿈꾸고 있었다는 점에서는 확실한 공통분모를 나눠 갖고 있었을 것이기 때문이다.

혁명의 가시밭길을 택하다

1388년 5월 22일 위화도에서 회군한 이성계는 자신을 사지로 몰아넣으려 했던 최영 일파를 처단하고 실권을 장악했다. 이인임을 비롯한 권신들에 둘러싸여 시대착오적인 친원반명 세상을 꿈꿨던 우왕을 폐위하고 그 아들 창왕을 옹립했다. 다시 1년 만에 이성계는 창왕을 몰아내고 자신의 인척이기도 한 공양왕을 세웠다. 이 과정에서 정도전은 스승 이색과 갈라선다. 이색은 관직에서 쫓겨났다.

특히 조준, 조인옥, 윤소종 등이 앞장서고 이성계, 정도전 등이 뒤에서 지원한 전제 개혁(田制改革)이 강력하게 추진되면서 이색과는 더

멀어졌다. 과전법 실시를 골자로 하는 전제 개혁이란 간단히 말하면 귀족 대지주들이 독점하다시피 하던 전국의 토지를 국가가 몰수하여 인구에 따라 재분배하는 혁명적 조처였다. 토지 수확의 절반을 가져가는 기존의 토지 제도를 혁파하고 전국민을 자작농으로 만든 다음 국가에서 수확의 10퍼센트만을 세금으로 거두겠다는 것이었다. 이색은 기득권 대지주 쪽이어서 정면 대립이 불가피했다. 자신과 가까웠던 정몽주가 어쩡쩡한 입장을 취하자 정도전은 그와도 결별했다.

대신 그의 주변에는 남은, 심효생, 황거정, 이근 등 새로운 인물들이 포진하게 된다. 남은, 심효생은 1차 왕자의 난 때 정도전과 함께 이방원 세력에 의해 죽음을 당하게 된다. 황거정은 정도전의 지시로 이숭인을 죽였다가 훗날 태종이 즉위하고 나서 이 같은 사실이 뒤늦게 밝혀지는 바람에 고초를 겪게 된다. 새롭게 정도전 주변에 모여든 인물군과 관련해 한영우 교수는 "고상한 성리학자들과 교유하는 것이 아니라 혁명을 함께 실천할 야성적이고 무인적인 인사들과 친교를 맺었다"고 해석한다.

정도전으로서는 거칠 것이 없었다. 1390년(공양왕 2년) 6월 중서문하성의 세번째 고위직인 정2품 정당문학의 자리에 오른 정도전은 명나라에 성절사로 갔다가 이성계에게 결정적인 기여를 한다. 그보다 한 달 전 파평군 윤이와 중랑장 이초가 명나라 황제에게 이성계를 무고한 사실을 해명하고 돌아온 것이다. 윤이와 이초는 공양왕이 왕씨가 아니고 이성계의 친척일 뿐이며 이성계는 장차 명나라를 침범할 계획을 세우고 있다는 황당한 내용의 글을 황제에게 올렸다. 이것은 이색이 줄곧 명나라의 힘을 빌려 이성계를 견제하려던 움직임과 맥을 같이한다.

실제로 이때에도 윤이와 이초의 배후에 이색, 우현보 등 10여 명이 관여한 것으로 전해져 한때 이들은 고초를 겪어야 했다. 그러나 명나라에서는 이 사건을 윤이와 이초, 두 사람의 개인적 모함이라고 마무리하였고 그 바람에 고려 조정에서도 이색, 우현보 등을 석방하고 일단 지나갔다.

그러나 다음해 초 정도전은 다시 이색과 우현보 등의 처벌을 요구하는 상소를 올렸다. 이들은 우왕과 창왕을 옹립하는 데 앞장선 반역자들이라는 논리였다. 정도전은 스승과 일전을 펼치고 있었다. 결국 이색은 귀양을 떠나게 된다. 우현보는 손자 우성범이 공양왕의 사위였던 관계로 귀양은 면했다.

정국이 이처럼 급박하게 돌아가고 있던 1392년 3월 이성계가 해주에서 사냥을 하다가 말에서 떨어져 큰 부상을 입었다. 이를 알게 된 문하시중 정몽주는 대대적인 반격에 나섰다. 정몽주는 간관 김진양, 강회백, 정희 등을 시켜 이성계 세력의 핵심 인사인 정도전, 조준, 남은 등을 탄핵토록 했다. 이미 공양왕은 정몽주와 같은 노선을 걷고 있었고 이들은 모두 국문을 당한 다음 유배를 떠나야 했다. 특히 정도전은 봉화에서 체포되어 보주(甫州-지금의 예천)의 감옥에 갇혔다. 하마터면 보주의 감옥에서 생을 마감할 수도 있었다. 그렇게 되었다면 혁명의 꿈도 물거품이 되었을 것이다.

부상당한 이성계는 바로 개성으로 돌아가지 않고 예성강 변의 벽란도에서 요양을 하고 있었다. 이때 개경의 급박한 소식을 이성계에게 알린 주인공이 바로 이방원이다. 그리고 4월 2일 밤 이성계가 수레에 실려 개경으로 돌아옴으로써 일단 상황을 반전시킬 수 있는 계기는 마련되었다. 이어 이방원은 이틀 후인 4월 4일 조영규 등을 보내 선죽교에서 정몽주를 격살한 다음 저잣거리에 머리를 걸어두었다. 이로써 사실상 혁명은 성공의 길에 접어들게 된다. 정도전이 1차 왕자의 난 때 죽기 직전 "공이 예전에 이미 나를 살렸으니 이번에도 한 번만 살려주소서"라고 했던 것은 바로 이 일을 말한 것이다. 이방원이 무리를 해서 그때 정몽주를 죽이지 않았으면 적어도 정도전은 얼마 안 돼 사형당했을 가능성이 컸다.

보주 감옥에 있던 정도전은 공양왕의 명으로 전라도 광주로 이배되었다가 그해 6월 유배가 끝나 개경으로 돌아온다. 충의군이라는 작위도 되찾았고 고신을 빼앗겼던 두 아들도 고신을 돌려받았다. 이방원이 왕위에 오른 뒤에도 계속해서 "남은은 개국의 공이 컸지만 정도전은 별다른 공이 없다"고 말하는 이유는 이처럼 정도전이 혁명의 밑그림을 제공하기는 했지만 실질적인 거사와 관련해서는 이렇다 할 기여가 없었기 때문이다. 태종의 그 같은 주장에도 나름의 근거가 충분히 있다고 할 수 있다. 특히 남은은 정도전과 달리 위화도 회군 당시에도 이성계를 수행했던 인물이었다.

개경으로 돌아온 정도전은 조준, 남은 등과 함께 이성계 추대를 서둘렀다. 6월경 52명의 대소신료들은 추대 결의를 다졌고 7월 17일 공양왕에게 옥새를 받아내 이성계의 사저로 가서 옥새를 올렸다. 한동안 옥새 인수를 거부하던 이성계는 마침내 수락했다. 새로운 왕조의 탄생이었다.

태조 이성계는 왕위에 오른 지 보름 후인 1392년 8월 2일 공신도감을 설치한다. 개국공신을 선정하고 책봉하기 위해서였다. 개국에 대한 기여도는 누구보다 이성계 자신이 잘 알고 있었다. 8월 20일 공신들의 명단과 공훈이 3등급으로 나뉘어 발표되었다.

1등공신, 배극렴, 조준, 김사형, 정도전, 이제, 이화, 정희계, 이지란, 남은, 장사길, 정총, 조인옥, 남재, 조박, 오몽을, 정탁, 김인찬 등 17명이었다. 이들은 위화도 회군 때부터 늘 이성계의 주변을 지켰던 참모들과 고려의 대신들이었다. 이방원의 이름은 빠져 있었다.

그 밖에 태조 추대 모의에 뒤늦게 참여한 11명은 2등급, 변함없이 태조 지지의 입장에 있었던 16명은 3등급으로 모두 44명의 개국공신 명단이 발표되었다. 이방원의 이름은 2등급에도 3등급에도 없었다. 9월 27일에 7명이 추가되었고, 11월 19일 황희석 1명이 2등급에 또 추가되

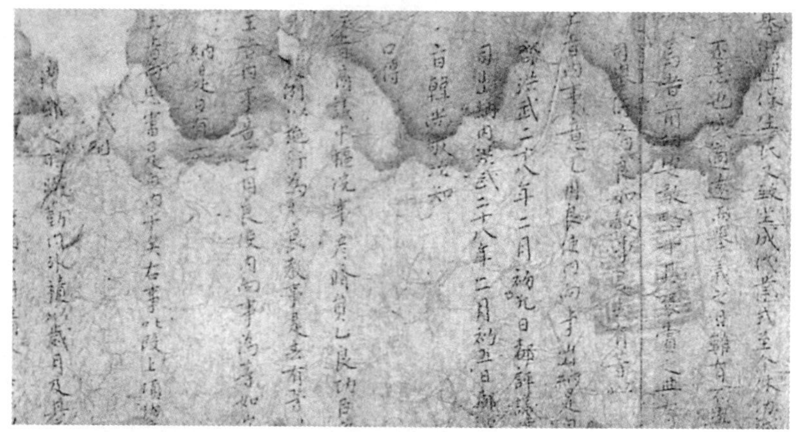

개국공신 이화의 공신녹권.

어 모두 52명의 개국공신이 확정되었지만 어디에도 이방원의 이름 석 자는 찾아볼 수 없었다.

누가 이방원을 개국공신 명단에서 지웠는가

정도전에게 의심의 눈길을 돌리는 시각이 있으나 여러 가지 정황으로 볼 때 그럴 가능성은 거의 없다. 개국공신 1등에 오른 조준은 태종 5년 60세를 일기로 세상을 떠난다. 그의 졸기에 태조의 계비인 신덕왕후 강씨의 두 아들 중에서 동생인 의안공 이방석이 세자를 차지하게 된 배경이 나온다. 태조 1년 8월 20일 의안공이 세자로 정해진 것을 볼 때 그보다 하루 전이나 며칠 전에 있었던 일로 보인다.

원래 태조 이성계가 사랑했던 아들은 의안공의 동모형(同母兄) 무안공 이방번이었다. 신덕왕후는 자신의 두 아들이 개국에 공이 있다며 신의왕후 한씨의 아들이 아니라 자기 아들 중에서 세자를 세워야 한다고 태조를 설득했다. 이에 태조는 측근 중의 측근인 배극렴, 정도전,

96

남은, 조준, 김사형을 은밀하게 불러 이 문제를 논의하도록 했다. 다섯 사람 모두 개국공신 1등에 오른 사람들이다.

일흔을 바라보던 원로대신 배극렴이 먼저 나섰다. 이성계와 함께 수많은 생사의 고비를 함께 넘어온 혁명 동지였다.

"적장자(嫡長子)를 세우는 것이 고금을 통한 의리입니다."

원론에 가까웠다. 이렇게 할 경우 세자는 신의왕후 한씨가 낳은 진안공 이방우였다. 이에 태조는 못마땅해하는 표정을 지으며 조준에게 물었다. 조준은 의미심장하게 답했다.

"세상이 태평하면 적장자를 먼저 세우고 세상이 어지러우면 공(功)이 있는 이를 먼저 하오니, 원컨대 다시 세 번 생각하소서."

당시는 건국 원년이다. 누가 봐도 태평보다는 어지러운 쪽이었다. '공이 있는 이'란 말할 것도 없이 정안공이다. 그때 이를 엿듣고 있던 신덕왕후 강씨가 밖에서 소리가 들릴 정도로 크게 울기 시작했다. 자기 아들이 세자 후보군에도 끼지 못하는 것에 대한 일종의 항의 표시였다.

태조는 조준에게 종이와 붓을 전해주며 이방번의 이름을 쓰라고 했다. 조준은 엎드렸으나 이름을 쓰지 않고 버텼다. 그러자 태조는 이방석을 세자로 삼겠다고 밝혔고 신하들은 더 이상 이의를 달지 못했다고 한다.

이방번을 주장하던 태조가 왜 갑자기 열 살 남짓한 이방석을 세자로 정한 것일까? 이에 대해서는 8월 20일자 『실록』이 단서를 제공한다.

태조는 강씨의 뜻을 존중하여 이방번으로 정하려고 했다. 그런데 공신들이 반대했다. "이방번은 광망(狂妄)하고 경솔하여 볼품이 없다"는 것이다. 그래서 공신들이 사적으로 찾아와 이야기하기를 굳이 강씨의 아들 중에서 세운다면 막내아들이 조금 낫겠다는 의견이 많았다. 정도전도 이런 정도의 역할은 했을 것이다.

이렇게 결정하고서 태조는 공개적인 자리에서 신하들을 모아놓고 "누가 세자가 될 만한 사람인가?" 묻는다. 이제 장자를 세워야 한다든가 공이 있는 사람을 세워야 한다고 '간절히' 말하는 사람은 없었다. 배극렴이 앞장섰다. "막내아들이 좋습니다."

이렇게 해서 세자 자리는 전혀 엉뚱하게도 이방석에게 돌아갔다. 이날 정안공 이방원의 심정을 헤아리기는 그리 어렵지 않다. 끝 모를 나락으로 굴러 떨어지는 느낌 그 자체였을 것이다. 엎친 데 덮친 격으로 세자를 정하던 날 함께 발표된 개국공신 명단에도 '이방원'이란 이름은 없었다.

남은, 심효생과 함께 날개를 단 정도전

이방원이 심연(深淵) 속으로 빠져들고 있을 때 정도전은 하늘 높은 줄 모르고 치솟았다. 정도전은 이방원이 개국공신에서 빠지게 되는 데 영향력을 행사하지는 않았다. 그러나 이방석이 세자로 정해짐으로써 전개되는 새로운 정국을 올라탔다. 여기에는 남은과 심효생도 뜻을 같이했다. 게다가 심효생은 2년 후 방석의 장인이 된다. 태조 이성계 시대 7년을 이끌 정도전, 남은, 심효생 트리오의 탄생이었다.

집권 열흘 후인 7월 28일 이성계는 정도전이 지어 올린 17조의 '편민사목(便民事目)'이라는 일종의 혁명 공약을 발표했다. 여기에는 왕씨

처리 문제, 관혼상제의 정비 등과 함께 이색, 이숭인, 우현보, 설장수 등 반혁명 세력 56명에 대한 처벌도 명시되어 있다. 원래 이들 4명은 섬으로 유배 보내기로 되어 있었으나 이성계가 처벌을 완화했다. 그런데 이색의 아들 이종학, 우현보의 세 아들인 홍수·홍득·홍명, 이숭인, 정몽주의 지시로 정도전을 탄핵했던 김진양 등 8명이 정도전의 밀명을 받은 손흥종과 황거정 등에 의해 곤장 100대를 맞고 사망했다. 이색, 우현보, 이숭인은 고려 말부터 정도전의 숙적이었다. 이 일은 훗날 태종 때 뒤늦게 진상이 알려지면서 커다란 정치 문제가 된다. 그리고 『실록』은 일관되게 정도전과 남은 등이 사적인 감정으로 이들을 죽였다고 기록하고 있고 적어도 절반의 진실은 담겨 있다. 특히 정도전의 경우 출생의 비밀과 이들이 어떤 식으로건 얽혀 있었다.

　개국 직후 정도전이 맡았던 직책을 보면 당시 그의 권세를 짐작해볼 수 있다. 품계는 1품 숭록대부였고 작위는 봉화백이었다. 직책은 문하부 시중(영의정) 다음가는 문하시랑 찬성사로 권력 서열 3위, 최고정책 결정 기구였던 도평의사사의 최고 책임자인 동판사, 경제 문제를 총괄하는 호조 판사(훗날의 호조판서), 인사 행정을 총괄하는 상서사 판사, 각종 국가 문서의 작성 등을 책임지는 보문각 대학사(훗날의 예문관 대제학), 국왕을 학문적으로 보필 교육하고 역사 편찬을 책임지는 경연예문춘추관 지사에다가 이성계의 친병인 의흥친군위의 2인자 격인 절제사를 겸했다.

　문무에 두루 걸쳐 최고 또는 그 다음 직책들을 동시에 맡은 정도전은 흥미롭게도 이들 분야에서 모두 '최고'로 꼽힐 만한 뛰어난 학식과 깊은 조예가 있었다. 그는 현실정치의 바쁜 와중에도 집권 열흘 만에 혁명 세력의 비전과 계획이 담긴 장문의 '편민사목'을 내놓았고, 3개월 후에는 조준, 정총, 박의중, 윤소종 등과 함께 『고려사』 편찬 작업을 시작해 태조 4년에 37권으로 완성한다. 그러나 이 책은 태종의 집권으로 인해 세종대에 이르기까지 고려 후기의 서술 부분을 둘러싸고 여러 차례 개찬 작업을 거치게 된다. 바로 정도전과 이방원의 역할을 둘러싼 기술과 해석 문제 때문이었다.

태조 2년에는 주로 병서인『오행진출기도(五行陣出奇圖)』와『강무도(講武圖)』그리고『사시수수도(四時蒐狩圖)』와 주로 이성계의 업적을 찬양하는「납씨가」(나하추 격퇴),「정동방곡」(위화도 회군 찬양) 등을 지었다. 정도전의 학문이 책상물림이 아니라 문무를 넘나들고 문학과 음악 등 예술과도 어우러지는 경지에 이르렀음을 보여준다. 특히 태조 2년 초에 집중적으로 병서들을 지었다는 것은 집권 후 1년 동안 그의 최대 관심사가 무엇보다도 군사 문제였음을 보여준다는 점에서 대단히 중요하다.

사실 고려 때는 문신들도 지휘관이 되어 문무를 넘나들던 것이 관행이었음을 고려하면 정도전이 병서들을 짓고 군사 문제에 깊은 관심을 쏟은 것 자체는 그리 놀랄 바가 아니다. 다만 궁금한 것은 적어도 그의 이력만 보면 그가 맡았던 관직들은 하나같이 전형적인 문관, 그중에서도 학문과 관련된 분야였다는 점에서 아마 병법 문제에 대한 안목은 3년의 유배와 6년의 유랑 시절 혁명을 꿈꿀 때 책을 통해 익혔을 것으로 보인다. 그리고 그 수준이 뛰어났다는 것은 우리 역사에서 왕건, 이순신 등과 함께 세 손가락 안에 꼽힐 만한 최고의 무장 이성계가 그가 지은 병서들을 인정했다는 점으로도 알 수 있다.

의흥친군위라는 당시 군사 조직의 서열상으로만 본다면 정도전은 두 번째였다. 최고 책임자는 이성계의 배다른 동생인 이화가 맡고 있었고 그 밑에 정도전과 이지란이 함께 절제사를 맡았고 그 아래 남은, 김인찬, 장사길, 조기 등이 동지 절제사로 포진하고 있었다. 남은, 장사길은 1등공신, 조기는 2등공신이었고, 김인찬은 곧 세상을 떠나는 바람에 공신 대열에 들진 못했지만 그가 좀더 살았다면 족히 1등공신이 될 만한 이성계의 심복이었다.

이처럼 서열상으로는 2인자였지만 정도전에게는 다른 사람들에 비할 수 없는 국가 전략과 무르익어 가던 당대 최고의 학식이 뒷받침되고 있었다. 이성계 정권에서 그가 넓은 의미의 국가 안보 분야 최고 실권자가 될 수 있었던 것도 그 때문이다.

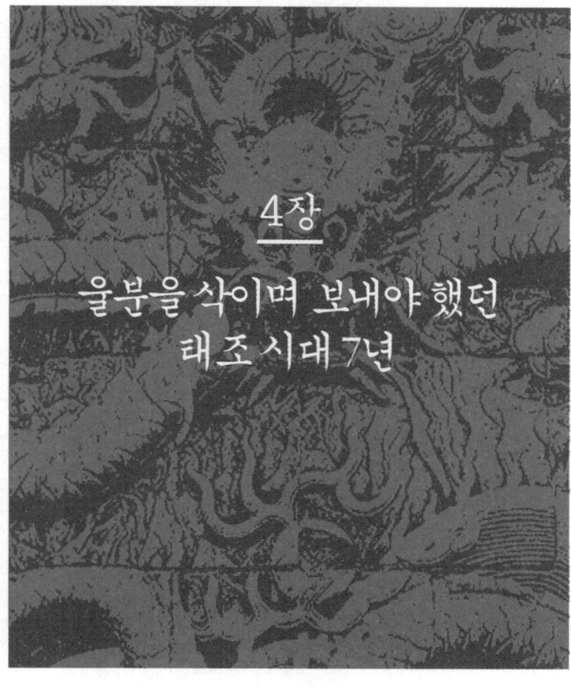

4장

울분을 삭이며 보내야 했던
태조 시대 7년

　1392년 7월 17일 이성계가 왕위에 오르자 왕자로 신분이 바뀐 이방원은 8월 7일 정안공에 봉해진다. 그리고 2주 후인 8월 20일 세자 자리는 엉뚱하게도 배다른 동생 이방석에게 돌아갔다. 게다가 같은 날 공표된 개국공신 명단에도 그의 이름은 없었다. 이때 이방원의 나이 26세였다. 젊었기에 울분은 더 컸고 그만큼 분노도 깊었다.

　이성계는 이방원을 달래기 위해 집안 대대로 전해오는 동북면 가별치의 500여 호를 내려주었다. 그리고 얼마 후 왕자들과 개국공신을 각도의 절제사로 삼아 사병(私兵)인 시위패를 거느릴 수 있도록 하면서 이방원에게는 전라도를 맡겼다. 이방번이 절제사로 동북면을 맡게 되자 이방원은 가별치를 방번에게 넘겨주었다. '공신 중의 공신' 이방원이 포상으로 받은 것은 이것이 전부였다.

　특히 이듬해인 1393년과 1394년은 이방원으로서는 그때까지 살아오면서 가장 힘들었던 시기라고 할 수 있다. 열정은 흘러넘쳤다. 그러나 자신이 할 수 있는 게 없었다. 전라도 절제사라고 하지만 그 정도에 만족할 이방원이 아니었다. '내가 왜, 무엇을 위해 혁명을 했는데!'라는 억울함을 곱씹고 또 곱씹었을 게 분명하다. 특히 이 기간 동안 정도전이 요동 정벌을 명분으로 내걸고 중앙상비군을 건설해야 한다면서 자신의 목을 죄어온다고 생각했을 때는 피가 거꾸로 솟았을 것이다.

이방원은 2차 왕자의 난 직후 세자(혹은 세제)의 자리에 잠시 있었다. 정종 2년(1400) 6월경 이방원은 서연에 참석해 신하들에게 이렇게 말한다.

"우리집은 태상왕(이성계)께서 병권을 잡았기 때문에 고려 말에 이르러 '화가위국(化家爲國-가문을 이끌어 나라를 이루다)'할 수 있었다. 무인년의 남은·정도전의 난 때도 우리 형제가 만일 병사를 가지지 않았더라면 어떻게 그에 응하여 변을 제압할 수 있었겠는가? 박포가 회안공에게 접근한 것도 회안공에게 병권이 있었기 때문이다."

이 말은 곧 5~6년 전 이방원 자신의 생각을 고스란히 보여주는 것이다. '다른 것은 양보해도 병권만은 절대 양보할 수 없다. 병권을 놓치면 죽는다.'

그렇다고 정안공 이방원이 당시 고립무원의 지경에 빠진 것은 아니었다. 어쩌면 그랬기 때문에 7년이라는 기간 동안 정도전 일파의 무차별 공세를 이겨낼 수 있었는지도 모른다. 나중에 갈라서게 되지만 여러 명의 형들이 있었고 의흥친군위의 최고사령관으로 군사를 총괄하던 작은 아버지 이화는 늘 이방원의 든든한 버팀목이었다. 그 밑에 두 자리의 절제사 중 하나는 정도전이 차지했지만 나머지 한 자리는 아버지의 친구이자 변함없는 이방원의 후원자 이지란의 몫이었다. 그 아래 동지 절제사 남은, 김인찬, 장사길, 조기 중에서 남은은 정도전의 동료, 장사길은 이방원의 심복이었다. 비록 자신은 개국공신 명단에 들지 못했지만 이방원을 따르던 많은 장수들이 공신에 포함되고 군사상의 요직에 두루 포진하고 있었다. 정도전으로서도 한꺼번에 이들을 숙청한다는 것은 사실상 불가능했다. 게다가 이방원에게는 시간이라는 비장의 무기가 있었다.

건국 초 대명 외교의 난제를 해결하다

조선왕조의 성립은 명나라에 대한 사대(事大) 외교와 밀접하게 연결되어 있었다. 조선이라는 나라의 성립 자체가 반원친명 세력의 집권이었다. 그래서 적어도 '1년 3사'라 해서 신년에 가는 하정사(賀正使), 황제 생일을 축하하는 성절사(聖節使) 그리고 황태자 생일을 축하하는 천추사(千秋使)를 기본으로 하는 명나라와 조선의 외교 관계가 성립됐다. 그 밖에도 사은사, 주청사, 계품사 등 다양한 이름의 비정기 사행(使行)이 있었기 때문에 적어도 1년에 3회 이상 조선은 명나라에 사신을 보냈다. 이에 대해 명나라는 1년에 한두 차례 사신을 보냈다.

그런데 태조 2년(1393) 조선에 온 명나라 사신 황영기와 최연이 조정에 전달한 문서에는 '조선이 명나라를 업신여기고 있다'며 책망하는 내용이 들어 있었다. 깜짝 놀란 태조 이성계는 즉각 중추원 학사 남재를 주문사로 임명해 명나라 금릉으로 가서 황제에게 이에 관해 해명하도록 했다. 황제는 명나라를 세운 주원장이었다. 그해 9월 돌아온 남재는 주원장이 "앞으로는 3년에 한 번씩만 사신을 보내라. 앞으로 하는 것을 보아가며 내가 사람을 보내 너희를 부르겠다"고 말했다고 조정에 보고했다. 이에 이성계는 바로 중추원 학사 이직을 사은사로 임명해 다시 예전처럼 '1년 3사'로 조공하도록 허락해 달라고 요청하라며 금릉으로 파견했다. 그러나 이직 일행은 요동성 밖 백탑에 이르러 입국을 거부당해 그냥 돌아와야 했다.

게다가 이때 사태를 어렵게 만든 일이 두 가지 더 있었다. 하나는 조선 해적이 중국 연안을 침입한 사건이고 또 하나는 조선의 요동 정벌론이었다. 뒤엉킨 명나라와 조선의 외교 문제는 다음해인 태조 3년 최연과 황영기가 각각 연이어 파견되면서 실마리가 잡히기 시작했다. 명나라는 북벌에 필요한 말 1만 필을 보낼 것, 그리고 이성계의 장남이나 차남이 해적 사건의 범인을 직접 압송해 금릉으로 들어올 것 등을 요구했다.

이성계는 고민에 빠졌다. 진안공 이방우는 이미 1년 전에 세상을 떠났고, 다섯째 아들인 정안공 이방원을 제외하고는 이렇다 할 학식을 갖춘 아들이 없었다. 게다가 이방원은 이미 6년 전인 1388년 이색을 따라서 서장관으로 명나라에 다녀온 적이 있었다. 그러나 이성계로서는 이 중차대한 순간에 목숨까지 위태로울 수 있는 일을 이방원에게 맡기기에는 크게 미안한 마음이 들지 않을 수 없었다. 건국 직후 대부분의 신하들이 당연하게 세잣감으로 보았던 이방원을 제치고 신덕왕후 강씨의 눈물 작전에 넘어가 방석을 세자로 정한 게 불과 2년 전의 일이 아니던가? 태조 3년 6월 1일 태조는 이방원을 불러 이른다.

"명나라 황제가 지금 우리에게 어려운 요구를 하고 있다. 네가 아니면 답할 사람이 없다."

"종묘와 사직의 크나큰 일을 위해서 어찌 감히 사양하겠습니까?"

조반_ 중국어와 몽골어에 능통해 사신으로 명나라에 자주 다녀왔다. 1394년 11월에도 명나라로 가는 이방원을 수행했다.

여기서 우리는 이방원의 스케일을 보게 된다. 『실록』은 태조가 눈물을 글썽였다고 전하고 있다.

"너의 체질이 파리하고 허약한데 만 리 먼 길을 탈 없이 갔다 올 수 있겠는가?"

조정 신하들은 하나같이 정안공이 위험에 처할 수 있다고 만류했다. 위험은 크게 두 가지였다. 여행 도중의 위험과 명나라에 인질로 잡힐 수 있는 위험이었다. 그때 1년 전에 금릉에 갔다 온 문하부 참찬사 남재가 "정안군이 만 리 먼 길을 떠나는데 우리들이 어찌 베개를 베고 여기에서 죽겠습니까"라며 다시 자신이 따라가겠다고 나섰다. 이렇게 해서 이방원과 남재 그리고 중추원 지사 조반으로 구성된 사신단이 금릉에 들어갔다. 이들은 다행스럽게도 황제를 여러 차례 직접 만날 수 있었고, '민생을 구휼하고 천명을 경계하라'는 조칙을 받아 돌아왔다. 조선에 대한 주원장의 의구심을 말끔하게 풀어주고 돌아온 것이다. '1년 3사'의 외교 관계도 회복되었다. 외교적인 대성공이었다.

당시 금릉에 갔을 때 조선 국왕의 아들이 왔다고 해서 명나라 조정에서도 융숭한 대접을 해주었다. 이때 정안공 이방원은 남경으로 가던 도중 북경에서 주원장의 아들인 연왕(燕王)을 만날 기회가 있었다. 연왕을 만나본 후 이방원은 함께 갔던 사람들에게 "연왕은 왕으로 머물러 있을 인물이 아니다"라고 말했다. 평소에도 "말과 사람을 알아보는 눈은 그 누구에게도 뒤지지 않는다"고 자부해 온 이방원이었다.

실제로 4년 후인 1398년(태조 7년) 명 태조 주원장이 사망하자 7년 전에 죽은 황태자 대신 황손인 명 혜제가 즉위하지만 얼마 후 연왕은 형제, 조카들과 피비린내 나는 내전(內戰)을 치른 끝에 황제의 자리를 쟁취했다. 이를 중국사에서는 '정난(靖難)의 역(役)'이라고 부른다. 이때가 태종 2년(1402)이다. 그가 바로 영락제 성조다. 성조는 1421년(세종 3년) 수도를 금릉에서 북경으로 옮긴다. 자금성 공사를 설계하고 기초를 다진 것도 영락제 때이며 유명한 환관 정화의 일곱 차례에 걸친 해양 원정도 그의 주도로 이뤄졌다. 대외 확장형 황제였던 것이다.

구조적으로만 본다면 연왕의 황위 탈취 과정은 세조와 비슷하다. 그래서 수양대군이 단종 때 안평대군과 김종서 등을 숙청하고 권력을 잡았을 때 공신을 '정난공신'이라고 했는지 모른다. 그러나 무력을 통한 권력 쟁취라는 면에서는 영락제와 태종의 관계도 크게 다를 바가 없

명 성조 영락제_ 명나라를 세운 홍무제의 넷째 아들로 조카 건문제에
게서 왕위를 빼앗아 황제의 자리에 올랐다.

다. 권력 투쟁에서 첩보전의 중요성을 잘 알고 활용했던 점에서도 공
통점을 갖는다. 그리고 두 사람의 재위 기간도 영락제가 훨씬 길기는
하지만 비슷하게 겹친다. 아마도 이방원이 연왕을 알아본 것처럼 연왕
도 이방원을 보면서 '조만간 임금이 될 사람'임을 알아차렸을 것이다.
하필이면 이방원의 칭호도 '난을 진압해 평안을 이룬다'는 뜻의 정안
(靖安) 아닌가.

　이런 문제와는 별도로 정안공 이방원이 두 차례나 명나라 금릉을 다

녀왔다는 것은 중요한 의미를 갖는다. 무엇보다 직접 명나라와 조선의 실상을 다시 한 번 두 눈으로 확인할 수 있었다는 점이다. 이것은 우리나라의 영토에 대한 현실적인 감각을 갖게 하는 것임과 동시에 세계에 대한 열린 시야를 갖도록 해주었을 것이다. 또 요동을 둘러싼 국제 역학 관계에 대한 나름의 정확한 인식을 분명하게 할 수 있는 기회이기도 했다. 위험을 감수한 두 차례의 금릉행은 훗날 태종에게 외교·군사적으로 중요한 자산이 된다.

정안공 이방원의 인맥

처가가 평범한 집안이었다면 과연 이방원이 두 차례의 왕자의 난에서 성공을 거둘 수 있었을까? 대단히 어려웠을 것이다. 무엇보다 부인 민씨가 대담했다. 훗날 원경왕후(元敬王后, 1365년 고려 공민왕 14~1420년 세종 2년)가 되는 민씨는 이방원보다 두 살 많았고 18세 때인 1382년 막 진사시에 합격한 이방원에게 출가하여 1392년(태조 1년) 정녕옹주에, 1400년(정종 2년) 2차 왕자의 난으로 방원이 왕세자가 되자 정빈(貞嬪)에 봉해진다. 세종대왕의 어머니이기도 하며 4남 4녀를 두게 된다.

장면 1 : 1차 왕자의 난이 일어난 1398년 8월 26일 저녁 8시 무렵 이방원의 집은 대단히 분주했다. 이 시각 이방원은 경복궁을 벗어나 집을 향해 달려오고 있었다. 그사이 부인 민씨는 얼마전 사병을 혁파할 때 몰래 집안에 숨겨두었던 갑옷이며 무기들을 샅샅이 찾아내느라 정신이 없었다. 잠시 후 동생들인 대장군 민무구, 장군 민무질 등도 집에 도착해 각종 병기들을 점검하며 '매형'이 돌아오기를 손꼽아 기다리고 있었다. 말을 타고 헐레벌떡 집에 돌아온 이방원은 거사를 앞두고 잠시 망설였다. 이때 말없이 그의 갑옷을 입혀주며 결심을 촉구한 이가 바로 민씨다.

장면 2 : 2차 왕자의 난이 일어난 1400년 1월 28일 개경 시내에서는 형제 간의 전투가 한창이었다. 정안군 이방원의 선봉장이었던 목인해는 이방원 집의 말을 타고 돌격하다가 전사했다. 그때 말이 혼자 달아나 이방원의 집 마구간으로 찾아들었다. 이를 본 민씨는 싸움에서 남편 쪽이 패했다고 생각하고 남편과 함께 죽기 위해 싸움터를 향해 갔다. 시녀 김씨 등 다섯 명이 만류했으나 뿌리치고 싸움터로 향했다가 가까스로 종들이 가로막아 집으로 돌아왔다. 그리고 얼마 후 이방원군의 승전 소식이 전해진다. 사실 제1장에서 본 대로 민씨는 이날도 형님과의 전면전을 망설이는 이방원의 어깨에 갑옷을 걸쳐주었다.

이런 민씨의 아버지가 민제다. 학식과 덕망이 있어 고려 말부터 예조 판서, 예문관 제학 등 예(禮)를 다루는 분야에서 뛰어난 활동을 보인 인물이다. 자기 분수를 알았고 바둑두기와 시짓기를 즐겨 주변에 좋은 사람들이 많이 몰렸다. 그를 찾아와 사위 이방원을 소개해 달라고 했던 하륜이 대표적인 경우다. 그 밖에 민제는 먼 인척 관계인 이무, 조호 등과도 가깝게 지냈다. 이무(李茂, ?~1409년 태종 9년)는 고려 때의 판서 이거경의 아들로 문무에 두루 능통하였다. 그러나 우왕 때 이인임파로

몰려 유배당하고 1차 왕자의 난 때는 정도전, 남은과 가까웠음에도 불구하고 그쪽의 이방원 제거 움직임에 관한 정보를 이방원 쪽에 흘려 정사공신 2등에 책록되었다. 그리고 2차 왕자의 난 때는 하륜과 함께 주도적 역할을 함으로써 좌명공신 1등에 오른다. 1402년 우정승에까지 올랐지만 1409년 태종의 처남인 민무구·민무질의 옥사에 연루되어 결국은 사사(賜死)되고 만다. 그러나 그는 지리학 분야에도 큰 업적을 세웠다.

주로 왜구 격퇴와 대마도 정벌 등에서 군사적 경험을 쌓은 바 있는 이무는 김사형, 이회 등과 더불어 원나라 이택민이 만든 '광피도(廣被圖)'와 승려 청준이 만든 '혼일강리도(混一疆里圖)'를 정리해 종합한 다음 요하(遼河)의 동쪽에 있는 조선과 일본을 추가해 동아시아 지도인 '혼일강리역대국도지도(混一疆里歷代國都地圖)'를 제작했다.

처가 식구들의 헌신

민제에게는 자식이 4남 3녀가 있었다. 4남은 민무구, 민무질, 민무휼, 민무회였고 3녀는 원경왕후 민씨를 비롯해 셋이었다. 이들 두 명은 각각 노한과 조박과 결혼했다. 따라서 두 사람은 이방원의 동서다. 민무구와 민무질 그리고 조박과 노한은 다소의 우여곡절을 겪기는 하

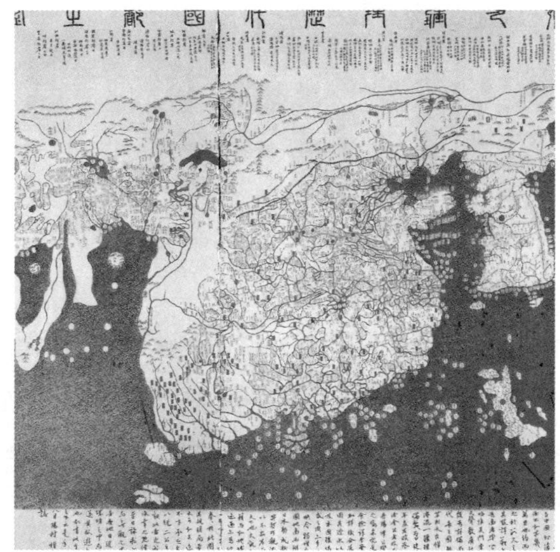

'혼일강리역대국도지도' _ 이무가 김사형, 이회 등과 만든 세계 지도.

지만 이방원이 권좌에 오르기까지 헌신적인 노력을 다한다. 그 밖에 민무구 형제 주변에 모여 있던 조희민, 이지성, 윤목, 이빈, 유기 등도 이방원을 도와 정사공신이나 좌명공신 등에 올랐다. 그런데 이들은 훗날 민무구·민무질 역모 사건에 연루되어 모두 죽는다.

이들이 이방원의 즉위에 얼마나 크게 기여했는지는 공신 목록을 보면 알 수 있다. 정사공신 1등 12명 중에 처가 식구나 그들과 관련된 인물은 이무, 조박 등 2명이 있었고 2등 17명 중에는 민무구, 민무질, 신극례 등 3명이 포함되었다.

왕실 종친들의 든든한 지원

종친 중에서 변함없이 이방원을 지켜준 인물은 이성계의 이복동생 의안백(아직은 군, 대군의 칭호가 사용되지 않을 때라 백이라고 했다) 이

116

화(李和)다. 이화는 늘 이성계와 이방원의 노선을 추종하였으며 고비고비마다 결정적인 조언을 해준 인물이다. 정몽주가 이성계의 동태를 살피고 돌아갈 때 이방원에게 "몽주를 죽일 때는 지금"이라고 조언하기도 했다. 조선 건국 후에는 최고 지휘권을 갖고서 물심양면으로 정안군 이방원을 도왔고 그후 이방원이 거사를 할 때마다 늘 그의 곁에 있었다.

특히 2차 왕자의 난 때는 골육상쟁을 다시 할 수 없다며 눈물을 흘리던 이방원에게 함께 울면서도 "방간의 흉악함이 이 지경에 이르렀는데 어찌 형제간의 작은 정 때문에 나라의 큰 계책을 돌보지 않는가"라고 오히려 이방원을 떼밀다시피 하며 싸움터로 함께 나갔던 그다. 그래서 개국·정사·좌명 3공신에 올라 당시 가장 많은 땅과 재산을 가졌다고 한다.

그 밖에 같은 어머니에서 난 익안공 이방의, 회안공 이방간 등도 1차 왕자의 난 때까지는 세자 방석과 정도전 견제라는 차원에서 입장을 같이했다. 태조의 이복형 이원계의 아들인 이천우도 확실한 이방원 지지 세력이었다.

같은 어머니 한씨에게서 난 경신공주의 남편 이저, 경선공주의 남편 심종도 당연히 이방원 편이었고 반면에 강씨 소생 경순공주의 남편 이제는 세자 편이었다. 이저는 아버지 이거이와 동생 이백강을 끌어들였고 이백강은 훗날 태종의 첫째 딸 정순공주의 남편, 즉 이방원의 사위가 된다.

개국 2등, 정사 2등에 책록되는 공신 조온(趙溫, 1347년 고려 충목왕 3년~1417년 태종 17년)은 이성계의 조카다. 이성계의 여동생이 조온의 어머니다. 그래서 위화도 회군 때부터 줄곧 이성계를 따랐고 개국 후에는 정도전과 대립하던 사촌 동생 이방원을 지원했다.

이들 중에는 이방원의 정치 노선을 지지하는 사람도 있었지만 상당수는 이해관계 때문에 이방원 쪽에 섰다. 개국공신이기도 했던 이들은 정도전, 남은, 심효생이 주도하는 정국 운영에서 소외되었을 뿐만 아니라 정도전이 급진적으로 추진했던 사병 혁파를 받아들일 경우 사병을 거느리던 자신들이 몰락할 수밖에 없는 운명에 처해 있었기 때문에 이방원과 공동전선을 펼친 측면도 강했다.

정안공 편에 선 개국공신과 그의 심복들

병사(兵事)에 관한 이방원의 1급 참모가 이화였다면 조준은 국가 경영 면에서 최고의 참모였다. 정확히 언제인지는 모르지만 『실록』에서 '일찍이'라고 한 것을 보면 이방원이 울분의 나날을 보내던 무렵이 아닌가 생각된다. 세자 자리를 빼앗기고 정도전의 전횡에 가까운 독주를 지켜보아야만 했던 이방원이 어느 날 조준의 집에 놀러가자 조준은 안방에서 술을 올린 후에 "이것을 읽으면 나라를 다스릴 수 있습니다" 하며 책 한 권을 내밀었다. 조선 초 최고의 제왕학 교과서인 『대학연의(大學衍義)』였다. 뒤에서 상세하게 살펴보겠지만 간단히 말해 이 책은 『정관정요(貞觀政要)』와는 비교할 수 없는, 철학과 풍부한 역사적 사례를 종합한 제왕학의 최고 텍스트였다.

조준과 함께 개국 1등이었던 김사형도 변함없이 조준을 따라 이방원을 받들었다.

이성계의 의형제 이지란도 늘 이방원을 지원했다. 그는 개국공신 1등이었고 정사공신 2등, 좌명공신 3등이었다. 개국 1등 장사길, 3등 장사정 형제는 나란히 정사공신 2등에 오른다.

그리고 조영무는 고려 말부터 이방원의 심복으로 정몽주 격살에 관여했고 정사공신 1등에 책록된다. 박포는 자신이 정사공신 1등에 책록되지 않은 데 불만을 품어 이방간을 꾀어 2차 왕자의 난을 일으키는 주동자로 다른 길을 걷게 되지만 그 이전까지는 충실한 심복이었다.

이방원을 중심으로 한 처가, 왕실, 심복들의 연결고리를 보여주는 상징적인 사건이 태조 4년 6월 13일자 『실록』에 실려 있다. 의안백 이화가 이방원을 초청해 서교(西郊)에 가서 사냥을 했다. 당시 서교는 한양 주변의 대표적인 사냥터였다. 이때 이방원은 성난 표범과 맞닥뜨렸다. 위기일발의 상황에서 낭장 송거신이 말을 달려 따라가니, 표범이 이번에는 송거신을 향해 앞에서 달려들어 말 위에 올라 안장을 깨물었다. 송거신은 말 위에 누우면서 가까스로 피했고 이때 표범이 말에서 떨어져 나갔다. 낭장 김덕생이 뒤에서 달려가 한 발에 표범을 쏘아 죽였다. 바로 이 사냥에는 이방원의 장인 민제도 함께 갔다. 이방원의 다른 심복들이 함께 갔을 것은 당연하다.

이때 목숨을 걸고 이방원을 구한 송거신(宋居信, 1369년 고려 공민왕 18년~1447년 세종 29년)도 이방원의 부인 민씨와 인척간으로 민제 사람이었으며 이 무렵 이방원과도 가깝게 지냈다. 훗날 이방원이 집권하자 사복시 부정, 상호군, 우군 첨총제 등 군사 분야의 요직을 두루 거쳐 부사령관 격인 우군 도총제에 오른다. 그리고 세종 8년에는 여산부원군에 책록된다.

화살 한 발로 표범을 쏘아 맞힌 김덕생(金德生, 생몰년 미상)은 고려 말 무과에 급제한 전형적인 무인으로 이날 뜻하지 않은 공을 세웠다. 그래서 훗날 태종의 즉위에 공이 큰 인물에게 내렸던 좌명공신에 처음에는 포함되지 않았다가 4등공신에 포함돼 있던 조박과 윤목이 민무구 형제 사건과 관련돼 삭제되고 바로 그 자리에 송거신과 함께 이름을 올리게 된다. 이것을 보면 두 사람 다 거사 자체에는 참여하지 않은 것 같고 이방원의 목숨을 구한 이때의 사건으로 공신 목록의 말석을, 그나마 뒤늦게라도 차지할 수 있었다.

그 무렵 정안공 이방원의 모습을 보여주는 또 한 가지 일화가 있다. 태조 6년(1397년) 5월 18일 경상전라 도안무사 박자안이 왜적을 제대로 막지 못하자 태조 이성계가 크게 화를 내며 그의 목을 비밀리에 베라고 명했다. 그때 박자안의 아들 박실이 아버지를 살려달라며 정안공의 집에 찾아와 울며불며 애걸했다. 박실은 정안공 휘하의 사람이기도 했다. 그래서 정안공이 생각을 해보았으나 마땅한 길이 없었다. 그래서 정안공도 처음에는 "국가의 큰일을 내가 어찌하겠는가?"라고 말한다. 박실은 땅에 엎드려 떠날 줄을 몰랐다. 어쩔 수 없이 사이는 안 좋지만 태조의 총애를 받고 있던 남은의 집에 가서 도움을 요청했다. 그러나 남은은 "사자(使者)가 이미 떠났으니, 어찌하겠는가?"라며 외면해 버렸다.

일이 어렵게 됐지만 박실이 남은 앞에 꿇어앉아 대성통곡하는 것을 불쌍하게 여긴 정안공은 다시 자기 집에 있던 이방과(훗날 정종)와 이화 등 종친들에게 함께 주상을 찾아뵙자고 제안했다. 그러나 이들은 처음에는 부정적이었다. "이것은 국가의 기밀 사항인데, 상감께서 만일 어디서 알았느냐고 물으시면, 무슨 말로 대답하시렵니까?" 하니, 정안공은 "그 책임은 내가 지겠소"라고 답한다.

종친과 함께 대궐을 방문한 정안공은 내시 조순을 시켜 청을 올리게 했다. 그때 순이 묻는다. "이것은 비밀스런 사안인데 여러 종친이 어떻게 아셨습니까?" 정안공은 "사람을 형벌하고 사람을 죽이는 것은 나라의 큰일인데, 바깥 사람이라고 해서 어찌 알지 못할 리가 있겠는가?"라고 답한다. 이 말을 전해들은 태조 이성계는 처음에는 화를 내며 "너희들은 자안이 죄가 없다고 생각하는가?"라고 했고 잠시 후 중추원에 명을 내렸다. "급히 말 잘 타는 사람을 보내 자안의 죄를 용서한다는 명을 전하라."

중추원의 심구수는 힘차게 말을 달렸다. 사람의 생명이 자기 손에 달려 있었다. 그런데 도중에 말에서 떨어져 크게 다쳤다. 어쩔 수 없이 역참 관리로 하여금 대신 자기 글을 전달하도록 부탁했다. 다행히 박자안의 사형 집행이 이뤄지기 직전에 그 역리는 사형장에 도착해 사면서를 전달할 수 있었다.

이때 아들과 정안공 덕에 가까스로 목숨을 건진 박자안은 3년 후 정안공이 왕위에 오르자 왕위 계승의 승인을 구하는 습위 주문사(襲位奏聞使)가 되어 명나라에 간다. 귀국 후에는 경상도 도절제사를 거쳐 1405년에는 해군참모총장 격인 수군 도절제사까지 겸하게 된다. 또 박실의 효심을 갸륵하게 여긴 정안공은 즉위하자마자 그에게 경호실 요원인 금려(禁旅)를 맡게 한다. 박실은 훗날 벼슬이 2품에 이르러 대마도 정벌에 참여하게 된다.

정안공 이방원이 금릉에 가서 성공적 외교를 마친 지 1년도 되지 않은 태조 4년(1395) 10월 대학사 유구와 한성부윤 정신의가 하정사로 명나라에 갔다가 하정표문(賀正表文-황제에게 올리는 신년 축하 글)에 모독하는 내용이 포함되어 있다고 하여 억류되었다. 이때 유구는 표문의 작성자가 정도전이라고 털어놓았다. 명에서는 정도전을 보내오면 유구 등을 돌려보내겠다고 했다. 이런 내용은 하정사의 통역관으로 따라갔던 선래통사 고인백과 김을진 등이 먼저 돌아와 다음해 2월 조정에 보고함으로써 알려졌다.

당시에는 사신단이 명나라 수도에 가면 40~60일 정도 머물며 문물도 관찰하고 놀다가 돌아오는 것이 관례였다. 반면 이들을 수행해서 간 통사들 중에서 일부는 먼저 조선으로 돌아와 명나라 조정과 협의된 사항들을 전달했다. 이런 임무를 수행하던 통사를 선래통사(先來通事)라고 불렀다.

이에 놀란 조정에서는 당장 그 당시 가장 뛰어난 통역관 곽해룡으로 하여금 표문을 지은 김약항을 명나라에 데리고 가게 하면서 "원래 표문은 성균 대사성 정탁이 짓고 황태자에게 올리는 전문은 전교시 판사 김약항이 지었는데 지금 정탁은 풍질을 앓고 있어 가기 어렵고 김약항만 보낸다"고 해명했다. 김약항으로서는 죽음의 길이나 마찬가지였다. 그를 위로하기 위해 의주까지 따라온 이성계의 측근 함부림에게 김약항은 이런 말을 남겼다. "신이 죽고 사는 문제로 염려 마소서. 신은 나라를 위해 죽기로 결심한 지 이미 오래입니다." 실제로 그는 명나라에 억류되었다가 고국으로 돌아오지 못하고 현지에서 처형된다.

한 달 후인 3월에는 조선 국왕의 승인을 요청하는 계품사로 명나라에 갔던 예문춘추관 대학사 정총의 일행 중 한 명이 돌아와 명나라 예부의 자문(咨文-외교 문서)을 전함으로써 제2차 표전문 사건이 발생한다. 조선에서 보낸 표문에 황제를 모욕하는 내용이 들어 있다면서 계품사 정총을 억류한다는 내용이었다. 더불어 계품사가 들고 온 글을 지은 사람과 교정자를 당장 금릉으로 보내라고 했다.

4월에는 유구와 함께 갔던 일행 중 박광춘이 돌아와 억류돼 있는 유구와 정신의의 처자를 보내오지 않으면 사신들을 유배하겠다는 명나라 예부의 자문을 전했다. 이렇게 두 차례의 표전문 파동으로 조선에서 간 유구, 정신의, 정총, 김약항 등이 명나라에 억류되는 기가 막힌 사건이 터진 것이다. 표적은 정도전이었다.

"정도전은 조선의 화원(禍源)"

당시 명나라는 문자옥(文字獄)이 한창이었다. 명 태조 주원장은 어려서 절에 들어가야 할 만큼 출신이 미미했다. 그러다 보니 콤플렉스,

특히 학자나 문신들에 대한 열등감이 심했다. 그래서 자신에게 올리는 글 중에서 자신의 출신을 연상시키거나 역모를 떠올리게 하는 단어, 또는 그와 유사한 문자가 있으면 다짜고짜 그 글을 쓴 사람을 잡아다가 죽이고 있었다.

따라서 딱히 조선의 표전문만을 문제 삼은 것은 아니었다. 이런 명나라 내부 사정을 알 리 없는 조선 조정에서는 최선을 다해 표전문을 작성했을 뿐인데 그중 일부 단어가 '경박스럽고 황제를 놀리고 모욕을 주고 있다'고 해서 정도전과 정탁을 압송하라고 압력을 가하니 기가 막힐 뿐이었다.

아마도 이때 정도전이 압송되어 갔더라면 죽었거나 살더라도 명나라에서 유배되어 조국으로 돌아오지 못했을 것이다. 누구보다 이를 잘 아는 정도전은 가지 않겠다고 버텼다. 그의 최측근인 문하성 참찬사 남은은 7월 태조 이성계에 글을 올려 찬문자는 물론이고 명에서 요구한 유구 등의 가족도 명나라에 보내서는 안 된다고 주장했다. 노골적인 정도전 옹호론이었다. 그리고 그해 7월 조선을 방문한 명나라 사신이 돌아가는 편에 사역원 판사 이을수가 관압사(압송 업무를 맡은 통사)가 되어 표전 작성에 참석한 권근, 정탁, 노인도 등을 금릉으로 압송해갔고 동시에 하륜을 계품사로 임명해 명나라 황제에게 전후 상황을 소상하게 설명했다.

"삼가 분부하신 대로 표문을 지은 정탁과 이를 교정한 권근, 그리고 교정에 참여한 노인도를 이을수를 시켜 금릉으로 압송하게 해 폐하의 결재를 청합니다. 다만 정도전은 정탁이 지은 표문을 지우거나 고친 바가 없으므로 이 일과 관련이 없습니다. 그리고 본인이 복통과 각기병을 앓고 있어 보내지 못했습니다."

이들이 9월경 명 황제를 알현하자 황제 주원장은 이들 중 몇 명은 돌려보내지 말라고 지시한다. 그래서 권근과 노인도는 억류당하고 하륜과 정탁은 바로 돌아왔다. 그리고 이들이 돌아올 때 유구와 정신의도 함께 왔다. 이때가 태조 5년 11월경이다. 이제 명나라에 억류돼 있는 사신은 김약항, 정총, 권근, 노인도 네 사람이었다. 그래서 조정에서는 김약항, 정총, 권근의 처자를 수마포 20필씩과 함께 명나라에 보냈고 노인도에게도 수마포 6필을 보내 위로했다.

그런데 연말에 명나라에 있던 이들은 조선에서 태조의 계비인 강씨가 사망했다는 소식을 듣게 된다. 이 말을 듣고 정총은 조의를 표하는 차원에서 흰옷을 입었다. 반면 권근은 황제가 내려준 옷을 입었다. 정총이 이런 복장으로 알현을 하니 주원장은 진노하며 정총을 가두어 국문케 했다. 반면 권근은 귀국토록 했다. 결국 정총은 유배되어 처형당했고 김약항과 노인도도 이때 함께 목숨을 잃었다. 김약항의 아들 김처는 아버지의 사망 소식을 듣고 눈물로 지새다가 미쳐버렸다.

정총(鄭摠, 1358년 고려 공민왕 7년~1397년 태조 6년)은 1391년 이조판서를 거쳐 정당문학에 이르렀다. 정도전과는 함께 이색에게서 배운 인연으로 가까웠다. 일찍부터 문장과 글씨에 뛰어나 당시 중국에 보내는 표전은 대부분 그가 지었다. 1392년의 역성혁명에 가담하여 조선왕조 개창 후 개국공신 1등에 녹훈되었다. 태조 3년(1394) 정당문학, 이어 예문춘추관 태학사가 되어 정도전과 함께 『고려사』를 편찬하였다. 그리고 1395년 계품사로 명나라에 파견되었다가 이런 불행을 당한 것이다.

해가 바뀌어 태조 6년이 되어서도 명나라의 정도전에 대한 공세는 그치지 않았다. 전해 11월 억류됐던 사신들이 돌아오자 감사의 뜻을 표하기 위해 명나라에 갔던 설장수가 태조 6년 4월 17일 예부의 자문을 갖고 돌아왔다. 그런데 여기에 정도전이 '조선의 화원(禍源)'이라고 표현되어 있었다. 만화(萬禍)의 근원이니 뿌리 뽑아야 한다는 것이다. 어쩌면 이 같은 인식은 이유는 다르지만 결론적으로 이 무렵 정안공 이방원의 생각과 정확하게 합치하는 것이었다.

요동 정벌론으로 정면 돌파를 시도한 정도전

위기에 몰린 정도전은 요동 정벌 운동과 군사력 강화를 통해 정면 돌파를 시도한다. 학계에서는 정도전이 요동 정벌 구상을 언제 시작했느냐를 놓고 의견이 갈려 있다. 대체로 정도전을 지지하는 입장은 그가 일찍부터 요동 정벌을 구상했다고 본다. 그 증거의 하나로 사병 혁파와 군사력 강화를 위한 노력을 이미 태조 2년부터 시작한 것을 든다. 이는 곧 태종 이방원에 대한 비판적 입장과 연결된다.

태종의 입장은 『실록』에 고스란히 나와 있다. 그리고 조선시대의 수많은 기록들에서도 『실록』의 입장을 취해 정도전은 동료들이 죽는데도 비겁하게 중국에 가지 않았을 뿐만 아니라 자신만 살겠다고 요동 정벌론을 들고 나와 종묘사직을 위험에 빠뜨리려 했던 인물로 묘사된다. 실제로 이방원은 조정이 비슷한 위험에 처했을 때인 태조 3년 아버지의 부탁을 뿌리치지 않고 죽음을 무릅쓰고 명나라에 들어간 바 있었다. 그러니 정도전의 태도가 그에게는 더욱더 부정적으로 보였을 것이다.

여기서 우리는 어느 한쪽을 택해야 하는 강박에 빠질 필요가 없다. 지금의 우리가 정도전이나 태종 중 어느 한 사람을 지지해야 할 필요는 없기 때문이다. 다만 기성 학계의 연구는 지나치게 친(親)정도전 입장이라는 점만 지적해 두고 넘어가자. 당시의 정확한 요동 상황을 알 수는 없지만 아직 확실한 요동의 주인이 떠오르지 않는 상황에서 정도전이 제기한 요동 정벌론은 충분히 의미 있고 검토해 볼 만한 일이었음은 분명하다. 다만 새 나라를 세운 지 5년 남짓한 나라가 과연 해외 원정을 감당할 수 있는지 그리고 그 시점에 꼭 해야 하는지 등의 문제는 그대로 남는다.

태조 6년 6월 14일 정도전은 의흥삼군부 판사가 되어 관직에 복귀한다. 그는 명나라의 압력이 거세던 태조 5년 7월 명나라를 달래는 차원에서 삼사 판사직에서 물러났었다. 병권을 다시 잡은 정도전은 곧바로 각 절제사와 군관들로 하여금 자신이 지은 『오진도(五陣圖)』와 『수수도(蒐狩圖)』 등 병법서를 익히도록 했다. 그리고 얼마 후 남은, 심효생 등과 함께 태조 이성계를 찾아가 "군사를 일으켜 국경 밖으로 나아가고자 한다"며 요동 정벌론을 본격적으로 제기했다. 그리고 정도전과 남은은 병으로 휴가중이던 좌정승 조준에게 "요동을 공격하는 일은 이미 결정되었으니 공은 다시 거론하지 마십시오"라고 통보했다. 이 문제에 관한 한 조준의 입장이 곧 정안공 이방원의 입장이었다.

조준은 아픈 몸을 이끌고 대궐에 나아가 요동 정벌 불가론을 개진했다. "사대의 예에 어긋날 뿐만 아니라 나라를 세우는 마당에 명분 없는 군대를 가벼이 움직이는 것은 매우 옳지 않습니다." 조준의 '부하' 김사형도 같은 의견을 올렸다. 남은을 앞장세운 정도전의 정벌론에 설득되었던 이성계는 조준, 김사형의 이야기를 듣고는 정벌론을 유보한다. 사실 이 무렵 이성계가 정벌론으로 기운 데는 명나라의 도에 지나친 압박과 함께 정총의 죽음도 얼마간 영향을 주었을 것으로 보인다. 정총은 사실 자신이 그렇게도 사랑했던 부인 강씨의 죽음을 멀리 타국 땅에서 애통해하다가 주원장에게 죽은 것이나 마찬가지였다. 명나라에 대한 감정이 좋을 수 없었다. 그렇다고는 해도 위험 요소가 너무 많았다. 특히 정벌의 성패와 관계없이 왕실의 안위가 위태로운 상황이 올 수 있다고 판단했을지도 모른다.

정도전의 막판 일격

조준의 반대로 잠잠해졌던 요동 정벌론이 다시 대두한 것은 1년 후인 태조 7년 8월이다. 그에 앞서 3월 정도전은 함경도 지방의 주부군현(州府郡縣)의 이름과 행정 체계를 갖춰놓고 한양으로 돌아왔다. 이미 수도를 한양으로 옮긴 후였기 때문이다. 태조는 너무나 기뻤다. 그 자신이 영토 확장을 위해 젊은 시절을 보낸 함경도 지방이 마침내 진정한 의미에서 조선의 국토로 편입되었기 때문이다.

"경의 공은 윤관보다 낫다. 윤관은 9성을 쌓고 비를 세운 것뿐인데 경은 주군과 참로(站路)를 구획하는 데서부터 관리의 명분에 이르기까지 제도를 정하여 삭방도(함경도)를 다른 도들과 다를 바 없게 만들었다."

태조는 정도전을 위로하는 잔치를 베풀었다. 그리고 그 자리에서 정도전과 남은에게 하고 싶은 말이 있으면 뭐든지 해보라고 말한다. 늘 그렇듯이 정도전 대신 남은이 나서, 왕자와 공신들이 절제사가 되어 군사를 장악하고 있는 것은 옳지 못하니 관군(官軍)으로 통합할 것을 건의했다. 한마디로 사병 혁파를 건의한 것이고 이에 태조는 쾌히 찬성했다.

태조의 승인을 받아낸 정도전과 남은은 사병 혁파를 무섭게 몰아붙였다. 석달 후인 윤5월 28일 태조는 양주 목장에서 이틀 동안 정도전이 지은 『오진도』에 따른 군사훈련을 실시했다. 양주 목장이란 당시 군마를 기르던 곳을 말한다. 갑자기 이때부터 『실록』에는 진도(陣圖) 훈련에 대한 기사들이 집중적으로 등장한다. 6월 24일 태조는 환관 박영문을 전라도와 경상도에 보내 진도의 연습 상황을 점검케 하고 7월 25일 박영문이 돌아와 나주진만 조금 익히고 있고 나머지 진들에서는 모두 진도를 익히지 못하고 있다고 보고하자 각 진의 훈도관들과 첨절제사들을 처벌하라고 지시한다. 8월 1일에는 여러 왕자들과 상장군, 대장군 등이 진도를 익히지 않은 이유를 알아보게 했고, 4일 사헌부는 진도를 익히지 않은 절제사, 상장군, 대장군, 군관 등 292명을 탄핵했다. 그리고 8월 9일 대사헌 성석용은 이들 292명에게 가할 형벌로 직첩 박탈, 태형 등을 제시했다. 여기에는 이방원도 포함되어 있었다. 그러나 태조는 "절제사 남은, 이지란, 장사길 등은 개국공신이고, 이천우는 지금 내갑사 제조가 되었으며, 의안백 이화, 회안공 이방간, 익안공 이방의, 무안공 이방번, 영안군 이양우, 영안공 이방과, 순녕군 이지, 흥안군 이제, 정안공 이방원은 왕실의 지친(至親)이고, 유만수와 정신의 등은 원종공신이므로 모두 죄를 논의할 수 없다. 대신 그들의 휘하에 있는 사람은 모두 태형 50대씩을 치고, 이무는 파면시킬 것이며, 외방 여러 진의 절제사로서 진도를 익히지 않는 사람은 모두 곤장을 치게 하라"고 지시한다.

이에 대해『실록』은 "처음에 정도전과 남은이 임금을 날마다 뵈옵고 요동을 공격하기를 권고한 까닭으로 '진도'를 익히게 한 것이 이같이 급하였다"고 평하고 있다. 마치 그 당시 정안공 이방원의 입장을 듣는 듯하다.

이로써 사실상 시위패의 이름으로 거느리고 있던 사병은 혁파되었다. 한순간에 정안공 이방원의 손에서 병권이 사라졌다. 사실상 사병혁파를 주도한 남은을 제외하고 여기에 거명된 종친과 공신들은 이를 갈 수밖에 없었다. 원래 정도전의 사람이었던 이무가 이방원의 장인 민제와의 친분을 바탕으로 막판에 이방원에게 투항해 온 것도 이때 파면당한 것과 무관치 않아 보인다. 그리고 17일 후인 8월 26일 이방원의 거병이 있었다.

북방을 향한 두 길,
대조선과 소조선

1392년 7월 17일 마침내 그를 따르던 공신들의 강력한 요청을 몇 차례 물리친 끝에 이성계는 수창궁에서 즉위식을 갖고 왕위에 올랐다. 그러나 정몽주 척살 등으로 인해 민심이 많이 돌아간 상황이었기 때문에 태조 이성계는 한동안 수창궁과 사저를 오가며 출퇴근하는 국왕의 모습을 보여야 했다.

나라 이름도 여전히 고려였다. 전통적으로 중국에서는 고려를 '왕씨 고려'라고 칭했다. 그런데 개국을 했음에도 불구하고 국명은 계속 고려였다. 그렇게 되면 '이씨 고려'인 셈이었다. 명나라 입장에서도 고민이었다. 고려의 내부 사정에 정통할 리 없는 명 조정에서는 불안한 시각으로 한반도의 정치적 격변을 바라보고 있었다. 그럴 수밖에 없는 것이 명나라도 그때까지는 신생국 처지나 마찬가지였다. 내부 문제도 여전히 복잡하고 계속 국경 전쟁을 수행하고 있는 와중에 동북방의 주요 국가에서 왕조가 바뀌었다는 것은 여간 심각한 사안이 아니었다.

더욱이 중국 입장에서 보자면, 결국 압록강을 건너지는 않았지만 이성계는 요동 정벌을 위해 대군을 이끌고 위화도까지 왔던 장수였다. 고려 말부터 이색이나 윤이, 이초 등이 명나라 조정에 와서 여러 차례나 이성계는 명나라를 칠 수도 있는 사람이라는 무고성 보고를 했다.

이러다 보니 1392년 그해가 다 가도록 황제의 승인을 얻어내지 못하고 있었다. 그래서 이성계의 당시 공식 직함은 국왕이 아니라 '권지 고려국 왕사(權知高麗國王事)'였다. 권지란 임시로 어떤 일을 맡고 있다는 뜻으로 공식 승인이나 발령이 나지 않았다는 뜻이다. 결국 조정에서는 백관회의를 열어 나라 이름을 '조선(朝鮮)'과 '화령(和寧-이성계의 고향)' 두 개로 압축해서 최종 결정은 명나라 황제에게 맡기기로 결정했다.

보기에 따라서 이 장면은 굴욕적인 사대주의의 한 장면으로 읽히기도 한다. 그러면 시간을 505년 후로 돌려 1897년 10월 11일 서울의 원구단으로 가보자. 이날 고종은 조선이 자주 국가임을 선언하고 처음으로 중국의 승인 없이 독자적으로 국호를 '대한제국'으로 선포한 다음 황제에 '등극'했다. 그리고 8년 후 외교권을 박탈당하고 13년 후인 1910년 일본의 식민지가 됐다.

반면 중국에게 양자택일을 제시한 1392년의 정도전은 외형적인 사대에도 불구하고 엄청난 실리를 얻어낸다. 결국 명나라 황제로 하여금 조선과 화령 중에서 하나를 고르도록 방향을 잡은 인물은 여러 가지 정황으로 볼 때 정도전이었을 것이라는 한영우 교수의 추정은 설득력이 높다.

'조선(朝鮮)'이라는 국명의 유래

정도전은 이성계의 즉위교서를 지은 장본인이다. 특히 정도전은 자신이 지은 『조선경국전』에서 조선이라는 이름이 갖는 의미에 대해 상세하게 설명하고 있다.

애초에 조선이라는 국호는 단군조선, 기자조선, 위만조선이 있었고 그후에는 신라, 백제, 후백제, 고구려, 후고려, 고려 등이 사용되었다고 지적하면서 뿌리가 깊은 '조선'에 대해 애착을 보인다. 특히 기자만이 주나라 무왕의 명을 받아 조선후(朝鮮侯)에 봉해진 사실을 거론하면서 명나라와 조선의 관계도 그러해야 한다고 말한다.

결과론적인 이야기지만 이것은 탁견이었다. 요즘 중국의 동북공정을 보고 있노라면 그들은 조선이나 고려라는 국호에 대해 신경질적이기까지 하다. 왕건의 고려는 실은 한반도 남부의 삼한을 계승한다고 하면서도 고구려를 연상시키는 고려라는 국호를 정해 마치 고구려를 계승한 듯한 혼란(?)을 불러일으켰고, 조선의 경우에도 명나라 역사를 쓴 자신들의 조상들을 부정하면서까지 조선이라는 국명을 명나라가 승인한 것은 조선 사람들의 기만에 당시 자기 조상들이 속아 넘어간 결과라고 주장하고 있다. 이걸 보더라도 명나라 쪽에서 어차피 선택할 가능성이 높은 '조선'과 그들이 꺼리는 이성계의 고향 '화령'을 엮어서 양자택일하게 한 것은 결과적으로 태조와 정도전, 그리고 백관회의 참석자들의 주도면밀함을 보여준 것이라는 점에서 높이 평가할 수밖에 없다.

결국 개국 다음해인 1393년 2월 15일 명나라 승인을 얻어 국호를 '조선'으로 정했고 이성계도 '권지 고려국왕사'라는 거추장스러운 이름을 버리고 정식 임금의 자리에 오를 수 있었다.

이상과 현실, 정도전과 태종

19세기 중반을 지나면서 독일에서는 오스트리아가 주축이 되어 현재의 체코와 북부 이탈리아를 포괄하는 대독일주의와 북부 독일 프로이센 중심의 소독일주의가 대립했다. 비스마르크의 독일 통일은 소독일주의 노선에 따른 것이었고 현실적인 방안이었으며 이 과정에서 그 유명한 '레알폴리티크(Realpolitik – 현실주의 정치)'라는 말이 탄생했다.

반면 국민 정서로 볼 때 가장 호소력이 컸던 대독일주의는 결국 20세기 들어 히틀러식으로 구체화되다가 제2차 세계대전이라는 참화를 일으키고 비참한 실패로 끝났다. 대독일은 커녕 분단독일로 귀착되었다.

물론 19세기 독일의 현실이 14세기 말~15세기 초의 조선에 딱 들어맞는 것은 아니지만 정도전과 이방원의 대립, 그 밑바탕에는 어떤 조선을 만들어갈 것인가에 관한 처절한 세계관 투쟁이 자리잡고 있었다. 정도전과 이방원의 대립은 개인간의 권력투쟁을 넘어선, 향후 조선 500년의 진로를 결정하는 중대한 대립이었다. 정도전은 아이디얼리스트였고 이방원은 레알폴리티크의 신봉자였다. 대(大)조선과 소(小)조선의 대립이었다.

사실 정도전과 이방원의 사상 세계는 거의 비슷하다. 성리학의 세계관을 바탕으로 하면서 신흥 명나라를 새 나라 조선의 표준으로 생각했다. 기본적으로 명나라에 대한 입장이 사대주의였다는 점에서도 크게 다르지 않다. 특히 정치제도와 문화 면에서는 과할 정도로 명나라의 제도와 문화를 거의 고스란히 수용하는 입장을 보여주었다.

또한 두 사람 모두 두세 차례씩 명나라를 다녀온 경험이 있었다. 이방원은 앞서 본 대로 명나라를 두 차례 다녀왔고 정도전은 모두 세 차례 다녀온다. 정도전은 1384년 우왕 10년에 황제의 생일을 축하하기 위해 명나라 수도 금릉에 가는 성절사 정몽주를 수행해서 서장관으로 다녀왔고, 1390년 공양왕 2년에는 자신이 하절사가 되어, 이성계가 명나라를 치려 한다고 명나라 조정에 거짓 정보를 건넨 윤이와 이초의 무고를 성공적으로 해명하고 돌아왔다. 그리고 태조 즉위년 10월 25일 이성계의 건국과 신년 인사를 겸한 계품사이자 사은사로 명나라를 다녀온다. 이런 과정을 통해 요동 지방의 정세에 대한 나름의 감각을 키웠을 것이 분명하다. 요동 문제에 관한 한 두 사람은 난형난제의 전문가였다.

다만 실현 여부를 떠나, 또 그 의도의 순수성에 대한 판단을 떠나 정도전은 분명 태조 집권 후반기에 요동 정벌론을 들고 나왔고 이방원은 그에 대해 별다른 반응을 보이지는 않았다. 따라서 1차 왕자의 난이 정도전의 요동 정벌론과 이방원의 요동 정벌 불가론이 충돌한 것으로 보기는 곤란하다. 애당초 그 문제는, 특히 이방원에게는 부차적인 것이었다.

학계의 정도전 전문가들이 주장하듯이 정도전의 요동 정벌 구상이 실제로 실행할 가능성이 높은 것이었다 하더라도 결과적으로 그에 따른 사병 혁파는 이방원의 목을 죄는 결과를 가져왔고 이에 위협을 느낀 이방원 쪽이 선제공격을 가한 것이 1차 왕자의 난의 본질이다.

구체적으로 요동 정벌론을 이야기하지는 않았지만 사실 이방원도 북방으로 영토를 확장하는 문제에 대해서는 반대할 이유가 없었다. 아니 훗날 집권한 후에 보여주듯 그는 북방 확장에 대해 상당히 적극적이었다. 다만 정도전이 '요동 정벌'을 들고 나왔을 때는 요동의 상황이 불안정했기 때문에 요동 정벌이 곧 명나라와 정면 대결하는 측면은 그리 강하지 않았다고 볼 수 있다. 물론 명나라와 이해관계가 충돌하는 문제이기는 했다. 이미 명나라는 요동 지배를 위한 구체적인 작업에 착수한 단계였기 때문이다.

그러나 태종이 집권했을 때는 요동 지역이 명나라의 통치 범위 안에 들어갔고 요동과 조선이 접하고 있는 경계 지대에 대한 관할권을 두고 팽팽한 긴장감이 감도는 정도였다. 이때 명시적으로 요동 정벌을 내건다는 것은 명나라에 대한 전쟁 선포나 다름없었다.

따라서 앞서 정도전의 대조선과 이방원의 소조선을 대립시켰다고
해서 실제로 두 사람이 그런 이상을 내걸고 정면 대결을 벌여 이방원
이 승리를 거둔 식으로 정리해서는 안 된다. 요동 정벌 문제에 대한 인
식은 둘 다 비슷했을 것이다. 태종은 집권 후 꾸준히 외교적 노력을 벌
여 북방 영토를 확장하게 되며, 결국은 아들 세종 대에 이르러 압록강
과 두만강을 국경선으로 하는 현재와 같은 영토의 형태가 갖추어졌다.
온건화된 형태이긴 하지만 태조와 정도전이 품었던 고구려 고토 회복
정신이 태종에게 없었더라면 굳이 북방 영토 확장을 위한 노력을 하지
않았을 것이다.

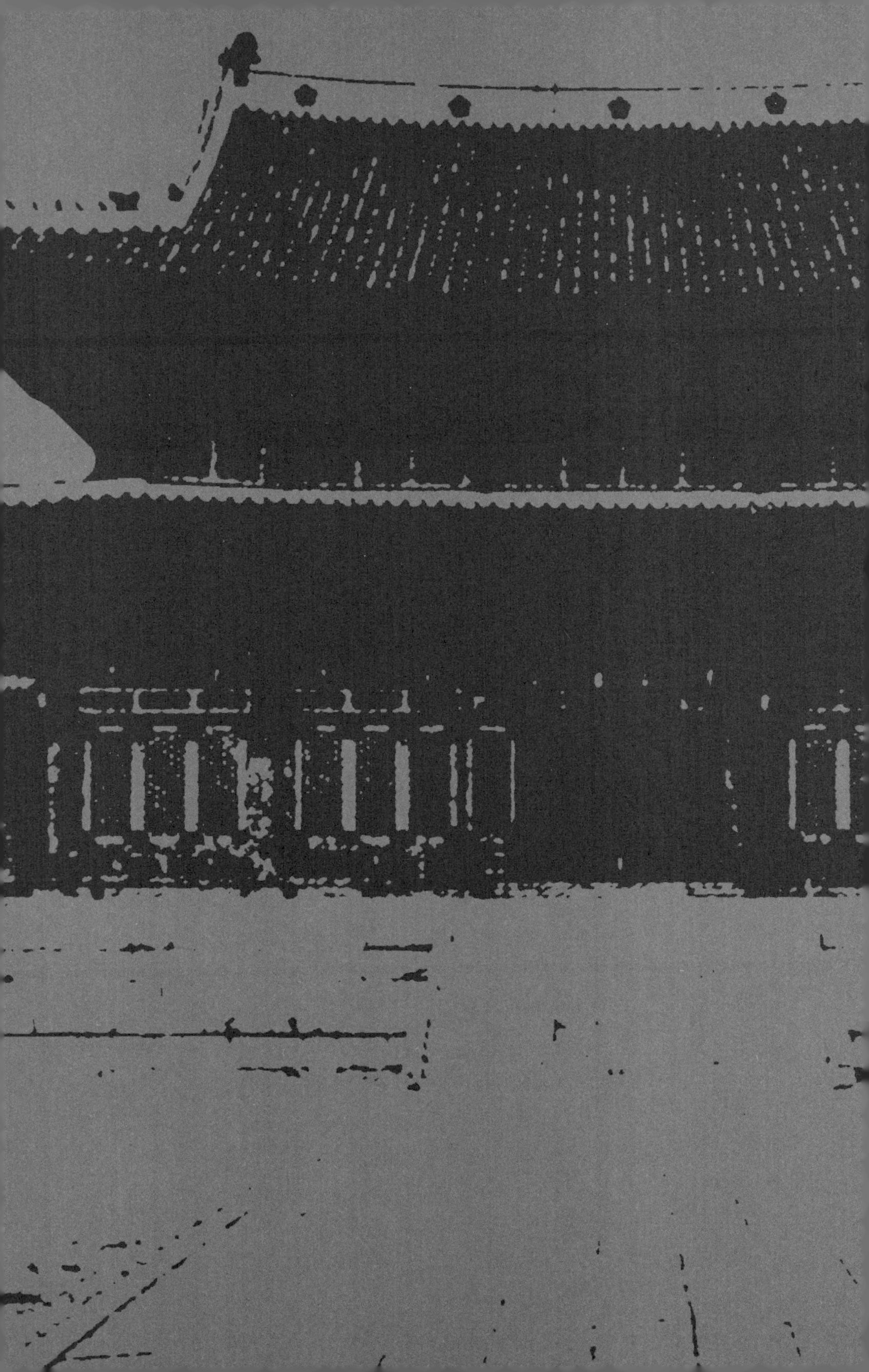

제2부
준비된 국왕

5장
왕위를 향한 포석

치밀하게 연출된 세자 책봉

2차 왕자의 난에서 정안공이 승리를 거둔 그날, 즉 정종 2년 1월 28일 남재가 대궐 뜰에서 큰 소리로 외쳤다. "지금 곧 정안공을 세자로 삼아야 한다. 이 일은 늦출 수가 없다." 『실록』은 이를 전해 들은 정안공이 "크게 노하여 꾸짖었다"고 전하고 있지만 이것은 분명 제스처다. 다만 정종과 정안왕후 김씨 사이에는 공식적으로는 자식이 없었기 때문에 현실적으로도 사람들이 정안공 세자론을 대세로는 받아들이고 있었다.

남재는 누구인가? 산술에 능하여 '남산(南算)'이라는 별명을 얻었던 남재(南在, 1351년 고려 충정왕 3년~1419년 세종 1년)도 처음에는 동생 남은과 비슷한 길을 걸으며 개국공신 1등에 책록되었다. 1차 왕자의 난 때는 남은의 형이라 하여 잠시 유배되기도 했으나 혐의가 없는 것으로 드러나 1400년 태종이 즉위했을 때 세자의 사부가 되고 각종 고위직을 거쳐 1416년 영의정에까지 오르게 된다.

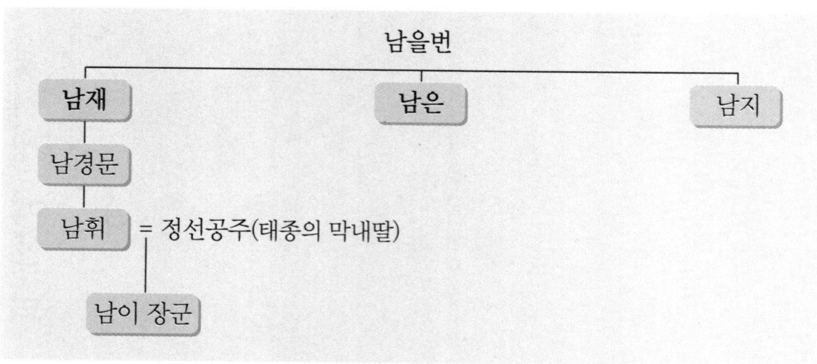

사실 정안공 이방원은 그에게 남다른 고마움이 있었다. 태조 3년 명나라와의 표전 문제 해결을 위해 이성계가 이방원에게 명나라로 가줄 것을 요청하고 이방원이 그것을 수락했을 때 남재는 자원하고 나선 바 있었다. 거기서 그치지 않았다. 세종 1년 남재가 세상을 떠났을 때 그의 졸기를 보면 "태종이 왕자의 신분으로 명나라에 들어갔을 때 남재가 따라갔다. 그때 함께 갔던 재상은 자못 공손치 못했으나 오직 남재만이 예로서 태종을 대했다"고 되어 있다. 이런 인연이 있었기 때문에 남재는 1차 왕자의 난 때 동생이 살해당하는 와중에도 그나마 목숨을 건질 수 있었다. 그러나 귀양을 가야 했고 돌아와서도 이렇다 할 자리를 얻지 못하고 있던 그로서는 뭔가 큰 공을 세울 필요가 있었을지 모른다. 결국 그의 손자 남휘가 태종의 막내딸 정선공주와 결혼하게 될 만큼 남재는 태종 즉위 후 최측근의 한 사람으로 자리잡게 된다.

바로 다음날에는 태종의 복심인 문하부 참찬사 하륜 등이 직접 정종에게 정안공의 세자 책봉을 청했다. '정몽주의 난', '정도전의 난', '이방간의 난', 이 3대 난을 진압한 공이 있으니 정안공을 세자로 삼아야 한

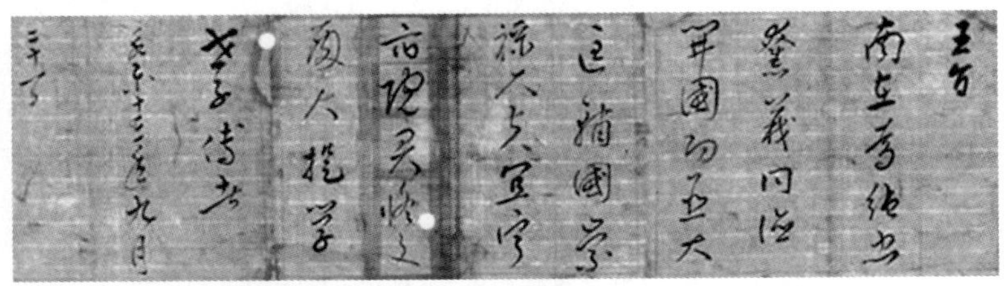

남은유서분재기부남재왕지_ 태종 15년(1415) 남재에게 수문전 대제학 겸 세자부의 관직을 내리면서 준 것이다. 보물 제1173호, 경기도 용인시 소재.

다는 사실상의 협박이었다. 하륜은 말 그대로 정안공의 최측근 중의 최측근 아닌가! 아무런 힘이 없는 정종은 "경들의 말이 심히 옳다"는 한마디로 수락한다. 아니 수락해야 했다.

정종은 도승지 이문화를 불러 도당(훗날 의정부)에 명을 내린다. 정안공을 세자로 삼고 중앙과 지방의 군사권을 정안공에게 부여한다는 뜻도 덧붙였다. 그런데 그 명을 내리는 글이 참으로 구차스럽다.

> "이번의 변란은 나라의 근본(國本-곧 세자를 말한다)이 정해지지 못한 까닭이다. 나에게 얼자라 하는 것이 있으나, 그 난 날짜를 짚어보면, 시기에 맞지 않아 애매하여 진짜 나의 자식인지 알기 어렵고, 또 혼미(昏迷)하고 유약하여 외방에 둔 지가 오래다. 지난번에 우연히 궁내에 들어왔지만, 지금 도로 밖으로 내보내었다. 또 예전의 경우를 보면 성왕(聖王)이 비록 적사(嫡嗣)가 있더라도 또한 어진 이를 택하여(擇賢) 전위하였다."

택현론, 즉 적장자가 아닐 경우 전통적으로 택하게 되는 전위 방식을 거론한 것은 그럴 수 있다 쳐도 자신의 자식마저 이런 식으로 깔아뭉개는 표현은 분명 이방원 쪽의 압력이 그만큼 거셌다는 것을 보여준다. 정종은 이문화를 태상왕 이성계에게 보내 세자 책봉 문제를 알렸다. 이에 대해 '이빨 빠진 호랑이' 이성계는 "장구한 계책은 대신과 모의해야 할 것"이라며 사실상 반대 의사를 밝혔다.

이성계로서는 2차 왕자의 난을 지켜보면서 다섯째 아들 방원에 대해 만정이 떨어졌을 것이다. 사실 정몽주를 척살했을 때만 해도 '애비를 왕위에 올리기 위해서겠지'라는 생각으로 참아줄 수 있었다. 1년 반 전 1차 왕자의 난 때 정도전을 죽이고 결국 자신도 왕위에서 물러나게 만들 때는 '이놈이 사실상 역모를 꾸민 것이나 마찬가지'라는 괘씸한 생각이 들면서도 어쨌거나 첫아들 방우가 세상을 떠난 상태에서 둘째 방과(정종)를 왕으로 추대했으니 명분상으로는 맞는 이야기여서 참아줄 수가 있었다. 그런데 결국 2년도 안 돼 형님과 일전을 벌이고 나서 세자에 오르겠다고? 돌이켜보니 정몽주 때나 정도전 때나 결국 '이놈은 제가 왕이 되기 위해 날 이용한 것 아닌가'라는 생각이 들어 더욱 화가 치밀어오를 수밖에 없었다.

자신이 반대해 봤자 아무런 소용 없다는 것을 알면서도 이렇게 우회적으로나마 반대 의사를 밝힌 데는 그만큼 이방원에 대한 아버지 이성계의 불같은 노여움이 숨어 있었다. 물론 이방원도 이 사실을 누구보다 잘 알고 있었다. 그가 전면에 나서지 않고 공신들을 앞장세워 정치 공작에 가까운 '세자 책봉' 쇼를 연출할 수밖에 없었던 것도 여론 못지않게 아버지를 의식했기 때문으로 봐야 한다.

그러나 사흘 후인 2월 4일 정종은 정안공을 세자로 책봉한다고 발표하면서 "군국중사(軍國重事)는 세자가 맡아서 다스리게 된다"고 밝혔다. 그 직후 군사 분야의 인사가 전격 단행되었다.

"이저는 삼군부 판사 겸 좌군 도절제사, 이거이는 중군 절제사, 조영

무는 우군 절제사, 조온은 지중군 절제사, 이천우는 지우군 절제사, 이
숙번은 중추원 부사 겸 동지좌군 절제사, 이원은 우부승지로 삼는다.”

이저, 이거이, 조영무, 이숙번은 2차 왕자의 난을 진압하는 데 공이
큰 좌명공신 1등이었고 이천우는 2등, 조온·이원은 4등이었다. 이들
은 한마디로 ‘세자’ 이방원의 최측근들이었다.

곤경에 빠진 1등공신 조준

1400년 2월 4일 이방원이 세자가 되던 날 그를 그림자처럼 보필했던
조준이 사헌부의 탄핵을 당한다. 죄목은 1월 28일 2차 왕자의 난이 있
던 날 ‘조준은 최고위 재상으로서 나라에 급하고 어려운 일이 있는데
도 아우 삼사 우복야 조견과 사위인 전 중추원 부사 정진과 더불어 모
두 두문불출하였다’는 것이었다. 태조가 즉위하자마자 방석에게 세자
를 물려주려 하자 한사코 반대했고 정안공을 적극 지지하다가 뜻대로
되지 않자 자리까지 내던진 조준이었다. 태조 집권 7년간 기세등등한
정도전의 위세에 정면으로 맞서 조정 안에서 이방원이 숨쉴 공간을 마
련해 주었고, 그 무렵 정안공에게 『대학연의』를 건네주며 꿈을 잃지
말 것을 독려했던 조준이었다.

그런데 사헌부는 물론이고 삼성(三省)이 나서 재차 조준을 벌할 것
을 상소했다. 그러나 세자 이방원은 이미 사태를 파악하고 있었다. 상
소를 본 정종은 “논한 죄목이 모두 과인이 아는 것과 다르니, 다시 말
하지 말라”고 했다지만 정확히 이 말은 이방원의 뜻이다.

그러면 왜 조준은 거사 현장에 얼굴도 내밀지 않았고 또 이방원은
왜 이렇게까지 조준을 감싸는 것일가?

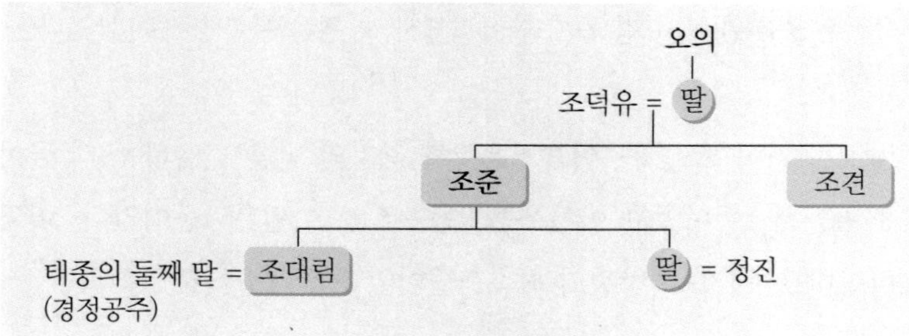

조준은 뛰어난 문신이기는 하되 무장이 아니다. 실은 1차 왕자의 난 때도 조준의 처신은 묘한 데가 있었다. 1398년 8월 26일 사건 현장으로 돌아가보자. 정확히 말하면 자정을 넘겼으니 27일 새벽 한두 시경이다. 정도전 일파를 제거하고 광화문 앞에서 일전을 앞두고 이방원은 박포와 민무질을 시켜 좌정승 조준의 집에 가서 그를 데리고 오라고 했다. 그때 조준은 망설이며 점쟁이까지 불러 점을 보았다. 한참 시간이 흘러도 조준이 오지 않자 이방원은 다시 이숙번을 보냈고 그때에야 마지못해 조준은 우정승 김사형과 함께 이방원의 쿠데타에 합류했다. 그때 두 사람이 몹시 두려워하면서 이방원의 말 앞에 꿇어앉았다.

"정도전과 남은 등이 어린 서자(庶子-방석)를 세자로 꼭 세우려고 하여 나의 동모형제(同母兄弟)들을 제거하고자 하므로, 약자인 내가 선수를 쓴 것이다."

그러면서 오히려 정안공은 미처 거사 사실을 알리지 못한 자신에게 잘못이 있으니 두 사람은 합류하라고 말한다. 조준에 대한 이방원의 신뢰와 기대를 보여주는 일화다. 그런데 1년 반 만에 또 그와 유사한

146

일이 일어난 것이다. 처음에는 조준, 조견, 정진 세 사람을 모두 용서했다. 조준이 적극 가담하지 않은 것은 사실이지만 사헌부나 삼성의 상소처럼 이방간 편에 섰던 것도 아니다. 오히려 상소가 올라온 데는 이방원의 처남인 민무구·민무질과 이거이, 이무 등의 작용이 컸다.

예를 들면 태조 때나 정종 때 조준은 오랫동안 신하로서는 최고의 권력을 누리는 좌정승이라는 높은 자리에 있었다. 이에 민무구, 민무질 등은 은밀하게 벼슬 청탁을 했고 조준은 들어주지 않았다. 시기와 질투의 대상이 되기 좋은 상황이었다. 그리고 거사의 주도 세력인 이들은 힘이 있을 때 그런 조준을 제거하려 했다. 이들의 의도를 세자 이방원은 꿰뚫어보고 있었다. 그렇다고 그가 조준의 처신이 옳았다고 생각하지는 않았다. 2월 13일 조준은 원래대로 '문하부 판사'로 임명하면서 그의 동생 조견과 사위 정진의 아버지 정홍을 파면한 것은 그의 복합적인 심사가 반영된 결과로 봐야 한다.

여기서 우리는 태종이 사람을 판별하는 법을 알 수 있다. 앞서 남재의 경우에도 그렇고 조준의 경우를 보아도 자신이 어려울 때 잘해준 사람은 결코 잊지 않았다. 더불어 이런 태도는 그들의 경륜을 중시했기 때문이기도 하다. 이런 면에서 볼 때 리더가 되는 과정에서 시련기를 갖는 것은 어쩌면 필수적일지 모른다. 그런 때라야 진정 자기 사람과 그렇지 않은 사람을 가릴 수 있기 때문이다.

회안대군 이방간의 처리 문제

우리는 흔히 이방원 하면 '피도 눈물도 없는 비정한 인간'을 떠올린다. 그러나 『실록』이 전하는 태종 이방원의 모습은 전혀 다르다. 그는 눈물 많은 왕이었다. 다만 자기 개인을 죽이고 철저하게 종묘사직의 차원에서 사고하고 행동했다. 멸사봉공(滅私奉公). 물론 그에게 권력욕이 없었다는 것은 아니다. 그러나 단순히 권력을 잡기 위해 정적들을 맹목적으로 제거하는 폭군과는 거리가 멀었다는 뜻이다. 이 점을 단적으로 보여주는 것이 자신과 목숨을 건 일전을 벌였던 이방간의 처리 와 그에 대한 처우였다.

통상적인 이방원상(像)이 맞다면 이방간은 당연히 처형해야 했다. 자신을 죽이려 했던 인물 아닌가! 그런데 2월 1일 토산으로 방출했던 이방간을 사흘 후 서울에서 가까운 안산군으로 옮겨서 안치했다. 그리고 평생 먹고살 수 있는 재산과 식읍 50호를 내려주고 매년 정월 초하루에는 단신으로 서울에 오는 것도 허락했다. 이런 태도는 방석과 방번을 살리려 애썼던 그의 노력과도 일맥상통한다.

1400년 3월 15일 정당문학 겸 대사헌으로 임명된 세자 이방원의 새로운 측근 권근은 20일 후인 4월 6일 장문의 상소를 올려 사병(私兵)을 혁파할 것을 주창했다. 골자는 그날부터 서울에 머물러 있는 각도의 여러 절제사를 모조리 혁파하고, 서울과 외방의 군마를 모두 삼군부에 포함시켜 국가의 군사로 삼아야 한다는 것이었다. 이에 대해 이미 허울뿐인 정종은 "세자와 더불어 의논하라"고 한다.

사병 혁파는 세자 이방원에 의해 치밀하게 계획된 시나리오에 따라 진행됐다. 사병 혁파와 함께 같은 날 관제 개편이 이뤄진 것을 보면 알 수 있다. 이 또한 병권(兵權) 견제를 목적으로 하고 있었다. 이 일의 실무 추진은 역시 문하찬성사 하륜이 맡았다. 고려 때부터 있었던 도평의사사는 의정부로, 중추원은 삼군부로 바꾸면서 삼군부에 속한 사람은 의정부에 참여하지 못하게 했다. 사실상 정권과 병권이 집중돼 있던 도평의사사를 의정부와 삼군부로 나눴다. 정권과 병권의 분리였다.

이 같은 혁명적 조처의 주요 표적은 시위패라는 이름의 사병을 거느렸던 종친과 공신들이다. 종친과 공신들로 이뤄진 절제사들이 거느리고 있던 군마는 즉각 해체되었고 병사들은 각자 자기 집으로 돌아가야 했다. 종친과 공신들은 믿는 도끼에 발등을 찍힌 격이었다. 특히 이에 대한 가장 큰 규모의 시위패를 거느린 이거이 부자의 불만은 노골적이기까지 했다. 1차 왕자의 난이 왜 일어났던가? 정도전 등이 사병을 혁파하자 혁파당한 종친과 공신들이 이방원을 중심으로 모여 일으킨 거사다. 그런데 정안공이 세자가 되었다고 사병을 혁파해? 사병을 거느렸던 종친과 공신들이라면 족히 이런 생각을 하고도 남았다.

분할통치

세자 이방원의 머릿속에는 1, 2차 왕자의 난 때 자기 편에 섰던 사람들을 다시 적과 동지로 나눌 필요가 있었다. 위험한 인물들을 제거하거나 힘이 없는 자리에 묶어두는 것이 급선무였다. 병권 없는 왕권 강화란 사상누각이다. 사병 혁파는 이런 차원에서 진행된 것이다. 동시에 그는 확실한 자기 사람들을 규합했다.

3월 15일 단행한 고관 인사에서 탄핵을 받았던 조준은 다시 문하 판사, 성석린은 좌정승, 민제는 우정승, 권근은 정당문학 겸 대사헌으로 발령받았다. 사병 혁파와 관제 개혁을 단행하던 4월 6일에는 민제의 사위이자 자신의 동서인 노한을 공조의랑으로 임명했다. 실은 노한을 사헌부로 발령했었는데 민제가 우정승인데 사위가 정부를 견제하는 사헌부에 있으면 곤란하다고 해서 자리를 바꾼 것이었다. 이처럼 요직에 자기 사람 심기가 노골적으로 진행되었다. 이는 곧 닥쳐올지 모를 권력투쟁에 대비하기 위한 성격이 컸다.

그런데 사병 혁파를 구상하던 세자 이방원의 고민은 클 수밖에 없었다. 대부분 자신과 생사고락을 함께한 혁명 동지들을 단칼에 잘라낸다는 것이 결코 쉬운 일은 아니었기 때문이다. 그 때문인지, 분명 그 같은 구상을 하고 있던 3월 19일과 4월 1일자 『실록』에는 눈길을 끄는 기사들이 실려 있다. 먼저 3월 19일의 일이다.

며칠 동안 한양을 돌아보고 온 이방원은 정종과 함께 활쏘기를 구경한 다음 술을 마셨다. 정종이 일어나서 춤을 추자 세자 이방원도 함께 추겠다고 일어섰는데 몸을 제대로 가누지 못해 정종의 허리춤을 붙잡았다. 이때 정종은 "이것이 너의 진정(眞情)이로구나!"라고 말한다. '너도 어쩔 수 없이 인간이니 힘들어하는구나'라는 뜻으로 읽힌다.

4월 1일에는 세자 이방원이 형님이자 국왕인 정종을 모시고 종친 공신들과 함께 잔치를 베풀었다. 이 자리에는 이화, 이숙번 등이 참석해 있었다. 이날 잔치에서는 재상들과 임금이 어우러져 춤을 추었다고 한다. 그런데 "세자가 취하여 쓰러지니, 임금이 친히 사람을 시켜 부축하여 일으켜, 세자가 돌아갔다"고 『실록』은 기록하고 있다. 자신을 위해 목숨을 걸었던 사람들에 대한 일종의 숙청을 단행할 수밖에 없는 세자 이방원이 힘겨워하는 인간적 모습을 볼 수 있는 장면이다.

주사위는 던져졌다. 4월 6일 사병 혁파를 천명하고 나서 12일 후인 4월 18일 이거이가 드디어 불만을 터뜨렸다. 자신은 정승이 되고 싶었는데 문하 판사가 된 것이 못마땅하다는 것이었다. 직위는 정승보다 높지만 실권이 없는 데 대한 일종의 항의 표시였다. 이거이는 측근들에게 "솥을 이고 깊은 연못에 들어가는 것 같다"고 말했다. 오죽했으면 그의 형인 이거인이 이 말을 듣고서 "이거이가 자기의 재주와 덕을 헤아리지 않고, 다만 공신이라는 것과 그 아들이 임금에게 사랑받는다는 이유만으로 정승에 마음이 있기 때문에 그따위 소리를 하고 다닌다"며 걱정을 해줄 정도였다.

그런데 바로 이날 군부의 핵심인 삼군부 참판사 조영무는 황주로 귀양을 떠났다. 또 대간들의 탄핵에 따라 문하부 참찬사 조온과 삼군부 지사 이천우는 파면되었다. 이들은 모두 공신들이었고 사병을 거느리고 있었다. 이천우는 2등공신이자 종친이기도 했다.

조영무는 삼군부에서 병기를 거둬들이자 삼군부에서 파견된 사령을 구타하였고 병기를 반납하지 않으려 한 죄였다. 나머지 두 사람도 비슷한 죄목이었다. 그러나 귀양 가던 조영무는 도중에 반성하는 바람에 평양부윤으로 발령받았다. 이방원의 배려였다.

5월 1일에는 종친 부마들의 요직 취임을 금하는 명령이 내려진다. 이성계의 부마인 삼군부 판사 이저의 횡포가 너무 심했기 때문에 내려진 조처였다. 이저는 이거이의 큰아들이다. 5월 8일에는 이방원의 뜻을 받드는 대사헌 권근이 다시 이거이·이저 부자와 이천우를 내칠 것을 상소하였다.

결국 이날 인사에서 이천우는 실권이 없는 완산후로, 이거이는 계림부윤, 이저는 완산부윤으로 발령을 내렸다. 이거이 부자를 지방으로 내친 것이다. 반면 조온은 다시 문하부 참찬사로 임명되어 사실상 복권되었다.

사병 혁파가 마무리되고 얼마 후인 정종 2년 5월 17일 세자 이방원은 서연에서 『주역』을 함께 논한다. 이 자리에서 세자의 교육을 담당하는 좌빈객 이서가 말한다. "옛사람이 붕망(朋亡)이라고 말하였으니, 붕망이란 인정(人情)을 끊는 것입니다. 남의 윗사람이 된 자가 법을 세우고 제도를 정하였으니, 법을 범하면 종친이라도 용서하지 말아야 합니다." 이에 대해 세자는 "인정은 끊기가 대단히 어렵다"고 답한다.

152

대표적인 경우가 이거이·이저 부자였다. 이들은 각각 계림과 완산으로 내려가라는 명을 받았다. 그런데 6월 1일 대사헌 권근 등이 올린 상소를 보면 그때까지도 내려가지 않고 서울에 머무르면서 일종의 저항을 계속하고 있었다.

미심쩍은 조준 무고 사건

8월 1일 평양백 조준이 순군옥에 갇혔다. 얼마 후 풀려나긴 했지만 가슴을 쓸어내리지 않을 수 없는 순간이었다. 『실록』이 전하는 조준 무고 사건의 전말은 이렇다.

경상도 감사로 가 있던 조박이 합주지사 권진에게 이렇게 말했다. 계림부윤 이거이가 자신에게 "내가 조준의 말을 믿은 것을 후회한다"고 하였다는 것이다. 그래서 조박이 그게 무슨 소리냐고 묻자 이거이는 "조준이 사병을 혁파할 때 나에게 '왕실을 호위하는 데는 군사가 강한 것만 한 것이 없다'고 하였다"고 답했다는 것이다. 이는 곧 사병인 시위패를 유지하고 있어야 왕실을 지킬 수 있다는 뜻이었다. 그래서 이거이가 그 말을 믿고서 패기(牌記)를 곧바로 삼군부에 바치지 않았다가 죄를 얻어 오늘에 이르렀다고 말했다는 것이었다.

이 말을 들은 권진은 조박의 말에 자신의 사견을 덧붙여 조정에 고하였다. 이에 대사헌 권근과 대사간 박은 등이 함께 상소를 올려 조준과 이거이를 처벌할 것을 주청하였다. 정종이 처음에는 소장을 처리하지 않고 내버려두자 권근과 박은은 다시 한 번 처벌을 요청했다. 그래서 일단 조준을 순군옥에 가두고 문하부 참찬사 이서, 순군만호 이직·윤저·김승주 등으로 하여금 추국케 했다. 조준은 "그런 말을 하지 않았다"며 울기만 할 뿐 더 이상 아무 말도 하지 않았다. 자칫 역모의 희생자가 될 수도 있는 순간이었다.

정종은 이거이와 조박도 잡아들이라고 일렀다. 함께 대질을 하기 위함이었다. 그런데 권근 등이 별도로 심문할 것을 청하자 정종은 더욱 의심스럽게 여겨 당장 이거이와 조박을 잡아들이라고 호통을 친다.

그런데 이때 세자 이방원은 추국을 맡은 순군만호 중에서 윤저를 은밀하게 불러 "경은 주상께서 경을 순군만호로 삼은 뜻을 알고 있는가?"라고 물은 다음 "경은 본래 세태에 아첨하지 않으며, 오직 너그럽고 공평한 것에 힘쓰기 때문에, 형관의 임무를 명한 것이다"라고 치켜세웠다. 보기에 따라서는 제대로 심문을 하라는 암시일 수도 있고, 조준에게 약간의 문제가 있다 하더라도 문제 삼지 말라는 압박일 수도 있었다. 그리고 세자는 사헌부와 사간원의 소장을 보여주면서 이렇게 말한다.

"태상왕께서 개국하신 것과 주상께서 대위(大位)를 이으신 것과 불초한 내가 세자가 되어 지금의 아름다움에 이른 것이, 모두 조준의 공이다. 전날의 공을 잊고 허실을 제대로 가리지 않은 채, 유사(攸司-사헌부나 사간원)의 소장만 믿고 국문한다면 하늘이 노할 일이다. 물론 조준이 정말로 이 말을 하였다면 크게 죄가 있는 것이다. 경은 가서 조심하라."

윤저(尹抵, ~1412년 태종 12년)는 고려 말부터 이성계를 따랐고 조선이 개국하자 상장군에 올랐다. 1395년에는 형조전서로 있으면서 이성계와 정도전이 추진한 대로 고려 왕족을 강화나루에 수장(水葬)하는데 앞장섰다. 1397년에는 경상도 도절제사로 있으면서 박실의 아버지인 박자안의 옥사에 연루되어 투옥되었다가 풀려났다. 2차 왕자의 난에 참여해 좌명공신 3등으로 칠원군에 봉해졌고 이어 이조판서를 거쳐 1408년 의정부 찬성사에 이르게 되는 인물이다. 윤저가 세자전에서 물러나자 이번에는 세자의 장인인 우정승 민제가 윤저에게 은밀하게 압력을 넣는다.

"조준 등이 나와 하륜을 해치고, 지금의 임금(정종)과 인연을 맺어 세자에게 미치려고 한다. 지금 잡혀 갇혔으니, 끝까지 추궁하지 않을 수 없다."

복잡한 권력투쟁이었다. 조준으로서는 생사가 갈릴 수도 있는 기로였다. 대간들은 모두 간접 신문을 주장했고 정종은 3자 대질을 고집했다. 대간들이 자신들의 주장을 굽히지 않자 정종은 이들을 모두 집으로 돌려보내고 직접 심문에 나섰다. 먼저 조박에게 물으니 대간들의 소장과 내용이 달랐다. 권진도 순군옥에 가두고 심문하자 소장의 뜻과 달랐다. 이에 정종은 권근에게 크게 화를 내면서 순군옥에서 이거이와 조박을 대질시켰다.

먼저 이거이는 "나는 조준이 그런 말을 하는 것을 듣지 못했다"고 잡아뗐다. 그러나 조박은 "그대가 계림 동헌에서 분명히 말하지 않았는가"라고 따졌다. 이에 이거이는 "그때 그대가 나에게 술 두세 잔을 먹였지만 난 취하지 않았다. 그대가 기묘년(정종 1년)에 이천으로 쫓겨갔다가 경상도 감사로 나간 것은 우리 부자 때문이었다. 나는 지금도 조준과 정사(定社-1차 왕자의 난)의 맹세를 바꾸지 않았다. 따라서 설사 조준이 그런 말을 했다 하더라도 내가 어찌 그대와 그런 이야기를 했겠는가"라고 조리 있게 받아쳤다. 그런데 조박은 "내 자식 조신언이 회안공의 딸에게 장가들 때 조준이 안장 달린 말을 주었고 감사로 나갈 때는 금대(金帶)를 선물했다. 그러나 그것은 회안공을 향한 것이었지 나를 향한 것은 아니었다. 오히려 나에 대해서는 불평하는 마음이 있었다"고 말한다. 그러자 이거이는 큰 소리로 "이것 보시오! 조박의 말은 모두 사사로운 감정에서 나오고 있소"라며 면박을 주었다. 이거이의 승리였다. 이리하여 조준과 이거이는 석방되고 조박은 이천으로, 권진은 축산도로 유배를 가야 했다.

　어쩌면 조준은 실제로 그런 말을 했을지도 모른다. 그가 2차 왕자의 난 때 집에 숨어 있다가 사헌부의 탄핵을 받은 것도 이와 무관치 않다. 그럼에도 불구하고 이방원은 끝까지 조준을 보호했다. 조준이 과거에 세운 공과 앞으로 자신이 집권했을 때 필요한 그의 경륜을 높이 샀기 때문인 것으로 보인다.

마침내 대권을 쥐지만

사실 1차 왕자의 난 때 죽은 사람은 정도전, 남은, 심효생 등이지만 권력투쟁의 관점에서 보자면 결국은 아버지 이성계와 아들 이방원의 싸움이었다. 실제로 그 사건 직후 이성계는 왕위를 물려주어야 했다. 이방원이 세자로 책봉된 이후 급속하게 권력이 이방원 쪽으로 쏠려가는 것을 이성계가 모를 리 없었다. 정종의 선위(禪位-왕위를 물려줌)는 임박해 있었다. 1년 이상 참았던 모멸감이 다시 몰려왔다. 아들에게 왕위를 빼앗긴 못난 임금으로 역사에 기록되리라는 것을 그가 몰랐을 리 없다.

1400년 7월 2일 세자 이방원이 덕수궁에 있던 태상왕 이성계를 찾아오자 이성계는 이렇게 요구했다.

"조온과 조영무는 미천한 신분인데 내가 거두어 개국공신이 되었다.

그런데 두 사람은 경복궁 호위를 책임지고 있다가 무인년(1차 왕자의 난이 나던 해)의 난 때 너에게 가서 붙었으니 배은망덕하기 이를 데 없다. 이무는 조온이나 조영무만큼 심하지는 않지만 그래도 내 덕에 원종공신이 되었다. 원래 정도전, 남은 쪽과 좋아지냈는데 무인년 때 중립을 빙자하여 이기는 자를 따르려 했다. 그리고 마침내 네가 이기자 거기에 가서 붙은 것이다. 이들은 앞으로도 급하고 어려운 일이 있으면 또 힘있는 쪽에 가서 붙지 않겠느냐! 네가 나를 아비라고 생각한다면 이들 세 사람을 벌주어 사직(社稷)의 장구한 계책을 도모하고, 후세의 불충한 무리를 경계하도록 하라."

얼마 전에도 이 같은 요구가 있어 모른 척했었는데 다시 한 번 아버지 이성계가 이렇게 간곡하게 말하자 이방원으로서도 더 이상 거부할 명분이 없었다. 그래서 결국 이무는 강릉부로, 사병 혁파에 맞서다가 귀양 가던 중 평양부윤으로 발령받은 조영무는 다시 곡산부로 유배를 보내야 했다. 조온도 지방으로 내쳤다. 그러나 이성계의 분노는 실은 이들을 향한 것이 아니었다. 다름 아닌 이방원을 향한 것이다. 세 사람은 당시 이방원의 측근 인물들이었기 때문이다. 그래서 이방원도 자기 사람들을 내세워 세 사람에 대한 방어에 나선다. 바로 그날이다. 좌정승 성석린과 우정승 민제 등이 문무백관을 거느리고 태상전으로 나아갔다. 태상왕이 죄가 아닌 일로 공신인 이무, 조영무, 조온 등을 견책하여 내쫓는 것은 부당하니 취소하라는 요청이었다. 이에 화가 난 이성계는 "나라 사람들이 모두 과인(寡人)을 그르다고 하니, 내가 어떻게 여기에 있을 수 있겠는가? 나는 장차 가고 싶은 데로 가겠다"고 말했다. 당연히 이방원이 시켜서 그렇게 한 것임을 태상왕 이성계는 잘 알고 있었다. 그러면서 한없는 무력감을 느낀 이성계는 성석린, 권근 등을 돌아보면서 자기 신세를 한탄하듯 이렇게 말한다.

"나라 사람들이 모두 나더러 '대위(大位)를 잃고, 사랑하는 자식이 죽은 것을 한스러워하기 때문에 정사공신(여기서는 조영무, 조온, 이무 세 사람)을 미워한다'고 하지만, 지금 내가 적장자(嫡長子-정종)에게 전위하였고, 또 막내아들(이방원)을 세워 세자를 삼았으니, 어찌 한이 있겠는가? 내가 전위하지 않았으면 장차 나를 죽이고 빼앗았을 것인가? 다만 사직의 만세 계책을 염려하는 것뿐이다. 이무 등을 죄주거나 석방하는 일 같은 것은 너희 임금에게 달려 있다."

태상왕과 세자는 급격하게 멀어지고 있었다. 8월 21일에는 신암사라는 절에 몰래 숨어 지내던 태상왕을 세자가 직접 가서 덕수궁으로 모시고 왔다. 그리고 이날 두 사람 외에 정종과 의안공 이화, 좌정승 성석린, 청천백 이거인, 승녕부 판사 우인열 등 원로 대신들이 함께한 가운데 잔치가 벌어졌다. 일종의 위로연이었다. 그런데 이날 술이 잔뜩 취한 태상왕은 "밝은 달빛은 발 아래 가득한데 나 홀로 서 있네."라며 연구(聯句)를 짓고 나서 세자에게 "네가 비록 과거에 급제는 하였지만, 이런 글귀는 쉽게 짓지 못할 것이다"라고 비꼬았다. 그러면서 또 "산하(山河)는 의구한데 인걸은 어디 있느뇨?"라고 일갈했다. 노대왕의 마지막 몸부림이었다. 태상왕은 그 자리에 있던 사람들을 빙 둘러보다가 "나의 이 글귀에는 깊은 뜻이 있다"고 한마디 던졌다. 『실록』은 이날 임금과 세자도 일어나 춤을 추었고 "지극히 즐기다 파하였다"고 기록하고 있다. 그러나 태상왕의 마음은 무너져내리고 있었다.

그리고 10월 15일 태상왕은 신암사에 가서 일찍 세상을 떠난 아들 이방석과 사위 이제를 위한 불사를 크게 베풀었다. 무인년의 변(變)을 잊지 않겠다는 다짐의 표현일 수도 있었다. 그러고는 곧바로 한양을 향했다. 신덕왕후 강씨가 묻혀 있는 정릉을 참배하기 위해서였다. 10월 24일 정릉에서 정근법회(精勤法會)를 베푼 태상왕은 자신이 입고 있던 옷을 벗어 부처님에게 올렸다. 그러고는 아무에게도 목적지를 알리지 않은 채 가마를 타고 오대산 방향으로 떠났다.

조선 제3대 국왕 태종의 탄생

태상왕 이성계가 오대산에 머물고 있던 11월 11일 문무백관이 세자전에 와서 하례를 청했으나 세자 이방원은 이를 받지 않았다. 왜냐하면 국왕의 자리에 올라달라는 청이었기 때문이다. 물론 치밀하게 계산된 거부였다. 바로 다음날에는 의정부에서 백관을 거느리고 세자가 청정(聽政)하기를 청하였다. 수락했다. 그래서 13일 수창궁에서 즉위식을 가졌다. 34세의 이방원이 마침내 임금의 자리에 오른 것이다.

그리고 곧바로 고위 인사 발령을 내렸다. 민제에게는 여흥백, 이백강에게는 청평군의 작위를 내렸고, 김사형을 문하부 판사, 이거이를 좌정승, 조박을 문하부 참찬사, 정구를 대사헌, 김수를 공안부 판사, 이래를 예문학사, 맹사성을 문하 좌산기, 김구덕을 중승으로 발령했다. 이거이는 원하던 정승이 되었고 그의 아들이자 이저의 동생이며 훗날 태종의 사위가 되는 이백강은 작위를 받았다. 주변에 다시 측근들을 불러 모은 인사였다.

태종이 즉위하던 날, 그의 스승이자 2차 왕자의 난 때 이방간 쪽의 움직임을 이방원에게 전해주었던 단양백 우현보가 68세를 일기로 세상을 떠났다. 정도전과 사이가 좋지 않아 태조 때 줄곧 숨어 지내거나 계림(경주)으로 귀양을 떠나 있었고, 아들들도 정도전 일파에 의해 죽는 등 고초를 겪었던 인물이다.

즉위식을 한 그날 오대산으로 갔던 태상왕이 돌아온다는 소식이 들려왔다. 태종은 즉시 황해도 장단까지 나가 아버지 이성계를 맞이했다. 종친과 대신들도 뒤를 따랐다. 그곳에서 즉석 연회가 열렸고 태상왕은 다소 마음이 풀린 듯 새벽까지 즐겁게 놀았다고 한다. 그 자리에서 이성계는 자신의 마지막 자존심이라고 할 수 있는 한양 천도 문제를 꺼낸다.

"네 형(정종)은 한양에 환도하여 내 마음을 위로하고자 하였는데, 그 뜻이 이미 확고했었다. 네가 능히 내 뜻을 몸으로 받들겠느냐?"
"제가 어찌 감히 명령을 따르지 않겠습니까?"

태상왕 이성계는 흡족해하며 그날 왕위에 오른 태종에게 술을 따라주었다.

6장
한양 천도의 정치학

태조 때의 1차 천도

고려의 창건자 왕건과 조선의 창건자 이성계는 공통점이 많다. 둘 다 역사에 길이 남을 명장이고 동시에 풍수지리와 불교를 깊이 신봉했다. 생사가 순간에 갈리는 전장을 누벼온 백전노장인 두 사람이 모두 풍수지리와 불교를 독실하게 받들었다는 것은 우연이 아니다.

왕건의 경우, 풍수에 능했던 도선이라는 승려가 왕건의 이름까지 지어주며 왕건이 삼한을 통일할 인물이라고 예언했다고 『고려사』는 전한다. 이성계에게는 늘 스승처럼 곁을 지켰던 무학대사가 있었다. 군인과 불교 그리고 풍수, 이 셋은 긴밀하게 연결되어 있었다.

당시 장수에게 풍수는 곧 군사지리학이었다. 지형과 산세 그리고 물의 흐름을 통합적으로 파악하며 병사들을 지휘해 승리로 이끌어주는 첨단 이론이었던 것이다. 요즘 식의 명당 잡기와는 차원이 달랐다. 특히 왕건과 이성계는 이를 바탕으로 연전연승을 거뒀기 때문에 자신들이 신봉했던 풍수 이론을 더욱 믿게 됐을 것이다. 애당초 이성계가 풍수지리를 신봉했던 것은 지적 호기심과는 거리가 멀었다.

음양산정도감 설치

1393년 태조 3년 7월 10일 태조 이성계는 새로운 수도 건설을 위해 '음양산정도감(陰陽刪定都監)', 요즘 식으로 말하면 '음양 풍수 조사연구 특별위원회'를 설치했다. 지금도 마찬가지지만 워낙 음양과 풍수지리에 관한 이론이 다양하고 주장하는 사람마다 학설이 달랐기 때문에 관련 서적들을 최대한 수집한 다음 이론적 체계화를 거쳐 합리적인 천도 계획을 마련하려는 목적이었다.

이 기구에는 정도전, 권중화, 성석린, 남은, 정총, 하륜, 이직, 이근, 이서 등이 참여했고 서운관원들이 실무 지원을 맡았다. 신하들 중에서 풍수지리에 조예가 있던 인물들은 다 모았다.

이중 권중화(權仲和, 1322년 고려 충숙왕 9년~1408년 태종 8년)는 계룡산 길지설의 주창자로 공민왕 2년(1353) 문과에 급제해 대언을 거쳐 지신사에 올랐다. 늘 근신하고 일처리가 주도면밀하여 공사를 분명히 했기 때문에 공민왕의 총애가 컸다. 그 뒤 삼사 좌사, 문하찬성사를 역임하지만 공양왕 2년(1390) 이성계가 왕이 되려 한다고 명나라 조정에 무고한 윤이·이초의 옥사에 연루되어 귀양을 가기도 했다. 그러나 고려 때 권신들의 횡포가 극에 달할 때도 아부하지 않는 기개가 인정되어 조선이 들어서자 다시 중용되었다. 태조 2년(1393)에 삼사 좌복야로 있으면서 음양 지리에 밝다는 이유로 이를 관장하는 서운관 영사를 겸했다. 실무 차원에서는 천도 문제에 대한 최고 책임자였다. 실은 이미 태조 2년에 권중화가 계룡산 길지설을 내놓아 태조는 계룡산 일대에 도읍을 정하고 궁궐 공사에 들어갔으나 하륜이 강력히 반대해 중단된 바 있었다.

이근(李懃, ?~1398년 태조 7년)은 개국공신 2등으로 조선 개국 후 좌승지가 되었다. 또 태조 2년에는 대사헌에 올라 동국 역대 현인들의 기록을 정리해 요점을 추려서 바쳤다. 한양 천도와 관련해서는 1396년 종묘 감독관을 지내기도 했지만 당시 세자 이방석의 장인 심효생의 측근이 되어 정도전, 남은, 심효생과 가까이 어울리다가 1차 왕자의 난 때 남은 첩의 집에서 심효생, 장지화 등과 함께 현장에서 주살당하게 된다.

태조의 속전속결

태조는 옆에서 지켜보는 사람들이 불안할 정도로 천도를 서둘렀다. 게다가 전쟁 때처럼 실용적인 목적에 따른 풍수지리 차원을 넘어 개경의 지기(地氣)가 쇠했다는 식의 도참 신앙이 가미되면서 아무래도 성리학으로 무장한 신하들의 흔쾌한 지지를 얻기는 쉽지 않았다. 그러나 신하들도 천도 자체를 강력하게 반대하지는 않았다. 특히 새로운 왕조가 시작되었기 때문에 구신들이 대거 포진하고 있는 개경을 떠나 새롭게 웅비를 펼치겠다는 마음은 태조나 신하들이나 마찬가지였다.

음양산정도감을 설치해 기초 조사 작업이 진행중인 가운데 태조는 직접 한양에 와서 지금의 신촌 부근인 무악산 일대를 답사하는 등 천도 작업에 박차를 가했다. 도감을 설치하고 한 달여 후인 8월 12일에는 재상들에게 구체적인 후보지에 관한 의견을 올리라고 했다. 크게 봐서 세 곳이었다. 한양에서는 지금의 경복궁이 있는 곳(백악 주산설), 신촌 일대(무악 주산설), 그리고 충청도의 계룡산 일대였다.

　그런데 뜻밖에도 이날 태조의 가장 가까운 신하이자 일반적으로 한양 천도의 설계자로 알려져 있는 삼사 판사 정도전은 하륜이 제기해 태조가 적극적 관심을 보이던 무악 천도를 반대하는 상소를 올렸다. 무악 천도 반대라기보다는 잠정적인 천도 반대론이었다. 지금은 민생 안정에 힘쓸 때이지 새 수도를 건설하기 위해 대역사를 일으켜서는 안 된다는 논리였다. 또 그는 이 상소에서 태조의 도참 신앙을 정면으로 비판하기도 했다. "나라의 성쇠는 정치하는 사람에게 달린 것이지 땅의 성쇠에 달린 것은 아닙니다." 정도전은 자기 앞에 있는 이성계가 새 왕조를 연 왕임을 깜박 잊은 것일까?

　바로 다음날 이성계는 고려 때부터 일부 궁궐이 조성되어 있던 경복궁 일대를 돌아보기 위해 한양을 찾는다. 백악 주산설을 검토해 보기 위함이었다. 이 일대의 산세와 지형을 돌아본 이성계는 서운관 판사 윤신달에게 자문을 구했고 윤신달도 개경 다음으로 좋은 곳이라고 답했다. 다만 서북쪽 지대가 낮고 샘이 메말라 홍수에 약하고 물이 많지 않은 게 흠이라고 덧붙였다.

　태조는 백악 주산설을 바탕으로 하는 기본안을 내놓고 다시 신하들의 의견을 광범위하게 수렴했다. 줄곧 무악 주산설을 주장한 하륜을 제외한 대부분은 천도를 하려면 백악이 좋다는 쪽으로 의견을 모았다.

　이에 따라 9월 1일 '신도궁궐조성도감(新都宮闕造成都監)'이 설치되었다. 한양에 본격적으로 궁궐을 조성하기 위한 기구가 탄생한 것이다. 그리고 태조는 9월 9일 문하부 판사 권중화, 삼사 판사 정도전, 청성백 심덕부, 문하부 참찬사 김주, 좌복야 남은, 중추원 학사 이직 등을 한양에 보내 종묘, 사직, 궁궐, 조시(朝市)와 도로의 터를 정하게 했다. 이들은 지금의 경복궁과 종묘의 터를 살펴보고 이를 도면으로 제작하여 태조에게 바쳤다.

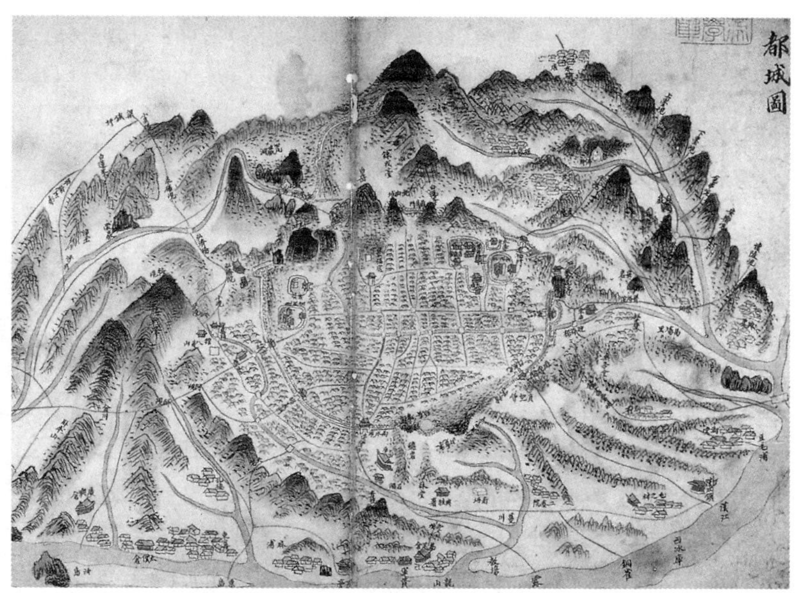

'도성도'_『여지도』에 수록된 한양의 옛 그림 지도.

　이와 같이 신도의 윤곽이 드러나자 심덕부와 김주를 한양에 남게 하여 신도 건설을 감독케 했다. 그리고 신하들을 한자리에 모아 천도 시기를 상의한다. 이 자리에서 신하들은 연내가 좋겠다고 해서 결국 10월 25일 도평의사사 분사와 각 사(司) 2명씩을 개경에 남겨둔 채 조정 백관을 거느리고 천도를 단행했다. 태조 3년(1394) 10월 28일의 일이었다.

　여기서 일단 권중화와 더불어 경복궁을 비롯한 종묘사직 등 한양의 기본 골격을 설계하고 건설한 심덕부와 김주에 대해 간략하게 정리해 둘 필요가 있다. 특히 신도궁궐조성도감 판사 심덕부는 조선 초 왕실과도 깊은 연관을 맺게 되는 인물이라는 점에서 대단히 중요하다. 심덕부(沈德符, 1328년 고려 충숙왕 15년~1401년 태종 1년)는 음직으로 벼슬길에 나와 우왕 때 예의판서로 승진했다. 그러면서 성품이 강골하여 장수로서 여러 차례 왜구를 토벌하는 데도 공을 세웠다. 1380년에는 최무선이 제조한 화포를 처음으로 실전에 사용하였다. 1385년 문하 찬성사로 동북면 상원수를 겸하여 이성계와 함께 북청, 함주 등지에 침략한 왜구를 토벌하면서 이성계와 친분을 맺었고 3년 후 위화도 회군 때 이성계 편에 섰다. 공양왕을 세울 때도 주도적인 역할을 하여 9공신 중의 한 명이 되었다. 한때 무고를 당해 어려움을 겪기도 했으나 조선 개국과 함께 회군공신 1등에 책록되어 청성백의 작호를 받았다. 정종 1년에는 72세의 나이에도 불구하고 좌의정에 오른다. 그에게는 일곱 아들이 있었다. 이중 다섯째 심온의 딸은 훗날 세종과 결혼하게 되는 소현왕후 심씨이고, 심종은 태조와 신의왕후 사이에서 난 둘째 딸 경선공주와 결혼했다. 이방원의 입장에서 보자면 심온은 가장 중요하면서도 가까운 사돈이고 심종과는 처남매부 사이였다.

김주(金湊, ?~1404년 태종 4년)는 문과에 급제, 공민왕 때 성균 직강을 거쳐 우왕 때 사헌부 집의, 지신사, 밀직제학, 정당문학 등 핵심 요직을 두루 거쳤다. 공양왕 1년(1389)에는 도평의사사의 신청사 건축 공사를 감독했고 1391년에는 대사헌으로 있으면서 도성 건설을 건의해 축성 공사가 시작되자 삼사 좌사를 맡아 공사 진행을 이끌었다. 한때 이성계 일파의 탄핵을 받기도 했지만 조선이 건국되고 예문춘추관 대학사로 복직되었고 태조 3년 좌복야에 올랐다. 이미 그는 태조 3년 초 계룡산 천도 움직임이 있을 때도 권중화와 함께 설계와 건설에 기여하기도 했다.

신도 건설에 결정적 기여를 하였지만 훗날 그는 1차 왕자의 난에 관련되어 고려 말의 명건축가인 환관 김사행이 참수당할 때 그와 함께 백성을 혹사했다 하여 유배되었다가 신도 건설의 공로로 감형된다.

태조 3년 10월 28일 서둘러 천도를 했지만 궁궐 건설 작업은 아직 시작도 안 한 상태였다. 그래서 태조 이성계 등은 한양부 객사에 머물렀고 나머지 신하들은 임시 천막 같은 것을 만들어놓고 지내야 했다. 종묘와 궁궐의 기공식이 열린 것은 그로부터 한 달이 조금 지난 12월 3일이다.

다음해인 태조 4년 9월 종묘와 경복궁이 완공되었고 12월에 입주가 이뤄졌다. 이때 태조는 정도전을 불러 새 궁궐의 전각들의 작명을 지시한다. 이렇게 해서 우리가 지금 보게 되는 경복궁, 근정전, 사정전, 교태전, 강녕전 등과 각종 문의 이름이 탄생했다. 동시에 성곽 건설은 조준과 김사형이 주도해 완성했다. 이때 숭례문, 홍인지문 등의 이름을 지은 것도 정도전이다. 또 서울의 행정구역을 5부로 나눠 이름을 지었는데 이 또한 정도전이 맡았다. 이로써 천도는 일단 마무리된다.

결론나지 않는 천도 문제

　1차 왕자의 난에서 태조와 정도전 일파가 몰락하고 이방원 일파가 득세하면서 대외적으로는 요동 정벌론이 잠잠해졌고 대내적으로는 개경 환도가 이뤄진다. 사실 개경 환도는 무슨 계획이 있어서 그렇게 된 것이 아니다. 특히 최고 실력자 정안공 이방원의 뜻과는 전혀 무관하게 사태가 진행되어 갔다.

　1차 왕자의 난으로 태조가 물러나고 사실상의 장자이던 정종이 과도기 정국을 맡아 즉위했다. 사실 태조에 이끌려 개경에서 한양으로 온 사람들 중에서 많은 수는 개경 시절을 그리워했다. 그것은 인지상정이기도 했다. 그런 데다가 조정에 '변란'이 일어나자 민심은 술렁거렸다. 무리해서 한양 천도를 하는 바람에 이런 일이 터졌다는 볼멘소리가 나오게 생겼던 것이다.

　『실록』에 보면 훗날 조정에서 개경 환도 논의가 시작되었다는 이야기

172

가 나온 것만으로 한양 사람들
은 남녀노소 할 것 없이 개경으
로 향했다. 그 바람에 병사들이
출동해 성문을 막고 개경행을
중단시켜야 했다.

얼떨결에 왕위에 오른 정종
으로서도 한양과 경복궁이 마
음에 들지 않기는 마찬가지였
다. 배다른 아우이긴 하지만
어린 방번과 방석이 참화를 당
한 곳에서 억지로 임금 노릇을
하는 게 쉬운 일은 아니었다.

개경의 옛 모습_고려의 수도였던 개경은 여말선
초 천도 논쟁의 중심에 놓인다.

왕위에서 물러난 상왕 이성계도 궁궐에서 나가 멀리 북량정에서 거처
하고 있었다.

이런저런 심사를 달랠 겸 정종은 정종 1년(1399) 2월 15일 개경으로
행차한다. 원래 목적지는 개경이었다기보다는 친어머니의 묘소 제릉
이 있는 개경 근처의 풍덕에 가기 위해서였다. 개경에 도착한 정종이
수창궁 북원에 올라가 주위를 돌아보니 만감이 교차했다. 황량하기 그
지없는 한양과 500년 도읍의 역사적 정취가 곳곳에 그대로 남아 있는
개경. 진취적인 미래가 보장되어 있는 것도 아니었던 정종으로서는 그
곳에 마음이 끌렸을 테고 평안함을 느꼈을 것이다. 그러면서 정종은
좌우 신하들에게 "고려 태조 왕건의 지혜로 이곳에 도읍을 세운 것이
어찌 우연한 일이겠느냐?"고 의미심장한 말을 던진다.

개경 만월대 복원 모형_ 개경 환도 문제가 대두되자 정종은 복잡한 심사를 달랠 겸 어머니 묘소로 가는 길에 개경 만월대에 올라 500년 도읍지를 둘러본다.

개경으로 환도하다

서울로 돌아오니 서운관에서는 글을 올렸다. 자연재해가 자주 나타나니 조짐이 좋지 않다며 임금의 거처를 옮겨야 한다는 것이었다. 어디로 옮길 것인가? 한양 근처에 갈 수 있는 곳은 개경밖에 없었다. 종친과 공신들을 불러 모아 개경으로 잠시 옮기는 문제를 논의하자 모두 찬성하는 의견을 올렸다.

바로 이 대목이다. 개경으로 돌아가는 문제에 대해 만일 정안공 이방원이 반대했다면 실행할 수 있었겠는가 하는 것이다. 『실록』에는 정종의 뜻으로만 기록돼 있지만 그럴 가능성은 거의 없다고 봐야 한다. 이방원이 개경 환도를 주도했는지는 알 수 없지만 적어도 반대하지 않은 것은 확실하다. 결국 2월 27일 종친과 공신들은 '정종의 뜻'을 받들어 개경 환도를 결정했다. 그리고 3월 7일 정종을 비롯해 왕자들과 종친, 공신들이 모두 개경을 향해 출발했다. 다만 개경행을 반대하는 태조의 뜻을 감안해 관청의 경우에는 각각 절반으로 나누어 반은 한양에 남고 반은 개경으로 갔다.

모두가 떠난다는데 상왕 이성계 혼자 남아 있을 수는 없는 일이었

174

다. 어떻게 해서 이룬 천도였던가? 수많은 신하들의 반대를 뚫고 어떻게 보면 거의 혼자서 밀어붙이다시피 해서 한양을 새 수도로 정했다. 거기에는 자기가 개창한 조선이 자손대대로 번성하기를 바라는 간절한 염원도 크게 작용했다. 무엇보다 그것이 가슴 아팠을 것이다.

그리고 새삼 이방원에 대한 분노가 일었다. '이놈, 결국 이 애비를 왕위에서 내쫓는 것으로 만족하지 못하고 애비의 꿈마저 짓밟는구나! 어디 두고 보자, 이놈.'

『실록』이 전하는 상왕 이성계의 개경 행차를 보면 그의 분노는 이보다 훨씬 더 했을 것으로 짐작된다. 이성계의 개경행에는 4남인 회안군 이방간과 각 부서에서 관리 1명씩 수행했다. 자신이 그렇게도 사랑했던 두 번째 부인 신덕왕후 강씨의 정릉(원래는 서울 정동에 있던 것을 태종이 지금의 정릉으로 옮긴다)을 지날 때는 발걸음이 떨어지지 않았다. 이성계의 눈에서는 피눈물이 흐르고 있었다.

그러면서도 태조 일행은 왕과 정부의 일행보다 나흘이 빠른 3월 9일 새벽 개경에 도착했다. 그는 궁궐로 가지 않고 변안열의 옛집에 들었다. 비어 있는 집에 들어간 것이다. 그리고 13일 임금 일행이 개경에 도착하자 다음날 새벽에는 다시 고려 때 시중을 지낸 윤환의 옛집으로 옮긴다. 이때부터 태조의 기행(奇行)에 가까운 새벽 심야 행차가 시작된다. 당시 심정을 태조 이성계는 주변 사람들에게 아주 솔직하게 이렇게 밝혔다.

"내가 한양에 천도하여 비(妃)와 아들을 잃고 다시 개경으로 돌아오니, 실로 도성 사람들에게 부끄럽기 짝이 없다. 그러므로 앞으로 출입은 반드시 날이 밝기 전에 하여 사람들이 보지 못하게 할 것이다."

천하를 호령했던 위대한 장군은 나이가 들어 아들에게 권좌를 빼앗긴 것이 더 부끄러웠는지도 모른다.

다시 제기된 한양 재천도론

"도읍이라 하는 것은 종묘사직이 있는 곳이요, 사방의 공부(貢賦)가 폭주하는 곳이니, 중하게 하지 않을 수 없습니다. 생각건대, 태상왕 전하께서 개국하시자마자 한양에 도읍을 정하고 경영한 지 두어 해 만에 종묘사직, 궁궐, 성시(城市), 여염이 번성하였사온데, 수년이 못 되는 동안에 조시(朝市)가 황폐해지고 여항(閭巷)이 쇠락하여 슬퍼하지 않는 이가 없습니다. 또 종묘 제향 때는 두 도읍에 왕래해야 하는 폐단이 작지 않으니, 이것이 어찌 효도하는 도리이겠습니까? 엎드려 바라옵건대, 전하께서는 태상왕의 개국건도(開國建都)한 뜻을 잘 이으시어 만세(萬世)의 한없는 업(業)을 정하소서."

태종 1년 1월 4일 국왕으로서 처음 맞이하는 새해 벽두부터 남양군 홍길민이 올린 상소다. 홍길민(洪吉旼, 1353년 고려 공민왕 2년~1407년 태종 7년)은 우왕 2년(1376) 문과에 급제해 사헌부 장령 등을 지내고 공양왕 2년(1390)에 우사의 대부가 되었다. 그때 정몽주가 우정승에 임명되자 고신에 서명하기를 거부했다. "이 사람이 한미한 집안 출신으로 임금의 총애만을 믿고 언관을 가두고 추방하며 전제(田制)를 문란케 하니, 재상의 직임에 적합지 않다"는 것이었다. 이 때문에 그는 파직되었다. 그는 이성계 지지자였다. 1392년 개국에 공을 세우고 좌부승지를 지냈으며 개국공신 2등으로 남양군에 봉해졌다. 『실록』은 그에 대해 "대대로 높은 벼슬을 누렸고 거부여서 노비가 천여 명이나 되었으나 성품이 단정하고 밝아서 사치스럽고 화려한 것을 일삼지 않았다"고 평한다. 그의 아들 홍여강도 세종 때 대사헌을 지내며 강직한 성품을 보여 좋은 평가를 받게 된다. 그리고 홍길민이 재천도 상소를 올린 바로 그날 우연찮게 한양 건설의 주역 심덕부는 세상을 떠난다.

그러나 그후 한동안 천도 문제는 물밑으로 가라앉는다. 『태종실록』 1년에는 그 한 번으로 한양 재천도 문제는 더 이상 언급되지 않는다. 다음해 5월에는 원자의 공부를 위한 학궁을 개경에 건립하는 등 개경에 계속 있을 것으로 보이는 조처들이 이어졌다.

태종 2년 7월 4일 태종은 가뭄이 계속되자 부처별로 처방을 올리라고 명했다. 그것들을 직접 읽어본 태종은 시독관 김과를 불러 "지금 하늘이 비를 주지 않는 것은 덕이 없는 내가 왕위에 있기 때문이다. 내가 왕위를 사양하고자 한다"며 눈물을 흘렸다. 옆에 있던 김과도 함께 울었다고 한다. 아마도 이때 각 부처에서 올라온 처방이나 건의 사항 중에 한양 재천도 문제가 포함돼 있었던 것으로 보인다. 이에 따르면 어떤 사람은 신도로 돌아가야 한다고 하고, 또 어떤 사람은 개경에 머물러야 한다고 하고, 누구는 도읍을 다시 무악으로 옮겨야 한다는 등 의견이 분분했다. 그리고 삼부(三府)에서는 그냥 개경에 있어도 무방하고 재차 천도를 하는 것을 불편하다고 보고했다.

그리고 일주일 후인 11일 태종은 지신사 박석명을 불러 사평부(삼사가 개편된 기구) 영사 하륜, 좌정승 김사형, 우정승 이무 등으로 하여금 한양으로 돌아가는 문제에 대해 토론해서 결과를 보고하라고 지시하는 한편 측근들을 따로 불러 의견을 수렴한다. 보통의 경우 일을 할 때는 이미 자신부터 결단을 내리는 게 태종의 스타일이다. 그런데 이 문제만은 그답지 않게 결단을 하지 못하고 우왕좌왕한다. 아버지 이성계는 줄곧 신도로 돌아가야 한다며 틈만 나면 신도를 방문하는 등 시위를 계속했고, 민심은 대부분 그대로 머물기를 원했기 때문에 태종은 그 사이에 끼인 꼴이었다. 한편 별도의 자리에서 토론을 거듭했던 하륜, 김사형, 이무, 조영무 등도 반나절이 지나도록 결론을 내지 못하고 모임을 끝냈다. 이는 사실상 재천도 반대나 마찬가지였다.

'양도제(兩都制)'로

정확히 2년 후인 태종 4년 7월 10일 태종은 의정부 사인을 불러 종친과 삼부의 원로들로 하여금 도읍 문제에 관해 다시 한 번 심도 있는 토론을 하라고 지시했다. 그런데 토론에 앞서 그가 사인에게 하교한 내용을 보면 천도 쪽이 아니라 한양에 있는 종묘와 사직을 개경으로 옮겨와 사실상 개경을 앞으로 영구적인 수도로 삼는 방안에 무게가 실려 있다.

"지난 번에 이곳 송경(松京-개경)으로 옮겨온 것은 길이 천도한 것이 아니고, 임시로 피해서 온 것이었다. 그 때문에 종묘와 사직이 그대로 한경(漢京-한양)에 있다. 시일을 끌면서 결정하지 못한 지가 벌써 6년이다. 요사이 천변(天變)과 지괴(地怪)가 여러 번 경고를 나타내니, 어찌 종묘와 사직이 멀리 한경에 있어 도읍이 정해지지 못하고 인심이 평안하지 못하여 그러한 것이 아니겠는가? 오랫동안 이곳에 살아서 사람들은 모두 살고 있는 땅에 만족하고 생업에 안정하여 천도하기를 어려워하니, 종묘 사직을 이 도읍지로 옮겨오는 것이 어떠한가? 내일까지 의논하여 아뢰라."

종묘_ 조선시대 왕가(王家)의 신위를 봉안한 사당. 태종 1년 한양 재천도 문제가 제기되자 종묘를 개경으로 옮기자는 의견이 대두된다. 서울 종로구 훈정동 소재.

　처음에는 모두 종묘를 개경으로 옮겨오는 것이 좋겠다고 말했다. 그런데 이때 찬성사 남재가 나섰다. 쉽게 결정할 문제가 아니니 옛 고사와 법을 두루 상고한 뒤에 시행해야 한다는 것이었다. 좌정승 조준이 상고하여 주나라 전성기 때 양경 제도(兩京制度)가 있었다는 사실을 찾아냈다. 그래서 한경은 태조가 창건한 도읍지이고 송경은 인민의 생업이 안정된 땅이므로 어느 한쪽을 폐지할 수 없으니, 송경에 따로 종묘를 세우고 신주를 만들어서 사시(四時)의 제사를 두 곳에서 모두 행하여, 주나라의 호경(鎬京)·낙읍(洛邑) 양경의 제도를 본받자는 것으로 일단 결론이 났다. 태종이 삼부의 원로들만 따로 모아 자문을 구했으나 내용은 조준의 것과 별로 차이가 없었다. 다만 이들은 "한경은 종묘가 있다는 것뿐이나 송경은 장차 자손만세의 땅이 될 것"이라며 개경에 남을 것을 간접적으로 주장했다. 그래서 결국 태종도 최종(?) 결론을 내리고 의정부에 이렇게 지시한다.

"한경은 태조가 창건한 땅이고 종묘가 있는 곳이니, 가기도 하고 오기도 하여, 양도(兩都)를 폐지함이 없도록 하라. 이제부터는 천도 문제를 다시는 의논하지 않을 것이다."

행정 수도 이전 문제가 정치권과 민심 사이에서 요동을 치던 2005년 상황과 엇비슷하게 돼버렸다.

다시 한양으로

어쩌면 지독한 현실주의 정치가 태종에게 천도 문제는 피하고 싶은 사안이었는지 모른다. 권력을 쥐고 있는 입장에서 그것은 너무나도 위험한 도박이자 당장에 큰 이득을 볼 수 없는 것이었기 때문이다. 민심이 등을 돌리게 될 것은 불 보듯 뻔했다. 개경에 안주해 살고 있는 사람들의 불만은 말할 것도 없고 수도 건설에 따른 노역에 동원될 백성들의 원망이 이미 귀에 쟁쟁했을 것이다. 그것은 양경 제도를 유지하겠다며 "다시는 의논하지 않겠다"고 다짐하는 태종의 모습에서 쉽게 추정해 볼 수 있다.

태상왕을 받들다

그런데 태종 4년(1404) 9월 1일 태종은 신하들과 아무런 논의도 거치지 않고 갑자기 의정부에 "내년 겨울에는 내가 마땅히 한양으로 옮겨 거주할 터이니, 서둘러 궁실을 수리하게 해야 할 것"이라는 지시를 내린다. 또한 성산군 이직과 취산군 신극례를 '이궁조성도감' 제조로 임명했다. '이궁(離宮)' 조성이란 한양에 경복궁 외에 또다른 궁을 짓겠다는 뜻이다. 한양 재천도로 확실하게 방향이 잡힌 것이다.

그렇다면 지난 50일 사이에 태상왕과 태종, 눈에 보이지 않는 힘 싸움을 벌이고 있던 부자지간에 도대체 무슨 일이 있었기에 그토록 다짐했던 결심이 하루아침에 뒤집어진 것일까? 유감스럽게도 『실록』은 그에 관해 단 하나의 정보만을 전해준다.

그날 태상왕이 지신사 박석명을 불러 태종에게 다음과 같은 '지시'를 전달토록 했다. 그 내용은 자신도 한양 천도를 해보았기 때문에 천도의 번거로움을 모르지 않는다. 그러나 송경은 왕씨의 옛 수도일 뿐이다. 그런데 그대로 여기에 머물러 도읍으로 삼는 것은 시조(始祖)의 뜻에 따라 움직이는 것이 아니라는 것이었다.

이성계가 자신을 '시조'라 부르며 자신의 뜻을 강조한 것 말고는 특별한 내용이 눈에 띄지 않는다. 단순히 이런 정도의 지시는 그전에도 수없이 전달되었고 직접 말로도 전했다. 그런데 왜? 정말 그 50일 사이에 무슨 일이 있었던 것일까?

이미 2년 전 자신을 따르던 조사의의 반란 등을 통해 무력 사용까지 해본 뒤라 더 이상 버틸 힘도 없는 이성계였다. 이때 이성계의 나이 일흔이었다. 동원할 수 있는 압력 수단이라고는 자신의 목숨 하나밖에 없었다. 아마도 자신의 목숨을 건 협박이나 애원이 있었을 것으로 보인다. 태종으로서는 더 이상 거부할 수 없는 무엇, 즉 태조는 목숨을 걸고 자신의 마지막 자존심이라고도 할 수 있는 한양 재천도를 관철시킨 것으로 봐야 할 것이다.

재연된 천도 논쟁, 동전점으로 수도를 정하다

일단 결심하면 무섭게 밀어붙이는 것이 태종 스타일이다. 태종은 9월 9일 한경에 이궁을 지을 자리를 살펴보도록 명하고, 풍수지리에 능한 서운관 관리 유한우, 윤신달, 이양달을 즉시 파견했다. 이들은 이미 태조의 한양 천도 때도 관여했던 이 분야 전문가들이었다. 그런데 4일 후인 9월 13일 성석린, 이무 등이 "한양에는 이미 궁궐(경복궁)이 있는데 환도한다고 해서 굳이 이궁을 지을 필요는 없지 않겠습니까?" 하는 의견을 내자 태종은 일단 이궁조성도감을 궁궐보수도감으로 전환한다. 그러나 태종은 어차피 한양으로 돌아가려면 피의 기억이 흥건한 경복궁보다는 새로운 궁을 지어 뜻을 펼쳐보고 싶었을 것이다. 그리고 9월 19일에는 태조의 계룡산 천도를 중단시키고 무악 천도론을 주장했던 진산부원군 하륜이 글을 올려 기왕 한양으로 돌아가려면 차제에 본궁을 무악에 지어야 한다고 주장했다. 다시 한양 천도의 핵심 문제인 백악-무악 논쟁이 시작된 것이다.

태종은 자신이 직접 한양을 돌아보기 위해 9월 26일 행차에 나섰는데 임진강 변에 이르렀을 때쯤 개경에서 급한 전갈이 왔다. 병을 앓던 셋째 형 익안대군 이방의가 세상을 떠난 것이다. 그래서 태종은 10월 2일 다시 조준, 하륜, 권근과 이천우 등 종친들을 대동하고 한양의 무악을 향했다.

4일 무악에 도착한 일행은 곧바로 산 정상에 올라 주변 산세를 바라보았다. 여기서 한 가지, 태종은 풍수지리의 문외한은 아니지만 그렇다고 자기 견해를 가질 만큼 깊은 식견을 갖추고 있지 못했다는 사실을 염두에 둘 필요가 있다. 주변을 둘러본 태종은 몇 번이고 "여기가 도읍하기에 합당한 땅이다", "가히 도읍이 들어앉을 만하다"고 말한다. 그리고 산을 내려오는 도중에 주요 대신들과 풍수지리 전문가 윤신달,

민중리, 유한우, 이양달, 이량 등을 모아놓고 논쟁을 붙인다. "이 땅과 한양, 어느 것이 좋은가?"

윤신달, 유한우는 일단 한양은 물이 끊기는 곳이라며 도읍에 적당치 않다고 말한다. 이량도 한양보다는 무악이 좋다는 의견이었다. 반면 민중리는 양쪽 모두에 대해 유보적인 입장을 보였고 이양달은 한양이 낫다는 쪽이었다. "한양이 비록 명당(明堂)에 물이 없다고 하나, 광통교(廣通橋) 이상에서는 물이 흐르는 곳이 있습니다. 전면에는 물이 사방으로 빙 둘러싸고 있으므로, 웬만큼 도읍할 만합니다." 이들의 이야기를 듣고 있던 태종은 자신의 심중을 조심스럽게 밝힌다. 천도 문제와 관련한 그의 속마음을 읽을 수 있는 발언이다.

"내가 어찌 신도(新都)에 이미 이루어진 궁실(宮室-경복궁)을 싫어하고 이 풀이 우거진 땅을 좋아해 다시 토목의 역사를 일으키려 하겠는가? 다만 한양은 돌산이 험하고 대궐이 있는 자리에 물이 끊어져 도읍하기에 불가능한 까닭이다. 내가 지리서를 보니, '먼저 물을 보고 다음에 산을 보라' 하였다. 만약 지리서를 따르지 않는다면 그만이지만, 따라야 한다면 현재의 경복궁은 물이 없는 곳이니, 도읍하는 것이 불가한 것은 명확하다. 너희들이 모두 지리를 아는데, 처음에 태상왕을 따라 도읍을 세울 때, 어찌 이러한 까닭을 말하지 아니하였는가?"

아마추어 수준이긴 하지만 마지막 질문은 예리하다. 이에 윤신달은 당시 자신은 부친상을 당해 태상왕 이성계를 따라 한양에 오지 못했기 때문이라고 했고, 유한우는 "말씀을 올렸지만 받아들여지지 않았을 뿐"이라고 답했다. 특히 무악 중턱에서 논쟁을 벌일 때 계속 한양이 낫다고 주장한 이양달을 불러 호통을 친다.

"네가 도읍을 세울 때 태상왕을 따라가서, 경복궁이 있는 곳이 물이 끊어지는 땅이어서 도읍을 세우는 데 불가하다는 것을 어찌 알지 못하였느냐? 어찌하여 한양에 도읍을 세우고 크게 토목의 역사를 일으켜서 부왕을 속였는가? 부왕이 신도에 계실 때 편찮아서 위태하였으나 겨우 회복되었다. 그후에도 변고(變故)가 여러 번 일어나고 하나도 좋은 일이 없었으므로, 이에 송도로 환도한 것이다. 지금 나라 사람들은 내가 부왕이 도읍한 곳을 버린다고 허물한다."

이에 이양달은 자신은 말을 숨기지 않고 다했다고 항변한다. 태종은 화를 벌컥 내며 "너희가 내 앞에 있으면서도 억지로 말하는 것이 이와 같은데 어찌 다른 곳에서 솔직히 말했겠는가?"라며 비판의 화살을 이번에는 옆에 있던 조준에게 돌린다.

"도읍을 세울 때 경은 재상이었다. 어찌하여 한양에 도읍을 세웠는가?"

이에 조준은 "신은 지리를 알지 못합니다"라고 간단하게 답했다. 태종의 머릿속은 어지러운 가운데 방향이 잡혀가고 있었다. 지리를 잘 모르는 태종이었지만 아마도 이를 현실적으로 풀어나가는 방법의 하나로 무악 천도설을 생각한 듯하다. 개경에 있자니 아버지 이성계가 두렵고 한양으로 복귀하자니 민심이 두렵고, 그래서 이 두 가지를 어느 정도 충족시키면서 동시에 자신의 위신을 세울 수 있는 방법으로 무악 신도를 추진하려 한 것이다. 그런데 개경, 한양, 무악 모두 일장일단이 있어 결정을 내리기가 쉽지 않았다. 그래서 이틀 동안 생각해 낸 것이 동전점이었다.

무악산을 방문한 다음다음날 이른 새벽 태종은 종묘 입구로 신하들을 모이게 한 다음 이렇게 말한다.

"이제 종묘에 들어가 도읍의 후보로 개경과 신도와 무악을 고하고, 그 길흉을 점쳐 길한 데 도읍을 정하겠다. 도읍을 정한 뒤에는 비록 재변(災變)이 있더라도 더 이상 이의가 있을 수 없다."

그리고 태종은 제학 김첨에게 "무슨 물건으로 점을 칠까" 묻는다. 이에 김첨은 "종묘 안에서는 동전을 던져 점을 치는 척전(擲錢)을 할 수 없으니 시초(蓍草)로 하는 것이 좋을 듯합니다"라고 답했다. 시초점은 거북점과 함께 고대 중국에서부터 길흉화복을 알아보려 할 때 왕실에서 즐겨 사용하는 점이었다. 그런데 시초점은 주역의 괘를 이용하는 것이어서 대단히 복잡했기 때문에 태종은 "당장 시초를 구하기도 어렵고 요즘 세상에서는 하지 않으니 곤란하다"며 차라리 누구나 아는 척전으로 하자고 제안했다.

"여러 사람이 함께 알 수 있는 것으로 하는 것이 낫다. 그리고 척전이라고 해서 속된 일이 아니고, 중국에서도 있었다. 고려 태조가 도읍을 정할 때는 무슨 물건으로 하였는가?"

이에 조준이 "역시 척전을 썼습니다"라고 답한다. 태종 본인도 동전으로 수도를 정해야 한다는 일이 다소 우스꽝스럽다는 것을 잘 알고 있었다. 그러나 이제 이 방법이 아니고서는 늪과도 같은 천도 문제에서 헤어나기 어려웠다고 판단했을 것이다. "그렇다면 이번에도 척전으로 하자."

태종은 완산군 이천우, 좌정승 조준, 대사헌 김희선, 지신사 박석명, 사간 조휴를 거느리고 묘당(廟堂)에 들어가 향을 올린 다음 꿇어앉아 이천우에게 쟁반에 동전을 던지게 했다. 앞면을 길, 뒷면을 흉으로 정한 다음, 각 경우에 세 차례씩 동전을 던지는 방식으로 진행됐다. 신도는 2길 1흉, 개경과 무악은 둘 다 2흉 1길이었다.

어이없게도 다시 한양으로 천도하는 것은 이처럼 동전점으로 결정되었다. 이렇게 되니 태종은 다시 향교동(지금의 창덕궁 자리)에 사실상의 대궐 구실을 할 수 있는 이궁을 지으라고 명하였다. 조선 궁궐 중에서도 아름답기로는 최고라는 창덕궁은 이런 우여곡절 끝에 탄생했다. 종묘 묘당에 들어간 인물들이 태종의 최측근 인사들이었음을 감안할 때 혹시 조작이 이뤄졌을 가능성은 없을까? 물론 없지는 않을 것이다. 그러나 한양 재천도를 결정하고 향교동에 이궁을 짓기로 한 다음 개경으로 돌아가는 길에 광나루(지금의 서울 광진)에서 대신들에게 했다는 이 말이 거짓말 같아 보이지는 않는다.

"나는 무악에 도읍하지 아니하였지만, 후세에 반드시 도읍하는 자가 있을 것이다."

이 소식을 듣고 가장 기뻐했을 사람은 말할 것도 없이 이성계였다. 10월 20일 이거이 부자의 3년 전 반역 문제를 논하느라 정신이 없는 가운데도 태종은 태상왕의 부름이 있다 하자 급히 달려가며 이렇게 말한다.

"부왕께서 일찍이 부르심이 있지 아니하였는데, 금일 부르시니 내가 즉시 달려가야겠다. 이거이 부자 문제는 뒤에 돌아와서 듣겠다."

태상전에 나아가니 부왕 이성계는 "왕이 일찍이 나와 더불어 격구를 하여 이기지 못하였으므로, 이제 이를 죄주려고 부른 것이다"라고 농담까지 섞어 반겼다. 다시 태종의 눈에서는 굵은 눈물이 주루룩 흘러내렸다.

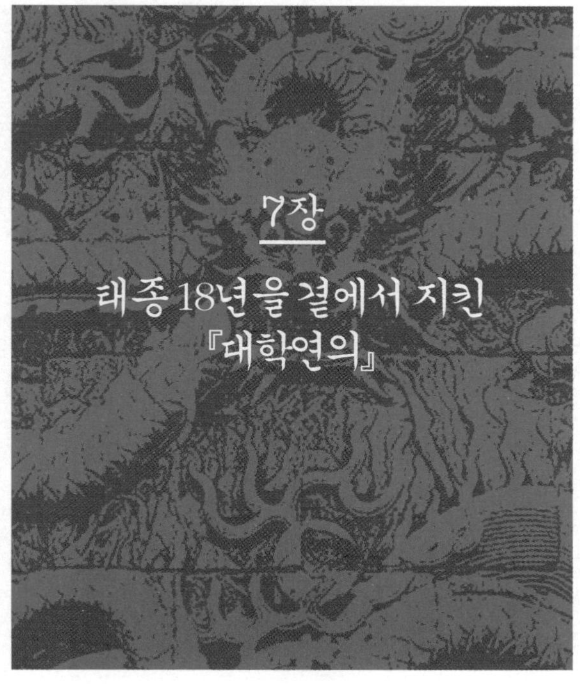
7장

태종 18년을 곁에서 지킨
『대학연의』

조선 국왕의 서(書) 『대학연의』

　『대학연의(大學衍義)』란 말 그대로 중국의 고전 『대학』의 뜻을 알기 쉽게 풀어쓴 책이다. 이 책을 쓴 사람은 송나라 유학자 진덕수다. 도대체 이 책이 어떤 책이기에 독서를 별로 즐기지 않았던 무장 스타일의 태조 이성계가 이 책에 관한 신하들의 강의를 즐겨 듣고, 이미 학문적 훈련이 잘 되어 있던 태종은 이 책에 관한 강독을 끝낸 후 "이제야 학문의 이치를 알겠다"고 했을까? 또한 어떤 책이기에 학문을 좋아했던 세종마저 이 책을 "100번도 더 읽었다"고 말했을까? 한마디로 조선 초 국왕들의 정신세계를 이해하는 데 가장 결정적인 책 한 권을 꼽으라고 한다면 단연코 『대학연의』다. 여기에 견줄 만한 책은 사마광이 쓴 『자치통감(資治通鑑)』이나 주자가 그것을 성리학적으로 정리한 『자치통감강목(資治通鑑綱目)』 정도다.

　사실은 조선의 주요 국왕들은 다 이 책을 즐겨 보거나 억지로라도

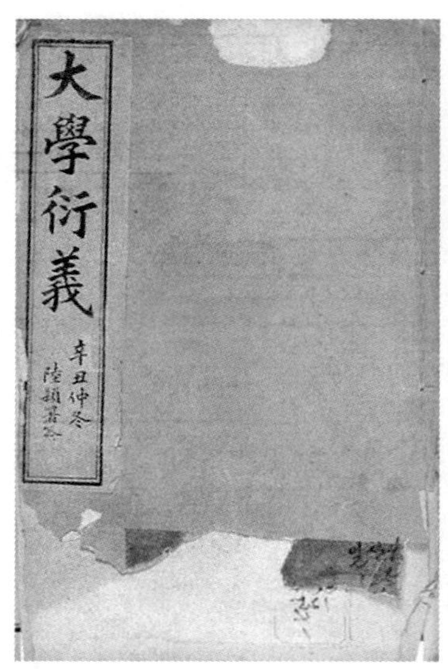

『대학연의』_『대학』을 알기 쉽게 풀어 쓴 이 책은 조선의 국왕들이 성리학적 교양을 갖추는 데 큰 영향을 주었다.

읽어야 했다. 따라서 이 책을 대하는 태도만으로도 각 국왕들의 학문적 기호나 성품까지도 알아낼 수 있고 서로간 비교도 가능해진다.

원래 고려 때는 당나라를 모범 삼아 국왕들은 『정관정요』와 『서경』을 제왕학의 교과서로 삼았다. 그런데 중국에서 송나라 때 사마광이 19년에 걸쳐 『자치통감』을 완성하고 주희에 앞서 정호·정이 형제가 『예기』에서 중요한 구절을 발췌해 『대학』을 편찬하면서 이론적으로는 『대학』, 실무적으로는 『자치통감』이 제왕학의 텍스트로 떠올랐다. 그런데 100년 후 주희는 『자치통감』을 좀더 성리학적으로 개조해 『자치통감강목』을 지었고 다시 100년 후인 1222년 유학자 진덕수가 『대학』과 『자치통감강목』을 종합해서 『대학연의』라는 책을 썼다. 경(經)과 사(史), 철학과 역사의 종합이었다.

공민왕 때 경연에서 윤택이 처음 진강하다

국민대 지두환 교수의 연구에 따르면 『대학연의』가 한반도에 처음 등장하는 것은 공민왕 때 윤택에 의해서다. 윤택(尹澤, 1289년 고려 충렬왕 15년~1370년 고려 공민왕 19년)은 고려 말기 문신으로 일찍이 고모부 윤선좌의 문하에서 배웠고 1348년 충목왕이 죽자 밀직을 지낸 이

승로와 함께 중서성에 글을 올려 강릉대군(훗날의 공민왕)을 왕으로 세우려 했으나 충정왕이 즉위하자 1349년 광양감무로 좌천되었다. 1351년 공민왕이 즉위하자 밀직사에 들어가 제학이 되었고, 개성부윤 등을 지냈다. 그 뒤 1361년 정당문학으로 승진했고, 1363년 첨의찬성사에 이르렀으나 낙향한다. 아들 윤구생은 전농시 판사, 손자 윤소종은 춘추관 동지사, 증손자 윤회는 세종 때 예문관 대제학과 병조판서를 지내며 『자치통감훈의』를 편찬하게 된다.

할아버지의 영향 때문인지 윤소종은 공양왕 때 경연에서 『정관정요』보다는 『대학연의』를 강할 것을 진언하고 조선 태조 때에는 서연에서 세자 방석에게 『대학연의』를 강하게 된다. 『실록』의 태조 총서에는 이런 구절이 나온다.

"태조는 본디부터 유술(儒術-유학)을 존중하여, 비록 군중(軍中)에 있더라도 늘 창을 던지고 휴식할 동안에는 유학자 유경(劉敬) 등을 인접하여 경사를 토론하였으며, 더욱이 진덕수의 『대학연의』 보기를 좋아하여 밤중에 이르도록 자지 않았다."

태조는 학문을 즐긴 사람은 아니다. 그럼에도 불구하고 그 사람을 소개하는 총론이라 할 수 있는 총서에서 그의 『대학연의』 사랑을 강조하고 있다는 것은 의미심장하다. 실제로 『실록』을 보면 태조 이성계는 성균관 대사성 유경을 몇 차례 불러 『대학연의』를 배우는 장면이 나온다. 유경은 경사에 조예가 깊어 훗날 양녕대군의 스승이 되는 인물이다. 그런데 태조 이성계가 즉위하고 경연에 별다른 관심을 두지 않자 태조 1년 11월 14일 간관이 이를 비판하고 있다. 여기에 『대학연의』가 어떤 내용을 담고 있는지에 대한 상세한 언급이 나온다.

'선유(先儒) 진덕수가 『대학연의』를 지어 경연에 올렸는데, 그 글이 맨 처음에 제왕의 정치하는 차례로 시작하고, 다음에 제왕의 학문하는 근본으로 나아가, 자기의 몸과 마음에서 시작하지 않는 것이 없으니, 이것이 이른바 강(綱)이요, 맨 처음에 도술(道術)을 밝히고 인재를 변별하며, 정치하는 대체(大體)를 상세하게 다루고 백성의 동태를 살피는 일로써 시작한 것은 격물치지(格物致知)의 요령이요, 다음에 경외(敬畏)를 숭상하고 일욕(逸欲-안일함과 욕망)을 경계하는 일로써 나아가는 것은 성의정심(誠意正心)의 요령이요, 그 다음에 언행을 삼가고 위엄을 바르게 하는 일로써 나아가는 것은 수신(修身)의 요령이요, 그 다음에 배필을 소중히 여기고, 내치(內治)를 엄격히 하고, 국본(國本-세자)을 정하고, 척속(戚屬)을 가르치는 일로써 나아가는 것은 제가(齊家)의 요령이니, 이것이 이른바 목(目)입니다."

한마디로 수신제가치국(修身齊家治國)의 핵심은 격물치지와 성의정심에서 출발한다는 것이다. 외부 세계의 원리를 깨닫고 자신의 마음가짐을 제대로 해야 한다는 뜻이다. 이어 한 달 후인 12월 16일 좌의정에 해당하는 좌시중 조준은 『대학연의』를 중시하는 태조 이성계의 방향은 지극히 옳다는 점을 지적한다. 이미 조준은 『대학연의』가 어떤 의미를 갖는 책인지 잘 알고 있었다. 그랬기 때문에 이방원이 태조 이성계 시절 정도전에 밀려 울분을 되씹고 있을 때 조준의 집에 찾아가자 조준은 안방으로 그를 안내한 후 술상을 내놓으며 은밀하게 "이것을 읽으면 나라를 다스릴 수 있습니다"라는 말과 함께 『대학연의』를 건넬 수 있었던 것이다.

『대학연의』와 만나다

정안공 시절 이방원이 조준에게서 『대학연의』를 건네받고서 당장 독파했을 가능성은 없어 보인다. 이방원이 일찍이 과거에 급제할 만큼 상당한 수준의 학식을 갖추고 있긴 했지만 『대학연의』는 단숨에 읽어 내려갈 수 있는 그런 책은 아니다. 그냥 목차 정도 훑어보고 군데군데 관심이 가는 곳을 가끔 읽어보는 수준이었을 것이다. 게다가 그 시절 그의 모든 관심은 정도전의 공세를 피하고 대권을 잡는 데 쏠려 있었다. 독서에 전념할 만한 정신적 여유가 없을 때였다.

1400년 1월 28일 2차 왕자의 난이 일어나고 2월 4일 정안공 이방원은 왕세자로 책봉된다. 그리고 11월 11일 정종이 선위할 때까지 10개월 남짓 세자 시절을 보낸다. 이때 비로소 이방원은 『대학연의』를 본격적으로 읽는다. 세자 시절 이 책과 관련된 기록은 딱 한 번, 정종 2년 6월 20일자에 나오지만 서연에서 강독은 계속되었던 것 같다.

이미 이때 세자 이방원의 나이가 34세였기 때문에 초보적 수준에서 문장을 외우고 논하는 게 아니라 『대학연의』에 중국의 역사적 사례가 나오면 그와 관련된 우리의 역사나 자신의 체험을 비교하면서 나름의 의미랄까 교훈을 추출해 내는 최고 수준의 독해가 이뤄지고 있었다.

이날 세자 이방원은 강독을 도와주는 좌보덕 서유와 함께 『대학연의』를 읽다가 당나라 현종과 숙종 때의 이야기가 나오자 병권(兵權)에 관한 자신의 솔직한 생각을 털어놓는다. 즉, 앞서 언급한 대로 권력이 병권에서 나온다는 그의 확신은 바로 이때 이야기한 것이다. 그러면서 얼마 전 자신이 사병을 혁파하자 공신 서너 명이 병권을 내놓는 데 대해 불평 불만을 제기해 귀양 보낸 일을 언급한다.

"병권은 흩어져 있을 수 없기 때문에 내가 직접 불러 그렇게 간절하

조온 가계도

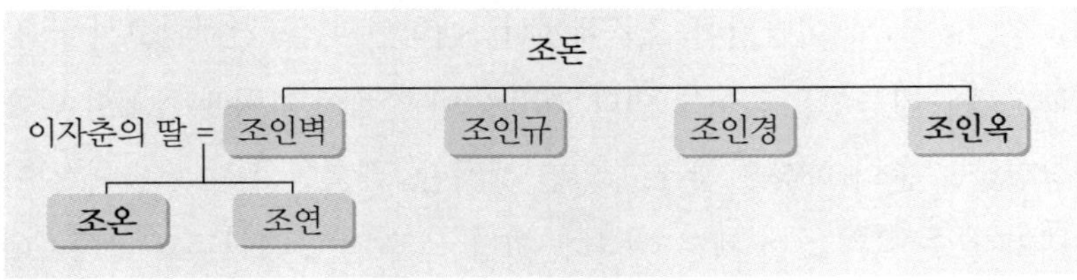

게 일렀건마는 그게 무슨 뜻인지 제대로 깨닫는 이가 없었다. 이제야 오직 조영무만이 평양(平壤)에 있으면서 말하기를, '세자의 가르침을 깨닫지 못한 것이 한이다'라고 했다고 한다."

실제로 사병 혁파 때 무기를 인수하러 온 병사를 폭행했다가 유배를 가던 조영무가 평양에 머물며 반성하고 있다는 소식을 듣고 실권자였던 세자 이방원은 곧바로 '3공신' 조영무를 평양부윤으로 임명케 한다. 조영무(趙英茂, ?~1414년 태종 14년)는 중국에서 귀화한 한양 조씨의 시조 조지수의 후손으로 앞에서 언급된 바 있는 개국공신 1등 조인옥, 개국공신 조온 등과 친척지간이었다. 조온은 조인옥의 형 조인벽의 아들로 조선 개국에 이들이 대거 관계하면서 큰 공을 세웠고 그 바람에 '한양 조씨'가 탄생했다고 한다.

원래 조영무는 이성계의 사병(私兵)으로 출세하여 공양왕 4년(1392) 조영규 등과 함께 선죽교에서 정몽주를 살해한 것을 계기로 줄곧 이방원의 심복으로 활약했다. 개국공신 3등에 책록되고 한산백에 봉해졌으며 1, 2차 왕자의 난 때 모두 이방원을 도와 정사공신 1등, 좌명공신 1등에 올랐다. 이성계는 그를 '배은망덕한 인간'이라 해서 아들 태종에게 귀양을 보내도록 압력을 넣기도 했다. 『실록』에 따르면 그는 직언

196

을 잘하고 정사에 사사로움이 없어 태종이 신임했다고 한다.

권근의 발탁

태종이 왕위에 오른 지 이틀이 지난 11월 13일 서연은 경연으로 바꾸었고 따라서 경연을 담당하는 인물도 당대 최고의 석학 권근으로 바꾸었다. 첫 번째 경연이 있던 이날 태종은 일부러 질문을 집요하게 했지만 권근은 막힘없이 명석하게 뜻을 풀어내 깊은 인상을 주었다. 이것이 계기가 되어 권근은 태종의 총애를 받게 된다. 사실 그 이전까지 정치 노선으로만 보자면 권근은 태종 이방원과 그리 가까웠던 인물은 아니다. 이것은 권근이 개국·정사·좌명 세 차례의 공신 책록 중 '좌명공신 4등'에 오른 게 전부인 데서도 드러난다. 한마디로 이방원이 수없이 사선을 넘을 때 권근은 한 번도 그 곁에 없었다. 비슷한 연배의 문신들인 조준이나 하륜과 크게 대조된다.

권근(權近, 1352년 고려 공민왕 1년~1409년 태종 9년)은 이방원이 태어난 다음해인 고려 공민왕 17년(1368)에 성균시에 합격하고 이듬해 문과에 급제해 관직에 나왔다. 우왕이 즉위하고 친원파가 권력을 잡자 정몽주, 정도전 등과 함께 위험을 무릅쓰고 배원친명책을 주장하기도 했다. 학문이 뛰어나 성균관에서 대사성을 역임했고 과거 시험을 주관하기도 했다. 공양왕 2년(1390)에 윤이·이초의 옥사에 연루되어 익주로 귀양 갔다가 풀려나 충주에서 숨어 지낼 때 조선이 건국되었다.

태조 2년(1393)에 왕의 부름을 받고 계룡산 행재소(임금이 지방 행차 때 머무는 임시 숙소)에 가서 새 왕조의 창업을 칭송하는 노래를 지어 올리고 왕명으로 환조릉(桓祖陵 – 이성계의 아버지 이자춘의 묘)의 비문을 지어 바쳤는데, 이 글들은 곡필(曲筆)이라는 평을 받았다. 태조 4년

(1395) 예문춘추관 학사, 예조판서, 성균관 대사성 등을 역임하였고, 태조 5년(1396)에는 표전(表箋) 문제로 명나라에 다녀왔다. 그때 유삼오(劉三吾), 허관(許觀) 등 명나라의 학자들과 교유하면서 경사(經史)를 강론하였다. 태조 7년(1398) 1차 왕자의 난으로 정도전 등이 제거된 후 정종 때 정당문학, 대사헌 등을 역임하였고, 처음으로 앞장서 사병 혁파를 주장하여 태종의 왕권 안정에 크게 기여하였다.

그의 학문적 대표작으로는 『입학도설(入學圖說)』과 『오경천견록(五經淺見錄)』 등이 있다. 『입학도설』은 조선 초의 대표적인 성리학 저서로 훗날 이황 등 여러 학자들에게 큰 영향을 주게 되며, 『오경천견록』 가운데 『예기천견록(禮記淺見錄)』은 국왕의 경연 자리에서 진강할 만큼 명저로 인정받았다.

집권 초 이처럼 뛰어난 석학에게서 『대학연의』를 비롯한 각종 경사를 익혔기 때문에 태종의 학식은 웬만한 문신이나 학자의 수준을 능가하게 된다.

"이제야 학문의 공(功)을 알겠다"

태종의 『대학연의』에 대한 애착은 대단했다. 태종 1년 3월 26일에는 개경에서 한양으로 오던 도중에 경기도 광탄에서 가마가 머물렀다. 그리고 임시 천막 같은 곳에 머물면서도 김과를 불러 함께 『대학연의』를 읽는다. 이 무렵에는 시독관 김과가 가장 빈번하게 『대학연의』 강독에 참여했다. 때와 장소를 가리지 않고 『대학연의』 강독에 전념했던 것이다.

여기서 왜 태종이 집권 초에 집착에 가까울 만큼 『대학연의』 읽기에 몰두했는지, 아니 몰두해야 했는지 궁금해진다. 다행스럽게도 그 자신이 이에 관한 적절한 답을 주고 있다.

같은 해 11월 20일 경연에서 경연 지사 권근, 시독관 김첨 등과 함께 『대학연의』를 읽고 술과 과일을 내려준 다음 이런저런 이야기를 하다가 자신의 집권을 둘러싼 폭력성 내지 잔인성에 대해 나름대로 변명을 한다. 그는 "불똥이 팔뚝에 튀어 박히면 어느 누가 서둘러 버리려고 하지 않겠는가"라고 반문한 다음, "처음에는 다만 살기를 구한 것뿐이지 어찌 감히 털끝만큼이라도 왕위를 바라는 마음이 있었겠는가? 오늘날 이렇게까지 된 것은 결코 나의 본심이 아니었다"고 강조한다. 그러면서 집권 1년이 넘은 시점에서도 여전히 불안한 마음이라는 것을 숨기지 않고 털어놓는다.

"지금 안으로는 부왕(父王)의 책망을 받고, 밖으로는 여론이 흉흉하니, 어찌할 바를 알지 못해 아침 일찍부터 밤늦게까지 공경하고 두려워할 뿐이다."

실은 주자성리학적 제왕학의 전범이라 할 수 있는 『대학연의』 공부에 혼신의 힘을 다하는 것도 당장 자신을 둘러싼 주변 신하들이 대부분 성리학적 교양을 바탕으로 하고 있었기 때문에 그들의 심적 지지를 얻어내려는 의도도 있었다고 봐야 할 것이다.

12월 9일에는 명나라에 사신으로 다녀온 영의정 부사 이서 등이 귀국해 명나라에서 구한 『대학연의』 등을 바쳤다. 그리고 마침내 1년여 만인 12월 22일 태종은 『대학연의』의 진강을 끝낸 후 김과를 불러 "이 글을 다 읽으니, 이제야 학문의 공(功)을 알겠다"고 흡족해한다. 이 소식에 경연에 참석했던 신하들이 대궐에 몰려와 축하 인사를 하겠다고 하자 태종은 물리친다. 매사에 허례허식이나 과공(過恭)을 꺼렸던 그의 성격을 보여주는 대목이다.

"내가 익히 읽어서 능히 행하기를 기다린 후에 하례하라. 다 읽었다
는 이유만으로 하례할 것은 못 된다."

『대학연의』가 제왕학으로서 결정적 의미를 갖는 이유는 단순히 탁
월한 내용 때문이 아니라 실천을 강조한 책이기 때문이다. 그런 점에
서 태종이 "행하기를 기다린 후에 하례하라"고 한 것은 이 책의 정확한
의미를 알고 있었다는 뜻이기도 하다.

그 이후 조선의 국왕들이 신하들에게서 귀에 못이 박이도록 들어야
했던 이야기는 '하루이틀 사이에 만기(萬機)가 일어날 수 있으니 늘 삼
가는 태도를 가져야 합니다'였다. 원래 이 말은 고대 중국에서 고요라
는 신하가 순 임금에게 했던 말이다. 요즘 식으로 풀어서 이야기하면,
지도자의 머릿속에는 하루에도 수천 수만 가지 생각이 떠올랐다 사라
졌다 하기 때문에 그중에 어떤 생각을 골라내 실천하느냐에 따라 나라
의 운명이 바뀔 수 있으니 사전에 훈련을 통해 그런 생각들을 현실에서
구체화하고 동시에 의미 있는 일들을 추려내 다시 머릿속으로 정리할
수 있어야 한다는 것이다. 이런 훈련을 하는 데에 『대학연의』처럼 경과
사, 오늘날의 철학과 역사, 사회과학이 절묘하게 종합되어 있는 책은
대단히 효과적일 수 있었다. 태종이 학문의 공을 알았다고 말한 것도
학문의 실천 지향성을 이해했다는 말로 봐도 크게 틀리지 않는다.

태종 3년 5월 21일 태종은 옥새와 인사(人事)에 관한 일을 관장하던
상서사에 명하여 『대학연의』의 서문과 함께 신하들이 그 책의 내용에
관해 쓴 글을 정리해 병풍을 만들게 했다. 교훈적이거나 중요한 구절
을 늘 가까이 두고자 함이었다.

사냥에 관한 논쟁

태종 3년 10월 1일 태종은 사헌부 장령 이관을 불러 전날 사냥을 해서는 안 된다는 상소를 올린 일을 지적하면서 "그러면 임금은 사냥을 해서는 안 되는가?" 묻는다. 이에 대해 이관은 종묘에 고하기 위해 사냥을 하는 것이 불가하다고 한 것이지 사냥 자체를 해서는 안 된다고 한 것은 아니라고 해명했다.

이에 태종은 『예기』를 인용하면서 종묘를 위해 사냥하는 것이 가하다는 것은 『예기』에도 실리지 않았느냐고 반박한다. 그리고 굳이 종묘를 위한 것이냐 아니냐를 떠나 임금도 여가를 즐겨야 한다고 강조하면서 태종은 아주 흥미로운 말을 한다. 태종이 스스로를 어떻게 이해하고 있었는지를 잘 보여주는 구절이다.

> "또 나는 구중궁궐(九重宮闕)에서 자란 사람이 아니다. 대강 시서(詩書-4서5경을 이르는 말)를 익혀서 우연히 유자(儒者)의 이름은 얻었으나 실상은 무가(武家)의 자손이다. 어려서부터 오로지 말을 달리고 사냥하는 것을 일삼았는데 지금 왕위에 있으니 할 일이 없어 일찍이 경사(經史)를 보았더니 참으로 재미가 있어서 하루도 책을 놓지 못하였다. 이것은 근신(近臣)들이 다 함께 아는 바이다. 다만 조용하고 편안한 여가에 어찌 놀며 구경하고 싶은 뜻이 없겠는가?"

그러면서 직접 『대학연의』를 들고 이관에게 한 대목을 가리키며 소리 내서 읽어보라고 한다. 이관은 입을 떼지 못하고 가만히 있었다. 이에 태종은 "물론 본 지가 오래되었으면 읽기가 쉽지는 않을 것이다. 그러나 대체적인 뜻을 알 수 있을 것 아닌가"라며 '유관(遊觀-놀고 즐기는 것)은 기체(氣體-심신)를 기르는 것'이라는 구절을 골라 직접 읽으면서 "이것이 사냥을 금하는 말인가? 옛사람도 사냥은 금하지 않았고, 다만 지나치게 즐기지 말라는 것뿐이다. 내가 지나치게 즐긴 바가 있는가? 있거든 말하여 보라"고 하자 이관은 말문이 막혔다.

이 짧은 일화에는 많은 것이 포함되어 있다. 그중 하나는 태종이 『대학연의』를 외우다시피 하고 있었다는 것이고, 또 하나는 고전을 현실 속에서 탄력적으로 이해할 줄 알았다는 것이다. 그리고 그가 대단히 논리적으로 사고하는 인물이었음을 알 수 있다.

태종 이방원은 누가 뭐래도 유학적 정신세계로 무장한 인물이다. 일찍 과거에 급제했고 신흥 유학, 특히 주자학적 세계관으로 무장한 젊은 지식인들과 어울렸다. 그러면서도 그는 문인이면서 무인이었다. 어려서부터 전쟁과 정치투쟁의 현장에 있었기 때문에 이론 못지않게 실천을 중시하는 체질이 몸에 배었다. 애초부터 교조적인 유학자가 되기는 어려웠다는 이야기다.

태종이 즉위했을 때의 나이는 34세였다. 정신적 성숙도로만 본다면 오늘날의 40대 중반에 가깝다. 결국 그의 세계관은 이미 옆에서 누가 이래라저래라 할 수 없는 단계에 이르러 있었다. 이런 그가 1년 후『대학연의』 강독을 끝내고서 "이제야 학문의 공(功)을 알겠다"고 한 것은 정확히 무슨 뜻일까?

공(功)이란 목적, 효과, 이유 등과도 통한다. 그는『대학연의』를 끝

넘으로써 학문의 목적과 학문하는 이유를 깨쳤다고 말했다. 이는 그동안 해온 공부는 다분히 공부를 위한 공부였던 데 반해 높은 수준의 경학과 역사, 이론과 사례가 한데 어우러진 『대학연의』를 통해 유학의 기본 골격을 이해했을 뿐만 아니라 이론과 실천의 관계, 이론을 현실에 적용하는 문제, 현실을 이론적으로 승화시키는 문제 등에 대한 시야가 열렸다는 뜻으로 볼 수 있다.

그래서인지 집권 초기의 태종은 '더 이상 공부할 필요가 있는가'라고 생각했다. 대학자가 될 것도 아니고 국왕으로서 '학문의 공'을 알았으니 정치나 잘하면 되지 않겠느냐고 생각한 것이다. 그래서 『대학연의』를 끝낸 바로 다음해인 태종 2년(1402) 유학의 나라 임금에게는 필수 의무인 경연을 등한시했다. 책은 『대학연의』에 이어 『서경』을 읽었으나 그해 1년 동안 책 내용을 둘러싼 논의는 전혀 없고 사간원에서 올린 '경연을 등한시해서는 안 된다'는 두 차례의 상소만이 눈에 띈다. 집권 초기여서 정무에 바빴기 때문에 경연은 대충대충 시늉만 한 것이다.

제왕학과 성리학 사이에서

태종 3년 2월 23일이 되면 『십팔사략(十八史略)』을 시작한다. 줄여서 '십팔사'로 불리기도 하는 이 책은 원나라 증선지(曾先之)가 쓴 책으로 당시의 대표적인 중국 역사 입문서다. 이야기 중심으로 된 이 책을 통해 『대학연의』 중 역사 사례 부분을 보충해 나가려 한 것으로 보인다. 그리고 어떤 책을 읽을 것인가도 경연을 맡은 신하들이 아니라 태종 자신이 결정했다. 그런데 그후 열흘 동안 경연이 한 번도 열리지 않자 3월 3일 사간원에서 소를 올려 매일 경연을 열어야 한다고 요청했다.

그런데 여기서 주도면밀하면서도 솔직담백한 태종의 성품을 볼 수 있는 재미있는 사건이 발생한다.

태종은 이 상소를 대부분 받아들이면서 다만 "날마다 경연에 임하는 일만은 곤란하다. 내가 늙었으니 이미 더 이상 학문이 진보될 리도 없고, 또 병만 될까 두렵다"고 말한 것이다. 그런데 지신사(훗날의 도승지) 박석명이 이 말을 사간원 정언 문중용에게 전하면서 개인적으로 "비록 경연에 임하시지 않더라도 주상께서 학문을 정지하시지 않는 것은 여러 사람들이 모두 아는 바입니다"라고 덧붙였다. 그러자 사간원에서 당일 곧바로 태종의 말과 박석명의 말을 엮어 다시 한 번 강도 높은 상소를 올렸다.

"신 등이 지난번에 날마다 경연에 임하시라고 아뢰자 아름답게 여기시고 받아들였사온데, 해가 기울기도 전에 신 문중용을 부르시어 명하기를, '날마다 경연에 임하면 병이 생길까 두렵다. 내가 학문하는 것은 사람들이 다 아는 바이다. 또 내 나이 이미 때가 지났으니, 경연에 임하는 것은 다시 아뢰어 청하지 말라' 하였으니, 이것은 위징(魏徵, 580~643-당 태종의 신하로 간의대부로 있으면서 수많은 직언으로 태종의 통치를 잘 보필했다)이 말한 바 '간(諫)하는 자의 입을 막는다'는 것입니다. 또 군자의 학문은 몸이 늙는 것을 잊고 해가 바뀌는 것도 모른 채 날마다 부지런히 하여 죽은 뒤에야 끝마치는 것입니다. 전하께서 나이 마흔이 못 되시었으니 아직도 밝혀야 할 도(道)와 세워야 할 덕(德)이 남아 있을 때인데, 나이가 이미 지났다고 말씀을 하시니, 전하께서는 장차 소성(小成)에 만족하시어 대성(大成)에는 이르지 못할 것입니다."

게다가 종친들과 활쏘기는 즐기면서 왜 경연을 멀리하느냐고 직격탄을 쏘았다. 이에 대해 태종은 다소 엉뚱하게 반격한다. 전반적인 내용에 대해서는 할 말이 없었기 때문인지 모른다. "내가 학문을 쉬지 아니함은 여러 사람들이 다 아는 바라고 한 말은 내가 말하지 않았는데 어찌하여 망령되게 적어서 아뢰었는가?" 이것은 사실이다. 그것은 박석명이 한 말이고 이를 문중용이 뒤섞은 것이기 때문이다. 태종은 당장 진상 조사를 명했고 사헌부의 조사 결과 실상이 드러났다.

대사헌 박신의 보고를 듣고 난 태종은 "내가 학문을 쉬지 않는 것은 사람들이 다 아는 바라고 한 말은 정말 부끄럽다. 다행히 사헌부에서 내가 한 말이 아니라는 것을 알았으니, 마음이 조금 풀린다"고 말한다. 책임은 문중용에게 돌아갔고 태종은 박석명과 문중용을 모두 풀어주고 다시 근무하라고 명했다.

그래서 정식 경연은 열리지 않았다. 일주일 후인 3월 10일자 기사를 보면 편전에 김과를 불러 술을 한잔하면서 함께 논의하다가 모르는 부분이 있으면 김과를 시켜 권근에게 묻도록 한다. 이런 식으로 해서 대략 6개월 후인 9월 22일 『십팔사략』을 끝냈다. 『실록』도 "임금이 천성이 총명하고 배우기를 좋아하고 게을리 하지 않아 글을 엄밀하게 읽었다"고 평한다. 역사를 읽으면 다시 경서를 읽는 것이 당시의 정상적인 독서법이다. 실제로 태종은 『십팔사략』이 끝나자 김과에게 묻는다.

"역사서를 읽어 역대의 치란과 흥망을 대강 알았으니, 다시 사서와 육경을 보려고 하는 것이 나의 생각이다. 그러나 먼저 이치의 전체를 알려고 하는데, 어떤 글이 이학(理學-성리학)의 연원이 되는가?"

뿌리와 원리를 다시 파헤치겠다는 뜻이다. 이에 김과는 태종에게 선택을 맡겼다. 이에 태종은 "정일(精一-하나에 정통하는 것)과 집중은 제왕의 학문이니, 『중용』과 『대학』을 읽는 것에서 다시 시작하겠다"고 했다. 성리학적 세계관으로 나아가는 길을 태종은 정확하게 알고 있었다.

『중용』과 『대학』을 다시 읽겠다고 했지만 태종 4년에 경연 관련 기록은 김과에게 『대학혹문(大學或問)』을 진강케 했다는 단 한 건뿐이다. 이 책은 송나라 주희가 『대학』에서 의문 나는 부분을 골라 체계적으로 설명한 일종의 『대학』 해설서다. 태종의 정신세계가 늘 『대학』 주위를 맴돌고 있었음을 보여준다. 이는 곧 태종의 정신세계가 제왕학과 성리학 사이를 오가고 있었다는 뜻이다.

바람직한 군신(君臣) 관계는 무엇인가?

태종이 『대학연의』에서 주로 관심을 두고 배웠던 바는 바람직한 군신 관계에 집중해 있다. 오늘날 식으로 말하면 리더십 문제다. 세월이 어느 정도 흐른 태종 11년과 12년에는 그가 『대학연의』를 어떻게 이해해서 어디에 적용했는지를 보여주는 기사가 많다. 태종 11년 5월 20일 그는 지신사(비서실장 격으로 훗날 세종이 도승지로 명칭을 바꾼다) 김여지와 동부대언 조말생을 불러 『맹자』를 강하다가, "신하가 임금을 섬김은 예(禮)로써 하는 것인데, 어찌하여 '임금을 옳다고만 섬기면 아부하는 자'라 하였는가?"라고 묻는다. 이에 조말생은 "만약 한결같이 임금만 섬기기로 마음먹어 임금의 과실을 보고도 말하지 않는다면 이것은 아첨하고 순종만 함으로써 임금을 잘못된 길로 이끌며 비위만을 맞춤으로써 임금을 즐겁게 하는 데만 애쓰는 자입니다." 그러자 태종은 동의하면서 『대학연의』에서도 그 같은 이야기가 있었다고 덧붙인다. 그만큼 『대학연의』는 그의 정신 깊숙이 자리잡은 책이 되어 있었다.

같은 해 10월 12일에는 예문관 대제학 유관을 불러 주자의 『자치통

조말생_ 태종 1년(1401) 문과에 장원 급제해 이 조정랑에 올랐다. 태종의 총애를 받아 항상 태종을 측근 보좌했다.

감강목』을 강하게 한 다음 "온공(溫公-주희)의 『통감강목』과 『십칠사(十七史)』를 보면, 요순(堯舜) 때 군신(君臣)의 일을 아주 자세히 실었는데, 삼황(三皇)에 대하여서는 군신의 일을 말한 것이 없으니, 무슨 글을 읽으면 그 시절 임금과 신하의 일을 알 수 있겠는가?"라고 말한다. 대단한 학문적 깊이를 보이고 있다고 할 수 있다. 이에 유관이 "자신도 모르겠다"고 하자 태종은 『대학연의』와 『춘추』를 가져오게 해서 다시 그 부분을 함께 토론한다.

사실 유관은 당대 최고의 중국사 전문가였다. 그런 유관이 답하기 어려운 주제에까지 태종은 밀고 올라갔던 것이다.

태종은 그해 12월 15일에는 아예 우부대언 한상덕에게 명하여 『대학연의』에 있는 말 중에서 귀감이 될 만한 것을 골라 편전의 벽에 크게 쓰도록 지시했다.

"『대학연의』는 고금의 격언을 모아서 만든 글인데, 내가 매번 읽을 때마다, 덕형(德刑-덕을 베풀 때와 벌을 행할 때) 선후(先後-일을 할 때

208

중요한 것과 그렇지 않은 것)의 분별과 토지제도 그리고 외척을 멀리하는 것이 중대한 것임을 새삼 깨닫게 된다."

더불어 그는 직언과 모함의 차이를 구별해 내는 문제의 중요성도 『대학연의』에서 배웠다고 말한다. 태종 12년 10월 20일에는 신하들과 신문고 문제를 논하다가 남을 모함하는 참소와 직언을 구별하는 일이 참으로 어렵다는 신하들의 이야기를 듣고서 이렇게 말한다.

"참소하는 말을 정확히 가려내기가 가장 어렵다. 만약 임금이 신하들의 직언(直言)을 참소하는 말로 받아들인다면 그 실수는 큰 것이다. 『대학연의』에서도 국왕이 늘 경계해야 할 것 중 참소나 참언이 으뜸이라고 했다. 매우 절실한 말이라 생각한다."

『대학연의』로는 충분치 못했다

태종 17년 윤5월 12일 태종은 인정전 증축 문제에 대한 이조판서 박신의 요청을 단호하게 거절한다.

"비록 작은 역사(役事)일지라도 삼복 더위 때 백성을 부려 고단하게 할 수는 없다. 홑옷을 입고 깊은 궁중에 앉아 있어도 더위를 이기지 못하겠는데, 하물며 역인(役人)이야 말해 무엇하겠는가? 가을이 되어 서늘해지기를 기다려라."

그래도 공사를 시작해야 한다며 계속 건의하자 태종은 들은 척도 하지 않고 청성부원군 정탁과 예조판서 변계량을 번갈아 보면서 느닷없이 『대학연의』 이야기를 끄집어낸다. 아마도 당시 변계량이 세자의 『대학연의』 교육을 맡고 있었기 때문이었던 것 같다.

"그전에 내가 『대학연의』를 청성부원군에게서 수강하였는데, '환관 진홍지(陳弘志)가 청니역(青尼驛)에 이르러 봉장살(封杖殺)하였다'는 글귀가 나오자 부원군이 말하기를, '봉은 봉검(封劍)의 봉(封)과 같은 것으로 봉장(封杖)으로 죽이는 것입니다' 하였소. 변 판서는 세자를 가르칠 때 무슨 뜻으로 말하였소? 내가 수강한 이래로 항상 마음에 맞지 않게 여겼더니, 지금 『운회(韻會)』를 보니 봉(封) 자를 주석하기를, '봉(封)은 계(界)이며, 강(疆)이다' 하였으므로 이것을 보고서야 나의 의심이 풀렸소. 이것은 반드시 국경 근처인 청니봉(青尼封)에 이르러 장살(杖殺)하였다는 것일 거요."

국왕이 신하를 학문으로 제압하는 전형적인 사례다. 정탁은 "네 그렇습니다"라는 말밖에 달리 할 말이 없었다. 『실록』도 "임금이 경사 보기를 좋아하여 의심되는 것이 있으면 반드시 구명하여 뜻이 명확하게 밝혀진 뒤에야 그만두었던 까닭에 『대학연의』를 본 지 수년이 되었어도 해독 능력이 이와 같았다"고 극찬하고 있다.

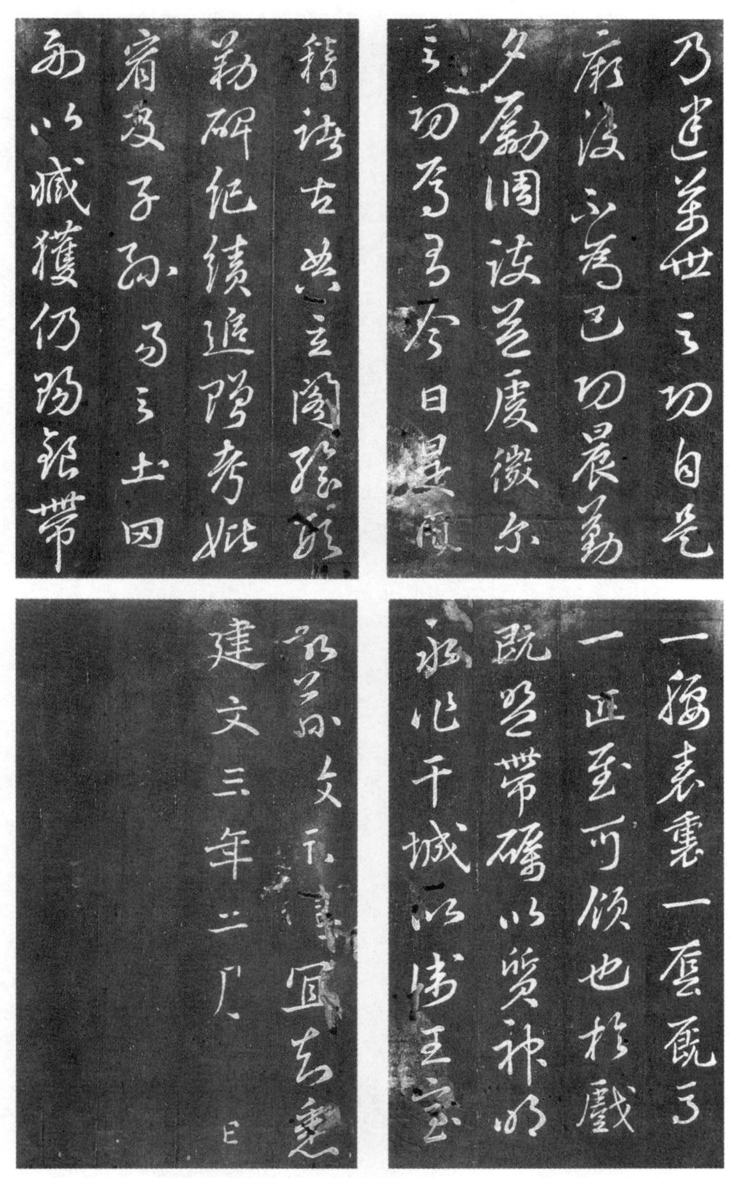

태종 친필_〈翊戴佐命功臣宋居信 敎書〉. 태종은 『대학연의』 등을 독파하며 유학의 골격을 이해하는 한편, 치열한 정치현장에서 성장하며 실천적 세계관을 지니고 있었다. 그의 남다른 기개와 명철함이 느껴진다.

8장
'하드웨어' 조선의 설계자

관제개혁을 시작하다

고려의 중앙관제는 원래 당나라 제도를 그대로 모방해 중서성·문하성·상서성 3성과 이부·병부·호부·형부·예부·공부 6부의 구조였다. 그런데 6부는 조선 때의 6조와 크게 다르지 않지만 3성은 조선 때는 없는 제도이기 때문에 약간의 이해가 필요하다.

원래 당나라에서 3성 제도가 탄생하게 된 것은 귀족 세력을 대변하기 위한 것이었다. 특히 문하성이 귀족을 대표했고 따라서 국왕이 국사에 관한 중요한 결정을 하려면 일단 문하성의 동의를 구해야 했다. 이는 정권 탄생 초기에 여러 세력들이 연합하는 과정에서 생겨날 수밖에 없는 과도기적 성격 때문이었다.

고려의 경우에도 정권 초창기인 982년 성종 1년에 3성 6부제를 도입했지만 점차 중서성과 문하성은 하나로 통합되어 중서문하성과 상서성의 2성 구조로 바뀌었다. 그게 1061년 문종 15년 때의 일이다. 그래서 중서문하성의 수장은 문하시중, 상서성의 수장은 복야(僕射)로 불렸고 문하시중과 복야는 대등한 관계가 아니라 상하 관계였다. 상서성은 쉽게 말하면 문하성이 결정한 사항을 집행하는 기구라고 할 수 있다.

중서문하성의 경우 조선시대의 의정부와 사간원의 기능을 합친 데다가 외교와 국방까지 책임지는 막강한 기구였다. 그나마도 원나라 지배하에 있던 1275년 충렬왕 때는 6부와 업무가 중복되는 상서성이 중서문하성에 통합되어 첨의부라는 단일 기구가 되었고 첨의부는 그후 1293년 도첨의사사로 바뀌었다. 공민왕은 원나라의 성격을 배제한다는 명분으로 1356년 중서문하성으로 돌려놓았다가 1362년 다시 도첨의부, 1369년 문하부로 이름을 바꿨다. 그러나 업무 내용은 크게 바뀌지 않았다. 고려 말 문하부는 종1품인 중서령과 문하시중, 정2품인 문하시랑 찬성사·중서시랑 찬성사·문하찬성사·중서찬성사, 종2품인 참지정사·정당문학·문하성 지사로 구성되었고, 중서령은 실권이 있는 자리가 아니었으므로 최고 수장은 문하시중이었다. 정몽주가 이방원에게 살해당할 당시 직위가 지금의 총리에 해당하는 문하시중이었고, 이성계는 부총리 격인 수문하시중까지 오른 바 있다.

그런데 고려에는 이런 중앙 관직과는 별도로 국경 지역의 군사 문제를 전담하던 회의 기구로 도병마사가 있었다. 당시 동북면(함경도)과 서북면(평안도)에는 병마사가 파견되었는데 막강한 군대를 이끄는 이들의 반란 기도를 막기 위해 중앙에서 판사를 임명해 이들을 통제했다. 판사는 처음에는 3성의 수장인 문하시중, 상서령, 중서령이 참여했고 고려 중기를 넘어서면서 임시 회의 기구가 상설 기구로 바뀌고 관장 업무도 점차 확대되어 갔다. 특히 무신 정권기를 거치면서 도병마사의 기능은 크게 강화되었고 1279년(충렬왕 5년)에 도평의사사로 이름이 바뀌었다. 이와 함께 참석자의 범위도 재추(宰樞-2품 이상의 재상과 중추원의 고관인 추관을 약칭) 전원이 참석하는 막강한 기구로 성장했다. 굳이 오늘날의 제도에 비추자면 문하부는 행정부, 도평의사사는 각 세력을 대변하는 의회라고 할 수 있겠다.

도평의사사 혁파, 의정부 탄생

왕권이 강해지면 도평의사사는 힘을 잃는다. 반대로 국왕이 중심을 잃고 왕권이 약화되면 도평의사사는 막강한 권력을 발휘한다. 조선 초 태조 때 도평의사사는 유명무실해졌고 정종 때 도평의사사는 무소불위였다. 1차 왕자의 난으로 실권을 잡은 이방원이 권력을 행사하던 기구가 바로 도당(都堂)으로 불리던 도평의사사였다. 대위(大位) 장악을 앞둔 정종 2년(1400) 4월 세자 이방원은 '혁명' 동지들의 세력 기반인 사병을 혁파하면서 동시에 문하시랑 찬성사 하륜에게 명해 도평의사사를 없애고 의정부로 바꾸었다. 그러나 이때까지만 해도 장기적인 계획보다는 일단 공신들에게서 병권을 빼앗고, 장차 자신이 왕위에 오를 때를 대비해 그때까지 막강한 권한을 갖고 있던 공신들의 보루인 도평의사사를 혁파하는 데 주목적이 있었다. 이 같은 내부의 권력투쟁에 승리한 이방원은 마침내 형 정종에게서 왕위를 성공적으로 물려받을 수 있었다.

1401년 태종 1년 6월 16일 태종은 삼사 영사 하륜과 참찬 권근, 첨서 이첨을 불러 관제 개혁안을 올리라고 명했다. 관제 개편의 핵심은 역시 문하부를 의정부로 바꾸는 것이었다. 이에 따라 문하시중은 의정부 영사(즉 영의정)로, 문하부 좌우 정승은 의정부 좌우 정승으로, 문하시랑 찬성사(2명)는 의정부 찬성사로, 문하부 참찬사(4명)는 의정부 참찬사로, 정당문학(1명)은 의정부 문학으로 명칭이 바뀌었고 문하부 때는 없던 의정부 참지사 2명을 더 두었다. 이들 12명이 중앙 정치의 핵(核)이라 할 수 있다.

그리고 문하부에 속해 있던 낭사를 분리해 사간원으로 독립시켰고 재정을 맡았던 삼사는 사평부로, 의흥삼군부는 승추부로 이름을 바꿔 국왕의 직할 체제로 전환시켰다. 그 밖에 학사라 부르던 명칭을 제학으로 바꿨고 예문춘추관을 예문관과 춘추관으로 분리했다. 예문관은 독립적인 기구로 발전시켜 외교 문서 등을 관장케 했고 춘추관은 의정부 고관들이 겸직하면서 역사 서술을 책임지도록 전문화했다.

이때의 관제 개혁으로 일단 태종 초의 통치 기구는 정치의 의정부, 재정의 사평부, 군사의 승추부 3부(府) 구조가 되었다. 도평의사사가 원래 정치의 문하부, 재정의 삼사, 군사의 중추원이 참여해 만장일치로 국정 현안을 논의하던 합좌(合坐) 기구였던 것을 감안하면 도평의사사가 의정부가 되었다는 것은 그만큼 재신(宰臣)들의 권한이 약화되고 국왕의 권한이 강해졌다는 뜻이 된다.

태종은 1405년(태종 5년) 1월 15일 다시 한 번 관제 개편을 단행한다. 다년간의 국정 경험과 자신감에서 나온 조처였다. 지난 4년 동안 의정부는 각 부처의 업무를 총괄했고, 사평부는 전곡을, 승추부는 군사를 관장했다. 사평부나 승추부와 관련해서는 이미 태종도 첫 번째 관제 개혁 때 의문을 표시한 바 있었다. 그리고 고려 때 문하성, 중서성과 함께 3성의 하나였던 상서성은 원래 문무 관리의 선발을 주관하던 곳으로 조선에 들어오면서 기능이 축소되어 성(省)에서 사(司)로 격하된 상태였다.

이때의 관제 개편은 처음부터 태종이 주도했다. 그는 한 달쯤 전인 태종 4년 12월 19일 춘추관 영사 하륜과 지사 권근을 불러 『고려사』에 실린 관제를 연구하도록 지시했다. 관제 개편에 따라 사평부를 없애고 해당 업무를 호조에, 승추부를 없애고 군사 업무를 병조에 그리고 상서사의 인사 선발 권한인 전형권을 문관은 이조에, 무관은 병조에 넘겼다. 이렇게 해서 육조의 구색이 갖춰지자 각각 정2품에 해당하는 판서를 두었다. 이로써 육조는 정3품 아문에서 정2품 아문으로 격상되었다. 그전까지는 좌정승과 우정승이 육조의 판사(判事)를 겸하는 바람에 육조가 직접 국정에 참여할 수 있는 길은 차단되어 있었다. 그러나 의정부 찬성사와 직급이 같은 판서의 등장으로 6조의 행정 관료들이 국정에 적극 참여할 수 있는 길이 열렸다.

동시에 비서실에 해당하는 승정원에서는 6대언을 두어 각각 6조의 일을 맡아 국왕의 뜻을 직접 전하면서 해당 업무를 조정토록 했다. 이렇게 함으로써 관직 체제나 명칭이 대부분 현재 우리가 알고 있는 것과 비슷하게 바뀌었다.

태종은 바로 이날 새로운 직제에 맞춰 사실상의 조각(組閣)에 준하는 내각 개편을 단행했다. 의정부 영사, 즉 영의정에 조준, 의정부 좌정승에 하륜, 우정승에 조영무, 찬성사에 권근, 참찬사에 이숙번을 앉혀 의정부에는 권근을 제외하고 대부분 공신들을 앉혔다. 이어 새롭게 힘을 받게 될 이조판서에 이직, 병조판서에 남재, 호조판서에 이지, 형조판서에 유량, 예조판서에 이문화, 공조판서에 최이를 임명했다.

이중 실제적인 핵심 요직은 영의정이 아니라 좌정승이었다. 그래서인지 내각 개편이 이뤄지던 날 예조에서는 앞으로는 영의정에게도 늘 의정부에 출근해 주요 사안에 대한 결제를 할 수 있는 권한을 부여해야 한다고 건의했고 태종은 이를 받아들였다.

이렇게 함으로써 형식적인 차원에서 소위 주요 국정에 관해 의정부가 상대적 주도권을 갖는 의정부 서사제(署事制)의 골격이 완성된다.

내용은 완전히 다르지만 권력의 중심 문제만 놓고서 굳이 오늘날의 정치제도와 비교하자면 의정부 서사제는 의원내각제에 해당되고 육조직계제(六曹直啓制)는 대통령 중심제에 해당된다고 할 수 있다. 육조직계제란 의정부를 거치지 않고 곧바로 국정 현안을 국왕과 논의하는 체제이기 때문이다.

참고로 조선에는 훗날 이 두 가지 외에 원상제(院相制)라는 것이 세조 때 생겨나 성종 때 큰 힘을 발휘했다. 이는 국왕의 나이가 어려 수렴청정 등을 하게 될 경우 대비가 신뢰하는 의정부 고위 관리들을 원상으로 임명해 사실상 이들이 국왕을 대신해 국정을 이끌어가는 시스템이다. 결국 왕권 중심이냐 신권 중심이냐 하는 추상적인 논의보다는 이 셋 중에서 어느 것이 선택되었는지를 보면 당시 정치의 중심이 어디에 있었는지 쉽게 확인할 수 있다.

육조의 막강한 파워

태종 5년에 정립된 의정부 서사제는 특히 태종 개인이 볼 때는 고려 말 조선 초의 비정상적인 도평의사사를 혁파하고 궁극적으로 육조직계제로 가기 위한 과도기적 조처에 불과했다. 그런데도 의정부 서사제 하에서 이미 육조의 권한은 막강해지고 있었다. 이런 천지개벽에 가까운 조처를 성공적으로 마무리할 수 있었던 것은 그 사이에 인재들을 어느 정도 확보했고 태종의 권력이 안정되었기 때문이라고 볼 수 있다. 『실록』어디에도 태종이 주도한 관제 개혁에 반대하는 목소리를 찾을 수 없는 것이 그 증거다.

개혁 조처 발표 후 두 달이 지난 3월 1일 육조의 실상이 드러난다. 당시 조선에는 100여 개의 관아가 있었다. 그중에서 의정부, 중추원,

사헌부, 사간원, 승정원, 한성부 등 최고 책임자가 정3품 당상관 이상인 10개의 관아를 제외한 90개의 관아가 6조에 나뉘어 소속되었다. 그 이전까지 정확한 관장 업무도 몰랐던 육조로서는 장관의 직위 상승에 이어 다양한 실권을 갖추게 된 것이다.

> 이조 : 승녕부, 상서사, 내시부, 공신도감 등 11개 관아
> 병조 : 중군, 좌군, 우군, 십사, 의용순금사 등 13개 관아
> 호조 : 전농시, 군자감, 사섬시 등 18개 관아
> 형조 : 전옥서, 율학, 각 도의 감옥 등 4개 관아
> 예조 : 경연, 서연, 성균관, 사역원, 각 도의 학교 등 35개 관아
> 공조 : 선공감, 상의원, 각 도의 염장 등 11개 관아

즉각 이조와 병조에서는 각각 뛰어난 재주를 가진 문신과 무신을 선발하는 방법을 건의하기도 했다. 자리가 있고 일이 있는 것은 그때나 지금이나 똑같다.

그러나 이런 개편에도 불구하고 여전히 풀지 못한 숙제가 있었다. 하나는 병권(兵權)을 어떻게 관리하느냐의 문제였고 사헌부와 사간원의 역할을 어떻게 규정하느냐의 문제였다.

예를 들어 그해 5월 19일 사간원에서는 병조판서가 삼군부의 최고 지휘관인 삼군 총제와 지위가 같고 세력이 비슷해 영을 세우기 어려우니 이번 기회에 병조판서가 아예 삼군 총제를 겸하도록 하는 것이 좋겠다는 상소를 올렸다. 요즘 식으로 하면 육해공 3군 총사령관을 국방부장관이 겸임토록 하자는 이야기였다. 아마도 태종은 이 상소를 읽으며 혼자 입가에 실소(失笑)를 머금었을지도 모른다.

태종은 일언지하에 거부했다. 공신들이 버젓이 힘을 발휘하고 있는

데 병조판서에게 군권을 준다는 것은 시기상조였기 때문이다. 그렇지만 문제는 문제였다. 당장 6월 2일 중군 도총제를 맡고 있던 안성군 이숙번이 사직서를 올렸다. 태종은 윤허하지 않았지만 그 뜻을 알았다. 병조판서의 권한이 커진 데 대한 항의 표시였던 것이다. 그렇다고 사직서를 받아들일 수도 없었다. 군을 불안하게 한다는 것은 곧 자신의 자리가 위태로워진다는 뜻이었기 때문이다. 그러나 결국 한 달 후인 7월 3일 공조판서 최이가 중군 도총제를 맡게 된다.

한편 대간들과 태종의 갈등도 많았다. 아직 정확한 업무 분장이 안 된 가운데 사헌부와 사간원은 서로 충돌하는 것이 다반사였고 경우에 따라서는 사헌부나 사간원 내부 관리끼리도 파워게임을 벌이다가 문제를 일으키기도 했다. 또 육조의 대신들을 탄핵하다가 태종의 노여움을 사는 일도 있었다. 어떻게 보면 이는 오늘날 권력과 검찰, 권력과 언론의 관계처럼 정해진 해답이 없었다.

권력에 자기통제란 없다

태종 14년에 이르면 이미 태종은 국정 경험이 풍부했고 나이도 적지 않았기 때문에 일을 줄여가면서 해야 할 때였다. 그런데 그는 이때 오래전부터 마음에 품고 있던 또 한 번의 관제 개혁을 단행한다. 4월 17일 그나마 남아 있던 의정부의 업무를 거의 다 육조로 나눠서 귀속시키는 조처를 단행한 것이다. 태종 5년의 관제 개혁의 핵심이 '육조' 강화였다면 태종 14년의 관제 개혁은 의정부 약화를 겨냥한 것이었다. 그에 앞서 우리는 태종 13년에 일어난 두 가지 장면을 먼저 살펴볼 필요가 있다.

"나라를 다스리는 자는 나와 두세 명의 대신"

장면 1 : 우선 역사의 시계를 이보다 8개월 앞으로 돌려 태종 13년 8월

1일로 가보자. 편전에서 태종이 좌정승 하륜, 우정승 조영무, 이조판서 이천우, 병조판서 이숙번과 서울을 방어할 도성을 수리하는 문제를 놓고 논쟁을 벌이고 있었다. 전국 각지에서 10만 명의 인원을 불러들여야 하는 대역사였다. 원래는 전날 당장 공사에 들어가기로 했는데 태종이 반대하고 나섰다. 천도 때 백성들의 고역(苦役)을 늘 가슴 아파했던 그는 "지난해에도 개천을 파느라고 백성들이 힘을 다했다. 나는 백성들에게 휴식을 주고자 한다"고 말했다. 그러자 도성 수리를 최초로 주장했던 하륜은 지금처럼 명과의 관계가 평화로울 때 어려움에 대비해야 한다며 도성 수리 주장을 굽히지 않았다.

태종은 이에 "내가 국가의 일을 소홀히 하겠다는 뜻이 아니다. 다만 요즘은 외부의 침략이 없는데 백성을 괴롭히는 일을 나는 차마 못 하겠다"고 맞섰다. 하륜을 제외한 나머지 신하들도 태종이 옳다며 당장 중지할 것을 건의했다.

쉽게 물러설 하륜이 아니었다. 그는 고려 때 도성을 지켜 거란을 막아냈던 일과 도성을 지키지 못해 홍건적에게 패퇴했던 일을 대비해 가며 "당연히 해야 할 일을 그만둘 수는 없다"고 반박했다. 태종은 이에 대해 "당분간 명나라가 우리를 전면 침공하기는 어려울 것이다. 일부 도망자들이 떼지어 들어온다면 국경에서 막아야지 천리나 떨어진 도성까지 끌어들여야 하겠느냐"며 일단 논쟁을 마무리한다.

그런데 논쟁을 끝내며 하륜이 해당 부서의 의견을 들어볼 필요가 있지 않겠느냐는 의견을 냈다. 이에 대한 태종의 답변이 의미심장하다.

"나라를 다스리는 자는 나와 두세 명의 대신인데 뭐하러 해당 부서의 의견을 듣겠는가?"

그러면서 태종은 명나라의 도망병이라 하더라도 국경에서 제어하면 그뿐이니 굳이 일을 벌이겠다면 내년 봄을 기다려 시작해야 백성의 목숨이 상하는 일이 줄어들 것이라며 논의를 끝낸다.

태풍의 눈, 하륜

> **장면 2**: 태종 13년 12월 초 대사헌 심온은 태종에게 의정부가 국정을 총괄하면서 불법을 자행하고 있다며 지금이라도 공문서를 감사해 보면 증거가 쉽게 드러날 것이라고 말한다. 그리고 얼마 후 사헌부와 사간원은 합사하여 의정부의 권한이 너무 크니 주요 업무를 육조로 돌리게 해야 한다는 상소를 올렸다. 태종의 뜻이 어느 정도 반영된 상소였던 것이다.

이 상소가 올라오자 태종은 상소문을 의정부에 넘겼다. 좌의정 하륜은 태종에게 대간의 말대로 따를 것을 청하였다. 사실상 의정부를 이끄는 좌의정이 스스로 의정부 혁파를 받아들인 데는 그만한 이유가 있었다. 대간들의 표적이 바로 하륜이었기 때문이다.

『실록』은 "하륜이 권력을 차지하여 오로지 독단하고 문제가 돼도 꺼리는 바가 없는 것을 미워하였기 때문"이라고 밝히고 있다. 그러나 태종은 대간의 상소를 일단은 접어두고 따르지 않았다. 태종은 "1405년 관제 개혁 때도 이런 논의가 있었지만 쉽게 행할 수 없었다"며 아직은 결단하기 어렵다는 입장을 밝힌다.

그러자 대간에서 재차 상소를 올려 의정부에서 권력을 농간하여 나라를 병들게 하는 폐단을 논하고, 또 명나라에서도 우리의 의정부에 해당하는 중서성(中書省)을 혁파하고 육조에 해당하는 육부(六部)에 전권을 귀속시킨 사례를 인용하였다. 이때에도 태종은 "명나라 영락제는 워낙 뛰어난 인물이니 중서성이 없어도 되지만 나는 용렬한 인물이어서 의정부 없이는 곤란하다. 특히 명나라 사신의 접대를 생각하면 의정부 혁파는 더욱 곤란하다"며 부정적인 입장을 밝혔다.

흥미로운 것은 『실록』의 평이다. 실은 태종도 대간의 상소를 옳게 여겼다고 되어 있다. 또 이런 의정부 혁파론의 원인 제공자가 하륜임을 명시적으로 밝혀놓았다. "그때 하륜이 권세를 농간하여 뇌물을 받는 일이 매우 많아 노비에게도 종종 매관(賣官)한다는 비난이 있었으므로, 대간에서 상소한 근본 의도는 여기에 있었다."

실제로 의정부 혁파론이 마무리 되어가던 12월 27일 좌사간 최복린이 검교 참의라고 하는 이름만 있는 자리로 내쫓겼다. 이유는 동향인 하륜의 집에 드나들며 인사 청탁을 했다는 것인데, 실제로 그를 좌사간에 천거한 것도 하륜이었다. 하륜은 뇌물을 받으면 일일이 이름을 적어두었다가 인재 선발을 하는 심사장에서 보란 듯이 주머니에서 이름 적힌 종이를 꺼내 공공연하게 사람을 추천한 것으로 악명이 높았다.

당시에는 피혐(避嫌)이라는 게 있었다. 일종의 관행으로 재상이나 대신이 대간의 탄핵을 받으면 일단 그 자리를 피하기 위해 출근을 않거나 아예 사직서를 제출하는 것을 말한다. 그래서 12월 21일 영의정 성석린과 우의정 남재는 피혐 차원에서 함께 사직서를 제출했다. 그런데도 피혐을 않고 있던 하륜은 엉뚱하게도 태종에게 "제가 사직을 하면 주상께서 하시는 일이 지체될까 두려워 사직서를 올리지 못하고 있다"고 말한다. 『실록』의 평이 재미있으면서도 의미심장하다. "임금도 겉으로는 그렇게 여겼다."

『실록』도 비판한 '육조직계제'

태종 14년 4월 17일 의정부의 거의 모든 업무를 육조로 이관하는 내용의 관제 개혁이 단행됐다. 골자는 간단했다. 그동안 의정부에서 해오던 일 중 명나라와의 외교 문제와 중죄인을 재심하는 문제를 제외한 일체의 업무를 육조로 넘긴다는 것이었다. 물론 그동안 갖고 있던 육조에 대한 감독권도 사라졌다. 이제 육조는 해당 업무를 의정부를 거치지 않고 곧바로 국왕에게 올려 결재를 받았다. 의정부는 하루아침에 국정의 중심에서 원로원보다도 못한 신세로 전락했다.

이를 위한 태종의 준비는 역시 치밀했다. 의정부 개혁이 이뤄지고 난 뒤 태종은 관제 개정 업무를 관장한 예조판서 설미수를 불러 관제 개정의 배경을 상세하게 설명한다.

"이번에 의정부를 개혁하자는 의논은 나의 마음에서 나온 것이다. 지난 겨울에 대간에서 조그마한 실수를 빌미 삼아 이를 개혁하자고 청하였으나 내가 따르지 않았다." 조그마한 실수란 하륜의 행실을 말한다. 그런데 역설적이게도 태종으로 하여금 의정부 권한 축소라는 또 한 번의 혁명 조처를 하도록 최종적으로 촉구한 인물은 바로 문제의 좌정승 하륜이다.

태종은 "의정부를 개혁하기 얼마 전에 좌정승이 나에게 고하기를 '우리의 제도는 모두 명나라를 모방하니, 마땅히 정부의 일을 육조에 나누어 붙이어 명나라 육부의 예를 본받자'고 해서 그렇게 결정한 것이다"라고 풀이한다.

참고로 명나라의 경우 명 태조 13년, 즉 1380년(우왕 6년)에 우리의 의정부에 해당하는 중서성과 영의정에 해당하는 승상을 폐지하고 판서에 해당하는 상서의 직위를 정3품에서 정2품으로 올린 다음 황제가 직접 육부를 통괄하는 육부직주제(六部直奏制)를 확립한 바 있었다. 결국 육조직계제는 육부직주제의 조선형이었던 셈이다.

설미수에게 설명을 끝낸 태종은 먼저 성산부원군 이직, 호조판서 박신, 총제 이현을 불러 자신의 뜻을 말하고 의견을 구했다. 모두 찬성한다는 입장이었다. 이어 영의정 성석린, 좌정승 하륜, 우정승 남재, 찬성사 이숙번, 예조판서 설미수 등을 불러 다시 한 번 육조직계제에 대한 의견을 구하자 모두 옳은 길이라고 답한다.

그런데 흥미로운 것은 태종의 이 같은 조처에 대한 『실록』의 기록이다. "처음에 임금이 의정부의 권한이 막강한 것을 염려하여 이를 개혁할 생각이 있었으나 서둘지 않았다. 그리고 이때에 이르러 단행하여 의정부가 관장하는 것은 오직 사대(事大) 문서와 중죄수를 다시 판결하는 것뿐이었다. 이제 의정부의 권한이 막강해서 생기는 폐단을 개혁하였다고는 하나, 권력이 육조에 분산되어 통일되는 바가 없고 모든 일을 제때에 처리하지 못하여 일이 많이 막히고 지체되었다."

물론 여기에 대해서는 평가가 엇갈릴 수 있다. 그러나 이미 의정부서사제로도 의정부를 완벽하게 장악하고 있던 태종이 굳이 태종 14년이라는 시점에서 모든 권력을 제도적으로까지 자신에게 집중시켰다는 점은 오히려 의문거리가 될 수 있다.

왜 그랬을까? 태종 개인의 권력욕 때문이었을까? 아니면 조선이 계속 왕권 중심의 나라가 되어주기를 바라는 헛된 소망 때문이었을까? 이 질문에 대해 답하는 것은 필자의 능력과 관심 범위를 훌쩍 뛰어넘는다.

『실록』은 청년기 이방원에 대해 "결연히 세상을 구제할 뜻이 있어, 능히 몸을 굽히어 선비들에게 겸손하였다"고 적고 있다. 권력욕의 화신이라기보다는 무너져내리는 고려 말 백성들의 삶에 대한 청년 지식인으로서의 분노가 있었고 정치를 통해 이를 바로잡아보겠다는 열정이 있었다는 말이다.

즉위 첫해에 신문고를 설치해 억울한 백성이 자신들의 사연을 직접 국왕에게 알리도록 한 것은 그의 애민(愛民) 정신을 떠나서는 생각할 수 없다. 조선조에서 애민, 위민은 때로는 겉치레 수사학으로 전락하기도 했지만 조선왕조의 건국 이념 중 하나가 실은 민본(民本)이었다. 이 점에 대해 체화된 인식과 가치관을 갖지 않은 국왕은 신하에게서 신망을 얻을 수가 없었다. 적어도 이 점에 관한 한 태종의 민본 정신을 의심하는 신하들은 없었다. 오히려 백성들의 세세한 곳까지 살피려 애쓰는 태종을 신하들이 못 따라가는 경우가 많았다.

그런데 태종 집권 내내 그를 괴롭혔던 것은 다름 아닌 해마다 찾아오는 가뭄이었다. 그것은 곧 백성들의 고통으로 이어질 수밖에 없었다. 그럴 때마다 태종은 감옥에 혹시라도 죄 없이 벌 받는 사람이 없는지를 살폈고 그 자신도 음식을 들지 않다가 건강을 상하는 일도 종종 있었다. 측근들에게 푸념조이긴 하지만 부덕한 자신이 왕위에 오르는 바람에 하늘이 벌하는 것이라며 자책을 했고 왕위를 물러나야 하는 것 아니냐는 이야기도 자주 했다.

아버지 이성계의 강한 압력에도 불구하고 그가 한양 천도를 미룬 이유 중의 하나도 실은 개경 백성들의 불만 못지않게 새로운 수도 건설에 투입될 백성들의 노동력 동원이 가져올 폐해를 무엇보다 중요하게 생각했기 때문이다. 태종 5년 천도를 준비할 때는 한양의 거처가 부족해 신료들이 일반 백성들의 집을 빼앗는 일이 많았다. 이를 알게 된 태종은 진노하며 이를 엄금했다.

그래서 백성들이 각종 노역이나 공역에 동원돼 굶는다거나 얼어 죽는 일이 있다는 보고가 올라오면 태종은 즉각 시정을 명했다. 이런 사례는 『실록』에서 부지기수로 나온다.

또 당시에는 송사나 재판이 지체되어 시설이 열악한 감옥에 갇혀 있다가 죽는 일이 많았다. 태종 6년 태종은 지신사 황희를 불러 호통을 친다. "죽을 죄를 졌으면 곧장 죽일 일이지 어떻게 옥 안에서 숨지게 할 수 있는가?" 실제로 재판을 지체했다가 고위 관리들까지 처벌받는 일이 종종 있었다.

그는 개인 성품 면에서도 열정과 냉정이 공존했지만 정치적으로도 백성에 대한 애정(열정)과 제도적 개혁(냉정)의 균형을 유지했던 지도자였다. 사실 하드웨어 설계는 열정 없이 해낼 수 없다는 점에서 결국

그가 조선의 골격을 세울 수 있었던 정신적 원천은 백성에 대한 그의
근원적인 연민과 사랑이었다고 보는 게 온당할 것이다.

청계천 대역사(大役事)

최근 조광권 박사는 『청계천에서 역사와 정치를 본다』는 흥미로운
연구서를 펴냈다. 이에 따르면 오늘날 우리가 청계천이라고 부르는 개
천의 정비 작업을 최초로 주도한 인물은 태종이다. 태종 6년 1월 조정
에서는 궁궐 축조를 위해 충청도와 강원도에서 동원된 인원 3,000명
중에서 600명을 한성부에 할당해 개천 파는 일을 맡겼다는 것이다.

태종은 말년에 자신이 재위하는 동안 가장 힘들었던 일을 가뭄과 홍
수 같은 자연재해라고 꼽을 정도로 해마다 재해가 끊이질 않았다. 특
히 태종 10년에는 세 차례에 걸쳐 큰 홍수가 발생해 한양이 입은 피해
는 이루 말할 수 없었다. 그리고 당시로서는 자연재해라는 천심을 민
심으로 해석해 자칫하면 태종의 권력에 대한 도전으로 이어질 수도 있
었다. 결국 오랜 논의 끝에 태종 12년 1월 개천도감(開川都監)을 설치
하고 대대적인 개천 공사를 시작한다.

전라·경상·충청 삼남 지방에서 차출된 5만 명의 인원이 투입된 때
문인지 공사는 한 달여 만에 끝났다. 이렇게 해서 오늘날 우리가 보는
청계천과 비슷한 모습의 개천이 한양을 가로질러 흐르게 되었고 곳곳
에 광통교, 혜정교와 같은 돌다리도 건설되었다.

당시 공사가 시작되자 태종이 공사 책임자들에게 내린 지시 사항을
보면 새삼 태종이라는 사람의 밑바탕에 흐르고 있는 애민(愛民)을 되
새기게 된다. 그는 먼저 정확히 작업 시간을 지킬 것을 엄명하고 이를
어길 경우 공사 감독관을 처벌하겠다고 말한다. 이어 군자감이 보유한

쌀 1만 400석을 풀어 인부들의 반달치 양식을 제공토록 했다. 당시 부역에 나서는 사람은 각자가 먹을 양식은 챙겨오도록 돼 있었던 것을 감안할 때 이것은 파격적인 보너스였다. 또 제생원, 혜민서 등 의약을 책임지던 관청에 명을 내려 미리 약재를 준비하고 있다가 환자가 발생하면 현장에서 치료하도록 했다. 그리고 추운 겨울에 공사를 위해 올라오는 병사들이 얼어죽지 않도록 지나는 길에 있는 관청들은 이들을 잘 보살피라고 명했다. 심지어 공사중에 부모상을 당할 경우 당장 고향에 돌려보내도록 지시해 300여 명이 혜택을 입었다고 한다.

태종의 이런 조처를 그저 노역에 동원된 사람들의 불만을 무마하기 위한 것으로 폄하해 버리면 그만이다. 그러나 문제는 그렇게 할 경우 실상과 동떨어진다는 데 있다.

『실록』을 보면 청계천 개천 공사를 했는데도 이듬해 다시 홍수가 나 청계천이 범람했으며 수많은 사람들이 수해를 당했다. 이유는 본류만 정비했을 뿐 개천으로 흘러드는 작은 지류들은 그대로 두었기 때문이다. 그런데도 태종은 "만세(萬世)의 기초를 일시에 성취하려는 것은 과욕이고 백성을 너무 자주 동원할 수 없다"며 추가 공사를 지시하지

232

않았다.

결국 청계천 지류를 정비하는 과제는 세종 대로 넘어간다. 그러고 나서 세종 3년 여름에 대홍수가 났다. 거리에는 가족과 집을 한꺼번에 잃고 통곡하는 소리가 그치질 않았다. 이때 서울시장 격인 한성부 판사는 정도전의 장남인 정진이었다. 정진은 장문의 상소를 올려 개천 공사의 재개 필요성을 역설했고 이때부터 장장 10년 동안 농한기만을 이용해 개천을 꾸준히 보수하고 확장해 공사를 마무리한다. 한 달 만에 5만 명을 투입해 속전속결로 해치우는 태종, 10년이 걸려서 지속적으로 일을 추진하는 세종, 두 국왕의 서로 다른 스타일이 여기서도 극명하게 드러난다.

노비를 줄이고 양민을 늘리다

태종은 집권기 내내 고려 말에 억울하게 노비로 전락한 사람들을 한 명이라도 더 양민으로 되돌리기 위해 국가 차원에서 노비변정도감을 설치해 신속하고 철저하게 재판을 진행해 갔다. 다수의 양민 확보는 건전한 국가재정 확보와 활력 있는 나라 건설이라는 차원에서 신생국 조선의 핵심 과제였다. 그리고 노비 재판이 자칫 귀족이나 권문세가와 힘없는 노비의 민사소송 대결로 전락할 경우 양민의 수는 늘어나기 힘들었을 것이다. 노비변정도감을 설치했다는 것은 국가가 직접 개입해 약자를 보호하겠다는 뜻이었다. 사실 이와 비슷한 노력은 고려 공민왕 때도 있었지만 이렇다 할 성과를 거두지는 못했다.

조선이 건국된 뒤 신분제를 정비하고 억울하게 노비가 된 사람들을 풀어주기 위해 모두 다섯 차례 노비변정도감이 설치되었다. 태조 4년부터 정종 1년까지의 제1차 노비변정도감, 정종 2년부터 태종 1년까지의 제2차 노비변정도감, 태종 5년의 제3차 노비변정도감, 태종14년의 제4차 노비변정도감, 성종 12년의 노비단송도감이 그것이다. 이중에서도 태종 14년의 노비변정도감이 규모나 성과 면에서 가장 크고 성공적이었다. 이 한 해에만 관원 100여 명이 동원되어 1만여 건의 억울한 노비를 양민으로 바꿔놓았다.

여기서 흥미를 끄는 것은 5건 중에 4건이 태종과 관계가 있고 또 태종 1년, 태종 5년, 태종 14년은 공교롭게도 태종이 자신의 왕권을 강화하기 위해 대대적인 관제 개혁을 단행했던 해와 정확하게 일치한다는 점이다. 이것은 우연이 아니다. 전제 왕조의 경우 적어도 권신들을 견제하는 데 관한 한 국왕은 일반 백성의 이해와 일치했다. 그리고 성군이라는 세종도 재위 기간 중 세 차례나 노비변정을 시도하려 했으나 대신들의 반대로 뜻을 이루지 못했다는 것을 볼 때 태종의 애민 사상과 정치력은 남다른 데가 있었다.

이런 맥락에서 태종 16년 1월 27일자『실록』기사는 우리의 눈길을 붙들기에 충분하다. 이날 태종은 조선 사람으로서 왜구에게 붙들려 갔다가 유구국(오키나와)으로 팔려 간 사람이 매우 많다는 말을 듣고는 당시 대일 외교의 첨병이던 전 호군 이예를 유구국으로 보내라고 지시한다. 그러나 호조판서 황희는 "유구국은 수로(水路)가 험하고 멀며, 또 이제 사람을 보내면 번거롭고 비용도 대단히 많이 드니 파견하지 않는 것이 낫겠습니다"라고 말한다. 이에 태종은 "고향 땅을 그리워하는 정은 본래 귀천(貴賤)이 따로 없다. 가령 경의 집에서 이처럼 포로가 된 사람이 있다면 번거롭고 비용 드는 것을 따지겠느냐"고 면박을 준다. 결국 같은 해 7월 23일 이예는 44명을 데리고 돌아온다.

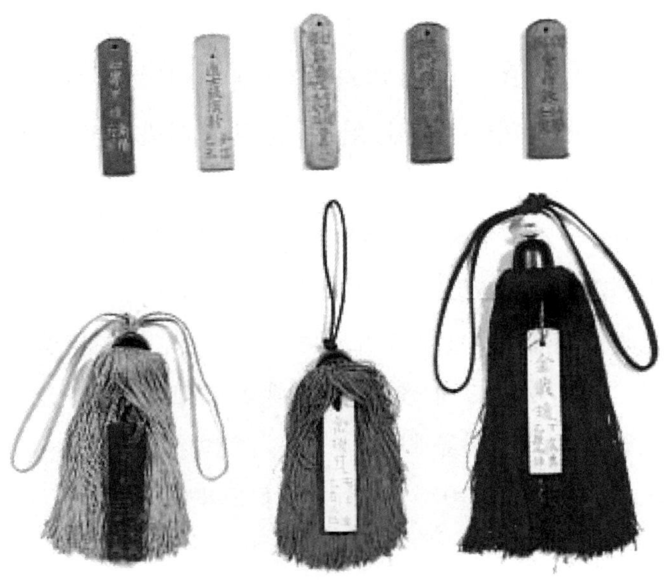

호패_ 태종이 호패법을 실시한 것은 양민을 늘려 법적으로 보호하겠다는 확고한 의지의 표현이었다. 호패는 신분에 따라 재료와 기재 내용이 달랐다.

호패법 실시

태종의 최대 업적 중 하나인 호패법 실시만을 따로 떼어서 보면 그저 요즘 식의 '주민등록증' 실시처럼 보일지 모른다. 그렇게 되면 그것은 백성들에 대한 통제 방식의 하나로 해석될 수도 있다. 그러나 노비를 줄이고 양민을 늘리려는 태종의 생각과 결부지어 보면 호패법 실시에 담긴 정신은 명확하게 드러난다.

노비변정도감이 태종 자신의 아이디어와 추진력의 산물이라면 호패법은 적어도 아이디어에 관한 한 황자후(黃子厚, 1363년 고려 공민왕 12년~1440년 세종 22년)의 몫으로 돌려야 한다. 황자후는 나이 쉰이 되어가던 1412년(태종 12) 뒤늦게 음보로 인녕부 사윤을 맡아 벼슬길에 나섰다. 그리고 바로 다음해인 1413년 형조 좌참의로 있으면서 호패법을 건의해 같은 해 9월 1일 시행을 보게 된다. 그후 그는 세종 때까지 활약하며 충청도 관찰사, 한성부윤 등을 지냈고 의학에도 밝아 전의감 제조를 맡기도 했다.

16세 이상의 모든 남성들을 대상으로 한 신분 증명서의 일종인 호패는 신분에 따라 재료와 기재 내용도 달랐다. 2품 이상의 관리는 관직과 성명만을 기재하는 데 비해 노비는 주인, 연령, 거주지, 얼굴빛, 신장, 수염의 유무까지도 기록하였다. 호패의 재료도 고관은 상아, 서민은 목재였다. 호패는 서울에서는 한성부, 지방에서는 관찰사와 수령이 관할하고, 본인이 죽었을 때 관가에 반납하도록 하였다.

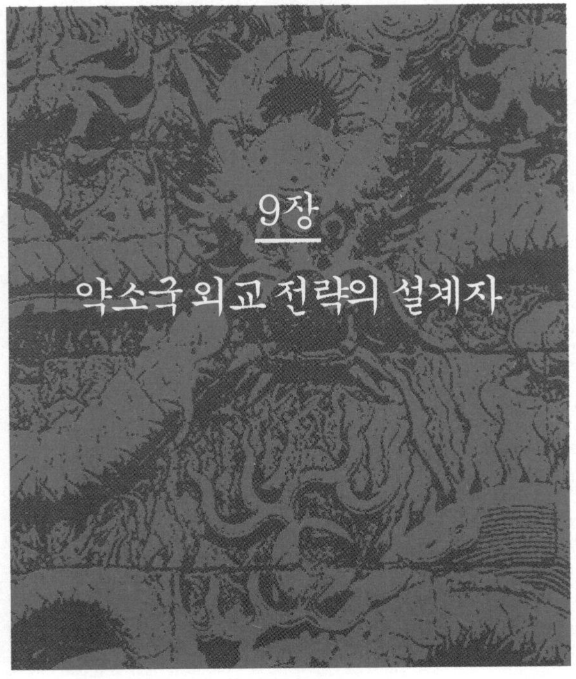

9장

약소국 외교 전략의 설계자

국경을 넘으며 갖춘 영토 감각

앞서 본 대로 태종은 두 차례에 걸쳐 국경을 넘어 당시 세계 최강국이던 명나라의 수도를 다녀왔다. 첫 번째는 1388년 10월 이색이 이끄는 하정사의 서장관으로 금릉(남경)을 다녀온 것이다. 국내 정치 역학상 일종의 인질이 되어 다녀온 것이지만 그것은 당시 22세의 혈기왕성한 청년 이방원에게는 '세계'에 눈뜨는 계기가 되었을 것이 분명하다.

두 번째는 1394년 태조 3년 6월 명나라 황제의 강압적 요구에 따라 금릉을 다녀왔다. 이때 그는 훗날 명나라 3대 황제에 등극하게 되는 연나라 왕을 북경에서 만나게 되는 행운을 얻는다. 이런 인물을 미리 직접 만났다는 것은 훗날 태종이 명나라와의 외교 관계를 풀어가는 데서 결정적인 도움을 주었다. 마침 서거정의 『필원잡기』 1권에는 당시 정안공 이방원이 성공적인 금릉 방문을 마치고 돌아와 사대부들과 나눈 대화 내용이 실려있다.

"우리 태종이 경사(京師-명나라 수도 금릉)에 갔을 적에 문황제(文皇帝-영락제)가 연왕(燕王)으로 있었는데 태종이 찾아가 방문하자 문황제가 말을 해보고 크게 기뻐하여 총애와 대우가 지극하였다. 태종이 귀국하자 조정 사대부들이 태종께 묻기를, '천하가 크게 평정되겠습니까?' 하였는데, 그때는 고황제(高皇帝-태조)가 정무를 사퇴하고 건문제(建文帝-혜제)가 태자로 있을 때이다. 태종이 대답하기를, '내가 연왕을 보니 하늘의 태양 같은 의표와 용봉(龍鳳)의 자품이며 넓고 큰 도량이니, 번왕(藩王)으로 오래 있을 사람이 아니더라. 천하가 안정될지는 알 수 없다'고 하였다. 얼마 안 되어 문황제가 연왕으로서 천자가 되니, 사람들이 모두 태종의 선견지명에 탄복하였다. 문황이 천자의 위에 오른 뒤에 우리 태종을 특별히 생각하고 매양 우리나라 사람을 보고 말하기를, '내가 일찍이 너희 나라의 임금을 보니 참으로 하늘이 낸 인물이더라'고 하였다."

『태조실록』 3년 11월 기록에도 두 사람이 만나던 광경을 상세하게 전하고 있다. "전하가 연부(燕府-당시 연나라 수도 북경)를 지날 때, 연왕을 접견하였는데 곁에 호위하는 군사도 없이 다만 한 사람이 모시고 서 있었다. 따뜻한 말과 예절로 후하게 대접하고, 모시고 선 사람을 시켜 술과 음식을 내오게 하였는데 극히 풍성하고 깨끗하였다. 전하가 연부를 떠나 금릉으로 가던 도중에 연왕도 금릉에 가기 위해 빨리 수레와 말을 몰아 앞서가려고 할 때였다. 전하가 말 위에서 내려 길가에서 인사하니, 연왕도 수레를 멈추고 재빨리 가마의 휘장을 열고서 오래도록 따뜻한 말로 이야기하다가 지나갔다." 우정이라고 하기는 그렇지만 두 사람의 친분은 이렇게 해서 돈독해질 수 있었다.

누구나 최초의 해외여행 때 경험하듯이 태종도 첫번째 방문에서는

'밖에서 본 내 나라'를 뼈저리게 체험했을 것이다. 동시에 주변 나라, 그것도 당시 세계 최고의 문화와 문명을 구가하던 명나라와 '더불어' 살아가기 위해 약소국 '고려'가 어떤 길을 가야 할 것인지를 깊이 생각해 보는 계기가 되었을 것이 분명하다.

두 번째 방문에서는 당시 요동치는 대륙의 질서를 직접 느끼는 기회가 되었을 것이다. 그런데 천하가 평정될 것으로 보느냐는 사대부들의 질문에 대해 "천하가 안정될지는 알 수 없다"고 하는 정안공 이방원의 대답이 인상적이다. 이방원이 두 차례의 쿠데타를 거쳐 왕위에 올랐을 때 대외적으로 상대해야 했던 적은 바로 이 '안정될지 알 수 없는 천하'였다. 대내적으로는 지금까지 살펴본 것처럼 신흥 국가의 안정을 위해 각종 정치투쟁에서 승리해야 했고 국가를 개조하는 정책들을 펼쳐야 했지만 대외적으로는 두 차례 명나라 방문을 통해 체득한 영토 감각을 바탕으로 나라의 골격을 정립하는 과제와 힘겨운 싸움을 해야 했다. 이런 싸움은 집권과 동시에 시작되었다.

형식적인 사대

1401년 새해가 밝았다. 태종이 임금으로서 맞이한 첫 새해였다. 1400년 11월 11일 형인 정종에게서 왕위를 사실상 강제적으로 넘겨받은 지 50일이 지나고 있었다. 모든 것이 불안정했다. 특히 태종으로서는 명나라에서 자신의 즉위에 대한 공식 승인을 얻어내는 것이 급선무였다. 게다가 조선의 건국은 사실상 인정했으면서도 여진 문제와 조공 문제 등으로 조선에 대해 경계하는 시각을 갖고 있던 명나라는 건국한지 10년을 맞은 조선에 여전히 고명과 인신을 내려주지 않았다. 따라서 그때까지도 조선의 국왕은 여전히 '권지(임시)국사(國事)'라는 칭호가 사용되고 있었다. 이 또한 태종이 풀어내야 할 외교적 숙제였다.

고명과 인신을 얻어내는 것은 국왕 개인에 대한 승인을 넘어 국가 승인의 핵심에 해당하는 것이었다. 좀더 구체적으로 말하면 고명책인(誥命冊印)이라 함은 중국에서 조공 관계를 맺은 이웃 나라 왕의 즉위를 승인하여 고명(誥命-왕위를 승인하는 문서)과 금인(金印)을 보내는 것이다. 원래 고명이란 당나라 때부터 5품관 이상의 관리를 임명할 때에 주던 사령장이고, 책인(冊印) 또는 인신(印信)이란 봉작(封爵)할 때 그것을 증명하는 증표로 주던 인장(印章)이다.

우리가 흔히 명나라와 조선의 관계를 규정하면서 조공 관계, 또는 사대 관계라고 이야기할 때 그 핵심이 되는 것이 바로 이 고명책인이다. 태종은 이 고명책인을 받아냄으로써 조선을 명나라 문화권에 편입시키는 것이 조선의 살 길이라고 생각했다.

실제로 태종은 외형적으로 명나라에 대한 철저한 사대를 표방했다. 집권 첫해 1월 25일 그는 "참람되게 중국을 모방할 수 없다"는 이유로 고려 때 사용하던 작호 공(公), 후(侯), 백(伯)을 각각 부원대군, 군, 부원군으로 바꾸었다. 그는 명나라의 문화 중에서 좋은 것이 있다면 기꺼이 따랐다. 같은 해 4월 13일에는 무당들이 행하는 제사가 문란한 지경에 이르렀다는 보고를 받고는 "명나라의 예제(禮制)에 의하여 행하라"고 명한다.

6월 19일에는 명나라 예부에 보내는 외교 문서인 자문(咨文)을 통해 '현재 조선의 관제가 고려의 것을 이어받는 바람에 명나라 조정의 관제와 서로 비슷한 것이 없지 않아 마음이 불편합니다. 아예 처음부터 사리에 맞도록 고치려고 하오니 명을 내려주십시오'라고 밝힌다. 보기에 따라서는 알아서 기는 형국이다. 실제로 7월 13일 하륜이 주도해 이뤄진, 문하부를 의정부, 낭사를 사간원, 학사를 제학, 승지를 대언으로 바꾸는 등의 관제 개혁은 명나라를 받들어 모시겠다는 표시였다.

치열한 외교전 끝에 고명과 인신을 얻어내다

1401년 명나라의 정세는 내전의 혼란 그 자체였다. 2년 전 '정난의 역'을 일으킨 연왕은 명 혜제 군대를 연파하며 무서운 기세로 부상하고 있었다. 그렇지만 아직 연호는 주원장의 홍무(洪武)에 이어 혜제의 건문(建文)을 사용하고 있었다. 건문 원년과 정종 원년은 1399년으로 같다. 따라서 1401년 태종 원년은 건문 3년인 셈이었다.

태종이 사실상 실권을 장악하고 있던 정종 2년 9월 조선 조정에서는 삼사 판사 우인열을 하정사로 남경으로 보내 고명과 인신을 청했다. 63세의 우인열(禹仁烈, 1337년 고려 충숙왕 복위 6년~1403년 태종 3년)은 무신 출신으로 1388년에는 문하찬성사에 올라 창왕이 왕위를 계승하게 되었다는 것을 명나라에 고하는 사신으로 금릉에 다녀왔다. 1390년 공양왕 2년에는 이성계를 암살하려 한 김저 사건에 연루돼 1년 동안 제천에 유배되기도 했으며 조선의 개국과 함께 개성부 판사로 관직에 복귀했다. 그리고 이때 다시 사신으로 명나라를 방문한다.

그런데 비슷한 시기에 요동 사람 12명이 조선으로 도망와서 "연왕이 연전연승하고 있고 명 조정은 크게 어지럽다"는 소식을 전해왔다. 임금을 꿈꾸던 태종으로서는 모든 신경을 명나라 내부 사정에 쏟지 않을 수 없었다. 1400년 11월 11일 왕위에 오른 태종은 이첨과 박자안을 주문사(奏聞使-말 그대로 명나라 쪽 의견을 듣고자 파견하는 사신)로 삼아 정종의 양위와 자신의 즉위 사실을 명나라에 알린다.

다음해인 태종 원년(1401) 2월 6일 명나라 사신 예부주사 육옹과 홍려행인 임사영 두 사람이 혜제의 조서(詔書)를 가지고 개경에 들어왔

다. 문제는 남경에서 개경까지 두 달 가까이 걸린 것을 감안할 때 이들
은 지난해 11월 11일 조선의 왕이 정종에서 태종으로 바뀐 것을 모르
고 들어왔다는 데 있었다. 혜제의 조서도 정종을 향해 쓴 것이었다. 자
칫 큰 외교 문제로 비화할 수도 있었다.

더욱이 조서의 내용에서 드러나듯 당시 혜제의 관심은 조선이 '반란
의 수괴' 연왕과 연결되는 것이었다. 왜냐하면 당시에는 요동을 혜제
가 장악하고 있었기 때문에 적어도 남북에서 연왕을 사이에 두고 협공
을 하는 양상인데 만일 조선이 연왕과 손을 잡을 경우 요동이 연나라
와의 싸움에 적극적일 수 없게 되어 자신에게 큰 부담이 될 수밖에 없
었다. 정종을 향한 것이긴 하지만 조서에 "사악함에 현혹되지 말고, 가
짜에 놀라지 말라"고 한 것은 바로 이런 점을 염두에 둔 것이었다.

이에 대해 태종은 다음날 두 사신을 극진하게 대접한다. 육옹과 임
사영은 실컷 즐기고 밤늦게까지 술을 마셨다고 『실록』은 기록하고 있
다. 두 사람은 2월 14일 태종을 찬양하는 시를 지어 올릴 만큼 태종은
사신 대접에 최선을 다했다. 이런 가운데 3월 6일 명나라에 갔던 우인
열이 명나라 예부의 자문을 받아서 돌아왔다. 그런데 여기에 심상찮은
내용이 포함되어 있었다. 이들이 3월 6일에 개경에 돌아왔다면 역산해
볼 때 대략 1월 초에 남경을 떠난 것으로 봐야 한다. 이때면 명나라 조
정에서도 전해 11월 11일에 이뤄진 선위 사실을 알 수 있었다.

명 혜제는 고명과 인신을 청하기에 허락을 했는데 열흘도 안 되어
요동에서 보고하기를 '정종이 풍질이 생겨 보고 듣는 것이 문제가 있
어 왕위를 아우에게 물려주었다'고 하니 어떤 연유인지를 따져 묻고
있었다. 그래서 명 혜제는 고명과 인신을 갖고 조선을 향하던 명나라
사신을 다시 불러들였다.

　"(이런 정치적 변화에 대해) 짐이 심히 이상하게 여긴다. 슬프다! 정종이 병으로 아우에게 사양한 것이 과연 진실한 마음에서 나온 것인가? 그 아비 태조가 작은 아들(이방원)을 총애하여 왕위를 바꾼 것인가? 그 아우가 불의(不義)한 일을 한 것은 아닌가? 혹시 명나라 조정을 얕보고 시험하여 희롱하는 뜻인가? 혹시 나라 안에 내란이 있어 그러한 것인가?"

　연왕과 힘겨운 싸움을 벌이고 있던 혜제의 입장에서는 충분히 품어볼 수 있는 의문들이 적나라하게 열거되어 있는 게 인상적이다. 그러면서 혜제는 "인신과 고명은 왕위에 오를 자가 정해지지 않았으니, 경솔히 부여할 수 없다"며 고명책인을 일단 유보했다. 일이 꼬일 뻔했다. 그런데 2월에 조선을 방문했던 사신 육옹과 임사영은 태종의 환대에 이미 태종 편이었다. 그들은 귀국길에 이미 "제가 황제께 말씀드리면 반드시 고명과 인신을 내려주실 것"이라고 태종에게 다짐하기까지 했다. 태종도 통상적으로 의주까지만 환송하던 관례를 깨고 삼사 우사 이직과 우군 총제 윤곤을 보내 두 사신을 남경까지 동행토록 배려했다.

　명나라 두 사신이 돌아가고 이어 우인열이 돌아온 지 한 달여가 지난 윤3월 15일 우인열 일행보다 두 달쯤 늦게 남경으로 갔던 박자안과 이첨 등이 돌아왔다. 이들도 고명과 인신을 받아오지는 못했지만 천리와 인륜을 어기지 않는 한 조선의 일은 조선이 알아서 하라는, 사실상 태종 즉위를 인정받는 일정한 성과는 거두었다.

　그리고 다시 두 달여가 지난 5월 27일 사은사를 수행해서 갔던 서장관 안윤시와 전중시 판사 이현이 일행보다 먼저 개경으로 돌아와 태종이 그렇게도 기다리던 기쁜 소식을 전했다. 황제가 장근과 단목예를 조선으로 보내 고명과 인신을 전달토록 했으며 두 사신은 이미 압록강을 건넜다는 것이었다. 조선 건국 10년 만에 명나라의 공식적인 국가 승인을 받는 순간이었다. 얼마나 기뻤으면 태종은 신하들에게 자신의 전날 밤 꿈자리 이야기까지 한다.

"꿈에 모후께서 흰 적삼을 입으시고 나에게 이르시기를, '내가 이미 옮겨 왔다'고 하시며 기뻐하시는 모양 같았다. 꿈을 깨고 나서 이상하게 여기어, 마음속으로 사모하는 정을 견딜 수 없었는데, 오늘에야 성사(盛事)가 장차 이른다는 말을 들었으니, 어제 모후의 하늘에 계신 혼령이 미리 아시고 기뻐하신 것이 아닌가?"

마침내 보름 후인 6월 12일 명나라 사신 장근과 단목예가 고명과 인신을 들고 와서 조선 조정에 전달했다.

태종의 배짱, "말은 더 이상 없소!"

태종 2년 1월 24일 명나라 조정은 병부주사 단목지를 조선에 파견했다. 그러나 태종은 이미 조선에 오는 사신들 상당수의 행태에 대해 혐오감에 가까운 부정적 생각을 갖고 있었다. 의주에 들어선 사신을 개경까지 인도하는 업무를 맡는 접반사 한상경이 단목지에게 접대 예절에 관해 물었다. 왜냐하면 단목지는 정식 사신이라기보다는 말 무역과 관련된 한정된 임무를 맡은 병부의 사신이었기 때문이다.

처음에는 "전하께서 나를 길에 나와 맞이하고 먼저 말에서 내리는 것이 예입니다"라고 답했다. 이 말을 전해 들은 태종은 어이없다는 표정으로 "내가 먼저 말에서 내리는 것이 어찌 예가 되는가? 단목지는 조명(詔命-황제의 명)이 없이 다만 병부의 자문을 가지고 왔을 뿐이다"라고 말한다. 처음에는 지신사 박석명도 "단목지는 천자께서 보낸 까닭입니다"라며 단목지의 말이 옳다고 했다가 태종이 "단목지는 비록 천자께서 보냈다 하더라도, 병부의 지시로 왔을 뿐인데 내가 왕으로서 먼저 말에서 내리는 것이 예이겠는가?"라고 반박하자 "성상의 말씀이 옳습니다" 하며 받아들였다. 태종은 치밀했다.

> "단목지가 오게 되면, 사람을 시켜 내가 여기에 있다는 것을 알려라. 그렇게 하면 단목지는 반드시 말에서 내릴 것이다. 내 그때에 장막 밖 으로 나가 예를 거행함이 옳겠다."

실제로 태종은 신하를 거느리고 개경 서쪽 외곽에 장막을 치고 기다 렸다. 단목지가 오다가 멀리서 장막을 보고는 말에서 내렸다. 그때에 야 태종이 나가 단목지를 맞이하였다. 단목지가 개경에 들어올 무렵 사전에 약속대로 말 7,000여 필이 명나라로 보내졌고 아직 3,000여 필 이 남아 있었다. 그런데 태종이 비밀리에 입수한 정보에 따르면 단목 지는 3,000여 필에 해당하는 말 값을 요동에 두고 몸만 들어왔다.

여기서 우리는 태종의 두둑한 배짱을 보게 된다. 이틀 후인 1월 26일 단목지는 다짜고짜 원래 예정대로 3,000여 필을 먼저 가져가겠다고 말 했다. 그러자 태종은 "이미 축맹헌과 약속한 바가 있기 때문에 불가합 니다"라고 대답했다. 그 약속이란 말 값이 다 오면 차례대로 말을 보내 기로 한 것이었다. 더욱이 태종은 말 값이 올라 이미 보냈거나 보내게 될 7,000필만으로도 조선은 큰 손해라고 말했다.

사실 이때 태종은 아버지 이성계와의 냉전으로 신경이 온통 소요산 에 가 있었다고 해도 과언이 아니었다. 그런 가운데 명나라와 말 교역 을 놓고 피 말리는 신경전을 하고 있었던 것이다.

말 교역을 둘러싼 싸움에서 이미 태종은 기선을 제압하고 있었다. 태종은 3월 3일 명나라에 사신을 보내 더 이상 교역할 말이 없다고 전하게 하는 한편 3월 18일 축맹헌과 단목지가 자신에게 "말을 바꾸는 일이 매우 더딥니다"라고 말하자 "말이 없다"고 잘라 말한다. 다행히 24일에는 그보다 먼저 보낸 건의에 대한 답변으로 명나라 병부에서 "그동안 7,000필의 교역이 이루어졌으니 억지로 나머지 3,000필을 다 채울 필요가 없다"는 자문을 보내왔다. 이렇게 해서 공식적으로 4월 4일 1만 필로 예정됐던 말 교역은 7,000필로 일단 종료되었다.

시시각각 변하는 명나라 정세

　태종이 말 무역을 중단하겠다고 한 배짱의 배경에는 나름대로 입수한 핵심 정보가 결정적으로 작용했다. 하정사로 명나라에 갔다가 3월경에 돌아온 최유경은 연왕이 승승장구하고 있으며 황제의 군대는 수는 많지만 백전백패하고 있다고 전황을 전했다. 게다가 혜제 쪽에 붙었던 요동 사람들이 패퇴하여 조선으로 피난해 오는 사태가 발생하자 계속 말을 보내는 것은 자칫 훗날 보복의 빌미를 줄 것이라 생각했다. 즉, 말 무역 중단은 단순한 자존심을 내세운 결단이 아니라 주변 정세 파악을 바탕으로 한 치밀한 접근의 결과였던 것이다.

　실제로 5월이 되자 회수를 건넌 연왕의 군대가 남경을 압박하기 시작했고 6월에는 명 혜제는 실종되고 연왕이 황제로 등극한다. 말 무역을 중단한 4월 초부터 6월까지 석 달은 태종에게도 손에 땀을 쥐게 하는 긴박한 기간이었다.

연호를 수시로 바꾸다

그러나 태종이 명나라 내전 상황의 심각성을 본격적으로 인식하게 되는 것은 8월 1일이다. 5월에 사은사로 남경을 향해 떠났던 박돈지가 전란으로 길이 막혀 이날 중도에 돌아온 것이다. 이때 박돈지는 명 혜제가 궁지에 몰려 마지막으로 백성들이 일어나 자신을 지켜줄 것을 절절하게 호소한 글만을 얻어 왔다.

하지만 조선 조정에서는 아직도 명 혜제의 몰락과 연왕의 황제 등극 사실을 모르고 있었다. 한 달쯤 후인 9월 28일 요동을 오가던 통사 강방우가 그곳에서 입수한 정보를 평양의 서북면 도순문사에게 전해 이 말이 조정에서 전해지고서야 어느 정도 실상을 파악하게 됐다. 긴급 보고서의 일부다.

"6월 13일에 연왕이 전쟁에서 승리하여, 건문황제(혜제)가 봉천전에 불을 지르게 하고, 자기는 대궐 가운데서 목매달아 죽었으며, 후비 궁녀 40인이 스스로 죽었고, 17일에 연왕이 황제의 자리에 올랐습니다."

이와 함께 강방우는 새 황제는 도찰원 첨도어사 유사길과 홍려시 소경 왕태 등을 조선에 파견했고 이들은 이미 9월 16일 압록강을 건넜으며 조선 출신인 명나라 환관 세 사람도 동행하고 있다고 보고했다. 이에 태종은 10월 2일 서둘러 건문(建文)이라는 연호의 사용을 중지시켰다.

그런데 이틀 후인 4일 태종의 마음을 상하게 하는 일이 일어난다. 새로운 황제의 등극을 하례하기 위한 사신을 보내려 하는데 신하들이 서로 병이 있다며 미룬 것이다. 처음에는 우정승 이무를 보내기로 하고 사평부 영사 하륜, 좌정승 김사형, 우정승 이무 세 사람을 불렀다.

그러면서 "우정승은 병이 있는데 먼 길을 다녀오기 어렵지 않은가"라고 의중을 묻자 대답이 없었다. 자칫 죽음에 이르는 길이 될 수 있었기 때문이다.

이에 김사형도 "신도 병이 있지만 상감이 두려워 감히 사직하지 못하고 있을 뿐"이라고 변명을 했다. 그러자 하륜은 "정승들이 모두 병이 있으니 신이 가겠습니다" 하고 나섰다. 그래서 하륜이다. 태종은 기뻐서 울고 하륜도 감격해서 울었다고 한다. 그 즉시 김사형과 하륜의 자리는 맞바뀌었다. 좌정승 하륜이 탄생했다.

한편 유사길 일행은 열흘 후인 12일 개경에 들어온다. 태종은 일단 연호는 다시 홍무를 쓰도록 지시했다. 홍무 35년이었다. 사신 일행이 개경에 머물고 있던 11월 5일 함흥에서는 태조를 지지하는 조사의가 반란을 일으켜 한 달여를 끈다.

다시 고명과 인신을 수령하다

태종은 말 교역 중단과 연호 교체 등으로 명 혜제와 거리를 두려 했다. 게다가 자신이 아는 명 성조(연왕)는 혜제와는 다른 사람이었다. 뒤에 드러나지만 철저한 대외확장형 황제였다. 이 말은 자칫하면 조선에 큰 위기가 닥칠 수도 있다는 뜻이다. 무엇보다 걸리는 것은 10년 만에 어렵사리 얻어낸 고명과 인신이 혜제에게 받은 것이라는 점이었다. 그래서 태종은 태종 2년 10월 황제 등극을 축하하러 가는 하등극사(賀登極使) 하륜에게 다시 고명과 인신을 받아올 것을 주문했다.

태종 3년 4월 2일 하륜을 수행해서 갔던 서장관 조말생이 먼저 돌아와 하륜과 하정사 이첨, 부사 조박 등이 직접 황제를 알현한 사실을 전했다. 그리고 고명책인 문제도 순조롭게 해결돼 명나라의 사신 조거임은 고명을 받들고, 고득은 인장을 갖고서 조선으로 출발해 압록강을 건넜다고 했다. 태종으로서는 가장 우려했던 문제가 해결돼 일단 한숨을 돌렸다.

드디어 4월 8일 고득과 조거임 일행이 환관 황엄·조천보와 조선 출신 환관 주윤서·한첩목아 등을 거느리고 개경에 들어왔다. 이들은 고명과 인신뿐만이 아니라 전란 때문에 조선으로 도망친 요동 사람들을 돌려보낼 것과 중단된 말 무역을 재개할 것을 요청하는 글도 가져왔다. 사신단에 따라오는 환관들의 주요 업무는 명 황제가 조선 국왕에게, 또는 황후가 왕후에게 은밀하게 주는 밀지(密旨)나 선물 등을 전하는 일이었다. 그래서 특별한 외교 사안이 없을 때는 환관이 사신으로 오는 일이 잦아지게 된다. 조선 중기로 접어들면 아예 조선 출신 환관이 사신으로 오기도 했다. 그만큼 대조선 관계를 낮춰 본 탓일 것이다. 그러나 조선 초에는 달랐다.

이때도 이틀 후인 4월 10일 황엄이 거만하게 굴자 태종은 태평관에서 잔치를 베풀다가 서둘러 끝내버렸다. 어찌 보면 조선 국왕으로서 위엄을 지키려는 태종의 이 같은 태도는 명나라에서도 문제가 될 정도였다. 6개월 전인 태종 2년 10월 유사길을 따라왔던 내시 온전은 중국으로 돌아가 "조선 국왕의 성질이 거만하기 그지없다"고 보고했다. 그러나 이때의 정황을 이미 보고받아 잘 알고 있던 황제는 도리어 온전에게 "네가 예를 지키지 않아 그런 것이니 자업자득"이라고 호통을 쳤다고 한다.

태종이 대국의 사신들을 깔볼 수 있었던 것은 이들의 행실과도 무관치 않았다. 이때 온 사신들도 예외는 아니었다. 금강산에서 놀다가 돌아온 사신 일행을 맞아 태종은 4월 26일 태평관에서 잔치를 베풀고 이들에게 각각 말과 인삼, 각종 옷감, 화문석 등을 선물로 주었다. 조거임만이 선물을 일절 받지 않았다. 황엄은 자기가 받은 말이 좋지 않다며 좋은 말로 바꿔달라고 해서 좋은 말을 다시 받았다. 또 동료 환관 조천보는 잔칫상에 일흔두 가지 음식이 있지만 먹을 것이 없다고 투정을 부리다가 황엄의 핀잔을 듣고는 사모를 벗어 던지며 황엄과 말다툼을 벌였다. 어쩌면 황엄은 태종의 위엄에 눌리고 있었는지 모른다. 같은 해 10월 황엄은 다시 사신으로 조선을 찾게 되고 그후에도 여러 차례 방문해 조선 초 명나라와 조선의 관계를 다지는 데 많은 기여를 하게 된다.

사신단의 책임자 격인 고득은 한술 더 떠 통역을 맡고 있던 조사덕을 불러 조거임이 받지 않은 선물은 자신들에게 달라고 은근한 압력을 넣었다. 심지어 고득은 "황제께서는 우리들로 하여금 물건을 얻어 쓰게 하였으니, 비록 많이 주더라도 우리는 거절하지 않는다"는 황당한 말까지 하다가 통사 조사덕에게 면박을 당하기까지 했다. "황제께서 물건을 얻어 쓰게 하셨다면, 조거임은 왜 받지 않습니까?" 이에 대한 고득의 답이다. "조거임은 유자(儒者)를 자처하니 반드시 받지 않을 것이다. 그가 받지 않는 물건은 우리들에게 주는 것이 좋다."

한편 사신들이 개경에 머물고 있던 4월 21일 태종은 우정승 성석린을 남경으로 파견했다. 새롭게 고명과 인신을 준 데 대해 감사하고 동시에 혜제에게서 받은 고명과 인신을 반납하기 위해서였다.

여진을 둘러싼 명나라와의 소리없는 전쟁

태종 4년 5월 19일 예문관 제학 김첨을 계품사로 임명해 남경으로 보냈다. 김첨의 임무는 공험진 이남의 여진족 거주 지역을 조선이 관할하게 해달라는 것이었다. 공험진이란 지금의 회령 일대로 고려 때 윤관이 개척한 9진 중의 하나였다.

계품사 김첨 일행은 10월 1일 칙서를 받들고 개경으로 돌아왔다. 외교적 성공을 담고 있는 내용이었다. 한마디로 10곳의 여진족에 대한 조선의 관할권을 인정하겠다는 것이었다. 이로써 조선의 관할권은 함흥 이북으로 한참이나 확대되었다. 그리고 10월 18일 임정을 남경으로 보내 사례했다.

그런데 김첨 일행이 돌아오기 20일 전쯤인 9월 11일 태종은 자신의 특급 참모들인 성석린, 조준, 이무, 조영무, 이직, 권근 등을 불러 정사를 의논하다가 이렇게 말한다.

"대저 인심은 어짊이 있는 이를 생각하는데, 건문제는 관대하고 어
진데도 망하였고, 영락제는 형살을 많이 행하였는데도 흥한 것은 어째
서인가?"

이에 대해 조준은 "관대하고 어진 것만을 알았을 뿐이지, 기강을 세
우지 않았기 때문입니다"라고 답했다. 이에 대해 태종은 전적으로 동
의를 표했다. 즉, 태종은 개인적으로 만나본 적도 있는 영락제가 뛰어
난 군주이면서도 폭군의 측면을 갖고 있다는 것을 정확히 파악하고 있
었다. 그가 명나라와의 관계를 최대한 조심스럽게 가져간 데는 이 같
은 인식이 크게 작용했다.

사실 명 성조는 외형적으로 보자면 즉위 후 파격적이라 할 만큼 조선
에 대해 우호적인 태도를 보였다. 오죽했으면 명 성조의 즉위 1년이 되
어가던 태종 3년 11월 황엄이 사신으로 왔을 때 태종은 "황제께서 어찌
하여 내게 이토록 후하게 대하시냐"고 물었다. 이에 대해 황엄은 "새로
황제에 오른 직후 천하의 제후로서 조회하는 이가 없었는데 조선만이
상상(上相)을 보내어 진하하였으니 그 충성을 아름답게 여겨 후하게
대하는 것입니다"라고 답한다. 이무와 김사형이 가지 않으려고 해 하륜
이 좌의정이 되어 하등극사로 갔던 일이 이런 효과를 냈던 것이다.

그런데 흥미롭게도 그해 9월 9일 남경에 갔던 우정승 성석린이 돌아
와 은밀하게 명 성조가 조선 왕실과 혼인 관계를 맺고 싶어 한다는 정
보를 입수해 태종에서 보고했다. 태종은 당장 둘째 딸 경정공주를 조
준의 아들, 조대림과 결혼시켜 버렸다. 이 결혼에 대해서는 사간원에
서도 반대가 컸다. 왜냐하면 그때 조대림은 모친상을 당한 지 4개월밖
에 되지 않았다. 상중에는 관직에 나아가는 것도 금지되어 있는데 결
혼이란 더더욱 말이 안 되는 일이었다. 특히 유교의 나라를 지향하는

조선에서는 있을 수 없는 일이 일어난 것이었다. 그런데 불과 석 달 만인 12월 18일에는 셋째 딸 경안공주도 권근의 아들 권규와 결혼시켜 버렸다. 명나라에 대해서는 '불가근불가원(不可近不可遠)'이 최상의 정책이라고 생각했던 태종의 의중이 명확하게 드러나는 사건이다.

오도리 만호 동맹가첩목아를 둘러싼 신경전

군주로서 명 성조와 태종은 성격이 비슷했다. 이런 점 때문에 태종은 어떤 면에서는 누구보다 명 성조의 대외 정책을 쉽게 예상할 수 있었을지 모른다. 그래서 먼저 자세를 낮춰 몸을 사리고 외형적으로 '지성사대(至誠事大)'를 견지했다.

그러나 태종이 누구인가? 북방 개척에 일생을 보낸 아버지 이성계의 무인 기질도 이어받은 인물이다. 비록 자신이 척살하기는 했지만 정도전의 요동을 향한 꿈은 곧 자신의 꿈이기도 했다. 어렵사리 외교전을 통해 여진 10처를 확보해 낸 것은 이런 맥락에서 살펴야 한다. 그러나 상대는 너무 강했고, 영토 확장에 너무나 적극적인 영락제였다.

뒤에 드러나지만 정권을 안정시킨 영락제는 적극적인 대외 팽창에 나서 안남(베트남)을 정복하고 정화 함대를 서양으로 파견했으며 여진족을 제압했다. 또 다섯 차례에 걸쳐 직접 몽골 정복에 나서기도 했다. 그가 사망한 것도 다섯 번째 몽골 친정 도중이었다.

태종은 이미 태종 3년 6월에 명 성조의 여진 회유 정책을 간파하고 삼부 대신들로 하여금 이 문제를 논의케 했다. "3부가 모여 여진의 일을 논의했다. 황제가 여진의 오도리, 올량합, 올적합 등을 초무(招撫-회유)하며 조공을 바치도록 명하였는데, 여진 등은 본래 우리에게 속하였기 때문에 3부가 회의를 연 것이었다."

태종 5년 1월 초부터 이런 명 성조와 조선 태종 사이에 여진족에 대한 지배권을 두고 한치의 양보도 없는 신경전이 시작된다. 여진족 부족 중에서 명나라와 조선 사이에 끼어 문제가 된 3대 부족은 오도리, 올량합, 올적합이었다. 그중에서도 가장 막강한 부족이 오도리였고 이 부족을 이끌던 인물이 만호 동맹가첩목아다. 이 부족에서 훗날 청나라 황실이 나오게 된다.

이때까지 동맹가첩목아는 일관되게 조선과의 유대를 지켜왔다. 그런데 태종 5년 1월 3일 북방 상황을 살피러 갔던 길주 안무사에게서 긴급 보고가 들어왔다. 명나라 사신이 오도리 만호 동맹가첩목아를 회유하려다가 실패했다는 소식이었다. 그러면서 이미 상당수 부족들이 명나라에 조공을 약속했다고 덧붙였다. 이에 조정에서는 즉각 대호군 이유를 동북면 회령으로 보내 동맹가첩목아에게 비단옷 선물을 보냈다. 더불어 올량합 만호 유파을소에게도 선물을 보냈다. 조선을 버리지 말아달라는 뜻이었다. 만호(萬戶)니 천호(千戶)니 하는 벼슬 자체가 태조가 조선을 건국한 직후 내린 것이었다.

4월 20일 북방 정세에 관한 보고가 들어왔다. 명나라 사신 왕교화적이 8일 여진 땅에 들어와 여진의 동맹가첩목아와 파아손 등을 회유하려 했다는 것이다. 이에 대해 두 사람은 "우리들이 조선을 섬긴 지 20여 년이다. 조선이 명나라와 친교하기를 형제처럼 하는데, 우리들이 어찌 따로 명나라를 섬길 필요가 있겠는가?"라고 말했다.

20년 동안 조선을 섬겼다는 것은 다름 아닌 이성계의 영향 때문이었다. 그리고 이들은 아직도 명나라 황제에 대한 이해가 부족했기 때문에 이렇게 말할 수 있었는지 모른다. 심지어 14일에는 파아손, 착화, 아란 등 세 만호는 왕교화적의 부하에게 당당하게 "우리들이 조선을 섬기고 있는데, 너희들이 함부로 사신이라 일컫고 난잡하게 왕래하므

법화사 발굴터_ 고려 후기 제주 지방의 대표적인 사찰로 명나라 사신은 이곳에 있는 아미타삼존불상을 요구했다. 제주도를 정탐하기 위한 구실이었다. 제주도 서귀포시 하원동 소재.

로 거절하고 상대하지 않는 것이다"라고까지 말했다. 함부로 사신이라고 일컬었다는 뜻은 왕교화적이 여진 출신이면서 일종의 임시 사신이라는 것이다. 그리고 이들 세 만호는 회령으로 가서 동맹가첩목아를 만나 함께 "본래의 뜻을 변치 말고 조선을 우러러 섬기되, 두 마음을 갖지 말자"고 맹세를 했다.

그러나 8월이 되자 상황은 전혀 다르게 돌아가고 있었다. 명 성조의 위력을 확인한 동맹가첩목아 등이 조선에서 벗어나 명나라에 복속되는 것은 애당초 시간문제였기 때문이다. 그들이 명나라 조정으로 알현하러 간다는 소식을 들은 조선 조정으로서는 속수무책이었다. 태종도 9월 3일 신하들과 이 문제를 논의하면서 10처에 대한 관할권을 인정받은 것으로 만족할 수밖에 없다는 입장을 털어놓았다. 마침 그들이 명나라 조정에 알현하러 출발한 날이 바로 이 9월 3일이다.

그리고 9월 중순 명나라에서 돌아온 사신과 통사들이 연일 어두운 소식을 전했다. 그들은 명나라 황제의 정확한 의중도 모른 채 동맹가첩목아에 대한 조선의 관할권 인정을 요청했고 명 성조는 "열한 곳 중에서 한 곳을 우리가 관할하겠다는데 조선에서 왜 이리 난리냐"며 "열

번 잘하다가도 한 번 잘못하면 아무짝에 쓸모가 없다"며 협박까지 했
다. 결국 동맹가첩목아는 조선의 관직인 '만호'를 버리고 '건주위 도지
휘사'로 임명됨으로써 조선과의 인연을 끊었다. 태조 이성계가 시작한
여진 동화책을 통한 사실상의 북진 정책은 일단 여기서 멈추게 된다.
두만강 유역까지 조선 국토에 포함되는 것은 세종 때가 되어서였다.

"나보다 명 사신이 더 두려운가?"

태종 6년 4월 황엄이 다시 사신으로 조선을 방문했다. 그달 20일 태평
관에서 연회를 하는데 황엄은 함께 온 한첩목아와 짜고 술에 취했다면
서 먼저 일어났다. 남아 있던 한첩목아는 태종에게 제주도 법화사에 있
는 아미타삼존불상은 원나라 때 양공이 만든 것이므로 자신들의 것이니
가져가야겠다고 말한다. 태종은 이에 대해 외교적인 조크로 답한다.

"마땅하고말고요. 다만 바다를 건너오다가 부처 귀에 물이 들어갈까
두렵소."

내키지 않음을 간접적으로 내비친 고단수의 유머였다. 실은 이미 낮
에 신하들의 보고를 들어 이번 사신의 중요 임무 중 하나가 그것이라
는 사실을 알고 있었다. 이들은 불상이 아니라 제주도를 정탐하는 데
목적이 있었다. 그래서 태종은 미리 사람을 보내 법화사의 불상을 나
주에 갖다놓으라고 지시했다. 그러면 사신들이 제주도에 갈 필요가 없
어지기 때문이다. 그리고 의정부 지사로 승진한 최측근 박석명을 전
라·제주 도체찰사로 임명해 25일 출발한 황엄 일행과 동행하도록 했
다. 일거수 일투족을 감시하기 위함이었다. 그런데 환송 행사에 태종

이 몸이 좋지 않아 나오지 않기로 했다는 말을 들은 황엄은 새벽녘에 환송식도 받지 않고 출발해 버렸다. 환송 책임을 맡았던 지신사 황희는 헛걸음을 해야 했다. 눈에 보일 정도의 신경전이 태종과 황엄 사이에 치열하게 오가고 있었다.

미리 사람을 보내 제주의 불상을 전라도에 갖다 두기로 했던 비밀 작전은 성공적으로 마무리됐다. 이 임무를 맡은 박모와 김도생이 불과 17일 만에 제주도에 가서 불상 3구를 싣고 해남에 갖다 놓았던 것이다. 이 일로 6월 27일 박모와 김도생은 각각 호군과 통례문 봉례랑으로 특진했다.

황엄 일행이 나주에서 불상 3구를 인수받아 돌아온 것은 7월 16일이다. 그런데 이때 다시 불상에 절하는 문제로 태종과 황엄이 일전을 벌인다. 태종은 황엄이 서울에 들어올 때도 몸이 불편하다며 마중을 나가지 않았다. 이틀 후 황엄은 일행이 묵고 있는 태평관에서 태종에게 불상에 예를 행할 것을 요청했다. 그러나 태종은 "내가 여기에 온 것은 천사(天使-명사신)를 위한 것이지 불상을 위한 것은 아니오. 만약 불상이 중국에서 왔다면, 내가 마땅히 절하여 공경의 뜻을 표해야 옳겠지만 지금은 그렇지 아니한데 절할 필요가 있겠소?"라며 단호하게 거부했다. 태종은 확고하게 숭유척불의 세계관을 갖고 있었다.

그런데 이 와중에 일이 묘하게 돌아간다. 태종은 지신사 황희로 하여금 의정부의 의견을 묻도록 지시했다. 뜻밖에 정승들은 지금의 황제가 불교를 숭상해서 여기까지 와서 불상을 구하려고 하고 황엄은 사람 됨이 난폭하다는 것을 세상 사람이 다 아니 임시방편으로 예불하는 게 좋겠다고 말했다. 이 말을 들은 태종은 전혀 다른 맥락에서 이 말을 받아들여 화를 낸다.

"내가 두 정승(하륜과 조영무)을 믿고 불상에 절하지 않으려고 했는데, 모두 말하기를 '절해야 한다'고 하니, 무슨 까닭인가? 이번에 보니 나의 신하 중에 의(義)를 지키는 사람이 한 사람도 없다는 것을 알겠다. 여러 신하들이 황엄 한 사람을 두려워함이 이와 같은데, 하물며 의를 지켜 임금의 어려움을 구할 수 있겠는가? 고려의 충혜왕이 원나라에 잡혀갔을 때, 고려 신하들 중에서 충혜왕을 구원하려 드는 자가 없었다. 내가 위태롭고 어려움을 당해도 역시 이와 같을 것이다."

태종의 성품을 잘 아는 신하들로서는 등골이 오싹해지는 발언이었다. 그러면 태종의 이 말은 과민반응이었을까? 실은 전후 맥락을 살펴보면 절대 권력을 추구하는 태종의 입장에서는 충분히 그럴 수 있었다. 명나라와의 관계에서 조선은 점차 밀리고 있었다. 북방으로 전진하기는 더 이상 불가능했고 여진의 주요 부족들은 하나 둘 명나라에 투항하고 있었다. 국왕으로서 여간 자존심 상하는 일이 아니었다. 게다가 평생 북방 개척에 몸 바친 아버지 이성계를 볼 낯도 없었다. 자신의 집권이 갖는 정통성의 중요한 기반 하나가 흔들리고 있었던 것이다.

이런 상황에서 믿었던 신하들마저 명나라 환관에 불과한 사신의 눈치를 보는 상황을 태종으로서는 받아들일 수 없었다. 마침내 어전통사 이현을 불러 사신에게 "번국(藩國-조선)의 화복(禍福)은 천자의 손에 달려 있지 불상에 있는 것이 아니오"라며 예불하지 못하겠다는 최후통첩을 했다. 이 말을 전해 들은 황엄은 한참 동안 하늘을 올려다보며 말이 없었다. 결국 태종은 예불을 하지 않았다. 그리고 황엄 일행은 7월 22일 불상을 가지고 명나라로 돌아갔다.

태종 6년에는 윤7월이 끼어 있었다. 따라서 황엄과의 신경전이 있고서 두 달 정도가 지난 8월 18일 1차 선위파동이 일어났다. 태종이 의정부의 의견을 듣고 나서 했던 말은 그래서 더욱 의미심장하게 읽힌다.

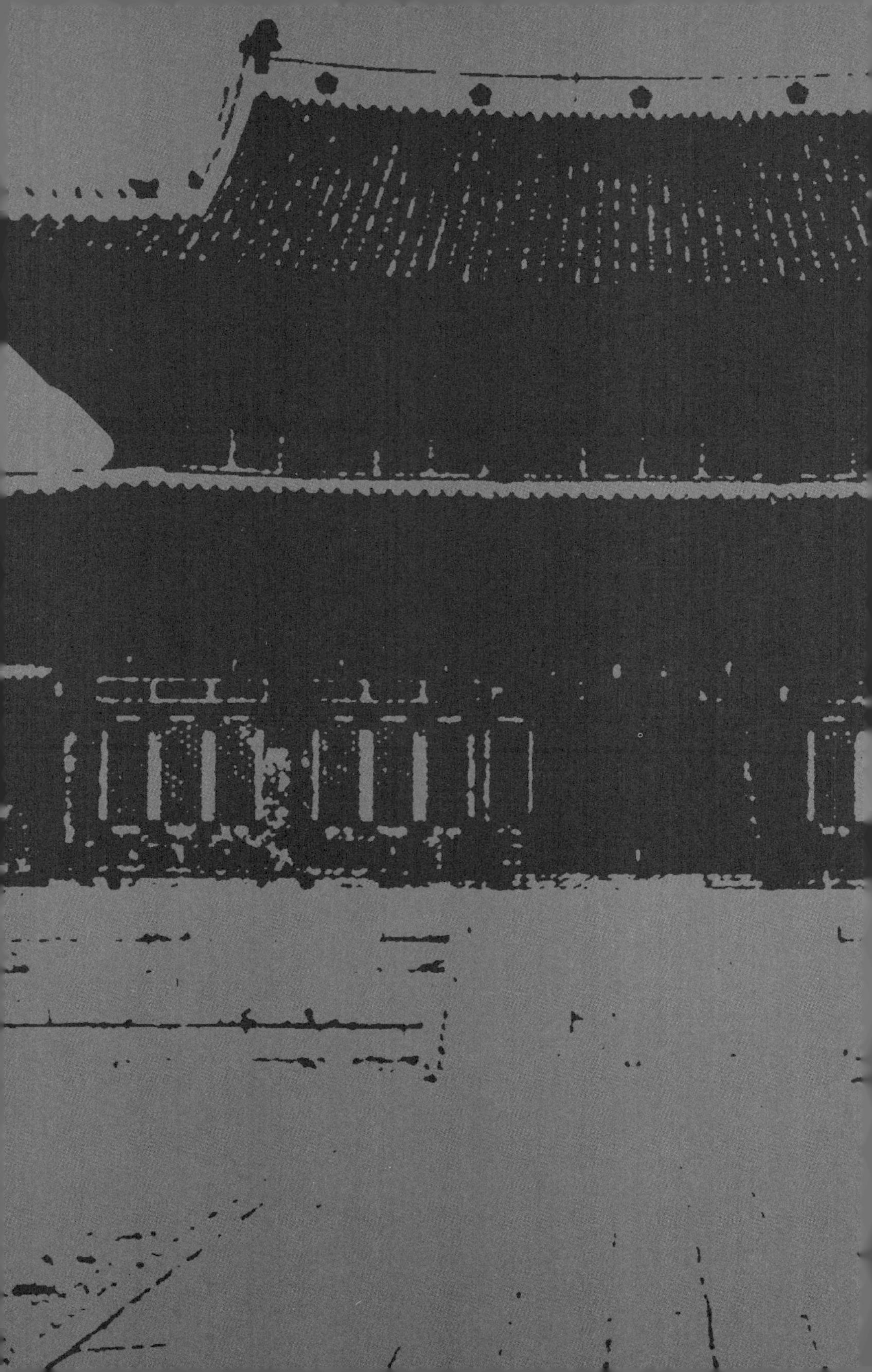

제3부
조선의 마키아벨리스트
태종

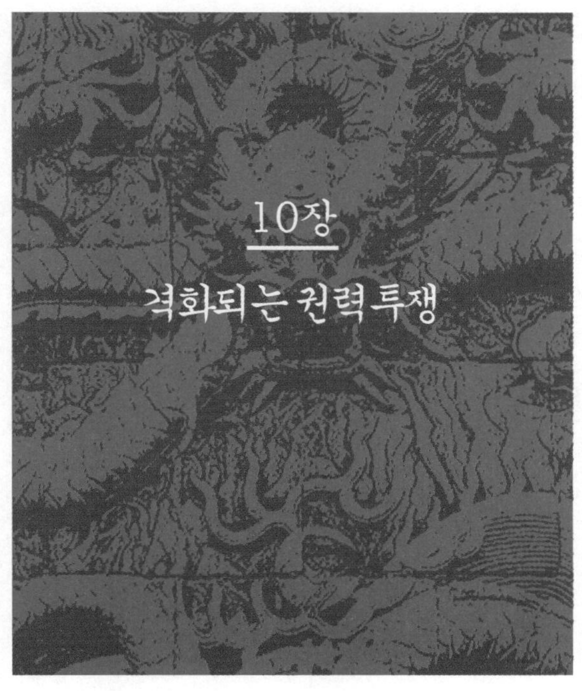

10장

격화되는 권력투쟁

덮어두었던 이거이 부자 역모 사건

이거이(李居易, 1348년 고려 충목왕 4년~1412년 태종 12년)는 고려 말 형부상서를 지낸 이정의 아들이다. 고려 말 문과에 급제했고 아들 이저가 태조 이성계의 큰딸 경신공주와 결혼하면서 왕실과 깊은 인연을 맺었다. 그 덕에 태조 때는 병마도절제사, 문하부 참찬사, 한성부 판사 등 요직을 두루 거치면서 실력자로 성장했다.

1, 2차 왕자의 난 때는 두 번 다 아들 이저와 함께 이방원을 도와 큰 공을 세워 부자가 나란히 1등공신에 책록되었다. 그러나 이방원이 세자로 있으면서 단행한 사병 혁파에 노골적인 반기를 들었다가 자신은 계림부윤으로, 아들 이저는 완산부윤으로 쫓겨가 있었다.

1400년 11월 13일 즉위하던 날 태종은 이거이를 다시 불러들여 좌정승으로 임명했다. 이거이 자신이 그렇게도 원했던 '정승' 자리였다. 그러나 4개월 만인 태종 1년 윤3월 1일 이거이는 좌의정에서 쫓겨난

다. 이거이가 갑자기 좌의정에서 쫓겨난 배경은 세월이 한참 지난 태
종 4년 10월 18일 조정에서 이거이 부자에 대한 탄핵이 이뤄지면서
드러나게 된다.

1등공신의 배신

아주 특이하게도 종친, 공신, 삼부, 대간, 형조가 합동으로 이거이
부자가 역모를 꾀했으니 국법에 따라 처단해야 한다고 연일 상소를 올
렸다. 이거이 부자의 역모란 4년 전인 태종 1년에 있었던 일을 말하는
것이었다. 이에 대해 태종은 처음에는 "무인년의 공은 오로지 이저에
게 있고, 경진년의 공은 오로지 이거이와 이저에게 있다. 또 사정(私
情)으로 말한다면, 이거이의 또다른 아들 이백강은 나의 사위이다. 그
대들이 청하는 것이 비록 간절하고 지극하나 내가 들어주지 않을 것이
다"라고 답한다.

태종의 이 말은 사실이다. 이저와는 처남 매부 사이다. 따라서 이거
이와는 사돈 관계가 된다. 그런데 무인년의 공, 즉 1차 왕자의 난의 공
이 '오로지' 이저에게 있고 경진년의 공, 즉 2차 왕자의 난의 공이 '오
로지' 이거이와 이저에게 있다는 것은 도대체 무슨 뜻일까? 다시 한
번 1398년 8월 26일과 1400년 2월 28일로 돌아가서 두 사람의 행적을
정리해 보자.

1398년 8월 26일 정안군 형제들이 아버지 이성계가 위독하다는 전
갈을 받고 경복궁 내 행랑방에 모였을 때 그 자리에 상당군 이저도 태
조의 사위 자격으로 함께 있었다. 그리고 정안공이 낌새가 이상하다고
느껴 뒷간에서 나와 자기 집으로 말을 타고 도망칠 때 이저도 함께 달
렸다. 그리고 집에 이르렀을 때 거기에는 이거이를 비롯해 민무구 형

제, 이숙번, 신극례, 조영무 등 심복들이 대기하고 있었다. 그후 정안공이 남은의 첩 집을 기습해 정도전, 심효생 등을 척살하고 광화문 앞에서 대치할 때 줄곧 정안공 곁을 지킨 인물이 이저였다. 1400년 2월 28일에도 이저는 아버지 이거이와 함께 경상도 시위패를 지휘하여 시가전에서 결정적인 공을 세웠다. 그랬기 때문에 이거이 부자에 대한 태종의 부채 의식은 상당할 수밖에 없었다. 태종이 주도한 2차 사병 혁파 때 그들이 조영무 등과 함께 노골적으로 반발했을 때도 지방으로 내치는 것 이상의 조처를 할 수 없었던 것도 그 때문이었을 것이다. 태종의 말이 끝나자 대사헌 유량이 정면으로 비판하고 나섰다.

"법이란 천하 만세에 함께하는 것이요, 전하가 사사로이 할 수 없는 것입니다. 이제 특히 이거이의 죄에 관대하시니, 그로 인해 신은 사직(社稷)이 위태로워질까 두렵습니다. 『춘추(春秋)』의 법에는 난신적자(亂臣賊子)는 사람이 벨 수 있고, 또 먼저 처벌하고 뒤에 아뢰는 뜻도 있습니다. 전하가 만약 끝내 들어주지 않으면 신은 마땅히 옛법을 따르겠습니다."

『춘추』를 들먹이며 자신이 직접 죽이겠다고 나선 것이다. 유량(柳亮, 1354년 고려 공민왕 3년~1416년 태종 16년)은 고려 우왕 때 문과에 급제하여 전라도 안렴사 등을 지냈고 이성계와 친분이 두터워 개국하자 원종공신에 녹훈되었다. 태조 6년(1397) 계림부윤으로 부임하여 다음 해 왜구가 침입해오자 이를 크게 무찔렀다. 2차 왕자의 난 때 이방원을 지지해 좌명공신 4등에 오른 그는 그후 동북면 순문사를 거쳐 대사헌, 형조판서, 예문관 대제학 등을 지냈다. 그리고 훗날 이조판서, 의정부 참찬사를 거쳐 1415년 우의정에 오르게 되는 인물이다. 시시비비를 가릴 때는 궤변을 쓰거나 남의 눈치를 보지 않고 당당하여 태종의 큰 총애를 받았다. 그런 유량이 직접 이거이 부자를 죽이고 자신의 책임을 뒤에 묻도록 하겠다고 나선 것이다. 이에 깜짝 놀란 태종은 "경이 하는 말을 들으니 이러다간 내 몸도 보전하기 어렵겠구면"이라며 "이거이 부자를 진주(鎭州)에 유배하겠다"고 답한다.

태상왕의 뜻

이거이 부자에 대한 미온적 조처의 배경에는 태종 자신의 부채 의식과 함께 태상왕의 뜻이 크게 작용하고 있었다. 이거이 부자를 죽여야 한다는 상소가 빗발치는 가운데 태종 4년 10월 20일 태종은 태상왕의 부름을 받는다. 태종이 술잔을 올리고 여러 차례 잔이 오간 다음 태종은 이거이 부자의 문제를 어떻게 처리하면 좋겠느냐고 의견을 구한다. 이에 태상왕이 하늘을 한참 쳐다본 다음 이렇게 말한다.

"너의 마음으로 이미 결정을 내렸으리라고 본다. 그러나 회안(懷安-넷째 이방간)이 이미 쫓겨나고, 익안군(益安君-셋째 이방의)이 이미 죽고, 상왕(上王-둘째 이방과)이 출입하지 않으니, 친척 가운데 살아 있는 자가 몇 사람이냐? 일이 이루어질 때에는 돕는 자가 많지만, 일이 낭패할 때에는 돕는 자가 적다. 사생지간(死生之間)에 돕는 자는 친척만한 것이 없다. 네가 그들을 보전하면 국가의 재앙이나 천변(天變)·지괴(地怪)가 적어질 것이다. 이 일은 큰 것인데, 나는 장차 큰 근심이 있을까 두렵구나."

태상왕이 말을 마치자 태종은 한참 눈물을 흘리다가 자리에서 물러나왔다. 그 뜻은 실제로 자신의 생각과 크게 다르지 않았다.

그런데 바로 이날 대간과 형조에서는 의정부 찬성사 남재를 탄핵한 다음 태종의 지시도 없이 그를 가택연금하였다. 이유는 남재가 이거이 부자의 당파라는 것이었다. 이에 진노한 태종은 다음날 삼성(三省-사헌, 사간, 형조)의 담당자인 사헌부 장령 이치와 형조정랑 조말생, 사간원 정언 탁신을 순군옥에 가두어버렸다. 남재는 태종이 매우 총애했던 신하다.

그러나 이번에는 대사헌 유량이 삼성의 관리 13명을 거느리고 와서 세 사람을 풀어주지 않는다면 자신들도 순군옥에 제 발로 걸어들어가겠다고 버텼다. 더욱이 유량은 이거이와 남재가 가깝게 지냈다고 처음 발설한 인물은 자신이니 자기부터 처벌하라고 요청했다. 태종은 궁지에 몰렸다. 결국 이치, 조말생, 탁신을 풀어줄 수밖에 없었다. 그리고 나서 태종은 공신들에게 넋두리처럼 이렇게 말한다.

"예전(태종 1년 초)에 있었던 일은 다른 것이 아니라, 공신들 가운데 길이 같지 않은 자가 있어 서로 당파를 나누어, 의심하고 시기하여 난(亂)을 꾸미기를 좋아하였기 때문이었다. 만약 그것이 지금의 일이라면 이거이가 어찌 나를 미워하고 또 어찌 우리 아이들을 싫어하였기 때문이겠는가? 다만 그가 어리석고 미련하여 말을 하다가 우연히 국가에 간범(干犯)되었던 까닭이다. 원하건대, 여러 공신은 이제부터 경계하여 이와 같이 하지 말며, 마음을 같이하고 덕(德)을 같이하여 왕가를 좌우에서 도와주면, 다행함이 참으로 크겠다."

여기서 4년 전 이거이 부자가 꾸미려 했던 난의 성격이 조금 드러난다. 당시 이거이 부자는 태종과 그 왕자들을 제거하고 정종을 다시 세우려는 음모를 꾸몄던 것이다. 그걸 알면서도 태종은 이거이를 좌정승에서 내쫓는 것으로 일단 마무리했는데 뒤늦게 이 같은 탄핵 논란이 터진 것이다.

결국 10월 24일 태종은 양쪽을 모두 벌하는 방식으로 문제를 해결한다. 유량을 비롯한 삼성의 실무자들을 자리에서 내쫓았고 동시에 이거이와 이저는 서인(庶人)으로 강등시켰으며 자신의 사위이자 이거이의 아들인 이백강과 이백관, 이백신, 이백현 등 4명도 모두 서인으로 강등시켜 지방으로 유배를 보냈다. 특히 대간에서는 이백강과 정순공주를 이혼시켜야 한다고 했지만 태종은 이혼은 안 된다며 정순공주도 유배지로 함께 가도록 하라고 명했다. 이로써 끝나지 않았다. 이거이의 사위인 신중선과 경지 중에서 신중선은 처벌을 면했지만 경지는 파직당했다. 또 이거이의 친척 중에서는 최원준, 최안준, 허권, 박영, 홍제, 민설, 이곤륜 등이 유배를 가야 했다. 한 집안이 몰락하는 순간이었다.

정종 복위 운동 만만찮았던

이거이가 좌정승에서 쫓겨난 것은 태종 1년 윤3월 1일이다. 이제 확인한 바와 같이 그는 태종과 왕자들을 제거하고 정종을 복위시키려 했던 것이다. 실제로 이거이 부자의 입장에서는 정종이나 태종이나 같은 인척 관계인 데다가 태종은 자신들의 사병을 혁파해 버린 '원흉'이기도 했다. 또 조정 신하들 중에는 정종의 선위를 강압에 의한 부당한 것으로 보는 사람이 많았다.

태종 1년(1401) 신년 하례식은 장소부터 뒤숭숭했다. 1일 주궁인 수창궁이 전년 말에 화재로 불타는 바람에 강안전 터에서 면복 차림으로 신하들의 하례를 받고 크게 잔치를 벌였다. 그런데 하례가 끝나자마자 사헌부에서 상장군 이응이 하례 때 자기 순서를 잘못 알았다는 이유로 그를 탄핵했다. 그러나 태종은 즉각 "이것은 분명 민무구가 사헌부를 사주하여 일으킨 것"이라고 말한다. 원래 이응은 민무구·민무질 형제와 가까웠고 그들을 통해 태종과도 인연을 맺게 되었다. 그런데 태종이 왕위에 오르자 이응은 민무구 형제들을 견제해야 한다고 주장했고 이를 알게 된 민무구 등이 이응을 탄핵하도록 사헌부를 사주했던 것이다. 태종보다 두 살 위였던 이응(李膺, 1365년 고려 공민왕 14년~1414년 태조 14년)은 2차 왕자의 난에 기여한 공으로 좌명공신 4등에 올라 영양군에 봉해졌다. 그후 태종 3년(1403) 우대언(右代言-우승지)이 되어 태종을 보필하고 1405년에는 의정부 참지사로 사은사를 맡아 명나라에 다녀왔다. 그후 호조판서에 이르게 된다. 이 일은 함께 생사고락을 같이했던 공신들이 조금씩 분열되어 가고 있음을 상징적으로 보여주는 사건이었다.

정종을 따르는 신하들

2월 2일 사헌부에서는 정종을 따르는 구신(舊臣) 31명을 지목해 직첩을 거두고 먼 곳으로 유배 보내야 한다는 상소를 올렸다. 상소의 내용을 보아서는 구체적이고 조직적인 반란의 움직임이 있었던 것은 아니었던 것 같고 아마도 정종의 선위 이후 자신들의 권세가 하루아침에 날아가자 이렇게 저렇게 모여서 불만을 토로하다가 발각된 것으로 보인다.

우선 이들의 면면을 살펴보자. 공안부 판사 정남진, 검교 문하부 참찬사 김인귀, 공안부윤 조진, 전 밀직제학 노귀산, 호조전서 배중륜, 예조전서 노필, 전 전서 이신언, 사복시 판사 정점, 수령부 사윤 황간·윤사례, 전 판사 지청·박유손·박의, 전 대장군 노원식, 사농 경 이지실, 전 감 엄유온·최수안, 전 소감 황상, 전 장군 장인열·최석, 전 판사 박원부, 공안부 소윤 이원상, 장군 차승하·박득년, 전 장군

함식 · 조현 · 이중량 · 원윤 · 정윤 · 손흡 · 박인찬 등 31명이다.

상소문에서도 이들이 구체적인 행동에 들어갔다는 말은 일절 없고 다만 "불만을 토로하고 이간질을 하고 있으니 이대로 두면 장차 큰일이 생길지도 모른다"는 정도의 지적만 하고 있다. 그리고 처벌 내용도 대역죄에 해당하는 사형이 아니라 유배를 보내야 한다고 밝히고 있는 것으로 보아 미리 문제의 싹을 제거하자는 차원이었던 것 같다.

그런데 흥미롭게도 태종은 그중에서 정남진, 조진, 노필, 지청, 이지실 등 5명은 문제 삼지 말고 나머지 사람들만 귀양을 보내라고 지시한다. 이것은 그만큼 태종이 당시 사람들의 동태와 됨됨이를 속속들이 알고 있었다는 뜻이다.

석연찮은 영안군 이양우에 대한 무고 사건 처리

2월 9일 서울시장 격인 한성부윤 변남룡과 아들 변혼이 저잣거리에서 효수당했다. 사람들은 뭔가 역모와 관련된 일이 있었을 것이라고 다들 웅성거렸다. 『실록』이 전하는 이 사건의 전모는 석연찮은 구석이 너무 많다.

어느 날 완천군 이숙의 집에서 이성계의 배다른 형 이원계의 아들인 영안군 이양우와 완산군 이천우 등 3명이 밤늦도록 술을 마셨다. 이때 이양우가 술에 취해 "천재지변이 잦은 것은 무슨 까닭인가? 이래서야 사직이 오래갈 수 있겠는가? 우정승 하륜은 삼군부 판사 이무와 서로 좋아하고, 또 이무에게는 아들이 많은데, 그중 한 아들에게 비상한 운명이 있다"고 말했다. 이 말을 변남룡의 사위인 봉유지와 그의 동생 봉유도가 함께 들었다. 그래서 즉각 장인인 변남룡에게 가서 전했다. 이숙과 변남룡은 처남 매부 사이였다. 이를 전해 들은 변남룡은 큰일이라고 생각해 외가 친척이기도 했던 우정승 하륜에게 고했다.

"양우와 천우가 이숙의 집에서 '공(公-하륜)과 이무가 마음을 같이 하니, 변(變)이 있을까 두렵다. 그러나 우리들이 태상왕을 끼고 나오면 누가 감히 당하겠는가' 하였다 합니다."

이양우가 원래 했다는 말과는 약간의 차이가 있다. 태상왕 부분은 처음에는 없었기 때문이다. 하륜이 바로 달려가서 태종에게 전하자 태종은 변남룡 부자를 직접 불러 자세하게 문초하였다. 두 사람을 문초한 뒤 태종은 다음과 같이 결론을 내렸다. "양우와 천우가 비록 태상왕을 끼고자 하나, 태상왕께서 어찌 좇으시겠는가? 이것은 반드시 변남룡이 거짓말을 꾸미어 공을 세워서 부귀를 얻고자 함이리라." 결국 변남룡 부자는 저잣거리에서 참수를 당했고 봉유지, 봉유도 형제는 장 100대씩을 맞고 먼 곳으로 귀양을 가야 했다.

여기서 눈여겨봐야 할 대목은 이양우와 이천우에 대한 태종의 미묘한 입장이다. 이양우는 특히 2차 왕자의 난 때 중립을 선언했던 인물이다. 두 사람이 그런 마음을 품었을 것이라는 데 대해서는 별로 의심을 하지 않고 다만 '태상왕이 동의하지 않을 것'임을 강조한다. 실제로 당시 종친인 이양우와 이천우도 사병 혁파로 힘을 잃은 뒤 불만이 팽배해 있었다. 그런데도 두 사람에 대해서는 아무런 조처도 취하지 않고 대신 말을 잘못 전한 변남룡 부자만 애꿎게 목숨을 잃었다.

공신의 분열

이래저래 정국이 뒤숭숭해지자 태종은 2월 13일 2차 왕자의 난의 공신들인 좌명공신들을 마암의 단 아래에 모이게 한 다음 삽혈동맹을 맺는다. 삽혈동맹이란 피를 나눠 마시거나 입에 피를 바르고 거사를 할 때의 정신으로 돌아가 공신들끼리 단결을 맹세하는 것이다. 통상 '공신 회맹'이라고 하는 이런 행사에는 주인공은 참여하지 않는 게 관례인데 이때는 태종도 직접 그 자리에 나왔다. 그 자리에는 의안대군 이화, 상당군 이저, 완산군 이천우, 좌정승 이거이, 우정승 하륜, 삼군부 판사 이무 등이 대거 참석했다. 문제의 인물들이 상당수 포함되어 있었다. 2월 25일에는 북정에서 좌명공신에게 잔치를 베풀고, 의안대군 이화 등 47인을 불러 손수 교서(敎書)와 녹권(錄券) 그리고 사패(賜牌)를 하사했다.

3월 28일에는 우정승 하륜이 사직코자 하였다. 외형적으로는 천재지변이 잇따르니 그에 대한 책임을 진다는 것이었지만 실은 자신과 좌정승 이거이를 함께 관직에서 파면해 줄 것을 요구하는 일종의 물귀신 작전이었다. 이무도 하륜을 지원사격했다. 결국 다음날인 윤3월 1일 이거이는 4개월 만에 좌정승 자리에서 쫓겨났다. 이와 관련해 『실록』에서는 태종이 이거이를 좌정승으로 임명한 것은 "그 마음을 기쁘게 하려는 것이요, 오래 맡기고자 한 것은 아니었다"고 적고 있다. 이거이 부자의 사람 됨됨이는 태종에게 부담만 안겼기 때문이기도 했다.

태상왕 이성계의 반태종 행보

이 무렵 누구보다 태종을 힘들게 했던 인물은 다름 아닌 아버지 이성계였다. 이거이가 좌정승 자리에서 쫓겨나던 윤3월 1일 태상왕 이성계는 새 도읍인 한양으로 행차한다. 태종도 임진강까지 나가서 전송하였다. 행차 목적은 흥천사에서 불사를 베풀기 위함이었다. 당시 이성계가 불사를 베풀던 인물들은 주로 태종에 의해 희생된 이방번 형제와 강씨 그리고 사위인 이제 등이었다. 태종에 대한 항의 표시가 담겨 있었다.

윤3월 11일 태상왕은 개경으로 돌아오지 않고 금강산으로 행차했다. 그나마 나흘 후인 15일 삼군부 참판사 박자안과 첨서사 이첨이 명나라 예부의 자문을 갖고 돌아와 정종이 이방원 자신에게 선위한 것을 명나라에서 승인했다는 기쁜 소식을 전했다.

4월 10일 태상왕은 고향 근처인 안변부에 머물고 있었다. 그래서 태

종은 이날 도승지 박석명을 안변부로 보내 문안 인사를 올리도록 했
다. 16일에는 상왕(정종)을 찾아 술을 마시고 있는데 박석명이 안변에
서 돌아와 좋지 않은 소식을 전했다. 태상왕이 안변과 함주에 각각 정
자(요즘 식의 정자는 아니고 별궁에 가까운 것이다)를 지으라고 명했다
며 "아무래도 오래 머무르실 뜻이 있으신 것 같습니다"라고 말했다. 태
종과 상왕은 눈물을 흘리며 자리를 파했다.

함흥차사의 유래와 진실

함흥차사(咸興差使)란 조선 초 함흥으로 간 이성계를 돌아오게 하기
위해 태종이 보낸 사신을 말한다. 이때 태종이 아버지의 노여움을 풀
고자 함흥으로 여러 번 차사를 보냈으나, 그때마다 이성계는 사신들을
잡아 가두고 돌려보내지 않았다고 해서 생긴 말로 요즘에는 임무를 띠
고 갔다가 아무런 소식이 없을 때 비유적으로 이 말을 쓴다. 4월 16일
이 말을 듣고 태종은 바로 다음날 모친상을 당해 관직에서 물러나 있
던 창녕부원군 성석린을 태상왕의 행재소(行在所-임시 거처)에 파견
하였다. 기록상으로는 첫 번째 함흥차사인 셈이다. 길을 떠나는 성석
린에게 태종은 "태상왕께서 본래 경을 중하게 여기시니, 경의 말은 반
드시 따르실 것이다. 바라건대, 문안드린 끝에 은근한 말로 잘 아뢰어
서 회가(回駕)하시게 하라"고 당부했다.

성석린이 떠난 지 열흘 후인 4월 26일 태상왕이 돌아오기로 했다는
희소식이 전해졌다. 성석린이 도착하자 태상왕은 기뻐하며 "일찍이
문안하는 자를 보아도 역시 기쁘지 않았는데, 이제 경을 보니 반갑고
기쁘기 그지없다"며 반겼다. 이 말을 보면 성석린 이전에도 소위 함흥
차사가 있었다는 것을 알 수 있다.

그리고 술이 얼근하게 취하자 성석린은 조심스럽게 개경으로 돌아갈 것을 청했고 태상왕도 웃으며 "경이 돌아가자고 청하기 전에 이미 나는 돌아가려고 작정하고 있었다"며 "경이 먼저 가라. 그러면 내가 뒤를 따르겠다"고 말한다. 이때 성석린이 "주상께서 날마다 돌아오시기를 바라고 있다"고 하자 태상왕은 선뜻 "그렇다면 마땅히 경과 함께 돌아가겠다"고 해서 함께 출발한 것이다. 그래서 이날부터 태종은 태상왕을 맞기 위해 함흥에서 개경으로 들어오는 길목인 마이천(麻伊川)에 나아가 임시 천막집을 짓고 기다렸다. 여기서 이틀을 기다렸고 4월 28일 종친과 대신들이 함께 기다리는 가운데 태상왕이 안변에서 돌아온다.

소요산에 머물며 몽니를 부리는 태상왕

5월 28일 태종이 덕수궁에 머물던 태상왕을 찾아가자 태상왕은 곤란한 요구를 한다. 사실상 귀양살이를 하고 있던 회안대군 이방간을 개경으로 불러들이면 어떻겠냐는 것이었다. 이에 태종은 즉각 "저도 전부터 가지고 있던 마음입니다. 명령대로 하겠습니다"라고 답했다. 실제로 6월 4일 태종은 의정부에 명하여 이방간을 불러들이라는 명을 내린다. 조정은 발칵 뒤집어졌다. 태종을 둘러싼 모든 신하들이 반대하고 나선 것이다. 삼사 영사 하륜, 좌정승 김사형, 우정승 이서 등 20여 명이 연명으로 불가론을 펼쳤다. 다음날에는 의정부 판사 조준 등이 같은 내용의 상소를 올렸고 대사헌 유관은 한술 더 떠 "지금 이방간이 머물고 있는 익주는 완산과 몹시 가까운데, 완산은 예로부터 군사와 말이 강력해 반란의 위험이 있으니 섬으로 옮겨 여생을 마치도록 해야 한다"고 주장했다. 『실록』에서는 "임금이 이럴까 저럴까 결단하지 못하였는데, 정부와 백관들이 극력 불가하다고 말리어" 그대로 두게 하였다고 적고 있다.

태상왕 이성계의 실망은 컸을 것이고, 다시 한 번 태종에 대한 배신 감을 느꼈을 것이다. '신하들 핑계로 나의 청을 거절하는구나!' 얼마 후 태상왕은 다시 금강산으로 갔다. 8월 21일 태상왕은 금강산 순행을 마치고 동북면(함흥)으로 가려고 했는데 곧 명나라 사신이 들어오니 행차를 중지해 달라는 건의를 받아들여 이때는 개경으로 돌아온다. 그 러나 이미 마음은 태종한테서 멀리 떠나 있었다.

11월 26일 태상왕 이성계는 한밤중에 아무도 모르게 소요산으로 갔 다. 태종이 뒤늦게 이를 알고 전송하기 위해 달려갔으나 이미 출발한 뒤였다. 어쩌면 태종은 이때 자신을 외면하는 아버지에 대해 한없는 서운함을 느꼈는지도 모른다.

그후 이성계는 소요산을 좋아하여 계속 그곳에 머물렀다. 다음해인 태종 2년 1월 8일 태종은 자신이 직접 가려다가 몸이 아파 지신사 박 석명을 대신 보냈다. 박석명은 돌아와서 태상왕이 "이 절에 명사(名 師)가 있으니, 절 아래에 집을 짓고 거처하고자 한다"고 말했다고 전했 다. 20일 후인 1월 28일 태종은 종친과 성석린 등 공신들을 대동하고 소요산으로 찾아갔다. 술잔이 돌고 태상왕과 태종이 술이 거나하게 취 해 시를 읊고 서로 화답하였다. 종친과 성석린 등은 기회를 틈타 개경 으로 돌아갈 것을 간곡하게 청하면서 "염불하고 불경을 읽는 일을 꼭 소요산에서만 해야 합니까?" 하고 물었는데 태상왕은 기다렸다는 듯 이 "그대들의 뜻은 내가 이미 알고 있다. 내가 부처를 좋아하는 것은 다름이 아니라 나의 두 아들과 한 사위를 위함이다"라며 허공에 대고 큰 소리로 "우리들도 이미 서방정토로 향하고 있다"고 외쳤다. 태종의 폐부를 찌르는 말이었다. 모두가 이미 죽은 목숨인데 왜 이리 아등바 등하며 사느냐는 질책이기도 했다. 다음날에도 연회가 열렸다. 태상왕 이 일어나 춤추고 태종도 따라서 춤을 추었다. 그리고 태상왕은 소요산에 남고 나머지 일행은 다시 개경으로 돌아갔다. 3월 9일에는 태상왕이 소요산에 별전을 지었다. 태종은 3월 19일부터 24일까지 다시 소요산을 방문해 태상왕과 북방의 일도 의논하고 도중에 사냥을 하기도 했다. 4월 28일 잠시 한양을 방문했던 태상왕은 다시 5월 1일 소요산으로 돌아갔다.

안변부사 조사의의 반란

11월 5일 대호군 안우세가 동북면에서 돌아와 급보를 전했다. 안변부사 조사의가 군사를 일으켰다는 것이었다. 『실록』에는 조사의가 현비 강씨의 족속으로 '강씨의 원수를 갚기 위해' 반란이 시작되었다고 적고 있다. 그러나 그것은 사실상 이성계와도 연결된 거사였다. 초반에 이들의 기세는 무서웠다. 순식간에 함경도와 평안도 지방을 점령했다. 흥미로운 것은 그로부터 나흘 후인 11월 9일 태상왕이 반란의 본거지인 함주를 향해 출발했다는 것이다. 이 시점에 왜 이성계는 반란이 일어난 함주를 향해 떠난 것일까?

사실 조심스럽기는 하지만 이 무렵 태상왕 이성계의 행태를 면밀하게 관찰하면 약간은 정신이 나간 듯하다. 일종의 치매가 아니었을까 하는 생각이 든다. 고독함에서 오는 정신질환일 수도 있었다. 그래서 그 무렵에는 고기를 먹으면 다음 세상에서 머리 없는 곤충으로 태어난다며 고기 먹기를 거부하기도 하고, 자신을 부처님처럼 모신다면 태종을 용서하겠다는 등의 엉뚱한 소리를 해대기도 했다. 또 반란군을 어느 정도 제압해 가던 12월 2일에는 평양에 머물면서 "왜 내가 동북면에 있을 때나 평양에 머물 때 사람을 보내지 않느냐? 태종이 나에게 안 좋은 감정이 있기 때문 아니냐?"며 떼를 쓰기도 한다. 이런 걸로 봐서 직접 반란을 지시했을 가능성은 별로 없지만 반란 소식을 듣고 뭔가 힘을 실어줄 요량으로 함흥으로 갔다가 다시 평양으로 이동했다고 봐야 한다. 이때 태종의 나이는 이미 68세였다.

이와 관련해 『실록』에는 주목해야 할 중요한 기록이 있다. 12월 3일 태상왕을 모시는 승녕부 당상관인 정용수와 신효창이 순위부에 체포되었다. 죄목은 태상왕을 호종하여 동북면에 들어가 조사의의 역모에 가담했다는 것이었다. 이는 곧 태상왕의 뜻이기도 했을 것이다.

그러나 반란은 초반의 어려움을 딛고 뜻밖에 쉽게 진압할 수 있었다. 11월 11일에는 호군(護軍-정4품 무관직) 송유가 명을 받고 함주에 이르렀다가 피살되었다. 11월 20일에 이천우가 조사의의 군사와 맞붙어 대패해 아들 이밀과 10여 명이 겨우 포위망을 뚫고 살아왔다. 그런데 11월 27일 조사의의 군대는 다시 파견된 진압군의 규모에 놀라 스스로 궤멸하고 반란은 제압되었다. 12월 18일 체포된 조사의, 강현, 조홍(조사의의 아들), 홍순, 김자량, 박양, 이자분, 김승, 임서균, 문중첨, 한정 등은 모두 죽었다.

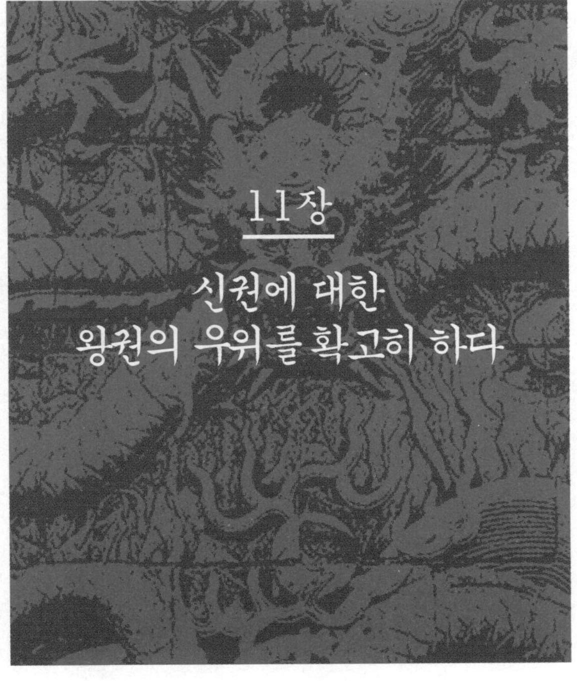

11장

신권에 대한
왕권의 우위를 확고히 하다

사관을 꺼리다

편전(便殿)이란 공식 집무를 보는 곳이라기보다는 편안하게 독서도 하고 신하들과 정사를 논하는 공간이다. 예를 들어 경복궁에서는 근정전이 정전이라면 사정전이 편전이다. 창덕궁은 인정전이 정전이고 선정전이 편전이며, 창경궁은 명정전이 정전이고 문정전이 편전이다. 개경에 있을 때는 보평전이 편전이었다.

태종 1년 3월 23일 문하부 낭사에서 상소문을 올려 사냥을 중단하고 경연을 열 것을 청하였다. 이 말을 거꾸로 하면 태종이 책은 보지 않고 사냥에 몰두했다는 뜻이다. 그리고 즉시 편전에서 다섯 승지와 시독관 김과를 불러 "어제 사냥할 때 사관은 왜 따라왔는가?" 묻는다. 이에 대해 승지들과 김과는 임금의 거둥은 당연히 기록되어야 하기 때문이라고 답한다.

그러면서 김과는 설사 사관(史官)의 입시를 막더라도 다섯 승지가 모두 춘추관을 겸하고 있어 임금의 일거수일투족을 다 쓰게 되어 있다고 말한다. 이때 태종의 반응이 재미있다. 자신은 그동안 그런 줄을 몰랐다는 것이다. 『실록』은 "임금이 처음에는 그런 것을 알지 못하고 항상 가까이 하기 때문에 자못 소홀히 여겼는데, 이때부터 언동을 더욱 조심하였다"고 적고 있다.

아마도 낭사의 상소가 마음속으로는 대단히 불편했던 것이 분명하다. 그래서 경연 문제와 관련해서도 공식적으로 경연에서 강론하지 않더라도 편전에서 자네들과 함께 글을 읽으니 결과적으로는 마찬가지 아닌가라고 반문한다. 이에 김과는 "그렇지 않다"고 반박한다. 전하의 호학이야 누구나 아는 바이지만 혹시라도 이 다음에 어둡고 용렬한 임금이 나와 편전에서 간사한 신하들과 온갖 짓을 다 해놓고 밖으로 나가서는 '임금이 글읽기를 좋아한다'고 말하면 어떻게 하겠느냐는 것이었다. 이에 태종은 본궁이 수리되는 대로 경연에 나가겠다고 밝힌다. 실제로 윤3월부터 그는 경연에서 『대학연의』를 강독한다.

기개 있는 사관, 민인생

그런데 4월 25일 편전인 보평전에서 정사를 보고 있던 태종은 사관 홍여강이 뜰 아래로 들어서자 환관을 시켜 내쫓게 한다. 그리고 도승지인 박석명에게 이렇게 명한다. "무일전 같은 정전에는 사관이 마땅히 들어와야 하겠지만, 이곳은 내가 편안히 쉬는 곳이고, 승지들이 모두 사관의 직책을 겸하였으니, 사관이 반드시 들어올 것이 없다." 그런데 4일 후인 29일 사관 민인생이 굳이 들어오겠다고 버텼다. 박석명이 가서 지난번 명령을 전하며 무일전은 무방하지만 편전에는 들어오지 말라 하셨다고 해도 끝까지 밀고 들어왔다. 이를 본 태종은 다시 한 번

"편전에는 들어오지 말라"고 말한다. 그런데도 민인생은 "비록 편전이라 하더라도 신 등이 들어오지 못한다면 대신이 일을 아뢰는 것과 경연에서 강론하는 것을 어떻게 제대로 기록하겠습니까?"라고 버티자 태종은 웃으면서 "이곳은 내가 편히 쉬는 곳이니, 들어오지 않는 것이 좋겠다"며 "사필(史筆)은 곧게 써야 한다. 비록 편전 밖에 있더라도 어찌 내 말을 듣지 못하겠는가?"라고 점잖게 타이른다. 민인생도 지지 않고 "신이 곧게 쓰지 않으면 하늘이 그냥 두겠습니까?"라고 맞섰다. 당시 사관들의 기개를 보여주는 장면이다.

5월 8일 경연에서 태종은 동지사 이첨, 참찬관인 승지 박신, 시강관 조용, 시독관 김겸, 사농 경 김과 등과 함께 『대학연의』를 강독했다. 서로 활발한 토론을 벌였고 여기에는 태종도 참여했다. 이때 태종의 강론이 "매우 정(精)하였다"고 한다. 이 말은 곧 논리적이고 깊이가 있었다는 뜻이다. 아마도 경연이 정전인 무일전에서 있었기 때문인지 이 자리에는 사관 민인생도 참석해 있었다.

경연이 끝난 직후 주연이 펼쳐졌다. 이 자리에서 민인생은 "지금 여러 신하들과 더불어 강론하심이 매우 정하고, 온화한 말씀이 친밀하시니, 원컨대 전하께서 비록 편전에 앉아 정사를 들으실 때라도 사관으로 하여금 입시케 하여 아름다운 말을 기록하게 하소서"라고 청을 올렸다. 이에 태종은 신하들끼리 이 문제를 토론해 보라고 지시한다. 그러나 이첨, 박신, 조용, 김과 등은 한결같이 "우리들도 창왕이나 우왕 때 사관이었지만 편전의 정사에 들어오려고 하지 않았다"고 민인생을 몰아세웠다. 그러자 민인생은 "임금이 밝으면 신하가 곧은 것입니다. 어찌 감히 고려 때와 지금을 비교할 수 있습니까?"라며 조금도 물러서지 않았다. 결국 이 문제는 결론을 내리지 못한다.

7월 8일 편전에서 정사를 보고 있을 때 민인생이 창 밖에서 듣다가

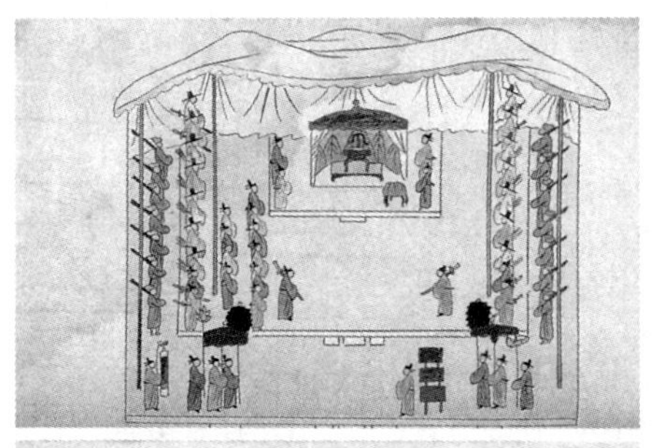

궁중의 활쏘기.

발각되었다. 태종은 화를 내며 "앞으로 사관이 날마다 예궐하는 것을 금지하라"고 명했다. 결국 7월 11일 민인생은 변방으로 귀양을 떠나게 된다.

사관 입시를 금한 이유

태종 3년 3월 3일 사간원에서 시무상소를 올렸다. 여기서 경연 문제를 다시 지적하고 나왔다. 편전에서 하는 글읽기로는 곤란하니 공식적인 경연을 해야 한다는 것이었다. 그런데 이 상소에는 대간들이라면 알 수 없는 비밀스러운 내용이 포함돼 있었다. 태종은 진노했다. 분명히 사관들의 소행이라고 본 것이다. 그래서 태종은 사관의 대궐 입시를 금지하라고 명했다.

그러나 태종은 3월 27일 다시 사관의 입시를 허용하라며 김과에게 은밀하게 속내를 드러낸다.

"지난번에 두세 종친과 더불어 청화정에서 활을 쏘았는데, 간원(諫院)에서 상소하여 말하기를, '날마다 무신과 더불어 과녁을 쏜다' 하였다. 종친이 들으면 어찌 마음에 불쾌함이 없겠는가? 그렇게 되면 문무(文武) 사이에 틈이 생길 것이다. 내가 이러한 뜻으로 인하여 사관의 입시를 금한 것이다. 이것은 유생(儒生)을 무마하고 문무의 틈을 방지하자는 것이지, 사관을 꺼려서가 아니다."

사헌부와 사간원의 갈등

　조선 성종 때 성현이 지은 『용재총화』를 보면 사헌부와 사간원의 전혀 다른 조직 문화를 알 수 있다. 일반적으로 사람들은 대간(사헌부 관리)과 간관(사간원 관리)은 같다고 하나 성현은 전혀 다르다고 말한다. 굳이 현대식으로 비유하자면 사헌부는 검찰, 사간원은 언론이다. 사헌부의 핵심 임무는 풍속을 규찰하는 것이고 사간원의 핵심 임무는 임금의 과실을 바로 잡는 것이다. 그래서 사헌부의 경우 위계질서 의식이 엄격하여 지평이 섬돌 밑에서 장령을 맞아들이고, 장령은 마찬가지로 집의를 맞아들이며, 집의는 대사헌을 맞도록 되어 있었다. 그래서 아랫사람이 아직 관아에 도착하지 않으면 윗사람이 먼저 왔더라도 천막 같은 데서 기다렸다가 아랫사람이 도착한 후에 들어갔다. 이들은 함께 길을 갈 때도 위계질서를 엄중하게 여겼다.

　반면에 사간원의 경우에는 상하가 없었다. 심지어 뒤뜰에 함께 모여

앉아 옷을 벗고 쉬며 날씨가 추우면 선배의 표범이나 사슴 가죽을 가져다가 깔고 앉기도 했다. 그리고 회식이라도 할 때면 돈이 필요했는데 사헌부에서 가져다 썼다. 이처럼 사헌부와 사간원의 서로 다른 문화는 고려 때부터 시작된 것으로 보인다.

사헌부의 손을 들어주다

태종 2년 들어 빈번하게 일어난 특이한 현상 중의 하나는 사헌부가 사간원 관리를 탄핵하고 반대로 사간원이 사헌부 관리를 탄핵하는 일이었다. 새해 1월 3일부터 두 기관은 정면으로 대립했다.

먼저 사간원에서 대사헌 이지를 비롯해 전 장령 박고와 전 잡단 김치·송흥 등을 탄핵했다. 이유는 이들이 얼마 전 태종이 "사간원 헌납 한승안이 평주로 호가(扈駕-국왕의 행차를 호위)하였을 때, 주상께서 안렴사 김분의 참소를 듣고는 장령 박고를 죄가 되지 않는 일로 견책하는데도, 한승안은 간하지 못하였고 김첨은 바로 그들과 동렬(同列)이었다"며 한승안과 사간 김첨을 탄핵했던 사실을 들면서 "만일 그렇다면 그들도 김분이 참소한 죄를 탄핵하고, 동시에 위로 전하께옵서 참소를 믿은 실수를 간했어야 옳았을 것"이라고 밝혔다. 한마디로 사간원 사람들에게 잘못이 있다면 똑같은 잘못이 사헌부에도 있다는 논리였다. 문제는 논리가 아니라 이런 논리를 전개하는 과정에서 언급된 사실, 즉 태종이 김분의 참소를 받아들였다는 대목이다.

태종은 성격이 불 같은 사람이었다. 이 대목에서 그는 "이들 무리가 나더러 참소하는 말을 들었다고 여긴다"고 크게 화를 내며 대언 이응을 시켜 이 상소를 올린 사간원의 좌사간 진의귀와 우헌납 김여지를 불러들였다. "내가 평주에 있을 때 어떤 사람이 나에게 들어와서 참소하였는가?"

　그리고 평주에서 있었던 일을 설명한다. 자신이 장령 박고를 잘못 견책했을 때 한승안은 간관이면서도 입을 다물었고 대신 사관만이 극력 간했다는 것이다. 그러면서 태종은 "사관은 기사(記事)만을 관장할 뿐이라 곧이곧대로 써서 주머니에 간직하였다면 이것은 내 허물을 후세에 드러내는 것이다. 사관은 간하는 직책이 아닌데도 간하였으니, 이것은 진실로 나를 사랑함이다. 내 이 까닭에 그 말을 들었다"고 밝힌 후 사간원 상소의 문제점을 날카롭게 지적한다. "한승안은 직책이 간관이면서도 여기에 대하여 한마디 말도 간함이 없었으니, 이것이 어찌 간관의 도리인가? 이 상소에 맨 먼저 한승안의 일을 말하였지만, 한승안의 죄는 청하지 않고 도리어 대사헌 이지 등의 직첩을 거두고 국문하고자 하니, 무슨 까닭인가?"

　머리끝까지 화가 치민 태종은 상소문을 집무실 한가운데로 집어던져 버린다. 그러면서 다시 한 번 자신이 참소나 듣는 사람으로 언급된 데 대해 극도의 불쾌감을 표했다. 그리고 진의귀와 김여지를 순군옥에 하옥시켜 버렸다. 그리고 얼마 후 두 사람은 귀양을 떠나야 했다. 그때 사간원 지사 노한이 동료인 진의귀와 김여지가 귀양 갔다는 말에 태종을 찾아 "사실 그 이야기를 처음 발언한 것은 두 사람이 아니라 제가 먼저 했으니 저도 함께 귀양을 보내는 것이 옳습니다"라고 말했다. 그러나 그냥 집으로 돌아가라고 명한다. 노한은 태종의 아랫동서였다.

　그리고 3월 13일 태종은 사헌부로 하여금 사간원의 근태 상황도 규찰할 것을 명한다. 사헌부의 손을 들어준 것이다.

사헌부와 사간원의 자중지란

그렇다고 사헌부와 사간원 간의 파워게임만 있었던 것은 아니다. 모든 분야에서 권력이 안정되지 않았기 때문에 나름대로 실세라고 생각하는 사람들의 월권은 곳곳에서 일어났고 급기야 사헌부 내에서도 비슷한 일들이 일어났다.

태종 2년 2월 15일 대사헌 이지가 물러나게 된 것이 대표적인 경우다. 하루는 이지가 사헌부 집무실에 앉아 있는데 감찰 노상신과 사헌부 관리 전경 이안직 등이 새로 감찰이 된 신입 요원의 신고식을 심하게 했다. 기록에 따르면, "노래하고 춤추며 익살을 부리게 하여 온갖 추태를 부리지 아니함이 없었다."

이를 알게 된 이지가 서리(書吏-비서)를 시켜 노상신에게 "감찰이란 무공(武工)도 아니고 악공(樂工)도 아닌데 어찌 이같이 하시오? 신구귀(新舊鬼-고참이 신참을 길들이는 일종의 관습)란 비록 예로부터 그러하다 해도 일찍이 법으로 금하였으니 법을 집행하는 관리로서 먼저 스스로 법을 무너뜨림이 옳겠소?"라고 따졌다.

감찰이란 사헌부의 정5품 관직으로 법을 집행하는 자리였다. 반면 대사헌은 사헌부의 장관으로 종2품 당상관이었다. 특히 위계질서가 엄한 사헌부에서 감찰은 감히 대사헌을 제대로 쳐다볼 수도 없는 낮은 직위였다.

그런데도 노상신 등은 "본방(本房-사헌부)은 무공·악공의 방이다"라고 떠들고 다니며 퇴근하는 이지를 맞이하지도 않았다. 이런 사정을 또다른 감찰 한 명이 이지에게 전했고 이지는 전말을 기록한 다음 자신도 사직하겠다고 청했다. 그러자 태종은 사헌부 장령(정4품) 현맹인에게 "노상신 등이 법을 무너뜨리고 장관을 업신여긴 죄를 물어서 아뢰라"고 명했다. 진상은 드러났고 현맹인 등은 노상신의 죄가 중하니 직첩을 거두고 귀양을 보내야 한다고 했다. 그러나 노상신 등을 파직하는 선에서 일은 마무리됐다.

태종답지 않은 일처리다. 감찰이 대사헌에게 이 정도로 오만방자하게 굴었다면 하극상도 이런 경우는 없다. 애당초 노상신이 믿는 구석이 있었기 때문에 그런 행동을 할 수 있었고 처벌 수위도 낮았다. 공신은 아니었던 것 같고 아마도 태종의 아랫동서인 노한의 집안 사람이었을 가능성이 높다. 사직과 파직이라는 말만 다르지 이지도 자리에서 물러났고 노상신도 자리에서 쫓겨나는 것으로 끝난 것이다.

6월에는 사헌부, 사간원, 태종이 함께 얽혀 들어가는 복잡한 싸움이 전개된다. 먼저 6월 14일 사간원에서 간원들이 간하는 과정에서 말실수가 있다고 하여 처벌받는 일이 잦아 제대로 간을 할 수 없다고 하소연하면서 넓은 도량으로 언로를 넓힐 것을 청하는 상소를 올렸다.

"신 등은 언사로 인하여 죄를 얻는 것을 근심하며 죄가 있어 구차하게 면하는 것을 다행으로 여기는 것도 아니옵니다. 진실로 전하의 성덕(盛德)에도 오직 이 한 가지 잘못이 있사와 감히 이 점을 말씀드리오니 유의하여 주시옵소서."

조심스러우면서도 상당히 단호한 상소였다. '한 가지 잘못'이라고 못박은 것은 특히 그러했다. 그런데 이 일로 사간원에 내분이 일어났다. 원래 이런 논의는 우사간 대부 송인, 우헌납 이양명, 좌정언 신개 등이 나서 "근래에 임금이 간관을 꺾으니 상소하여 간함이 옳겠다"고 의견을 내놓았다. 이에 대해 좌사간 대부 최긍, 사간원 지사 이흥, 내서 사인 이맹균 등은 처음에는 반대하다가 마지못해 이를 따랐다. 그래서 사간원 전체 이름으로 그 같은 상소를 올릴 수 있었던 것이다.

그런데 6월 17일 처음에 반대했던 최긍, 이홍, 이맹균 등이 송인, 이양명, 신개 등을 역으로 탄핵하는 상소를 올렸다. 이런 저간의 사정이 드러나자 6월 23일 사헌부에서 최긍, 이홍, 이맹균, 좌헌납 권우 등을 탄핵하였다. 물론 이 일은 애당초 큰 문제가 될 사안은 아니었기 때문에 별일 없이 넘어가기는 했다. 그러나 이미 힘의 중심은 태종으로 넘어가 있었고 태종은 사헌부와 사간원 간 또는 그 내부의 갈등을 한편으로는 즐기는 마음으로 지켜보았을지도 모른다.

대간을 모두 자르다

1년 후인 태종 3년 6월 17일에는 의정부에서 대간들의 탄핵에 따른 병폐를 지적하고 나섰다. 사헌부와 사간원이 최근 들어 서로 탄핵을 일삼고 있다고 지적한 뒤, 특히 사간원 사람들은 대체(大體)는 돌아보지도 않고 사소한 일로 사헌부를 탄핵해 대니 심각한 문제라며 그들에 대한 징계를 요청한다. 그러면서 대사헌이나 재상에 대해서는 국가 대사나 불법, 부정부패 등과 관련된 일이 아닐 경우 탄핵을 금하도록 해야 한다고 건의했다. 태종은 전적으로 수용한다.

그러나 7월 10일 사간원에서는 보란 듯이 대사헌 박신, 장령 윤향·안종약, 지평 김음 등을 탄핵하여 죄주기를 청하였다. 골자는 지방 관리의 잘못이 있었는데 박신 등은 그 관리의 잘못을 묻지 않고 신고한 사람을 벌했다는 내용이었다. 말 그대로 사소한 일이었다. 그러자 이번에는 사헌부의 집의 송우, 지평 이제가 맞탄핵을 제기했다. 지난달에 사사로이 서로 보복하는 탄핵은 금지하라고 했는데 이를 사간원 관리들이 어겼다는 것이다. 이전투구 그 자체였다.

결국 태종은 분노했다. 7월 16일 단행한 인사 개편에서 사헌부와 사간원 관리 전원을 외직으로 내쫓아버린 것이다. 이첨을 의정부 지사 겸 대사헌을 맡도록 했고 박신은 광주목사로 내보냈다. 이례적으로 인사 배경에 대한 태종의 설명이 뒤따랐다.

"대간들이 작은 사유를 가지고 서로 보복하기 때문에 밖으로 내친 것이다. 다만 헌납 조말생은 근자에 등극사의 서장관으로 명나라에 다녀온 공로가 있고, 정언 유박은 사간원에 출근한 지 며칠이 안 되었으니, 두 사람은 좌천에서 제외했다."

그러면서 대간이 어떠해야 하는지에 관한 정확한 견해를 밝힌다. "간관은 마땅히 노성(老成)하고 일을 경험한 사람으로 써야 한다. 말을 하여야 할 터인데 하지 않는 것도 잘못이고, 말을 할 것이 아닌데 하는 것도 잘못이다."

앞장에서 우리는 태종 1년 새해 첫날부터 처남인 민씨 형제들을 견제하려는 태종의 속마음을 확인한 바 있다. 이응에 대한 사헌부의 탄핵이 있자 태종은 즉각 민씨 형제가 사주했을 것으로 단정할 만큼 이미 경계심을 발동하고 있었다. 그리고 민씨 형제들과의 갈등에는 태종과 원경왕후 민씨의 불화도 중요한 요인이 되었다.

태종 2년 1월 8일 태종은 예조와 춘추관 영사 하륜, 지사 권근 등에게 명하여 고대 중국 역대 임금의 비빈의 수와 고려 때의 비빈과 시녀의 수를 고찰하여 보고하게 하였다. 그래서 예조에서 상고한 결과 중국 제후의 경우는 한 번 장가드는 데 9녀를 얻고 경·대부는 1처 2첩, 사대부는 1처 1첩인데 그것은 "자손을 넓히고 음란함을 막기 위함"이라고 보고한다. 그런데 고려 때는 혼례 제도가 엉망이 되는 바람에 적첩에 제한이 없어 일대 혼란을 빚었다고 덧붙였다. 『실록』은 당시 태종이 이런 지시를 내린 이유를 두 가지로 밝힌다. 하나는 즉위한 지 얼마 안 돼 빈첩이 갖춰지지 않고 시녀만 있을 뿐이었기 때문이다. 또 하나는 정비(靜妃-원경왕후 민씨)는 투기가 심해 사랑이 아래로 이르지 못하여, 임금이 빈첩을 갖추고자 하였기 때문이다. 사실상 더 결정적인 이유는 두 번째였을 것이다.

원경왕후 민씨의 이유 있는 시기와 질투

태종의 빈첩 제도에 대한 검토 지시가 있은 지 열흘도 안 된 1월 17일 사평부 영사 하륜과 정승 김사형, 이무가 빈첩을 맞아들일 가례색 제조로 임명되었다. 민씨 집안에서는 한때 자신들과 가까웠던 하륜을 곱게 보기 어려웠다. 같은 공신으로서 알력 외에도 태종의 빈첩 들이는 일에 그가 앞장서고 있었기 때문이다.

이때 민씨 집안의 어른인 민제나 하륜 양쪽과 사이가 좋았던 검교 참찬 조호가 어느 날 민제의 집에 갔다가 민제가 아들 민무구·민무질과 나누는 이야기를 듣게 된다.

"온 나라 사람들이 하륜을 정도전에 비유한다. 사람들이 하륜을 꺼려함이 이렇기 때문에 머지않아 하륜은 환난을 당할 것이다."

조호는 이 말을 듣고 즉각 하륜에게 전하였다. 이에 대한 하륜의 답변이다.

"죽고 사는 것은 하늘에 달려 있는 것이오. 옛사람들도 바른 도리를 가지고 억울하게 죽은 사람이 있는가 하면, 요행히 죽음을 면한 사람도 있소. 후대인들이 스스로 공론으로 판별할 텐데 내 무엇을 두려워하겠소?"

천하의 하륜도 민씨 집안의 권세 앞에서는 어쩔 수 없었음을 보여주는 장면이다. 민씨 집안과 하륜 진영의 긴장감이 점점 높아져가는 가운데 3월 7일 드디어 첫 번째 빈을 맞아들인다. 성균 악정 권홍의 딸이었다. 그가 의빈 권씨다.

이 말을 들은 정비는 태종의 옷을 붙잡고 울면서 "상감께서는 어찌하여 예전의 뜻을 잊으셨습니까? 제가 상감과 더불어 함께 어려움을 지키고 같이 화란(禍亂)을 겪어 국가를 차지하였사온데, 이제 나를 잊음이 어찌 이러하십니까?"라고 하소연했다. 게다가 단식으로 맞섰다. 그 바람에 가례는 갖지도 못한 채 환관과 시녀 몇 사람이 권씨를 별궁에 맞아들이는 것으로 혼례는 끝났다. 『실록』은 이 일로 인해 "정비는 마음에 병을 얻었고, 임금은 수일 동안 정사를 듣지 아니하였다"고 적고 있다.

이런 맥락에서 한 달여 후인 4월 18일의 인사는 다목적 포석으로 보인다. 이날 권씨는 정의궁주로 봉해지고, 아들 이제(李褆)를 원자로 삼았다. 왕권 강화의 의지가 담겨 있는 인사였다. 그런데 주목해야 할 것은 이 날 귀양 가 있던 이거이가 영의정으로 화려하게 권좌에 복귀하고 조온은 의정부 찬성사에 오른다는 점이다. 또 원자를 보필할 좌유선에 조서, 좌시학에 이공의가 임명되는데 조서는 조영무의 아들, 이공의는 이무의 아들이었다. 적어도 최대 집단을 형성하고 있는 민씨 집안을 견제하기 위해서는 이거이, 조영무, 이무 등의 도움을 받지 않을 수 없기 때문이었을 것이다. 정국을 읽어내는 태종의 치밀한 계산을 볼 수 있다.

태종은 즉위 초부터 인재를 널리 추천하되 추천된 인물이 적임자가 아니면 추천한 거주(擧主)에도 똑같이 책임을 물리겠다는 원칙을 밝혔

태종의 왕비와 후궁들, 그리고 자식들

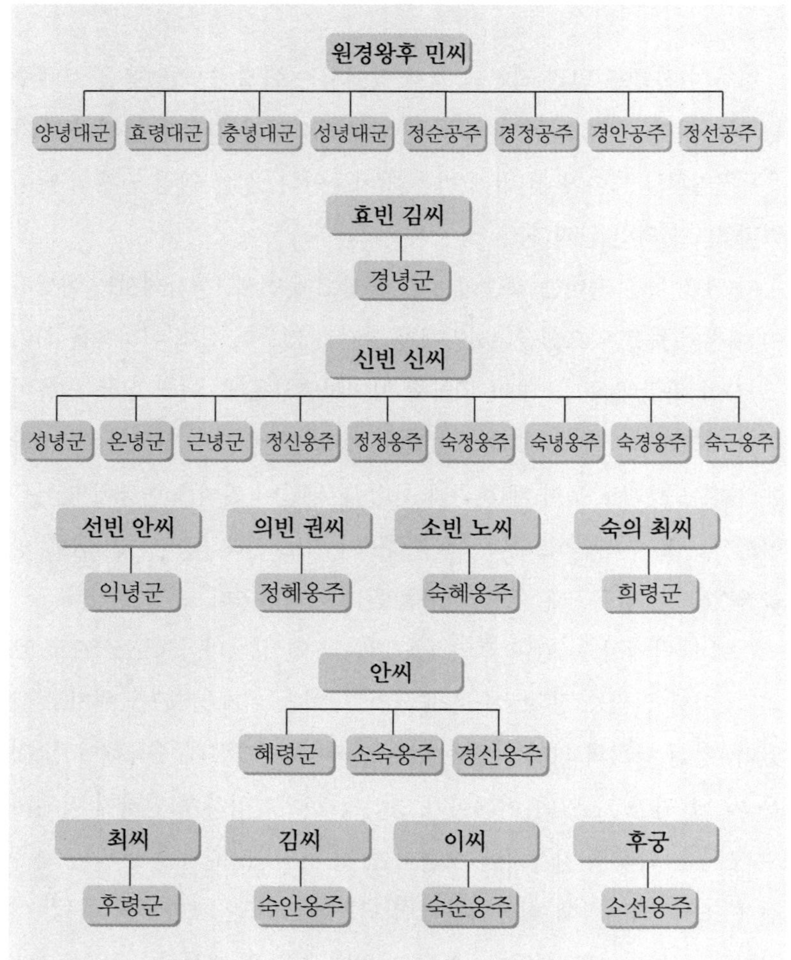

다. 더불어 권문세가의 집을 찾아다니며 엽관(獵官) 운동을 하는 분경(奔競)을 엄격하게 금지했다. 태종 2년 6월 18일에도 사헌부에서 다시 한 번 거주의 책임을 강화해야 한다는 상소를 올리기도 했다. 이 같은 제도의 강화를 주도한 사람이 하륜이다.

공교롭게도 7월 11일 사헌부에서는 여흥부원군 민제와 총제 윤곤, 호군 이공효를 탄핵하였다. 민제가 천거한 윤곤과 이공효가 적임자가 아니라는 이유였다. 그러나 이 탄핵은 크게 문제가 되지 않았던 것 같다. 한 달여 후인 8월 26일 태종은 민제의 집을 방문하여 잔치를 베풀기 때문이다. 위로와 무마의 차원이었던 것 같다. 이 자리에는 태종을 비롯해 민제, 민제의 매부인 의정부 찬성사 곽추, 민제의 처남인 개성유후 송제대, 민제의 동생 승녕부윤(태상왕을 모시는 기관) 민양 등이 참석했다. 풍악이 술잔을 타고 넘쳤고 태종도 즐거워하며 춤을 추었다고 한다. 그러나 민제의 아들인 민무구·민무질 형제는 이 자리에 참석하지 않았다.

권근의 부상, 조준의 복귀

태종은 집권 초반기에 종친과 공신들을 철저하게 분리하면서 하륜이나 권근 같은 경세가들을 전면에 내세웠다. 태종 2년 10월 4일 사평부 영사 하륜을 좌의정으로, 하륜의 자리에는 김사형을, 이직은 예문관 대제학, 권근은 의정부 참찬사로 임명했다. 이직(李稷, 1362년 고려 공민왕 11년~1431년 세종 13년)은 고려의 유명한 문신 이조년의 증손자로 고려 우왕 3년(1377) 문과에 급제했고 사헌부 지평, 우대언 등을 거쳐 조선 개국 때 공을 세워 개국공신 3등에 책록되었다. 이어 지신사(훗날의 도승지)를 역임했고 1397년 대사헌을 지냈다. 원래는 정도전, 남은과 가까워 1차 왕자의 난 때 죽을 뻔 했으나 겨우 목숨을 건졌고 2차 왕자의 난 때는 정안공 이방원을 도와 좌명공신 4등에 책록되었다. 한때 괴산으로 유배되었다가 의정부 참찬사로 복직했고 이때 예문관 대제학에 오른 것이다. 그후 이조판서를 두차례 지내고 각종 공사의 책임자를 맡아 궁궐, 도성, 개천 등을 짓고 보수하는 데 많은 기여를 했다. 그

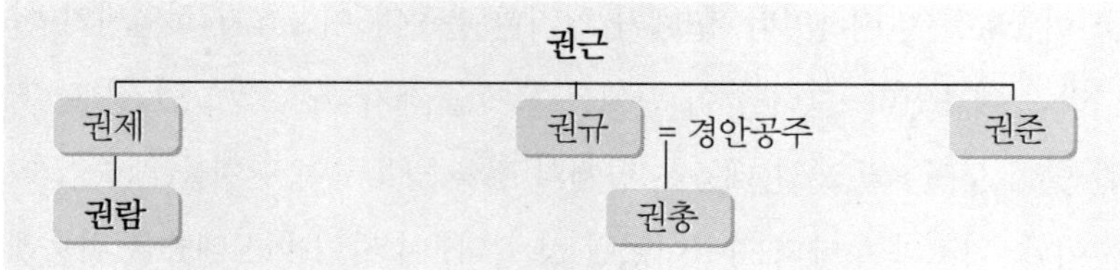

러나 세태의 흐름을 그대로 좇았으며 일을 당해서는 우유부단하다는 평을 받았다. 이들 외에도 의정부 찬성사 조영무, 참찬사 조박, 지사 이첨 등도 태종을 지근거리에서 보좌하는 핵심 인물들이었다.

이중에서 하륜은 일찍부터 태종의 총애를 받아온 인물이다. 이 무렵 경연에서 불교 문제를 이야기하던 중 태종은 "하륜을 제외하면 대부분의 유신들은 겉으로는 불교를 배척한다면서도 속으로는 다들 숭상하고 있는 것을 잘 알고 있다"며 하륜을 노골적으로 칭찬했다. 태종 3년 5월 30일자에는 무슨 내용인지는 나오지 않지만 태종이 하륜을 불러 비밀 이야기를 나눴다는 기록도 나온다. 그만큼 하륜에 대한 태종의 총애가 컸던 것이다.

권근의 경우에는 행정 실무보다는 학문적 능력을 높이 사서 중용했다. 태종이 편전에서 시독관 김과와 『대학연의』 등을 강독하다가 막힐 경우에는 반드시 권근에게 가서 묻게 했다고 한다. 태종 3년 7월 16일에는 같은 경세가 노선의 조준이 영의정으로 화려하게 복귀한다.

태종 3년은 권근에게는 잊을 수 없는 한 해였다. 아들 권규가 태종의 셋째 딸 경안공주와 혼인을 한 것이다. 이로써 권근은 태종과 사돈 관계를 맺었다. 권규의 형인 권제의 아들 권람은 한동안 불우한 세월을 보내다가 한명회와 친분을 갖게 되면서 세조의 정변에 참여해 훗날 영의정에까지 오르게 된다.

태종과 하륜

"일찍이 이부(二府)에 오르고 네 번 정승이 되었다. 잘 도모하고 능히 결단하여 계책에는 결함이 없었고, 사직을 정하고 천명을 도운 것은 그 공을 이루 말할 수 없다. 한결같은 덕으로 하늘을 감동시켜 우리 국가를 보호하고 다스렸는데, 근자에 고사(故事)를 들며 늙었다고 정사에서 물러났다. 그 아량을 아름답게 여기어 억지로 그 청을 따랐다. (……)

철인(哲人)의 죽음은 나라의 불행이다. 이제부터 대사(大事)에 임하고 대의(大疑)를 결단하여 성색(聲色)을 움직이지 않고 국가를 반석 위에 올려줄 사람을 내가 어디서 찾겠는가? 몹시 애석해 마지않는구나!'

1406년(태종 16년) 11월 6일 진산부원군 하륜이 정평에서 사망하자 태종은 예조좌랑 정인지를 보내어 조의를 표했다. 그중에 나오는 글로서 태종의 하륜에 대한 고마움과 애틋한 정이 고스란히 담겨 있다. 생사의 기로와 정치적 부침이 심했던 고려 말 조선 초를 지내오면서 비교적 끝까지 태종의 곁을 지킨 몇 안 되는 인물이라는 점에서 하륜에 대한 이해는 곧 태종의 인물관에 대한 이해와 직결된다.

하륜은 1347년 고려 충목왕 3년에 순흥부사 하윤린의 아들로 태어났다. 18세 때인 1365년 과거에 급제했는데 그때 과거 담당관인 이인복이 하륜을 보는 순간 범상치 않다고 여겨 아우 이인미의 딸과 결혼시켰다.

1371년 하륜은 영주에 내려가 있었는데 전국을 순회하던 안렴사 김주가 하륜의 업적이 최고라고 평가해 승진해서 개경으로 올라왔다. 성현의 『용재총화』에는 이때의 재미있는 일화가 전한다. 당시 예천군수로 있던 하륜은 "고을 기생을 모두 사사로이 다루고 거리낌없이 음란하였다"고 한다. 그래서 그의 상관이 하륜을 논박하며 인사고과에서 낮은 점수를 주려하자 김주가 "하륜의 기상을 보니 한 고을에 오래 머물러 있을 사람이 아니니 아직 논하지 말라"며 오히려 최고 점수를 주었다는 것이다. 1차 왕자의 난 때 김주는 정도전 쪽의 세력으로 몰려 죽게 되었는데 이런 인연으로 김주의 부인이 하륜을 찾아와 말 머리에 꿇어앉아 간청해서 하륜이 힘써 구해준다. 김주는 한양 건설에 큰 공을 세운 인물이다.

그후 하륜은 여러 관직을 거쳐 밀직사 첨서사가 된다. 고려 때의 밀직사는 조선의 승정원과 중추원 등의 기능이 하나로 합쳐진 것과 같은 핵심 기구였다. 그가 30세 때인 1376년 최영이 군사를 일으켜 요동을 공격할 때 하륜은 한사코 불가론을 펴다가 최영의 노여움을 사 양양으로 추방당하는 어려움을 겪기도 했다. 그러나 이때부터 큰 방향에 관한 호불호(好不好)를 분명히 하는 그릇이 드러났다고 할 수 있다.

정도전과의 정면 대결

조선 개국과 함께 하륜에게도 기회가 찾아왔다. 개국 다음해인 1393년 그는 태조 이성계의 부름을 받고 경기도 관찰사에 오른다. 얼마 후 조정에서는 천도 문제로 의견이 분분한 가운데 이성계가 계룡산 천도론을 주창해 서둘러 공사가 시작되기도 하였다. 이때에도 태조의 기세에 눌려 나서서 반대하는 사람이 없었는데 무악산 천도론을 고수했던 하륜이 간곡하게 설득해 결국 태조는 계룡산 천도를 포기하게 된다.

1394년 하륜은 중추원 첨서사에 오르는데 이듬해에 부친상을 당하여 사직한다. 1396년에 예문춘추관 학사로 다시 돌아오니 조정에서는 표전 문제 해결을 위해 명나라에 정도전을 보내야 하는지 말아야 하는지를 놓고 의견이 갈렸다. 이때 태조는 비밀리에 조정 신하들을 각기 불러 의견을 물으니 모두 정도전의 눈치를 살피면서 '반드시 보낼 필요는 없다'고 말했지만 오직 하륜만이 보내야 한다고 주장했다. 이 때문에 정도전과 하륜은 정치적으로 갈라섰다. 결국 정도전 대신 하륜이 남경으로 가서 전말을 충분히 설명한 뒤 문제는 깨끗하게 해결되었다. 이런 점에서 이미 하륜은 정안공 이방원과 노선을 함께할 수밖에 없는 운명이었는지 모른다.

1398년 7월 19일 하륜은 충청도 도관찰 출척사로 발령을 받았다. 앞서 본 대로 실은 그전에 이미 하륜은 평소 친하게 지내던 정안공의 장인 민제에게 정안공을 소개받은 바 있었다. 그리고 환송연에서 약간의 해프닝이 있은 후 두 사람은 정안공의 잠저(임금이 되기전 살던 민가)에서 밀담을 나누었다. 사병이 혁파되고 시시각각 정도전 쪽이 이방원을 압박해오던 상황이었다. 하륜은 단호했다. "다른 계책이 없고 선수를 치는 것뿐입니다." 1차 왕자의 난에서 결정적 기여를 한 이숙번을 정안공에게 소개한 사람도 하륜이다.

조선식 관제 개혁을 이끌다

1400년 11월 태종이 즉위하자 하륜은 정도전을 대신할 만한 최측근 싱크탱크로서 조선의 정치제도를 대대적으로 정비해 고려의 잔재를 털어내는 데 주력했다.

『실록』에서는 그의 인물평이 아주 후하다. "천성적인 자질이 중후하고 온화하며 말수가 적어 평생에 빠른 말과 급한 빛이 없었으나 대의를 결단하고 계책을 정할 때는 헐뜯거나 칭송한다고 하여 그 마음을 움직이지 않았다." 특히 그는 정승에 올라 "아름다운 모책과 비밀스런 의견을 올린 것이 대단히 많았으나 물러나와 남에게 누설하지 않았다"고 한다. 게다가 사치나 화려함을 싫어하고 글읽기를 좋아하여 손에서 책을 놓지 않았으며 휘파람 불기를 즐긴 인물이었다.

그러나 그의 권세를 시기 질투하는 세력들이 적지 않았다. 그래서 태종 5년에 극심한 가뭄이 닥치자 서울 시내 곳곳에 '하륜이 권세를 잡았기 때문에 이 가뭄이 온 것이다'라는 등의 익명서가 붙기도 했다. 실제로 그는 가뭄을 이유로 여러 차례 좌의정 등에서 물러나게 된다. 태종 13년에는 '뇌물을 받았다'고 해서 대간들의 탄핵을 받기도 했다.

"하륜만큼 특별한 공덕이 있는 사람이 누가 있느냐?"

하륜이 태종의 총애를 받은 측근이었다는 데는 이론의 여지가 없다. 왕위에 오르는 과정에서 고비고비마다 결정적인 기여를 했고 탁월한 경륜으로 태종의 개혁 정치를 뒷받침했다. 그런데 하륜은 자기 세력이 없었다. 어쩌면 그것을 키우려 하지 않았다고 봐야 할 것이다.

하륜은 태종과 민제 사이를 오가며 힘든 줄타기를 해야 했다. 사실 태종과 하륜을 연결해 준 인물이 민제다. 그와 민제의 교제는 계속된다. 그러면서도 너무 태종에 기운다 싶으면 민제의 비판이 따랐고 민씨 집안으로 기울 때는 태종의 견제가 따랐다. 어쩌면 그것은 테크노크라트의 숙명이기도 했다.

태종 7년(1407) 6월 하륜은 자칫하면 목숨을 잃을 뻔했다. 원래 중국 사신 황엄이 태종 집권 초에 한양을 방문했을 때 중국 황녀와 태종의 세자를 결혼시키자는 논의가 있었다. 태종도 긍정적으로 생각했다. 그런데 그후 별말이 없자 태종은 세자를 과거 동기생인 김한로의 딸과 결혼시키기로 약속을 했다. 이런 와중에 하륜이 태종의 동서인 조박과 함께 민제를 만나 세자와 황녀의 결혼 문제를 은밀하게 논의하다가 김한로에게 발각된 것이다. 그러나 태종은 여느 때와 달리 "다른 뜻이 있어서가 아니라 국가를 위함이었다"며 "하륜은 공신이니 책임을 묻지 말라"고 말한다. 그러고는 얼마 후 하륜이 가뭄을 이유로 좌의정에서 물러나는 것으로 마무리됐다. 그러면서 하륜의 사위 이승간을 '특별히' 동부대언으로 임명했다. 『실록』은 "하륜을 위로하기 위함이었다"고 쓰고 있다.

실은 이런 일이 한두 번이 아니었다. 태종 7년은 태종과 민씨 형제들 간의 치열한 암투가 극에 달했던 때였다. 세자 혼인 파동이 6월에 있었고, 7월에는 민무구·민무질 형제가 연금 상태에 들어갔다가 11월 11일에는 직첩마저 빼앗겼다. 바로 이날 지신사 황희는 태종과 하륜 사이를 오가며 태종의 조처에 대한 하륜의 평가를 태종에게 전했다. 이때 하륜이 민씨 형제가 세자를 제거하려고 한 게 아니라 다른 왕자들을 제거하려 한 것이니 그렇게 중하지는 않다고 잘못(?) 답변했다. 황희가 다시 태종에게 이 말을 전하자 태종은 대신들이 앉는 자리 중 한 곳을 가리키며 조용히 이른다.

"전에 하륜이 여기에 앉아서 정사를 논할 때 내가 한심한 말을 들은 적이 있다. 너는 빨리 다시 가서, '이 말을 다른 사람과 말한 적은 없는가? 다시는 그런 말을 입에 올리지 말라!'고 하라."

그러면서 황희에게도 "이 말이 만일 누설된다면, 내가 아니면 네 입에서 나온 것이다"라고 다짐을 받는다. 하륜에 대한 배려가 어느 정도였는지를 보여준다. 이 말을 황희에게 전해들은 하륜은 "살 길을 가르쳐주시니, 몸 둘 곳이 없습니다" 하며 땅에 엎드려 감읍했다. 이를 보고 돌아온 황희에게 태종은 "(하륜은) 내가 아니면 보전하기 어렵다. 그 충성하고 곧음을 사랑하기 때문이다"라고 혼잣말처럼 되뇌었다.

태종 8년 10월 1일 태종은 민무구·민무질 형제의 죄 열 가지를 구체적으로 열거한 다음 신료들은 이들 집안과 내왕하지 말 것을 엄명했다. 그런데 11월 7일 대간들이 국문 과정에서 민제와 하륜이 내왕한 사실을 밝혀내 하륜을 탄핵하자 태종은 오히려 대간들을 옥에 가두고 추국했다. 오죽했으면 하륜이 자신 때문에 대간들이 고초를 겪으니 민망하다며 그들을 풀어줄 것을 간청할 정도였다. 이때도 태종은 한사코 "이씨 사직에 하륜만큼 특별한 공덕이 있는 사람이 누가 있느냐"며 하륜을 감쌌다.

태종이 하륜을 무한히 총애한 까닭

민무회·민무휼 형제가 자진하던 날 같은 죄목으로 이지성의 목도 날아갔다. 이지성은 좌정승 하륜의 처조카였다. 그런데 의금부와 사헌부의 합동 조사 과정에서 이지성이 했던 말이 정국을 뒤흔들기 시작한다. 이지성은 세자에게 '민무구 등은 죄가 없다'고 말했다가 뒤늦게 발각되어 투옥되었다. 그리고 조사관들이 어째서 그런 말을 하게 되었는지 묻자 뜻밖에도 '고모부 하륜이 일찍부터 민무구 등은 죄가 없다고 말했다'고 밝힌 것이다. 그래서 조사 결과를 보고하면서 의금부 제조 이천우, 대사헌 이원, 형조판서 성발도, 우사간 조계생 등은 하륜에 대한 조사 필요성을 건의했다. 성발도는 오랫동안 영의정을 지낸 성석린의 아들이고 조계생은 동생 조말생과 함께 태종과 세종 때의 명신이다.

원래 태종은 이들에게 이지성을 처벌하는 데서 일을 마무리하도록 지시한 바 있었다. 그런데 조사 과정에서 하륜의 이름이 나오자 원래의 계획을 뛰어넘는 조사가 이뤄졌던 것이다. 그러나 태종은 하륜에 대한 조사 지시를 내리는 대신에 그를 적극적으로 변호한다. 모두 이지성의 계략에서 나온 것일 뿐 하륜이 자신을 업신여기는 마음이 있었을 리 없다는 것이었다. 다시 한 번 하륜에 대한 무한한 총애가 발휘되는 순간이었다.

이원, 성발도, 조계생 등은 반발했다. 거짓이건 사실이건 일단 진술이 나왔기 때문에 하륜을 조사하지 않을 수 없다는 것이었다. 그러나 태종은 단호했다. 이지성을 처형키로 했으니 이 문제는 더 이상 묻지 말라는 것이었다. 신하들이 물러가자 태종은 지신사 유사눌을 불러 하륜에게 보냈다. 전달할 내용은 두 가지, 이지성이 그런 말을 하였으니 알고 있으라는 것과 자신은 하륜에게 죄를 물을 생각이 없으니 안심하라는 것이었다. 태종은 자신이 평생을 보아온 하륜에게 적어도 반심(叛心)은 없다고 확신하고 있었다.

그리고 바로 다음날 이지성의 목을 베도록 지시했다. 의금부와 형조 등에서는 아직 이지성과 하륜의 대질신문 등이 이뤄지지 않아 곤란하다고 했으나 막무가내였다. 결국 이지성은 목이 달아났고 이로써 하륜은 또다시 태종의 배려로 목숨을 건질 수 있었다.

사실 민무회, 민무휼을 해풍으로 유배 보낸 직후인 태종 15년 7월 12일에 있었던 일을 보면 태종이 하륜을 어떻게 다루고 있었는지를 잘 알 수 있다. 이날 관직에서 물러나 있던 하륜이 태종에게 밀봉한 글을 올렸다. 좋게 말하면 인재 추천이었고 실은 인사 청탁이었다.

'윤회는 경사(經史)를 널리 통하여 대언이 될 만하고, 김첨은 고금을 널리 통하여 판서가 될 만하고, 박제는 노성하여 관학(館學)의 소임을 맡을 수 있고, 이의륜, 이신전, 최유항, 최명달, 강비도 모두 쓸 만합니다.'

『실록』에 따르면 모두 하륜과 친하고 가까운 사람들이었다. 이를 본 태종은 크게 실망하면서 지신사 유사눌에게 그 글을 보여주며 이렇게 말한다.

"김첨은 내가 쓰기 시작해 몇 해 안 되어 재상으로까지 발탁했다. 그런데 민무구, 민무질에게 붙어 아부하다가 불충한 죄로 사헌부에서 형벌을 받은 사람이라는 것을 누구나 아는 일인데, 하륜이 몽롱하게 천거하였다. 남의 신하 된 자가 어찌 이럴 수 있는가? 그러나 그의 공훈을 생각해 책망하지는 않겠다. 이 말을 누설하지 말라."

그러면서 하륜이 추천한 사람 중 이의륜만 충주목사로 임명한다. 여기에 기가 눌릴 하륜이 아니다. 자신도 처벌될 수 있었던 사건으로 이지성이 참수된 지 100일도 안 된 태종 16년 4월 17일자 기사는 눈을 의심하게 한다. 또 하륜에 대한 태종의 총애가 거의 맹목적인 수준에 이른 것이 아닌가 하는 느낌이 든다.

황희_ 박석명의 추천으로 도승지를 이어받은 황희는 태종의 총애와
비판을 함께 받았으나 세종 시대에는 명신으로 이름을 날리게 된다.

이날 세자의 교육과 지원을 맡고 있던 경승부윤 변계량은 집현전의
전신이라 할 수 있는 수문전 제학, 예문관 직 박희중은 지제교 겸 춘추
관 기주관이라는 직함을 겸하게 되었다. 제학이나 지제교 모두 당대
최고의 문장가임을 보증해 주는 직함이다. 문제는 두 사람이 이 엄청
난 직함을 겸하게 된 까닭에 있었다.

좌의정 하륜은 사적으로 변계량에게 자기 조상 묘의 비문을 짓게 하
고 이를 박희중으로 하여금 글을 쓰게 했다. 변계량과 박희중 두 사람

은 그의 문하였다. 여기까지는 그럴 수 있다. 문제는 그 다음이다. 하륜은 비석이 영구히 남을 것인데 비문을 지은 자와 쓴 자의 직함이 훌륭하지 못하니 "변계량에게는 관각(館閣-홍문관, 예문관, 규장각 등 국가문서를 담당하던 기관)의 직을 내리고, 박희중에게는 자급(資級-품계를 높임)을 가하소서. 더불어 지제교 겸 관각(知製敎 兼 館閣)의 직함을 띠게 하소서"라고 청했다. 태종은 두 말 않고 받아들였다. 고도의 인사 청탁이었던 것이다.

또 하륜은 죽기 4개월여 전인 태종 16년 6월 22일 봉투에 밀봉한 글을 태종에게 올렸다. 이를 읽어본 태종은 지신사 조말생을 불러 이 글을 보여준다. 심온과 황희는 간악한 소인배라는 것이었다. 따라서 이 두 사람이 인사를 책임지는 자리에 있어서는 안 된다고 써놓았다. 조말생이 다 읽고 나자 태종은 큰 실망감을 표시한다.

"진산(晉山-진산부원군 하륜)은 충직한 신하이므로 내가 그 덕의를 높여서 신하라고 일컫지 않고 항상 빈사(賓師-스승)로서 대접하였다. 그러나 이 글을 보니 내가 심히 마음이 편치 못하다. 황희는 내가 일찍부터 한 집안으로 대접해 왔고, 더구나 심온은 충녕대군의 장인이다. 옛사람이 이르기를, '임금이 치밀하지 못하면 신하를 잃고, 신하가 치밀하지 못하면 몸을 잃는다'고 하였다."

특별한 사실이 있어서라기보다는 아마도 자신의 감이 그랬다는 것 같다. 황희는 두고두고 명재상으로 칭송을 받게 되고 심온은 태종의 손에 죽게 된다.

하륜이 이처럼 할 수 있었던 것은 그의 탁월한 능력 외에 어쩌면 그 어떤 신하보다도 태종이 좋아하는 것과 싫어하는 것을 정확하게 알고 있었기 때문이었는지 모른다. 역으로 태종은 하륜의 어떤 점을 높이 샀을까? 세종 2년 5월 8일 세종과 술자리를 함께하면서 상왕 태종은 이미 세상을 떠난 하륜을 이렇게 회고한다. "하 정승은 사람됨이 남의 잘하는 것을 되도록 돕고 남의 잘못하는 것은 되지 아니하도록 말리어 충직하기가 견줄 사람이 없다." 하륜은 태종 16년 11월 6일 세상을 떠 났다.

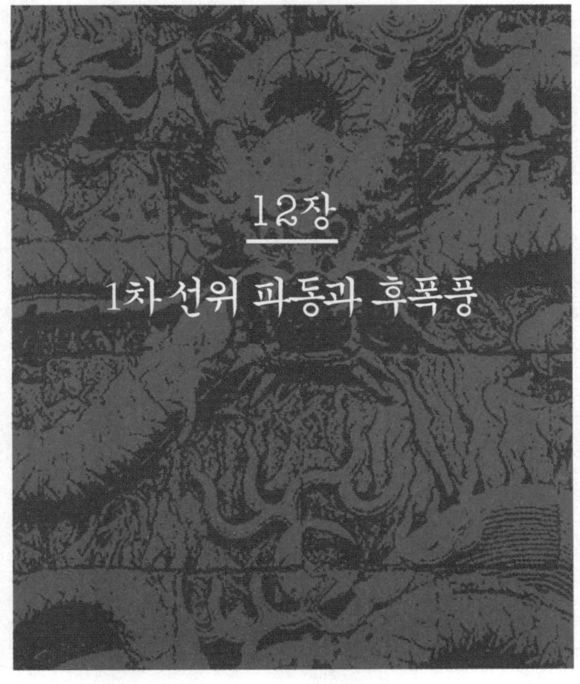

12장

1차 선위 파동과 후폭풍

태종 6년(1406) 불혹(不惑)의 나이 40세를 맞은 태종은 8월 18일 아침 최측근 인사들인 여흥부원군 민제, 좌정승 하륜, 우정승 조영무, 안성군 이숙번 등을 조용히 불렀다. 이 자리에서 태종은 세자 이제에게 왕위를 물려주겠다고 밝힌다. 모두들 깜짝 놀랐다. 이 말이 전해지자 의안대군 이화, 영의정 성석린이 백관과 원로들을 이끌고 대궐에 나아가 지신사 황희로 하여금 자신들의 뜻을 아뢰도록 했다.

"전하께서 춘추가 한창이고, 세자가 아직 성년이 못 되었고, 별다른 변고(變故)도 없었는데 갑자기 전위하시고자 하시니 신들은 그 이유를 알지 못해 황공해하고 있습니다."

이에 대해 태종은 물론 그런 사실은 잘 알고 있다며 "그러나 내 마음이 이미 결정되었으니 고칠 수 없다. 내가 전위하려는 까닭은 두 정승(하륜과 조영무)이 이미 알고 있다"며 막무가내였다. 이에 이조판서 남재와 좌정승 하륜이 나서 간곡하게 만류했다. 두 사람은 "옛날에도 임금의 명이 옳지 않으면 신하가 따르지 않은 적이 있었다"며 전위하겠다는 뜻을 받들지 않겠다고 밝혔다. 사간원 지사 권정과 사헌부 장령 이계공도 연대하여 전위 불가론을 강도 높게 개진했다. 그러나 태종은 일단 "오늘 꼭 전위하려는 것은 아니다. 내 다시 생각할 터이니, 경 등은 물러가는 것이 옳다"며 신하들을 물리쳤다. 이날『실록』은 "도성 사람들 가운데 이 말을 들은 사람은 모두 아연실색하여 놀라워하였다"고 적고 있다. 그만큼 충격적인 결단이었다.

왜 태종은 전위라는 초강수를 둔 것일까

학계의 연구도 그렇고 이 같은 결정의 전후 맥락을『실록』에서 아무리 찾아보아도 확실한 단서를 찾기는 어렵다. 어떤 하나의 사건이 있어 이런 결단이 나왔다고 보기는 어렵다. 그렇다고 일부 학자들이 이야기하듯이 처남 민무구·민무질을 죽이기 위해 사전에 준비된 시나리오 차원에서 그랬다고 보는 것은 지나치게 음모론적이다. 외척 제거의 수단으로 '전위 결단'은 너무 충격적인 방법이기 때문이다.

우선 대체적인 정황부터 짚어볼 필요가 있다. 태종 6년 8월이면 한양으로 재천도한 지 아직 1년도 되지 않았을 때다. 당초 태종의 우려대로 민심이 우호적이지는 않았을 것이다. 그런 데다가 태종 자신이 언급한 대로 심한 가뭄이 계속되고 각종 재해가 일어났다. 이 또한 태종으로서는 꺼림칙했다. 한 달여 전인 윤7월 4일 좌의정 하륜이 사직의 뜻을 밝혔다. 가뭄의 원인이 하륜 때문이라는 익명서가 종루를 비

롯한 한양 시가지 곳곳에 붙는 사건과 관련해 책임을 지겠다는 차원에
서였다. 물론 이때 태종의 만류로 하륜은 자리에 계속 남아 있게 됐지
만 태종으로서는 흉흉한 민심을 피부로 느꼈을 것이다.

집권 6년을 맞으면서 나름의 파당(派黨)이 형성될 기미를 보이고 있
었고 신하들도 국왕 대하는 태도가 예전과 달라지고 있었다. 민심이
흔들리면 조정 신하들이 잡아주고 막아줘야 하는데 이들도 만만치 않
게 자신을 압박해 온다고 느끼게 만든 사건이 윤7월 중순과 하순에 발
생한다.

태종이 이거이의 큰 아들이자 자신의 매부인 이저에게 관직을 주기
위해 고신을 돌려주자 윤7월 12일 사헌부에서 불가하다는 상소가 올
라왔다. 특히 대사헌 한상경 등은 태종에게 직접 "이저의 죄는 온 나라
사람이 아는 것이므로 신 등은 어명을 받들 수 없습니다"라고까지 말
했다. 20일에는 의안대군 이화, 안평부원군 이서 등 개국·정사·좌명
3공신이 이저에게 고신을 주지 말도록 청하였다. 이런 가운데 태종은
다음날 이저를 서울로 불러들였고, 22일 사헌부와 사간원이 합사로 글
을 올려 태종을 비판하고 나섰다. "후세에 전하께서 '사사로운 은혜를
베풀기 위해 왕법(王法)을 폐하였다'고 할까 염려되니, 전하께서는 유
의(留意)하소서."

이에 대해 아무런 답을 않자 이번에는 대간(臺諫)이 직접 태종을 찾
아와 "이저를 복직시키는 것은 사은(私恩)으로 공도(公道)를 없애는
것"이라고 직격탄을 쏘았다. 이에 태종은 "아버지의 죄가 아들에게 미
쳐야 하느냐"고 답했다가 대간들의 거센 역공을 받는다. "귀양 보내던
그 당시에는 부자 모두에게 죄가 있다고 하셨는데 왜 오늘에 이르러서
는 경중(輕重)을 가리십니까?" 태종으로서는 달리 할 말이 없었다. 어
쩌면 그 자신도 이런 비난이 나올 것은 이미 예상했을 것이다. 그럼에

도 불구하고 그가 이저를 불러들인 데에는 자신의 권력 구도와 관련해 종친 중에서 자신과 양녕으로 이어지는 후계 구도를 안전하게 뒷받침해 줄 수 있는 인물을 물색하려는 뜻이 있었던 것으로 보인다. 이미 민씨 형제들은 야심이 큰 데다가 어리숙한 양녕을 쥐고 흔들 가능성이 높은 것으로 보고 있었기 때문이다. 민씨 형제를 견제하거나 아예 그들을 대신해서 양녕을 지원해 줄 수 있는 종친으로 이저를 생각했을 가능성도 있다. 게다가 이저의 동생 이백강은 자신의 사위 아닌가?

대간을 물리친 태종은 비서실 식구들인 대언들에게까지 이렇게 말한다.

"내가 되풀이해 생각해 보아도 대간이 내 명령을 좇지 아니함은 대간만의 뜻이 아니라, 바로 조정 신하의 뜻이다. 내가 덕이 없어 나라 임금으로 부당하므로 신하가 명령을 좇지 아니하니, 내 감히 청정(聽政)할 수 없다. 너희들은 모두 나가라."

내시의 총책임자인 승전색 노희봉을 시켜 대언들을 내쫓고 승정원의 문을 봉해버렸다. 이때 쫓겨난 인물 중에서 지신사 황희와 당직을 맡았던 윤향이 물러나와 다시 아뢰기를 "왜 우리를 내치시는지 그 이유를 모르겠다"고 말했다. 이에 태종은 "너희들도 나를 가볍게 여기느냐?"고 말한다. 문무에 두루 능한 자신감의 화신(化身) 태종의 입에서 이런 말이 나왔다는 것은 심상찮다. 당시 그는 거대한 뭔가에 쫓기고 있었다.

이틀 후인 윤7월 24일 대사헌 한상경과 사간원 좌대부 윤사영이 "간언이 시행되지 않는다"며 사직 의사를 밝혔다. 이에 태종도 밀리지 않고 한성부 판사 이귀령을 편전으로 불러 자신이 이저를 불러들이려 했던 속마음을 털어놓는다.

"이저는 내가 잠저에 있을 때부터 즉위할 때까지 그 공이 매우 커서 결코 잊을 수 없다. 아버지 이거이가 죄를 얻게 되자 공신과 대간이 '거이가 말을 하였다면 저가 반드시 이를 알았을 것입니다' 하므로, 내 부득이하여 그를 외방에 내쳤으나, 금년 가을에 가뭄이 심하니, 혹 무고한 사람이 의외의 횡액으로 죄벌에 걸려 원망을 일으켜 화기(和氣)를 상하지 않았나 하여 중범죄자를 제외하고는 이미 모두 방면하였다. 그러고 보니 내 마음 한구석에는, 이저가 종친이 된 데다 큰 공도 있는데 지방을 떠돌면서 제자리를 얻지 못한 것을 볼 때, 이것도 화기를 상하게 하는 한 가지 일이라 생각했다. 이에 소환하여 다시 고신을 주고자 했더니 대간이 함께 글을 올려 재삼 만류하니, 사헌부에서조차 내 명령을 따르지 아니함은 반드시 지휘자가 있어 한 것이리라. 이들을 모두 잡아들여 그냥 물어서 승복하지 아니하거든 고문을 해서라도 철저히 조사하라."

그래서 이귀령이 조사 책임자 위관이 되어 사헌부의 대사헌 한상경, 집의 이양, 장령 한옹 등을 순금사에 잡아들여 국문했다. 한편 이날 태종은 대궐 경비의 당직을 맡은 총제 이숙번을 불러 대궐 경비에 만전을 기하고 조정 신하라도 들어오는 것을 막으라고 특별 명령을 내린다. 거대한 뭔가에 대한 두려움의 표출이었다.

다음날 좌정승 하륜 등이 아주 점잖게 태종을 설득했다. "거이가 말을 하였다면 저가 반드시 이를 알았을 것"이라는 말도 실은 태종 자신이 한 말이었다는 것을 넌지시 지적하면서 사헌부 관리들에게 장을 쳐서 국문하면 두고두고 전하의 명예에 먹칠하는 결과를 가져올 것이라고 호소했다. 이에 한상경을 비롯한 3인을 석방했고 한상경은 이저의 고신을 승정원에 바쳤다. 그래서 우대언 윤사수를 이저의 집에 보내

고신을 돌려주었다. 그러나 결국 태종은 이저에게 관직을 주지 않고 임진강 변 별장으로 돌아가라고 명한다. 전위 표명을 하기 불과 20일 전의 일이다.

전위 결단과 철회

전위 결단은 민씨 형제 제거를 위한 사전 음모에 따른 것이었을까? 학계에서는 대부분 그렇게 서술하고 있다. 그러나 그것은 결과론적인 이야기일 뿐이다. 만일 그런 음모 차원에서 나온 것이라면 방금 앞에서 살펴본 이저를 둘러싼 대간들과의 극한 갈등은 그저 연출된 것으로 폄하되어야 한다. 물론 여기서도 그는 배후, 즉 '지휘자'가 있다는 식의 발언을 한다. 거대한 뭔가를 '특정인' 또는 '특정 세력'으로 지목하고 있는 것이다.

그리고 우리가 그냥 지나쳐왔지만 여기에서 반드시 주목해야 할 한마디가 있다. 앞서 이화, 성석린 등이 백관을 이끌고 와서 전위 표명 철회를 주청했을 때 던진 이 말, 즉 "내가 전위하려는 까닭은 두 정승이 알고 있다"이다.

이런 궁금증들을 갖고 태종 6년 8월 18일 전위 결단 이후의 사태 추이를 추적해 보자. 다음날 태종은 대대적인 인사를 단행한다. 세자 교육을 책임진 세자 빈객 성석린·하륜·유창·이래·유관·조용을 모두 세자 빈객에서 해임하고 권근, 성석인, 김첨 등을 경연관으로 임명했다. 세자에게 전위할 경우 서연은 폐지되고 경연이 개설될 것에 대비하기 위함이었다. 이는 전위 표명이 단순한 제스처가 아님을 보여주려는 조처였다.

여성군 민무질의 병권을 빼앗고 김남수를 좌군 도총제로, 심구령·성발도를 중군 동지총제로, 자신의 동서인 노한을 좌군 동지총제로 하는 군부 핵심 인사를 단행했고 민무회의 군사 관련 관직도 박탈했다. 『실록』에는 기록되지 않는 뭔가가 있었다. 그것도 세자 양녕과 그의 외삼촌들인 민씨 형제가 연결된 뭔가가 있었다.

그 밖에 대사헌 한상경을 내쫓고 그 자리에 이원을 앉혔으며 사헌부와 사간원의 고위 관리들에 대한 인사도 단행했다. 이것을 보면 분명 대간들의 거센 반발과 세자 및 민씨 형제들에 대한 견제 사이에는 어떤 연관성이 있었을 가능성이 높다. 적어도 태종은 그런 개연성을 거의 확신하고서 이런 인사 개편을 했다고 볼 수 있다. 왕위에서 물러나겠다고 한 사람이 바로 다음날 군부 핵심 인사를 한다는 것은 이해할 수 없는 일이기 때문이다. 한마디로 이때 태종은 자신의 자리를 건 심각한 권력투쟁을 벌이고 있었다.

한편 성석린, 하륜과 검교 영의정 부사 권중화 등이 백관을 이끌고 궁궐에 나아가 태종에게 청한다. 결단의 이유를 알지 못하니 그 배경 설명이라도 해달라는 것이었다. 이에 태종이 "다시 생각해 보겠다"고 말하자 성석린은 어제도 그러시더니 오늘도 다시 생각해 보겠다고 말씀하시는 까닭이 뭐냐고 묻는다. 하륜은 한 걸음 더 나아가 "이와 같은 것은 태상왕에게 고하는 것이 마땅합니다"라고 제안한 다음 백관을 거느리고 태상왕이 거처하는 덕수궁(현재의 덕수궁이 아님)으로 나아간다. 행렬이 덕성방을 지날 때 태종이 보낸 지신사 황희가 달려와 "경들은 너무 성급하게 부왕에게 고하지 말라. 내 또한 생각해 보겠다"는 말을 전했다. 그러자 하륜은 '다시 생각해 보겠다'는 말씀은 생각을 바꾸겠다는 뜻이니 일단 내일까지 기다려보자고 제안해 모두 물러갔다.

전위 해프닝을 즐기는 태종

한편 대궐 안에서는 이조판서 남재, 길창군 권근 등이 지신사 황희를 매개로 해서 태종의 전위 의사 번복을 간곡하게 요청하고 있었고 태종은 여전히 요지부동이었다. 이번에는 성석린, 정탁, 조영무 등도 대궐로 돌아와 전위 철회를 밝혀줄 것을 전했다. 이 또한 황희가 중간에서 오가며 전했고 태종은 황희에게 이렇게 말한다.

"전위하는 데 별 뜻이 있는 것이 아니다. 이미 세자에게 전위하였다. 밖에서 사람들이 비록 말을 많이 한다고 하더라도 어찌 미치겠는가! 말하지 않고 물러가는 것이 나을 것이다."

그런데 이 시점에서 좌정승 하륜과 우정승 조영무가 움직인다. 태종이 "내가 전위하려는 까닭은 두 정승이 이미 알고 있다"고 말했을 때의 바로 그 '두 정승'이다. 『실록』은 이 두 사람이 발언할 때의 분위기까지 상세하게 전하고 있다. 왜 그랬을까? 『실록』의 저자(들)는 이렇게라도 해서 진실을 전하려 했다고 볼 수밖에 없는 표현이다.

먼저 하륜은 '홀로 생각에 잠겨서 말을 하지 않고 있다가 이때에 이르러 아뢰기를' 자신이 좌의정 자리에 있는 한 절대로 교지를 받들지 않을 것이니 사실상 전위의 예를 행할 수 없다고 말한다. 자신의 자리와 목숨을 걸고 전위를 막겠다는 뜻이다. 이어 조영무는 "신 등은 비록 죽는다 하더라도 결코 명령을 듣지 아니할 것입니다"라고 말한다. '전위하는 까닭을 알고 있는 두 정승'이 오히려 가장 강한 어조로 반대한다? 뭔가 이상하게 돌아가고 있었다.

조영무는 이어 '황희에게 눈짓하여 말하기를' 지신사 황희는 기어이 이런 명령을 따르겠느냐고 다그친다. 『실록』은 왜 굳이 이 대목에서 '눈짓하여 말했다'고 표현한 것일까? 태종-하륜·조영무 등으로 이어지는 밀약의 존재를 후대에 전하려 했음이 아닐까? 지신사 황희와 승전색 노희봉이 이 말을 전하기 위해 태종이 머물고 있는 궁궐의 앞뜰에까지 들어가기는 했으나 '우물쭈물하면서 몸을 움츠리고 오래도록 감히 아뢰지 못하였다'고 한다.

이제부터 지금까지 우리가 품었던 의문을 단번에 풀어줄 태종의 행동이 하나 둘 나타난다. 태종은 황희와 노희봉을 보더니 두 사람의 얘기를 듣기도 전에 "전위하기가 어려운 것을 내 이미 요량하였다"고 말했다. 이를 전해 들은 성석린 이하 백관들은 "전하의 이러한 명은 바로 전위 철회를 윤허하시는 것"이라며 노희봉에게 감사의 뜻을 전하겠다고 밝혔다. 이 말에 태종은 '짐짓 웃으면서' "그러려무나"라고 농담처럼 말한다. 상황을 즐기고 있었다.

이때부터 신하들은 일종의 '충성 서약' 이벤트를 벌인다. 하륜은 조정 신하들을 자리에 서게 한 다음 큰 소리로 "계수(稽首-머리가 땅에 닿도록 몸을 굽혀 하는 절) 사배(四拜)!"라고 외쳤다. 당시 분위기를 『실록』은 이렇게 기록하고 있다.

"천세(千歲)를 세 번 부르니 소리가 궐정(闕庭)을 진동하였고, 또 네

번 절하고, 이어서 정비전(靜妃殿)에 아뢰고 네 번 절하여 사례하였다. 여러 신하들은 모두 기뻐하고 물러나면서 생각하기를, '성상이 정말로 윤허한 것이다' 하였다."

이렇게 해서 신하들은 상황이 끝난 것으로 생각하고 모두 퇴궐했다. 그런데 태종은 밤이 이고(二鼓-밤 9시에서 11시 사이)나 되어 몰래 노희봉을 시켜 국새(國璽-옥새)를 세자궁으로 보냈다. 국새를 관리하는 책임을 맡고 있던 상서사의 관원도 알지 못하였다. 이런 시나리오를 하륜과 조영무는 어쩌면 알고 있었는지 모른다. 그리고 국새를 받아든 세자 양녕의 심정은 또 어떠했을까?

세자 마음 떠보기, 아니면 세자 살리기

모르긴 해도 다음날, 즉 8월 20일이 밝자 한양은 발칵 뒤집어졌을 것이다. 특히 조정 신하들은 말 그대로 대경실색(大驚失色)했을 것이다. 그런데 그날에 관한 기록은 『실록』에 없다. 아마도 그날은 전날 밤 태종이 은밀하게 국새를 양녕에게 전한 사실이 알려졌을 것이고 신하들은 태종의 정확한 의중을 헤아리기 위해 삼삼오오 모여서 각자가 갖고 있는 정보와 생각을 나누며 온갖 머리를 짜내야 했을 것이다. 거기에는 향후 정국 전망도 당연히 포함되었다고 봐야 한다.

또 하루가 지난 8월 21일 종친 원로 대소신료가 대궐에 들어와 글을 올렸다.

"전일(前日-19일)에 신 등이 예궐하여 윤허를 받자옵고 온 나라가 기뻐하였습니다. 그런데 중도에 변경하여 국새를 동궁에 전하시리라고는 생각지도 못하였습니다."

특히 그 글 중에는 "전하께서 종사의 대통(大統)을 세자에게 전하려면 주고받는 때에 마땅히 그 시작을 바로 하여야 합니다. 그런데 비밀리에 내시를 시켜 몰래 서로 주고받았습니다. 나라의 대통은 종묘와 사직에 관계되는 것이요, 국새는 천자(天子-명나라 황제)가 준 것이므로, 전하께서 개인 물건처럼 여기시어 사사로이 세자에게 주는 것은 종묘와 사직을 가볍게 여기는 것이요, 황제의 명령을 가벼이 여기는 것입니다"라는 대목도 포함되어 있다. 그러면서 이들은 옥새를 다시 거두어줄 것을 청한다. 이어 사간원과 사헌부도 같은 의견을 올렸다. 그래도 태종은 요지부동이었다.

성석린, 하륜, 이무, 남재 등 그의 측근 인사들이 계속 설득했으나 태종은 편전의 문도 열어주지 않고 버티었다. 이런 가운데 세자도 국새를 인정전에 놓아두고 태종의 환관 노희봉으로 하여금 자신은 나이가 어리고 아는 것이 없으므로 감히 감당하지 못하겠다고 아뢰었다. 어쩌면 태종이 이때 가장 듣고 싶었던 이야기는 이 말이었을지 모른다.

이에 태종은 노희봉을 시켜 세자의 환관 황도에게 "네가 세자를 부추겼구나"라고 꾸짖는다. 혹시 세자의 본심이라기보다는 환관이 그런 식으로 조언을 해서 세자가 지금 국새를 사양하는 것은 아니냐는 다그침이었다. 태종의 의심은 어느새 세자를 겨냥하고 있었던 것이다. 황도는 대답했다.

"국새가 세자궁에 이르니, 세자께서는 놀라서 울었습니다. 한밤중이 되어 서연관을 불러서 묻기를, '내가 국새를 되돌리고자 하는데 어떠한가' 하니 서연관이 말하기를, '세자의 뜻대로 행하실 뿐입니다' 하였습니다. 세자께서 이리하여 왔습니다. 종놈이 무엇을 알겠습니까?"

세자의 본심이 국새를 되돌려주자는 것이었음을 확실하게 증언한 것이다. 그러나 태종은 이 정도만으로는 세자, 또는 세자를 둘러싸고 새로운 힘을 도모하는 세력들에 대한 의심을 풀 수 없었던 것 같다.

이번에는 노희봉이 이화, 권중화, 성석린 등의 의견을 받아 태종에게 전하려고 편전에 들어가자 태종은 활로 노희봉을 쏘겠다는 시늉까지 했다. 그러면서 태종은 당장 인정전에 있는 국새를 내전의 종 수십 명을 보내 편전으로 갖고 들어오라고 명했다. 신하들은 깜짝 놀랐다. 국새를 종들이 운반하는 것은 있을 수 없는 일이었기 때문이다.

그런데 내전의 종들이 신하들에게 와서 "당장 가져오지 않으면 우리들을 모두 죽이시겠다고 합니다"라면서 당장 국새를 가져가겠다고 버텼다. 이에 조영무가 "종놈들이 감히 이럴 수가 있느냐?"며 성난 목소리로 이들을 꾸짖었다.

이어 국새를 담당하는 상서사 관원들로 하여금 국새를 지키고 내전의 종들이 가져가지 못하도록 명했다. 다른 한편으로 태종의 복심(腹心) 하륜은 세자에게 "직접 들어가 뵈옵고 면전에서 사양하심이 옳겠습니다"라고 말한다. 여기가 바로 사안의 핵심이다. 사건 진행의 고비고비에서 하륜과 조영무가 방향을 잡아가고 있는 것이다. 태종은 양녕이 직접 들어와 사양하기를 기대했던 것인지 모른다. 그러나 겁 많은 세자 양녕은 무서워서 못 하겠다고 버텼다. 결국 하륜은 그렇다면 동궁으로 돌아갈 것을 제의했다. 이렇게 해서 세자는 동궁으로 돌아갔다.

국새는 태종과 조영무, 하륜 등의 논란 끝에 다시 상서사 관원들이 정중하게 받들어 태종이 머무는 내전에 반입되었다. 그러나 태종은 신하들이 물러가자 국새를 저녁에 몰래 세자궁으로 보냈다. 또다시 세자가 시험에 든 상황이었다.

8월 24일 병중에 있던 길창군 권근이 장문의 글을 올렸다. 내용은 전위의 부당성을 고사(故事)를 들어 논리정연하게 밝힌 글이었다.『실록』은 이 글의 말미에 "임금이 비록 윤허하지는 않았으나, 뜻은 약간 감오(感悟)되었다"고 적고 있다.

그리고 이틀 후인 8월 26일 태종은 전위 명령을 거두었다. 이에 종친 원로 문무백관이 창덕궁에 나아가고 세자도 국새를 받들어 인정전에서 태종에게 올렸다. 그런데 갑자기 태종이 전위 의사를 바꾼 이유에 대해 다소 엉뚱한 설명을 내놓는다. 즉, 전위 의사 철회를 밝히기 전 태종은 측근 이숙번을 불러 비밀리에 이렇게 말했다는 것이다.

"밤마다 꿈에 모후(母后-신의왕후 한씨)를 뵈었는데, 우시면서 나에게 고하기를, '너는 나를 굶기려 하느냐?'고 하시니, 내 아직도 이것이 무슨 뜻인지 알지 못하겠다."

그 뜻을 모를 리 없는 이숙번은 이를 다음과 같이 '해몽(解夢)'해 올렸다.

"전하께서 어린 세자에게 전위하시면 종사가 보전되지 못하여 모후께서 굶으실 것입니다. 이것은 실로 모후께서 정녕 고하시기를, '전위하는 것은 불가하다'고 하신 것입니다. 어찌 귀신과 사람이 모두 싫어하는 것이 아니겠습니까? 원컨대, 세 번 더 생각하소서."

"내가 자식에게 전하는데 어찌하여 이와 같은고?"

그 이후 태종은 마치 현대의 노회한 마키아벨리스트 같아 보인다. 얼마 후 대신들을 불러놓고 이야기하다가 신하들이 전위 불가를 강력하게 요청하자 태종은 이숙번을 보고 "다른 대신들까지 이렇게 말하는 것을 보니 이는 분명 경이 내 말을 누설하였기 때문"이라고 말한다. 이에 이숙번도 숨기지 않고 "일이 종사에 관계되는 것이므로 감히 말하지 않을 수 없었습니다. 비록 신의 말이 아니더라도 진실로 굳이 청해야만 될 것입니다"라고 말했다. 이에 태종은 "내 뜻이 벌써 정해졌으니 고칠 수 없다"고 말했지만 태종의 정치술을 누구보다 잘 알고 있는 신하들은 이미 상황이 종료되었음을 파악하고 있었다.

다시 내전으로 물러난 태종을 이숙번이 찾아가자 태종은 "29일 인소전에 가서 점을 친 뒤에 최종 결정을 내리겠다"고 말한다. 이에 하륜은 "인소전 점을 치기 위해서도 의례를 갖춰야 하고 그러려면 국새가 반드시 필요합니다"라고 한다. 결국 상서사 책임자를 겸하고 있던 황희가 동궁에서 국새를 인수해 상서사에 갖다놓았다. 이로써 1차 전위파동은 사실상 끝이 났다. 세자 양녕도 목숨을 건질 수 있었다.

극단으로 치닫는 원경왕후 민씨와의 불화

여기서 잠깐 숨을 돌려보자. 세자 양녕과 외삼촌 민무구·민무질 사이에서 일어난 일들을 이해하려면 무엇보다도 태종의 부인이자 양녕의 어머니이며 민무구 형제의 누나인 원경왕후에 대해 알아두지 않으면 안 되기 때문이다.

태종의 왕비인 원경왕후 민씨는 1365년 7월 11일 개경의 철동에서 태어났다. 태종이 1367년생이니 민씨가 태종보다 두 살 위였다. 여흥 민씨 집안은 조선 때도 그랬지만 고려 때도 대표적인 명문가였다. 특히 아버지 민제는 고려의 문벌 귀족이면서도 새롭게 일고 있던 성리학을 받아들여 불교와 무속을 배척하고 젊은 사대부들과도 적극 교류했다. 어릴 때의 태종과는 일종의 스승과 제자 관계였다. 1차 선위 파동 직후인 태종 6년 12월 10일 태종은 부인 정비(靜妃)와 왕자들을 거느리고 장인인 여흥부원군 민제의 집을 방문해 위로 잔치를 벌인 적이 있다. 이때 민제가 시 세 편을 지어 태종을 찬양하고 감사의 정을 표하자 태종도 기뻐하며 옛날처럼 태종은 장인 민제를 '사부'라고 불렀고 민제도 태종을 '선달'이라고 불렀다.

그러면서도 민제는 늘 조심하고 또 조심했다. 이날 술자리가 파하자 민제는 태종을 전송하기 위해 대문 밖에 서 있었다. 태종은 민제에게 들어가라고 청했으나 듣지 않았다. 오히려 태종이 말에 오르려 하자 말 앞에 서기까지 했다. 아버지의 그런 모습이 민망했던지 민무질은 "아버님이 들어가셔야 성상께서 말에 오르실 것"이라고 말했다. 이에 민제는 아들에게 "네가 어찌 그 뜻을 아느냐"고 면박을 주고 자리를 지켰다. 태종도 10여 보를 걸어가다가 마침내 말에 오른다.

불행하게도 아들들은 말할 것도 없고 딸 원경왕후도 아버지 민제를 닮지 않았다. 괄괄했고 거침없는 성격의 소유자들이었다. 특히 원경왕후는 조선의 여인이 아니라 고려의 여인이었다. 이때만 해도 조선 중기 이후와 같은 극단적으로 가부장적이고 남성 중심적인 억압이 없었던 시대다.

태종의 혁명 동지

두 사람은 태종이 16세, 민씨가 18세 되던 1382년에 혼인했다. 이방원이 진사시에 급제하던 그해였다. 이때 민씨 집안은 전통적으로 개경의 명문가였고 이씨 집안은 이성계의 연이은 전승으로 인해 함흥 토호에서 중앙의 신흥 명문가로 부상하던 중이었다. 따라서 일종의 정략결혼이었다고 봐야 한다.

10년 후 조선왕조가 들어섰고 이방원은 정안공, 민씨는 정녕옹주라는 칭호를 받았다. 그러나 이때부터 이방원이 1, 2차 왕자의 난을 주도

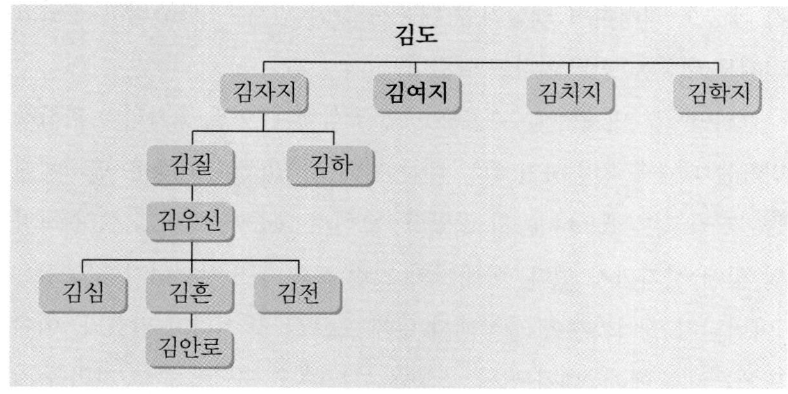

할 때까지 10년이 어쩌면 두 사람 사이가 가장 좋았던 기간인지 모른다. 4남 4녀의 많은 자식들도 대부분 이때 생겼다. 사실상의 1등 개국 공신이면서도 공신 목록에서 빠진 이방원은 '백수'에 불과했다. 권력은 계모 강씨와 정도전이 나눠 갖고 있었다. 훗날 태종이 왕위에 올랐을 때 일어난 조사의의 난도 실은 그 배후에 함흥의 강씨 집안이 있었기 때문에 가능했다.

태종이 집권 기간 내내 보여준 외척에 대한 지나칠 정도의 경계 의식은 일차적으로는 태조 때 계모 강씨 집안의 권력 강화 때문으로 볼 수 있다. 여기에 아무래도 자기 집안보다는 뿌리가 훨씬 깊은 민씨 집안에 대한 묘한 콤플렉스가 작용했을 것이다. 그러나 이것은 훗날의 이야기고 태조 재위 7년 동안 민씨 집안은 '백수' 이방원에게 누구보다 든든한 배경이 되어주었다. 민제와 그 아들들은 이방원을 위해 사람들을 모았다. 앞서 보았듯 하륜을 이방원과 연결해 준 인물도 바로 민제였다.

보기에 따라서는 1차 왕자의 난을 주도한 인물은 이방원이라기보다는 부인 민씨라고 해도 틀린 말이 아니다. 사병 혁파 때 목숨을 걸고 사병과 무기들을 친정집에 빼돌려놓아 무력을 유지할 수 있었다. 2차 왕자의 난 때는 결단하지 못하는 남편에게 말없이 갑옷을 입혀주어 거사의 성공을 이끌었다. 결국 1400년에 정종의 양위를 받아 남편 이방원이 왕위에 오르자 민씨도 그토록 갈망하던 왕비의 자리에 오르게 된다. 그러나 두 사람의 행복한 관계는 거기까지였다.

태종과 원경왕후의 오월동주

왕위에 오른 태종은 이미 달라지고 있었다. 아버지 때 보았던 것처럼 신권과 외척의 발호를 그냥 두어서는 안 된다는 생각을 굳혔다. 다만 두 차례 거사 과정에서 일단 경계할 만한 신하들은 대부분 제거되었다. 그러나 시간이 지남에 따라 자신을 도왔던 공신들이 점차 새로운 신권을 형성하게 되고 집권 기간 내내 태종은 이들 공신 세력과도 힘겨운 파워게임을 벌여야 했다. 외척의 경우 태종 2년에 일어난 조사의의 난을 성공적으로 진압하면서 강씨 집안은 몰락했지만 새로운 외척, 민씨 집안이 성장하고 있었다.

반면 원경왕후 민씨는 전혀 다른 생각을 하고 있었다. '나와 동생들의 헌신적인 지원이 없었으면 남편은 왕이 될 수 없었다. 따라서 이 정권은 이씨와 민씨의 공동 정권이다. 내 동생들에게도 상당한 지분을 줘야 마땅하다.' 태종이 부인 민씨의 이런 생각을 모를 리 없었다.

여기서 태종이 돌파구로 생각해 낸 것이 후궁을 많이 들이는 것이었다. 이렇게 되면 자연스럽게 외척의 권력은 분산된다. 또 민씨를 직접적으로 견제하는 효과도 컸다. 물론 이는 배은망덕일 수 있지만 이미 자신은 국왕이다. 이런 맥락에서 민무구·민무질 형제가 처형되었고 원경왕후의 배신감은 더욱 커져갔다. 거침없는 성격의 원경왕후는 태종을 몰아세웠고 태종 11년에는 급기야 '폐비(廢妃)'라는 극약 처방까지 언급되기에 이르렀다.

태종 11년 9월 3일 밤 태종은 은밀하게 지신사 김여지를 침소로 불렀다. 이 자리에서 태종은 조심스럽게 폐비 문제를 끄집어낸다. 왕비가 동생 민무구·민무질의 일로 분한 마음을 품어 여러 차례 자신에게 불손한 말을 했다는 것이다. 다만 조강지처라서 갑자기 폐하기는 어렵겠다고 털어놓는다. 이에 놀란 김여지는 반대했다. 그러나 태종은 "나도 또한 가볍게 폐하고자 하는 것은 아니다. 다만 내사(內事)를 대신하여 맡을 만한 자를 선택하여 들이고자 하는 것"이라고 말한다. 그냥 후궁이 아니라 중궁을 대신해 왕실의 안방살림을 책임질 후궁을 뽑겠다는 뜻이었다. 실질적인 폐비였다.

이미 구상이 서 있었기 때문에 후궁 선발은 일사천리로 진행됐다. 한 명도 아니고 동시에 세 명을 뽑았다. 9월 27일 통례문 판사 김구덕의 딸은 빈으로, 전 제학 노귀산의 딸과 전 성주지사 김점의 딸은 잉으로 삼았다. 그리고 11월 20일 김씨를 명빈으로, 노씨를 소혜궁주, 김씨를 숙공궁주로 봉하면서 김구덕의 벼슬이 쟁점으로 떠올랐다. 신하들은 전례에 따라 김구덕을 군으로 봉해야 한다고 했지만 태종은 외척 견제라는 차원에서 단호하게 반대한다. 당시 태종이 외척의 폐단에 대해 얼마나 많이 생각하고 있었는지는 그로부터 한 달여가 지난 윤12월 2일 『실록』의 기록이 잘 보여준다.

"임금이 외척의 폐단을 절실하게 말하고, 이어 말하기를 '김과가 『대학연의』를 초록할 때 외척의 일을 기록하지 않았기 때문에 그를 내쳤다."

이처럼 외척 견제를 명분으로 태종이 들인 후궁의 수는 공식적으로

만 11명이다. 왕후의 속은 숯검정이 되기에 충분했다. 태종은 심지어 왕후의 비(婢)를 후궁으로 맞아들이기까지 했다.

어쩌면 이런 시련 가운데서도 원경왕후는 자신이 낳고 친정집에서 고이 기른 세자 양녕에게 마지막 기대를 걸었을지 모른다. 그런데 바로 이 양녕으로 인해 나머지 두 동생마저 처형을 당하고 그나마 양녕도 폐세자되는 것을 보면서 삶에 환멸을 느끼지 않았을까? 여걸이라고 불러도 손색없는 원경왕후는 전형적인 유교 집안에서 태어나고 자라 숭유억불의 대원칙을 세운 남편과 살았으면서도 결국은 불교에 귀의해 어린 나이로 죽은 막내아들 성녕대군의 묘 앞에 대자암을 지어놓고 그의 명복을 비는 것으로 말년을 보내다가 1420년에 학질로 세상을 떠나게 된다.

민씨 형제로 인한 갈등

　1차 선위 파동의 후폭풍은 1년 후인 태종 7년 7월 10일부터 거세게 불기 시작했다. 이날 의정부 영사(영의정) 이화 등은 태종의 처남인 민무구·무질 형제를 탄핵하는 장문의 상소를 올렸다. 한마디로 1년 전 선위 파동 때 두 사람은 슬퍼하기는커녕 기뻐하다가 선위를 취소하자 근심하는 빛이 얼굴에 역력했다는 것이다. 이 점은 사실이었던 것 같다. 그러나 이들이 태종을 내몰고 역모(逆謀)를 꾸몄다고 볼 만한 증거가 『실록』에 나오지는 않는다. 아마도 자신들이 아는 매형의 성격상 현재 자신들이 누리고 있는 권세에 대해 매형이 마땅치 않게 여기고 있다는 것을 알고 무척 불안해했던 것 같다. 이런 상황에서 선위론이 나오니 한숨 돌렸다는 생각을 했던 것으로 보인다. 더불어 이들이 자중하기보다는 나름의 권세를 누리려 했고 자신들의 당파가 형성되었던 것도 사실이다. 바로 이 대목이 태종의 심기를 건드린 것이다.

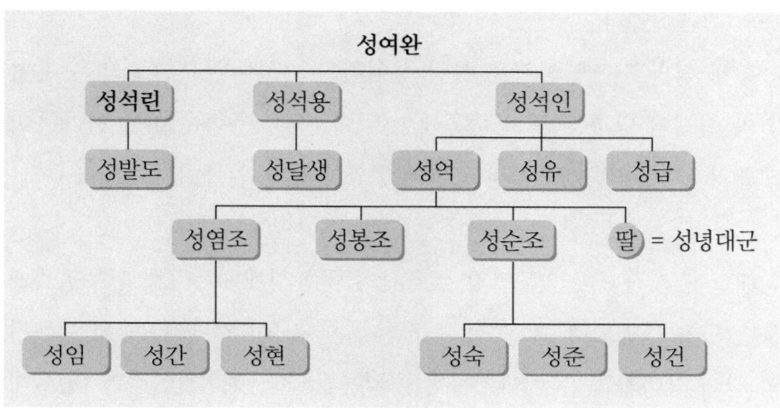

민무구·민무질 형제에 대한 탄핵

자신들에 대한 상소가 올라왔다는 이야기를 듣고 민무질이 나서 대질신문을 자청했다. 이에 따라 6대언(훗날의 6승지로 비서실 전체라고 볼 수 있다), 의령군 남재와 철성군 이원, 사간원의 사간 최함, 정언 박서생, 집의 이조 등이 심문관이 되고 병조판서 윤저, 의정부 참찬사 유량, 총제 성발도, 평강군 조희민, 칠원군 윤자당, 이조참의 윤향, 호조참의 구종지 등이 민무질과 대질하게 됐다.

먼저 민무질과 대질했던 몇몇 인물들에 대해서는 약간의 이해가 필요하다. 병조판서 윤저(尹抵, ?~1412년 태종 12년)는 고려 말부터 이성계를 따랐으며, 1392년 조선이 개국하자 상장군에 오르고, 1395년 형조전서로 고려 왕족을 강화나루에 수장하는 데 앞장을 섰다. 1397년 경상도 도절제사로 재임중 박자안의 옥사에 연루되어 투옥되었다가 풀려나기도 했으며 태종 1년 좌명공신 3등으로 칠원군에 봉해졌다. 그는 권완 등과 함께 민씨 형제와 라이벌 관계였던 이숙번과 가까웠다.

훗날 우의정까지 지내게 되는 유량은 2차 왕자의 난에 참여하는 등 태종의 측근이었다.

총제 성발도는 영의정을 지낸 성석린의 아들이었고 조희민은 훗날 민씨 형제의 당파로 몰려 죽음에 이르게 된다. 윤향은 아들 윤계동이 태종의 사위가 됨으로써 사돈 관계를 맺게 되는 인물이다.

대질이 시작됐다. 맨 먼저 호조참의 구종지에게 "네가 민무질에게 무슨 말을 들었느냐"고 물었다. 구종지는 자신이 지난해 8월에 민무질의 집에 갔다가 들은 이야기를 털어놓는다. 지난해 8월이라면 바로 태종의 선위 파동으로 정국이 시끌벅적하던 그때다. 그때 민무질이 "상당군(上黨君-이저)이 쫓겨난 뒤로 항상 주상께서 나를 의심하고 꺼릴까 두려워하였다. 이제 병권(兵權)을 내놓으니 마음이 조금 편안하다"고 말했다는 것이다. 또 자신은 그 말을 성발도에게 전했다고 밝혔다. 성발도도 그런 말을 들었다고 인정했지만 민무질은 구종지를 노려보며 "내 입에서 이런 말을 내지 않았는데, 들은 자가 누구란 말이냐?"며 호통을 쳤다. 자신의 혐의 사실을 완강히 부인한 것이다.

다음은 이조참의 윤향의 차례였다. 윤향의 이야기는 좀더 최근의 일이었다. "지난달 7일 민무질이 신의 집에 와서 말하기를, '듣건대, 얼마전 주상이 광연루에 나아가서 이숙번에게 이르기를, 지금 가뭄 기운이 없어지지 않는 것은 아래에 불순한 신하가 있기 때문이라 하니, 이숙번이 대답하기를, 불순한 신하는 제거하는 것이 가하다고 하였다고 하니 이 말은 나를 두고 하는 말인 듯한데, 자네는 이 말을 들었는가?' 하기에, 제가 말하기를, '그날 나는 중국에서 온 사신(使臣)의 일로 마침 밖에 나가서 그 말을 듣지 못하였습니다. 감히 묻자오니, 무슨 일로 스스로 의심하는 것입니까?' 하니 민무질이 말하기를, '내가 의심하는 것은, 이숙번이 주상께 하소연하여 우리들을 해치고자 할까 하는 것이지, 주상 때문에 말하는 것이 아니오'라고 하였습니다." 이에 대해서는 민무질도 인정을 했다.

다음은 참찬사 유량의 순서였다. 내용은 자못 심각했다. 윤저에게 들었다며 선위 파동 때 민씨가 이미 비밀리에 향후 내각 구성원을 정했고 그중에는 조희민도 포함되어 있었다고 밝혔다. 윤저도 자신은 윤자당에게 들었고 윤자당은 이간에게 들었다고 했다고 말했다. 그런데 그때 이간은 중국 사신을 맞기 위해 평안도 지방에 가 있었기 때문에 더 이상 확인할 수가 없었다. 그 자리에 있던 조희민은 벌벌 떨고만 있었다. 이리하여 공신들은 이 같은 조사 결과를 바탕으로 민무질, 민무구, 신극례의 죄를 청했다. 이들은 핵심 죄목은 다름 아닌 세자를 제외한 나머지 아들들을 제거하려 했다는 것이었다. 이에 태종은 "내가 장차 짐작하여 시행하겠다"고 말한다. 그리고 이틀 후인 7월 12일 이례적으로 신속하게 민무구는 연안(延安)에, 민무질은 장단(長湍)에, 신극례는 원주(原州)에 유배를 보냈다. 그리고 신극례는 그해 10월 30일 세상을 떠난다.

민씨 형제 처리에 대한 태종의 속마음

공신, 대간, 백관, 형조, 의정부 등 거의 모든 신하들이 연일 세 사람을 죽여야 한다는 상소를 올리던 15일 태종은 핵심 중의 핵심 참모인 영의정 이화, 정승 성석린과 이무를 광연루로 불러 술을 베풀고 조용히 말한다.

"민무구 등 세 사람의 죄는 다시 중하게 논하지 말라. 앞으로 서울로 불러들여 일을 맡기는 일은 결코 없을 것이고 지방에서 생을 마치게 할 것이니, 경들은 마땅히 이 뜻을 본받아, 감히 다시는 논하지 말라."

그리고 7월 29일에는 형조와 사헌부에서 또 세 사람 외에 태종의 동서인 조박 등 다른 사람이 연루된 사실을 상소로 올리자 태종은 크게 화를 내며 형조와 사헌부 관리에 대한 국문을 명한다. 『실록』은 "이들을 부추겨 일을 크게 만들려는 세력이 있다고 (태종이) 생각한 때문"이라고 해설하고 있다. 실제로 한 달여가 지난 9월 18일 태종은 편전에서 정사를 본 후 병조판서 윤저, 참찬사 유량, 호조판서 정구, 6대언만 남고 나머지 신하들을 물러가게 한 후 민씨의 다른 형제들인 민무휼·민무회와 자신의 동서인 노한을 불러들인 다음 먼저 민씨 집안과 세자의 왕래를 끊은 이유를 설명한다.

"여흥부원군(민제)은 곧 중궁의 아버지이고, 세자는 그 외손이다. 지난번에 내가 부원군으로 하여금 세자전에 사람을 왕래하지 못하도록 하였는데, 지금 들으니 부원군 부부가 실망하여 운다고 한다. 세자는 본래 부원군 부부가 안아서 키운 것인데 지금 왕래하거나 문안하지 못하게 하였으니, 인정으로 말하면 우는 것이 마땅하다. 그러나 지금 두 아들이 죄를 지어 바깥에 귀양 가 있으니, 부모의 마음으로 반드시 스스로 편안치 못할 것이다. 내가 세자에게 통래하거나 문안하지 못하게 한 것은 이 때문이다."

이어 태종은 민무휼, 민무회를 돌아보며 민무구·민무질 사건에 대한 자신의 생각을 상세하게 설명한다. 다소 길지만 태종의 정확한 생각을 아는 데 도움이 되기 때문에 전문을 인용한다.

"너희 두 형이 죄를 지어 외방에 귀양 가 있는데, 그 마음에는 반드시 생각하기를, '내가 무슨 불충한 마음이 있는가?' 할 것이고, 너희들도 또한 말하기를, '우리 형이 무슨 불충한 죄가 있는가?' 할 것이고, 너희 부모의 마음에도 또한 그러할 것이다. 지금 내가 그 까닭을 자세히 말할 것이니, 너희들은 가서 부모에게 고하도록 하라. 대저 불충(不忠)이라는 것은 한 가지가 아니다. 예전 사람이 말하기를, '임금의 지친(至親)에게는 장래가 없다'고 하였으니, 장래가 있으면 이것은 불충인 것이다. 만일 내가 정안군으로 있을 때에 너희 형들이 나에게 쌀쌀하고 야박하게 굴었다면, 이것은 불목(不睦)이 되는 것이고 불충은 아니 되는 것이지만, 지금 내가 일국의 임금이 되었는데 저희가 쌀쌀하고 야박한 감정을 품는다면, 이것은 참으로 불충인 것이다. 옛날에 이거이가 불충한 말을 하였는데, 그 아들 이저도 아비의 죄 때문에 외방으로 쫓겨났다. 그때에 의논하는 자들이 말하기를 '이거이의 말을 이저가 듣지 못하였을 리가 없습니다'라고 하였는데, 지금 너희 두 형들의 죄가 또한 부원군에게 연루되는 것이 아니겠느냐?

을유년(태종 5년) 겨울에 창덕궁을 다 지었을때, 내가 작은 술자리를 베풀어 감독관을 위로하고, 우리 아이(충녕으로 훗날 세종대왕)가 글씨를 쓴 종이 한 장을 내어 돌려 보였더니, 민무구가 신극례에게 주고서 눈짓을 하여 신극례로 하여금 술 취한 것을 빙자하여 발광(충녕이 글씨를 쓴 종이를 찢어버린 일)하게 하였다. 이것이 불충이 아니고 무엇이냐? 내가 항상 아버지께 환심을 사지 못하는 것을 한스럽게 생각하여 덕수궁에 진퇴하고 싶었으나 좌우 시종이 많아서 내 마음을 이룰 수 없으므로, 세자에게 전위하고 물러가 한가한 사람이 되고자 하였다. 하루는 민무구와 이숙번이 와서 알현하기에, 내가 왕위를 사양하려는 연고를 말하니 이숙번은 대답하기를, '주상이 이러한 뜻을 내신 것도 역시 하늘이 시킨 것입니다' 하고, 민무구는 성을 내면서 말하기를, '이게 무슨 말씀이십니까? 이게 무슨 말씀이십니까? 주상이 만일 사위(辭位)하신다면 신도 또한 군무(軍務)를 사임하기를 청합니다' 하였다. 내가 말하기를, '네 말이 지나치다. 어린 임금이 즉위하면 너희들이 군권을 맡아서 나를 따라 어린 임금을 돕는 것이 옳지, 어찌하여 군권을 사양하고자 하는가! 다만 나와 너희들은 우리 아이의 미치지 못하는 점을 서로 보살펴주어, 나라의 기틀이 연장하도록 기약할 뿐이다' 하였다. 선위하려 하였을 때에 훈친과 백관이 모두 '불가하다'고 하였으나, 내가 단연코 듣지 않았다.

하루는 민무구가 나에게 말하기를, '정승들이 모두 신에게 말하기를, 주상의 뜻이 이미 정하여졌으므로 신 등이 감히 고집할 수 없으니 미리 선위할 여러 일을 준비하여 주상의 명령을 따르고자 한다고 하였습니다' 하였다. 내가 듣고 심히 기뻐하였는데, 조금 뒤에 정승들이 다시 백관을 거느리고 대궐 뜰에서 간쟁하였다. 내가 민무구에게 이르기를, '내가 경이 전날에 했던 말을 이미 여러 대언(代言)에게 말하였는데, 지금 정승들이 어찌하여 다시 저렇게 구는가?' 하니, 대답하기를, '신이 들은 것은 정승 중의 한 사람이 남몰래 한 말입니다. 전하가 어찌하여 신의 말을 대언에게 누설하셨습니까?' 하기에 대답하기를, '네가 정승들이라고 말하기에 나는 반드시 여러 사람의 의논이라고 생각하였다'고 하였다. 또 어느 날 밤에 산올빼미가 침전 위에서 울기에, 그 이튿날 내가 다른 침실에서 잤는데, 또 그 위에서 울기를 3, 4일이나 계속하였다. 내가 진실로 괴이하게 여겼었다. 또 들으니, 정비(靜妃)가 섬기는 귀신의 무당이 그 귀신의 말을 전하기를, '내가 이미 전위하면 안 된다는 뜻을 서너 차례나 일렀는데, 왕이 알지 못하는구나!' 하였다 한다. 내가 듣고 웃으며 말하기를, '누가 와서 일렀단 말인가? 무당의 말은 믿을 만한 게 못 된다'고 하였다. 그러나 되풀이하여 생각해 보니, 아마 이것이 산올빼미의 뜻인가 보다 하고, 이에 선위하는 일을 실행하지 않았다. 여러 신하들은 청한 것을 허락받았다고 기뻐하면서 모두 배하(拜賀)하고 물러갔는데, 민무구는 들어와 알현할 때 성낸 빛이 있었으니, 내가 그 뜻을 알지 못하였다. 내가 어찌 임금 되기를 좋아하였겠는가! 내가 세자에게 전위하고자 한 것은, 대개 몸이 구속받지 않고 혹은 덕수궁에도 가고, 혹은 인덕궁(仁德宮)에도 가고, 혹은 원야(原野)에도 유람하고, 혹은 매 놓는 것도 구경하여, 내 뜻에 맞게 살고자 한 것이다. 이것이 즐겁지 않겠는가! 옷이 아무리 많더라도 다 입을 수 없고, 밥이 아무리 많더라도 한번 배부르면 그만이요, 말이 아무리 많더라도 다 타지는 못한다. 내가 어찌 임금의 자리를 즐겁게 여기겠는가!

또 하루는 민무구가 곁에 있기에, 그 뜻을 알아볼 요량으로 '네가 지난번에 군권을 사임하고자 하였는데, 지금 사임할 테냐? 내 사위 조대림도 군권을 해임시키겠다'고 하니, 민무구가 매우 성을 내어 좋지 않은 기색으로 말하기를, '신을 만일 해임하면 전하의 사위도 해임하여야 합니다'고 하였다. 그 마음이 불경하고 말이 천박하기가 이와 같았다. 또 하루는 내가 민무구에게 이르기를 '나의 자식 궁달(弓達-효녕)과 아무개(충녕)는 모두 나이가 어려서 혼취(婚娶)할 때는 아니지만, 그러나 옛적에 당나라 태종이 지차(支次-세자 이외의 아들들) 아들을 궁중에 두고 의복과 거마를 태자와 다름이 없게 하니, 위징이 옳지 않다고 하였다. 이제 이미 세자를 봉하여 별궁에 두었는데, 지차 자식들을 모두 앞에 두면, 혹 지나치게 사랑하는 잘못을 면하지 못할까 두려우니 장가를 들여서 딴 집에 살게 하고자 한다' 하니, 민무구가 대답하기를, '아무리 미리 방비하고자 하더라도 중간에서 난을 선동하는 신하를 금지하는 것만 같지 못합니다'라고 하였다. 내가 이 말을 듣고서 움찔하였다. 인생은 오래 살기가 어려운데, 형이 국왕이 되어서 그 아우들로 하여금 마음대로 출입도 못 하게 한다면, 국왕의 아우가 되는 것도 또한 곤란하지 않겠는가! 또 옛날 내가 민무구에게 이르기를, '내가 장의동 옛집을 헐어서 조순(曹恂)의 옛 집터에다 고쳐 지어서 한 자식을 살게 하고, 가까운 이웃 정희계의 집을 사서 한 자식을 살게 하여 형제들로 하여금 서로 따르고 우애하고 공경하게 하는 뜻을 돈독하게 하려 한다'고 하니, 민무구가 대답하기를, '그렇지만 반드시 그 사이에 유액(誘掖)하는 자가 없어야만 가합니다'라고 하였다. 민무구의 이 말은 대개 여러 아들이 난을 꾸밀 것을 염려하여 제거하고자 한 것이니, 세자에 대해서는 충성을 다하는 것 같으나, 나에 대해서는 불충함이 이미 이와 같았다. 어찌 그 아비에게는 박하게 하고 그 아들에게는 후하게 할 수가 있는가!"

<h1>조대림 역모 사건</h1>

1차 선위 파동이 있고 난 다음해인 1408년, 즉 태종 8년은 태종에게 집권 18년 중에서 가장 힘들고도 비극적인 한 해였는지 모른다. 그해 2월 16일 셋째 아들 충녕군(세종)이 심온의 딸과 결혼한 일을 제외하고는 집안에 안 좋은 일이 잇따랐기 때문이다. 세자의 실덕 실행은 갈수록 심해지고, 5월 24일에는 마지막 순간까지도 자신을 따뜻하게 받아들여주지 않았던 아버지 이성계가 세상을 떠났으며, 8월 6일에는 평생동안 그의 후원자가 돼주었던 작은 아버지 이화마저 세상을 떠났다.

자칫 하다가는 왕실의 안위까지 위태로워질 수 있다고 생각할 만했다. 조선 왕실의 운명은 이제 그 자신의 어깨에 달려 있었다. 극도의 불안감이 엄습해 왔을 것이다. 또 대간에서는 자신의 권력의 양대 축이라 할 수 있는 하륜과 박은에 대한 탄핵 상소가 이어졌다. 태종은 측근들에 대한 연이은 상소를 자신에 대한 도전으로 여기고 대간들을 처벌하여 여론도 극도로 나빠졌다. '폭군'의 조짐을 우려하는 이야기까지 나올 정도였다.

사위 조대림, 순금사에 가두다

위기의 태종 8년이 끝나가던 12월 5일 밤 태종은 조준의 아들이자 자신의 둘째 사위인 조대림을 반역 혐의로 순금사에 가두라고 명했다. 이때 조대림의 나이 21세였다. 조대림은 원래 지금의 서울 중구 소공동에 있던 남별궁에 살았다. 소공동이라는 이름도 부인 경정공주를 당시 사람들이 소공주라고 불러서 생긴 것이다.

얼마 후 밝혀지지만 그가 순금사에 갇히게 된 것은 목인해의 모함 때문이었다. 목인해는 김해 관노 출신으로 애꾸눈에 활을 잘 쏘았다. 원래는 태종의 매부 이제의 가신이었다. 그랬다가 이제가 1차 왕자의 난 때 죽자 정안공의 사람이 되어 호군에 올랐다.

그의 부인은 조대림 집의 종이었다. 그래서 목인해는 늘 조대림의 집을 드나들었고 조대림도 목인해를 가족처럼 대해주었다. 그런데 목인해는 '대림이 나이가 어리고 어리석으니 모함하면 부귀를 도모할 수 있을 것'이라고 생각해 나름의 시나리오를 꾸민다.

목인해는 자신이 부마로서 군권을 갖고 있던 이제의 휘하에 있을 때의 경험을 이야기하며 "뜻밖의 변이 일어나면 다른 사람들은 문제가 없지만 공은 군사에 익숙하지 못하니 미리 대처하는 방법을 익혀둬야 한다"고 말했다. 그러고는 "설사 변을 일으키는 자가 있더라도 내가 힘을 다해 공(公)을 돕겠소"라고 다짐했다.

다른 한편으로 목인해는 은밀하게 이숙번을 찾아가 "평양군(조대림이 아버지의 작호를 1406년에 이어받았다)이 두 마음을 품고 군사를 일으켜 공(公)과 권규(권근의 아들이자 태종의 셋째 사위), 마천목을 죽이고 역모를 꾀하려고 하오"라며 거짓 밀고를 했다.

이숙번은 즉각 태종에게 아뢰었고 태종은 직접 목인해를 불러 믿을 수 없다며 "대림이 나이 어린데 어찌 감히 그렇게 하겠느냐? 만일 네 말이 사실이라면 반드시 주모자가 있을 것"이라고 말했다. 목인해는 이 말을 듣고는 즉각 조대림에게 달려가서 "곧 무장한 군사 수십 명이 경복궁 북쪽 으슥한 곳에 모여 공을 해하려고 하니, 공은 마땅히 거느리고 있는 병마로 이를 잡으소서"라며 덫을 놓았다. 병사를 몰고 경복궁 쪽으로 간다는 것은 곧 사정을 모르는 사람이 볼 때는 쿠데타이기 때문이다.

조대림이 처음에는 이숙번과 이야기해야겠다, 태종에게 알려야겠다고 하자 목인해는 상황이 급하니 먼저 군사를 출동시키고 나서 알려도 늦지 않다고 유인했다. 조대림도 이를 옳다고 여겨 우선 목인해의 뜻을 따르기로 했다. 그러나 뭔가 이상하다고 생각한 태종은 조대림에게 사람을 보내 소격전에서 제사를 지내라고 명했다. 그런데 조대림은 자신이 범염(犯染-초상집에 갔다옴)을 했기에 불가능하다고 답했다. 그 바람에 태종도 조대림을 의심하게 된다.

목인해의 구상은 의외로 치밀했다. 목인해는 조대림의 집에 와서 "위아래 친분이 있는 사람이 누구냐"고 물었다. 이에 조대림은 조용밖에 없다고 말했다. 조용은 정몽주의 문인으로 성균관 대사성을 지낸 덕망 있는 학자였다.

조대림이 조용을 불러 침실에서 은밀하게 자기가 아는 전후 사정을 이야기했다. 조용은 당장 "주상께 아뢰었소?"라고 물었다. 조대림이 "아직 아뢰지 못하였소"라고 답하자 조용은 얼굴빛이 변하며 "신하가 되어서 이런 말을 들으면, 곧 주상께 달려가 고하는 것이 직분인데, 하물며 부마는 더 말할 게 뭐가 있겠소?"라며 야단치듯 말하고 자신이 직접 고하겠다고 대궐을 향해 나섰다. 이에 당황한 목인해는 조용을 길에서 잡아 억류한 다음 이숙번에게 달려갔다.

"조용이 지금 평양군의 집에 있습니다. 이 사람이 모주(謀主)입니다. 평양군이 만일 거사하면, 내가 백마를 타고 그를 따를 것이니 만약 대인의 군사와 만나거든 군사를 경계하여 나를 알게 하소서. 그러면 내가 칼을 뽑아 평양군을 베겠습니다."

그런데 이 틈에 조용이 탈출해 태종에게 진상을 낱낱이 보고했다. 태종은 조용의 말을 듣고서 "내 이미 알고 있었다"고 답한다. 이제 남은 것은 목인해를 잡아들이는 일이었다.

한편 전후 사정을 모르는 조대림은 해가 저물자 대궐로 태종을 찾아갔다.

"듣자오니 경복궁 북쪽에 도적이 있다 하니, 신이 이를 잡고자 합니다. 원하옵건대, 신에게 마병(馬兵)을 주소서."

"네가 어떻게 잡겠느냐?"

"신이 능히 잡을 수 있습니다."

아마도 여기서 태종은 속으로 터져나오는 웃음을 참았는지도 모른다. 그러고는 모른 척하고서 좋다고 말한다. 조대림은 그래서 당직을 서고 있던 총제 연사종(延嗣宗)에게 병사를 빌려달라고 하니 미리 태종의 밀지를 받았던 연사종은 23명을 내주었다.

한편 태종은 이숙번에게는 "조대림이 만약 군사를 발하면 향하는 곳이 있을 것이니, 경의 집에서 조천화(照天火-일종의 조명탄)를 터뜨려라. 내가 나발을 불어서 응하겠다"고 일러두었다. 그러면서도 지신사 황희에게는 시치미를 뚝 떼고서 "들으니 평양군이 모반하고자 한다니, 궐내를 요란하고 시끄럽게 하지 말라"고 말한다. 이에 황희가 주동자가 누구냐고 묻자 "조용이다" 했다. 그러자 황희는 "조용은 사람됨이 아비와 임금을 죽이는 일은 따르지 않을 것입니다" 하고 의아해한다.

어둠이 깔리고 목인해는 조대림에게 재촉했다. 조대림은 갑옷을 입고 말에 오르면서 "도적이 어디에 있느냐?"고 물었다. 목인해는 남산의 마천목 총제 집 옆에 있다고 답했다. 조대림이 남산을 향해 집을 막 나서는 순간 이숙번이 조천화를 쏘았고 태종은 궐내에서 직접 나발을 불었다. 궐에서 나발 소리가 난다는 것은 뭔가 변고가 생겼다는 신호였다. 조대림은 군사들에게 어디로 가야 하느냐고 물었고 군사들은 하나같이 "나발 소리를 들으면 궐문에 모이는 것이 군령입니다"라고 대답했다. 이에 맞서 목인해는 "곧장 남산으로 가야 한다"고 우겼다.

만일 여기서 조대림이 목인해의 말을 따랐다면 죽었을지도 모른다. 그러나 조대림은 대궐을 향했다. 목인해는 당황했다. 엎지러진 물이었다. 자신이 먼저 대궐로 들어가 "평양군이 갑옷을 입고 군사를 발하여 대궐로 향하였다"고 소리쳤다. 이에 태종은 총제 권희달을 시켜 조대림을 체포케 하여 순금사에 가두도록 했다.

잔인할 정도로 상황을 즐기는 태종

사실 상황을 소상하게 파악하고 있던 태종이었기에 조대림을 순금사에 가둘 필요는 없었다. 아니 그에 앞서 굳이 조대림이 남산으로 갈지 대궐로 갈지 선택의 기로에 놓이게 할 필요도 없었다. 만에 하나 사

위를 죽음에 몰아넣을 수도 있는 상황이었다. 그런데 태종은 이럴 때
마다 냉혹한 권력자로서의 면모를 유감없이 보여준다.

태종은 찬성사 윤저, 대사헌 맹사성, 형조참의 김자지, 좌사간 유백
순, 승전색 박영문, 동순금사 겸판사 이직 등에게 명하여, 대림이 군사
를 발한 까닭과 주모자를 국문토록 하였다. 조대림은 세 번이나 물어
도 말할 바를 알지 못하였다. 실제로 조대림으로서는 할 말도 없었다.

오히려 조대림은 자신을 문초하던 부사직 최규를 통해 목인해와 대
질케 해달라고 태종에게 간청했다. 이에 대해 태종은 이렇게 지시한다.

"조 정승(조준)은 개국원훈이므로, 내가 그 아비를 중하게 여겨 그
아들을 부마로 삼은 것이다. 어찌 일찍이 매 한 대 맞고 자랐겠느냐?
대림이 만일 꾀한 바가 있다면, 비록 형벌을 가하지 않더라도 그 사실
을 고하지 않겠느냐? 만일 고하지 않거든, 억지로 형벌하여 공초(供招)
를 받는 것이 어찌 마음에 쾌하겠느냐? 목인해와 적당히 대질하여 묻
고, 곤장을 가할 것은 없다. 그러나 잠시 형장(刑杖)을 가하여 반드시
그 사실을 토로하게 하라."

적당한 시늉만 하라는 뜻이었다. 그런데 태종은 최규가 오해하기 좋
을 만한 이야기를 조대림에게 전하라고 시켰다.

"네가 이미 내게 불효하였으니, 내가 어찌 너를 아끼겠느냐? 네가 비
록 죽더라도 명예는 나쁘지 않게 하여야 하겠으니, 주모자를 스스로 밝
히라."

최규로서는 조대림이 정말로 역모를 꾀했다고 생각할 수밖에 없었

고 그래서 조대림을 조사하던 문사관(問事官)은 장(杖) 64대나 때렸다. 그런데도 조대림은 결백을 주장했다. 반면 지신사 황희를 직접 보내 목인해를 심문한 결과 장 10여 대를 맞고서 자신이 조대림을 모함했다는 사실을 털어놓았다. 그때에야 조대림은 "어제 (전하께서) 나발을 분 것은 나를 살리기 위함이었구나"라는 것을 깨달았다. 조대림과 조용은 석방되었다. 그러나 이것은 새로운 파란의 시작이었다. 태종은 중국의 고사까지 인용하며 자신의 사위가 무참한 지경으로 곤장을 맞는데도 전후 사정을 제대로 알아보려 한 신하들이 하나도 없었다는 사실에 분격했다. 엎친 데 덮친 격으로 6일에는 자신의 동서이며 잠저에 있을 때 "가장 친했던" 윗동서 조박이 세상을 떠났다.

죽음의 문턱에 이른 맹사성

순금사에서 목인해에 대한 조사 결과를 올렸다. 목인해의 죄는 능지처참에 해당된다는 것이었다. 이에 따라 길거리에서 즉각 시행하라고 지시했는데 대간에서 사형 집행을 중지한 채 모두 대궐에 들어와 아뢰었다. 요지는 목인해의 능지처참은 당연하나 조대림이 처음부터 사정을 태종께 아뢰지 않은 점이 여전히 미심쩍으니 더 조사를 해봐야겠다는 것이고 또 조박이 죽었으니 형 집행을 일시적으로 연기하자는 것이었다. 특히 태종의 심기를 건드린 것은 다시 한 번 목인해와 조대림을 대질시켜 주범과 종범을 가려보자는 대목이었다. 그러나 태종은 일단 대간의 뜻이 그러하다면 따르겠다고 말한다. 그래서 재차 대질이 이뤄졌으나 목인해가 더 이상 다른 말을 하지 않고 원래의 진술을 그대로 인정했다. 태종의 분노가 폭발했다. 그 대상은 사헌부 대사헌 맹사성이었다. 조대림을 석방해 집으로 돌려보낸 태종은 그 자리에서 대사헌 맹사성, 좌사간 유백순, 지평 이안공, 정언 박안신 등을 순금사에 가두도록 명했다. 그리고 자신의 측근 인사들인 완산군 이천우, 병조판서 남재, 의정부 참지사 박은에게 이들이 사형을 늦추고자 한 까닭을 국문하도록 지시했다. 다른 한편으로 자신의 뜻을 잘못 전해 사위 조대림을 죽기 일보 직전까지 때리게 만든 최규, 조대림에 대한 지나친 형벌을 제지하지 못한 승전색 박영문을 체포하도록 했다.

다음날인 9일 목인해는 저잣거리에서 온몸이 갈기갈기 찢기는 환열형을 당했고 자식들도 교살(絞殺)되었다. 더불어 우사간 서선, 지사간 박고, 우정언 이안유 등도 순금사에 갇혔다. 사헌부와 사간원의 핵심 간부들은 모두 옥에 갇히는 신세가 된 것이다. 그리고 태종은 자신이 직접 조사 방향까지 지시했다. 국문을 통해 그들한테서 왕실의 약화를 도모했다는 뜻의 '모약왕실(謀弱王室)' 네 글자를 받아내라면서 "만일 승복하지 않거든 모질게 때려 신문하되, 그의 죽음을 아낄 필요가 없다"고까지 말했다.

결국 매를 견디지 못한 맹사성, 서선, 이안유, 박안신 등은 모두 '승복'하였다. 이제 죽음만이 그들을 기다리고 있었다. 태종은 맹사성의 아들인 감찰 맹귀미까지 잡아들여 함께 죽이려고 하였다. 이판사판의 심정이 된 박안신은 맹사성에게 "서로 얼굴이나 보고 한마디 말이나 하고 죽자"고 제안했다. 이에 맹사성은 작은 쪽지에다가 '충신이 그 직책으로 인해 죽는 것은 임금의 은혜를 저버리지 않는 것이요, 조종(祖宗)을 저버리지 않는 것이다'라고 점잖게 썼다. 반면 박안신은 시를 지어 '죽는 것은 기꺼이 받아들이겠으나 임금이 간신(諫臣)을 죽였다는 오명을 얻게 될 것이 염려될 뿐'이라는 내용을 옥의 벽에다 크게 써붙여 놓았다. 또 병조판서 남재에게는 "어째서 우리의 구명을 다시 아뢰지 아니하여 우리 임금의 아름답지 못한 이름을 만세(萬世)에 남기게 하오? 만일 다시 아뢰지 않는다면, 내가 죽어서 귀신이 되어서라도 공의 자손들을 학살하겠소"라고 저주를 퍼부었다.

이숙번, "이들을 사형시키면 머리를 깎고 숨어버리겠습니다"

이틀 후인 11일 이천우 등이 맹사성 등의 죄목을 아뢰자 태종은 "맹사성, 서선, 박안신, 이안유와 맹사성의 아들 맹귀미를 모두 극형에 처하라"고 명했다. 그것도 저잣거리에서 형을 집행하라며 환관들을 보내 재차 독촉했다. 태종은 평상심을 잃고 있었다. 오죽했으면 『실록』은 "나라 사람들이 모두 서로 돌아보며 얼굴빛을 잃었다"고 당시 분위기를 기록했겠는가.

이때 태종의 총애가 깊은 안성군 이숙번이 나서 맹사성을 적극 변호했다. 언관의 직분에 충실했을 뿐인데 역적으로 모는 것은 너무하다는 것이었다. 이 말을 듣고 태종은 화를 내며 "누구의 지도를 받고 이런 말을 하느냐?"고 오히려 이숙번에게 따져 물었다. 그러나 태종의 성격을 잘 아는 이숙번도 여기서는 물러서지 않았다.

"신은 젊어서부터 전하를 따랐으니, 전하께서 신의 마음을 아실 것입니다. 신은 지도를 받은 일도 없고 두려워하는 것도 없습니다."

이에 감동을 받았는지 태종은 이숙번에게 이 일을 맡아서 처리하라고 지시한다. 그러자 이숙번은 태종이 평상시에 즐겨 쓰던 말, 즉 '모진 매 밑에 무엇을 구하여 얻지 못하랴?'를 인용하며 맹사성도 모진 고문을 당한 끝에 '모약왕실(謀弱王室)'이라는 초사(招辭-조서)에 승복했을 뿐인데 그것만으로 극형을 처하는 것은 온당치 못하다고 말했다.

이번에는 불똥이 지신사 황희에게 튀었다. 왜 많은 재상들은 이렇게 말하는데 지신사 자리에 있는 사람이 임금을 생각해 직언을 하지 못하느냐는 것이었다. 이숙번도 순금사 사직 김이공을 불러 "남 판서(남재)와 박 참지(박은)는 모두 도리를 아는 재상인데, 어째서 다시 아뢰지 않고 모두 임금의 뜻에만 아첨하여 옥사(獄事)를 이렇게 처리하는가? 그대도 명색이 선비인데 어째서 이같이 하느냐?"고 면박을 주었다. 그러면서 이숙번은 "주상께서 만일 이 사람들을 반드시 사형하려고 하신다면, 나는 머리를 깎고 숨어버리겠습니다"라고 말했다.

뒤이어 병중에 있던 권근, 영의정 하륜, 좌정승 성석린, 삼군 영사 조영무 등 문무 최고 관리들이 대궐 뜰에서 태종에게 맹사성을 사형시켜서는 안 된다고 간곡한 말을 올렸다. 이 자리에 우의정 이무는 빠졌다. 이무는 맹귀미의 장인이었기 때문이다.

태종은 이날 모인 사람들 중에서 "맹사성은 모반한 것도 아니며 무고한 것도 아닙니다. 다만 공사(公事)를 처리하면서 실수를 했을 뿐인데 극형을 당하면 어찌 사람의 정리(情理)에 맞겠습니까?"라고 한 하륜의 말꼬리를 잡아서 화를 벌컥 내며 이렇게 말한다.

"경은 지금 나더러 잘못이라고 하는 것인가? 공사(公事)를 처리함에 있어 어찌 실수할 수 있는가?"

태종의 말이라면 대부분 복종하던 하륜도 한나라 선제가 명재상 양운을 죽이려 할 때 신하들이 제대로 간하여 사형을 저지하지 못한 중국 고사를 길게 인용한 다음 "신은 동방에 그런 임금은 없을 것이라고 늘 생각하였는데 오늘 이런 일이 생길 줄은 몰랐습니다"라고 정면으로 맞섰다.

그러자 태종은 정확히 반걸음을 물러섰다.

"내가 사람 죽이기를 좋아하지 않는 것은 경들이 아는 바이다. 그런데 아무리 반복하여 생각해 보아도 사성의 죄는 죽여야 마땅하다. 그러나 경들이 이렇게까지 간하니, 내가 우선 생각해 보겠다."

그리고 그 자리에 모인 신하들이 서둘러 사형 집행 결정을 철회해 줄 것을 청하자 마침내 받아들인다. 그러면서 말 끝머리에 아주 의미심장한 말을 덧붙인다.

"사안이 극히 중대하고 내 뜻이 이미 결정되었으니 가볍게 바꿀 수 없다. 그러나 임금이 혼자서만 국가를 다스릴 수 없고, 경들도 어찌 나를 불의에 빠뜨리고자 하겠는가? 경들의 말을 따르겠다. 대신 경들도 왕실이 약해지지 않도록 도모하라."

13장
2차 선위 표명과 권력투쟁

서양에는 '다모클레스의 칼'이라는 유명한 고사가 있다. 다모클레스는 기원전 4세기경 지중해의 시칠리아섬에 있던 고대 도시국가 시라쿠사의 왕 디오니소스 1세의 신하였다. 아첨에 능했던 다모클레스는 자신이 그렇게도 흠모하는 옥좌(玉座)에 한번 앉아보는 것이 소원이었다. 그 자리에 오르면 세상에 부러울 것이 없을 것 같았고 못 할 게 없을 것이라고 생각했기 때문이다.

디오니소스 1세는 이를 간파하고서 다모클레스에게 하루 동안 그 자리에 앉는 것을 허락했다. 대신 디오니소스 1세는 그의 머리 위에 가느다란 실로 칼을 매달아두었다. 그때에야 다모클레스는 최고 권력의 자리가 얼마나 피말리는 것인지를 깨닫게 되었다.

태종 9년(1409) 태종 이방원은 43세에 접어들고 있었다. 지금의 나이로 보면 결코 많다고 할 수 없지만 여러 차례 죽음의 고비를 넘기고 노회한 신하들에 둘러싸여 힘겹게 건국(建國)의 기본 틀을 다지기 위해 힘써 온 태종임을 감안한다면 지칠 만도 한 나이였다. 이미 한 차례 선위 파동에서 보여주듯 이 무렵 태종은 극도의 스트레스에 시달려야 하는 국왕의 자리를 벗어나고 싶은 심정과 주변을 돌아볼 때 어느 것 하나 마음 편하게 준비가 갖춰져 있는 게 없는 현실에서 갈등하고 있었다.

'자식들을 모두 살릴 수 있는 길은 무엇인가?'

새해 첫날 문소전에서 제사를 지낸 후 궁으로 돌아온 태종은 세자와 여러 왕자에게 음식을 내리고 대언들에게 일렀다.

"내 아들 가운데 죽은 자가 여섯이고 지금 다만 네 아들만이 남아서 같이 밥을 먹으니, 부모의 마음이 어떠하겠느냐? 내가 우애하는 도리를 가르칠 터이니, 너희들은 그리 알라."

태종이 새해 첫날부터 가족 이야기를 꺼낸 데 대해 『실록』은 "지난번에 민무구 형제가 여러 왕자들을 제거할 뜻을 가졌던 것을 언짢게 여긴 까닭"이라고 풀이한다. 실제로 민무구 형제 사건은 외척에 대한 태종의 생각을 근본적으로 바꿔놓는 계기가 됐다. 처음에는 누구나 생각 하듯이 처남이자 세자의 외삼촌인 민무구 형제에게 군권(軍權)을 맡기면 자신이 세상을 떠나더라도 세자를 지켜줄 것으로 믿었다. 실제로 태종은 태종 7년까지만 해도 민무구와 조대림에게 나눠서 군권을 맡겼었다. 그러나 1차 선위 파동 때 보여준 민무구의 미심쩍은 태도에 불만과 불안을 느낀 그는 철저하게 외척을 배제하고 종친 위주로 군권을 유지하는 쪽으로 방향을 잡았다.

실제로 안정적인 후계 구도 완성의 핵심은 군권 안정에 있었다. 어쩌면 태종 9년 한 해는 이 문제를 고민하면서 다 보냈다고 할 수 있을 정도였다. 그해 4월 1일 태종은 대신들과 함께 앞으로 군사의 책임을 맡을 만한 자를 누구로 할지 의논한다. 다음날에는 사헌부 지평 조서로가 두 통의 상소를 올렸다. 하나는 민무구 형제를 죽여야 한다는 내용이고, 또 하나는 조대림의 군권을 빼앗아야 한다는 것이었다. 문제는 후자였다. 태종은 이를 왕실로부터 군권을 박탈해야 한다는 뜻으로 받아들였다.

> "사람들이 말하기를, '왕자는 병권을 잡지 못한다'고 하니, 효령과 충녕은 장차 세자에게 기식(寄食)할 것이다. 첫째 사위 청평군(이백강)은 상당군(귀양가 있는 이저)의 동생인지라 남에게 꺼림을 받고 있고, 길천군(권근의 아들인 권규)은 나이가 어리므로, 내가 평양군(조대림)에게 병권을 잡게 했다. 이는 왕실을 굳건히 하려는 것이다. 그런데 사헌부에서 그 병권을 내놓게 하려고 하는 것은 과연 무슨 뜻인가?"

어쩌면 태종은 "나보고 병권을 내놓으라는 뜻 아닌가"라고 묻고 싶었는지도 모른다. 이 점을 고려할 때 우리는 앞서 살펴본 조대림 문제를 둘러싼 맹사성의 실수에 대해 왜 태종이 그토록 분노했는지를 정확하게 이해할 수 있다. 그의 구상은 자신의 처남이자 세자의 외삼촌이 아니라 세자의 매제가 군권을 맡도록 함으로써 세자의 권력을 뒷받침하려는 것이었다. 그런 구도에서 다른 왕자들은 '기식'하며 삶을 누릴 수 있을 것이라는 희망도 있었다.

5월 19일 태종은 세자 이제, 효령군 이보, 충녕군 이도, 막내 이종을 불러 형제간의 화목에 관해 이야기를 마친 후 "눈물을 주루룩 흘렸다." 그러면서 옆에 있던 황희에게 "너는 구신(舊臣)이므로 나의 뜻을 미루어 알 것이다"라고 말한다. 이에 네 아들도 함께 눈물을 흘렸다. 물러가는 황희를 세자를 시켜 전송케 하자 황희는 세자에게 "오늘 부왕께서 일깨워주신 뜻을 잊지 않으면 실로 만세(萬世)의 복(福)이 될 것입니다"라고 당부한다.

"임금의 자식은 장자만 빼고 다 죽여야 옳으냐?"

자신의 2차 선위 의지를 밝힌 지 얼마 되지 않은 9월 4일 태종은 편전에 앉아 이천우, 김한로, 이응, 황희, 조용, 김과 등을 불러놓고 이런 저런 이야기를 한다. 착잡한 심정을 가까운 측근들에게 털어놓고 싶은 심정이었을 것이다. 그런데 자신의 곁에서 늘 『대학연의』를 비롯한 경전을 함께 읽었던 김과를 쳐다보면서 경진년(1400) 때의 일을 끄집어 낸다. 그때 김과는 네 살, 다섯 살이던 충녕과 효령을 가리키며 "두 왕자도 장(長)을 다투는 마음이 있다"고 말했었다. 이 일을 언급한 후 태종은 또 "너는 병술년(1406)에 이르러서도 이 두 자식을 가지고 말을 하였는데, 그 말이 심히 불쾌하였다. 만일 내가 이 말을 누설하였다면 네가 어찌 편안하겠는가? 네가 만일 인정하지 않는다면 내가 마땅히 선포하여 말하겠다"고 여러 사람이 있는 자리에서 사실상의 협박을 했다. 김과로서는 등에서 식은 땀이 줄줄 흐르는 말들이었다.

사실을 인정하자 태종은 이번에는 『대학연의』 중에서 세자에게 가르칠 만한 것을 뽑으라고 했더니 김과가 척속과 관련된 부분을 빼고서 만들었던 일을 거론하며 "이것은 온전히 외척(민씨 일가)을 두려워한 것이다. 옛사람이 저술한 글을 읽는 것도 외척 때문에 두려우냐?"고 다그쳤다. 아마도 태종은 김과를 야단치려 했다기보다는 자신의 처지를 생각하니 울적한 기분이 치밀어올랐던 것 같다.

『실록』은 "(태종의) 말이 심히 간절하고 슬프니, 여러 신하들이 모두 울었다. 임금도 또한 눈물을 흘렸다"고 적고 있다. 이어 "임금의 자식은 맏아들만 남기고 그 나머지는 모두 죽여야 하느냐?"고 애절하게 호소하던 태종은 자신의 과거 동기이자 세자의 장인으로 자신과는 사돈 관계인 김한로를 가리키며 "세자가 만일 여러 아들을 낳으면 경의 마음은 어떻겠는가?"라고 묻는다.

태종의 불편한 심기를 살핀 참석 인사들은 당장 김과를 처벌해야 한다고 청했으나 태종은 원래의 약속대로 "부디 이 말을 드러내지 말라"고 명했다.

그리고 며칠 후 태종은 김과를 불러 다시 한 번 힐난한다. 여기서 태종의 주도면밀함과 풍부한 학식을 새삼 확인하게 된다. 태종은 세자용 『대학연의』와 관련해 다른 신하들이 있을 때는 하지 않았던 이야기를 덧붙인다. "거기에 언급된 환공(桓公), 양공(襄公), 한성제(漢成帝), 오 손권(吳孫權), 당 태종(唐太宗) 등 다섯 임금의 일을 기록하였는데, 모두 부자 형제 간에 선처한 자가 아니다. 세자가 일찍이 배운 것이 없는데, 먼저 이 부분을 배우게 되면 장차 생각하기를, '부자 형제도 또한 두렵다' 할 것이니, 불효부제(不孝不悌)의 마음을 열어주는 것이 아닌가? 네가 전일에 말한 것이 심지어 여기에도 나타났다." 그러면서 태종은 자신이 이렇게 개인적으로 불러서 김과를 비판하는 까닭은 "내가 사적으로라도 네 죄를 밝혀주지 않으면, 내가 그르기 때문"이라고 말한다.

9월 11일에는 종친들이 대궐에 와서 김과의 목을 베어야 한다고 요청했으나 태종은 윤허하지 않았다. 아마도 그 자리에 있었던 이천우가 종친들과 의논해서 그런 요청을 올렸을 것이다. 결국 10월 16일 김과에게 원하는 곳에서 가족들과 함께 살도록 명한다. 낮은 강도의 유배라고 할 수 있다. 그래서 김과는 처가가 있는 김화로 사실상의 귀양을 떠나게 된다.

태종 9년 8월 10일 오후 늦게 대대적인 인사 조처가 있었다. 하륜은 진산부원군으로 일선에서 물러나고 영의정에는 이서, 우정승 겸 삼군 영사에는 조영무, 의정부 참찬사 겸 대사헌에는 유량, 병조판서에는 이귀령, 좌군 도총제에는 이간이 임명됐다.

여기까지는 괜찮은데 세자의 장인 김한로가 광산군의 작호를 받고 안등이 지신사가 되고 그동안 지신사를 맡아온 황희는 의정부 참지사로 일선에서 물러났으며 세자 빈객 정탁, 한상경, 이래, 조용 등 네 사람은 경연관으로 직함이 바뀌었다. 그리고 예문관 제학 변계량은 경연 동지사로 임명됐다. 서연이 아니라 경연이라면 이것은 누가 봐도 세자에게 임금 자리를 물려주겠다는 강력한 의지의 표명이었다. 더불어 문서를 통해 "군려(軍旅-군사 관련)의 중대사는 내가 전부 맡겠고, 사람을 쓰는 일도 마땅히 친히 하겠다"고 밝힌 것을 보면 3년 전과 같은 선위 시늉은 아니었다.

조정은 다시 발칵 뒤집어졌다. 마침 하륜과 이무과 입궐하다가 황희에게서 이 소식을 전해듣고 경악했다. 두 사람은 환관 노희봉을 시켜 세자가 어리고 주상도 아직 왕성한 나이이며 특히 중국에서 놀랄 것이라는 이유를 들어 결단 철회를 간곡하게 요청했다. 그러나 태종은 요지부동이었다. 또 두 사람은 불초한 무리들이 세자를 선동할 가능성이 있다며 재고해 달라고 했으나 소용없었다. 태종은 "밤이 깊었으니 물러가라"고 했다.

다음날인 8월 11일 새로 영의정에 임명된 이서와 좌정승 성석린 등 백관이 상소를 올렸으나 태종은 신임 지신사 안등을 통해 자신의 뜻은 불변임을 강조했고 오히려 자신의 계획을 실천했다. 일종의 계엄사령부 격인 삼군 진무소(鎭撫所)의 설치가 그것이다. 태종은 병조의 경우 모두 문신들이기 때문에 군사를 지휘하기에 적절치 않다며 자신이 직접 병권을 통제하기 위한 기관을 신설한 것이다. 그리고 최고사령관인 도진무에는 찬성사 이천우, 상진무에는 도총제 박자청, 부진무에는 풍산군 심구령 등을 임명하고 그 밑에 27명의 진무를 배치했다. 심구령은 원래 한미한 집안 출신으로 활을 잘 쏘고 말을 잘 타 일찍부터 정안공 이방원의 집에 드나들었으며 1차 왕자의 난 때 이방원을 도와 정도전 세력을 제압하는 데 큰 공을 세운 군인 출신이며, 2차 왕자의 난 때도 공을 세워 좌명공신 4등으로 풍천군에 봉해졌다. 1408년에는 왜구가 침략하자 도체찰사 박자안의 조전 절제사가 되어 큰 공을 세웠다. 1411년에는 의흥부 지사로 진급하게 되는 태종의 측근 무인이다. 『실록』에 따르면 무인 출신인데도 "능히 겸손하여 선비를 대할 때는 예로써 임했다"고 『실록』은 설명한다.

17일 후인 8월 28일 태종은 삼군 진무소를 태조 때의 의흥삼군부를 본떠 명칭을 의흥부로 고친 다음에 좌대언 김여지에게 말한다.

"예로부터 병권을 다루는 데 과인처럼 온 정성을 쏟은 인물은 없다."

요즘 식으로 말하면 군사에 대한 문민 통제의 자신감을 드러낸 것이다. 실제로 김여지는 이 말을 듣고서 의흥부 설치의 의미를 정확하게 설명한다. 병권을 분산하되 핵심 권한은 왕실에 있도록 했다는 것이다. 즉, 통상적인 무인 선발, 행정 등은 병조가 맡고 실제의 작전권은 의흥부가 맡되 다시 의흥부의 군사 작전은 병조가 감찰토록 정비했다.

이숙번의 실수

다시 8월 13일로 돌아간다. 이때 신하들과 대간들의 상소가 이어졌고 태종은 병 때문에 선위하려 한다며 뜻을 꺾지 않았다. 이런 와중에 아주 흥미로운, 그리고 사소한 듯하면서도 아주 중대한 사건 하나가 발생한다. 13일 이숙번이 직접 태종을 만날 기회가 있었는데 여기서 이숙번은 선위는 잘못된 것이며 따라서 직접 정사를 챙겨달라고 청했다. 이 자리에서 태종은 "천재(天災)가 바야흐로 심하니, 내가 하는 일이 하늘의 뜻에 부합하지 않을까 두려워 선위하려는 것"이라고 설명했다. 그러자 이숙번은 선위를 했다고 해서 재앙을 없앴다는 이야기를 듣지 못했다며 '정사에 힘써야 한다'고 말했다.

문제는 이때부터다. 태종은 "그러면, 어느 때나 이 무거운 짐을 벗을 수 있겠는가?"라고 물었고 이숙번은 (아마도 나름대로 7년은 더 남았다고 생각해서인지) 무심결에 "사람의 나이 쉰이 되어야 혈기가 비로소 쇠하니, 나이 쉰이 되기를 기다려도 늦지 않습니다"라고 말하는 불충

(?)을 저지르고 만다. 이때 태종 43세, 세자 16세였으니 7년 후면 태종
은 50세가 되고 세자는 23세가 된다. 실제로 이 때문이었는지는 몰라
도 1등공신 중의 1등공신인 이숙번은 결국 태종 17년 초 세자에게 아
부하려 했다는 죄로 의금부에 갇혔다가 유배를 떠나고 다시는 한양 땅
을 밟지 못한 채 유배지에서 삶을 마치게 된다.

흐지부지 끝난 2차 선위 파동, 태종에게 더욱 집중된 권력

　1차 선위 파동 때와 달리 2차 선위 표명은 이렇다 할 명시적인 철회
표시도 없이 없었던 일이 되고 만다. 1차 선위 파동의 희생자가 민무
구 형제였다면 2차 때는 길게 보면 이숙번이었다고나 할까?

　다만 간접적으로 선위 의사 철회를 보여주는 일이 8월 19일에 있었
다. 이날 서연관을 불러 요즘 왜 세자가 공부하지 않느냐고 묻자 서연
관은 그동안 세자의 서연을 맡고 있던 빈객 4명이 모두 경연의 직함을
받았기 때문에 빈객의 자리가 비어서 그렇다고 답했다. 그래서 한상경
과 정탁을 다시 서연에서 진강하도록 명했다. 이것으로써 2차 선위 파
동은 사실상 끝난 것이나 다름없었다.

　실제로 8월 25일에는 세자 교육을 담당할 세자 빈객을 다시 구축한
다. 성석린은 세자부, 하륜은 세자사, 정탁과 조용은 좌우빈객, 한상경
과 이래는 좌우부빈객으로 임명됐다. 경연이 서연으로 환원된 것이다.

　이런 맥락에서 태종이 바로 이때, 즉 이틀 후인 8월 27일 외척에게
는 제도적으로 군(君)을 봉하는 것을 금하는 제도 마련에 착수했다는
것은 의미가 크다. 태종은 외척, 즉 왕후의 친족들에게 봉군하는 일에
대한 가부(可否)를 토론에 부친다. 그런데 그에 앞서 태종은 치밀하게
중국의 여러 제도들을 살펴본 결과 "한나라 때에는 '유씨(劉氏)가 아니

면 왕이 되지 못하고, 공신(功臣)이 아니면 후(侯)가 되지 못한다'하였다"고 말한다. 그리고 태조 때 강씨가, 자기 대에 민씨가 봉군을 얻은 것은 역사적 근거가 없는 것이라고 미리 말한다. 말로는 신하들에게 토론을 해보라고 했지만 자신의 생각은 이미 결정되어 있었다. 게다가 워낙 중국 고사에 밝았기 때문에 신하들이 오히려 토론에서 대적을 못할 지경이었다. 오죽했으면 『실록』은 이 기사 말미에 "주상의 천성이 총예(聰睿)하고 경사(經史)를 널리 보았기 때문에, 여러 신하가 일을 아뢸 적에 만일 묻는 것이 있으면 모두 대답하지 못하였다"고 적고 있다. 그리고 9월 9일 최종적으로 외척의 봉군을 법으로 금하라는 명을 내린다.

미미한 시작이 참극을 부르다

외척 봉군 금지법이 발효되기 하루 전인 9월 8일 원평군 윤목과 한성소윤 정안지가 순금사에 구금되었다. 따라서 그에 앞서 이 두 사람과 관련된 중대 사건이 진행돼 왔다는 것을 알 수 있다. 동시에 이 사건은 바로 외척 봉군 금지 문제와 직결되어 있었다.

원래 두 사람은 이화의 장남인 이지숭이 사은사로 갈 때 함께 북경에 갔다. 한양을 출발해 요동으로 들어가는 길에 윤목이 정안지에게 "회안군(이방간)은 그 공이 심히 크고, 여강군(민무구), 여성군(민무질) 또한 왕실에 공이 있는데, 주상과 국가에서 그들을 대우하는 바가 잘못되었소"라고 직격탄을 날렸다. 아무리 국경 바깥이라고는 하지만 정안지와 여간 절친한 사이가 아니고서는 쉽게 입에 담을 수 없는 말이었다. 도대체 윤목은 어떤 사람이기에 이런 불만을 거리낌없이 토로할 수 있었던 것일까?

　윤목(尹穆, ?~1410년 태종 10년)은 이무의 친척으로 일찍부터 민무구 형제와 가까웠으며 2차 왕자의 난 때 공을 세워 좌명공신 4등에 책록돼 원평군이라는 작호도 받았다. 1407년 평양부윤을 지냈고 1409년에 사은사 이지숭을 수행해 부사로 명나라에 가는 길이었다.

　정안지는 데면데면 마지못해 답했고, 윤목의 태종에 대한 불만 토로는 계속 이어졌다. 국경을 벗어났다는 안도감 때문이었을까? 그러나 태종의 영원한 후원자 이화의 장남인 사은사 이지숭은 말 위에서 곤하게 졸며 일부러 못 들은 척했다. 그리고 심양의 숙소인 회동관에 들어가자마자 정안지에게 길에서 있었던 일을 숨기지 않겠다는 다짐을 받아냈다. 그리고 북경에서 돌아오자마자 이지숭은 태종에게 직접 보고했고 태종은 참찬사 유량, 지신사 안등, 좌대언 김여지 등에게 이지숭의 말을 기록하게 했다. 그러고는 의정부에서 정안지를 불러 사실 여부를 물었으나 정안지는 당초 약속과 달리 "들은 바 없다"고 답했다. 승정원에서 다시 물었으나 결과는 마찬가지였다. 이에 윤목, 정안지 두 사람에 대한 국문이 시작됐다.

　문초가 시작되고 나흘째 되던 9월 12일 한두 사람씩 관련자 이름이 나오기 시작했다. 특히 정안지는 처음의 입장을 바꿔 사실을 '실토'하기 시작했다. 처음에 사실대로 이야기하지 않은 이유는 북경에 갔다오는 여정에서 윤목이 자신을 자식같이 대해주었기 때문이라고 밝혔다. 관련자들의 이름이 나오면서 태종은 점점 고민이 깊어졌다. '어떻게 해야 하나?' 다시 자기 처남들 문제가 불거질 것이 뻔했다. 윤목의 입에서는 10여 명의 연루자 이름이 나왔다. 대간 의정부 등에서는 연일 윤목을 비롯한 관련자들을 색출해 엄단해야 한다고 목소리를 높였고 태종은 계속 두고 보자는 입장을 보였다.

"남의 죄를 짜서(羅織) 만들었다"

윤목이 본격적으로 입을 열자 사건은 급속도로 커지기 시작했다. 그 중심에는 여성군 민무질이 있었다. 9월 19일 윤목은 지난해(1408) 가을 호조판서 이빈의 집에 갔다가 이빈에게서 들은 말이라며 털어놓았다. 이빈은 상중에 있으면서 두 차례 민무질을 만났는데 민무질의 말을 들어보니 민무질에게는 죄가 없다고 말했다는 것이다. 또 이빈에게서 들은 말이라며 단산부원군 이무가 이빈에게 "나와 같은 대신은 있으나마나다. 민씨의 죄를 빨리 청하지 않는다 하여 유량에게 모욕을 당하였다. 내가 주상 앞에서 변명하고자 하나 감히 못 하였다"고 말했다는 사실을 털어놓았다. 이게 사실이라면 민씨 형제를 태종이 의도적으로 몰아세운 셈이 되는 것이었다.

호조판서 이빈은 자신이 들은 것을 그대로 털어놓았고 이무는 대궐에 나와 "윤목은 집안 조카이기는 하지만 일찍부터 사감이 있었으니 스스로 옥에 나가 변명을 하겠다"고 자청했다. 그러나 태종은 그냥 집으로 돌아가 있으라고 명한다. 윤목은 또 전라도 병마도절제사 강사덕과 개성에 머물고 있던 전 총제 김첨의 이름도 언급했다. 당장 두 사람을 잡으러 사람을 보냈다. 또 이날 삼척에 귀양 가 있던 민무질도 이빈과의 대질 신문을 위해 한양으로 압송되어 왔다.

일주일 후인 9월 26일 대사헌 이문화와 우사간 박습 등이 함께 글을 올려 이무를 정조준했다. 이들은 여섯 가지 죄목을 들어 이무를 탄핵한다. 여기에 보면 윤목은 이무의 외조카로 돼 있다. 그렇다면 이무가 민무질의 처족임을 고려할 때 윤목과 민무질도 먼 인척인 셈이다. 애초부터 이무나 윤목은 민무질 편이었다. 그리고 여섯 가지 죄목도 대부분 이무가 민무질을 알게 모르게 도와주고 편들었다는 내용이었다. 예를 들면 무자년(1408) 여름에 이빈과 이야기하면서 "민무질이 쫓겨나 유배된 것은 참으로 아깝다. 지금 비록 유배되었다 하더라도 후하게 하지 않을 수 없다"고 말했다는 식이다.

아주 드물게 태종은 '상소'의 내용이 잘 되었다고 칭찬하면서 "간악함이 환하게 드러났다"고 말한다. 사실 태종은 돌아가는 사정을 이미 소상하게 파악하고 있었다. 학계에서는 이 상소 자체도 태종이 사주한 결과로 보기도 한다.

실제로 그후 아주 흥미로운 일이 발생한다. 이 상소문을 썼던 대사헌 이문화가 글을 완성한 후에 느닷없이 "남의 죄를 짜서(羅織) 만들었다"고 말한 것이다. 요즘 식으로 하자면 검찰총장이 실컷 수사 결과를 발표한 뒤에 "이번 수사는 조작"이라고 말한 것이다. 그 바람에 이문화는 대간들의 탄핵을 받고 면직당하게 된다.

그런데 이문화가 말한 뜻은 무에서 유를 조작했다는 뜻은 아니다. 만일 그런 뜻이었다면 이문화는 목숨을 부지할 수 없었을 것이다. 그러나 2년 후 복직되어 개성부 유수를 거쳐 의정부 참찬사를 지내게 된다. 다만 그가 볼 때는 친인척 간에 있을 수 있는 정도의 이야기를 너무 강한 법으로 다스리려 하는 과정에서 무리수가 있었다는 것을 지적했다고 볼 수 있다. 어쩌면 정확한 실상도 거기에 가까웠는지 모른다.

여기서 우리는 태종을 위한 변명 한 가지를 해둘 필요가 있다. 겉으로 드러난 실상은 거기까지였다고 하더라도 그것이 앞으로 어떻게 전개될 것인지 그 잠재적 파괴력을 판단하는 문제는 당시를 살았던 인물들 간의 역학 관계에 따라 다를 수밖에 없다. 물론 태종은 막강한 힘이 있었다. 그런데 태종과 민무구 형제가 충돌한 문제는 당대의 문제가 아니라 아직 오지 않은 머나먼 미래를 놓고 벌어졌다는 데 그 사안의 특수성이 있었다. 태종은 '현재 하는 꼴을 보아하니 얼마 안 가서……' 라는 심정으로 일을 밀어붙이고 있었고, 민무구 당파들은 '지금 당장 우리가 뭘 했다고……'라는 억울한 심정으로 당하고 있었던 것이다. 한편 이날 서성군 유기도 순금사에 갇혔다. 윤목이 그의 이름을 불었기 때문이다. 유기는 개국공신 유원정의 아들로 아버지의 작호를 그대로 계승했다.

형조판서도 순금사에 갇히다

그런데 이틀 후인 9월 28일에는 사건 조사를 총지휘하던 형조판서 유용생이 순금사에 투옥되었다. 요즘 식으로 하자면 수사 기밀 누설죄였다. 유용생(柳龍生, ?~1434년 세종16년)은 아버지 유연이 문하찬성사를 지내 공민왕 때 궁중에서 성장했고, 동북면 도절제사, 경상도 도절제사 등을 지내면서 왜구 퇴치에 여러 차례 공을 세우는 등 군사 분야에서 활약했다. 그후 공조판서, 의정부 참찬사, 호조판서 등을 거쳐 형조판서에 오른 인물로, 특별한 정치색은 없었다.

그런데 도절제사를 지낸 구성량이 유용생을 찾아와 수사 상황에 관해 물었다. 구성량(具成亮, ?~세종 7년 1425년)은 무신으로 대장군 상장군을 거쳐 강원도 병마도절제사를 지냈고 삼군 총제에까지 올랐다. 이때의 일로 먼 지방으로 유배를 가게 되지만 1년 후 복관되어 평안도 병마도절제사 등을 지내게 된다. 구성량과 이무는 처남 매부 사이였기 때문에 아무래도 구성량은 민무질과 인척이기도 했던 이무의 소식이 궁금했을 것이다.

유용생은 직접 이야기를 하지 않고 "자네 조카도 이번 조사에 참여하고 있으니 사정을 잘 알 것"이라고 넌지시 일러주기만 했다. 조카란 순금사 사직을 맡고 있던 구종수였다. 그래서 구성량이 조카 구종수에게 물으니 구종수가 조사 내용의 일부를 이무에게 털어놓았다. 그 바람에 유용생, 구성량, 구종수 등은 하루아침에 순금사에 갇히는 신세로 전락했다.

태종과 '좌명공신 1등 이무'의 대질

태종은 10월 1일 인정전으로 의정부 관리와 3공신을 불렀다. 그리고 진선문 앞에는 이무를 불러 세워두고 신하들에게 말한다. 변형된 형태로 태종과 이무가 일종의 대질신문을 하는 자리임과 동시에 또다시 변형된 형태로 태종이 이무에게 일종의 사형선고를 내리는 자리이기도 했다. 이무는 말할 것도 없고 태종의 말을 듣고 있는 신하들도 온몸에 소름이 끼쳤을 것이다. 태종은 단도직입적으로 이야기를 시작한다. 사안별로 육성을 들어보자.

이무와의 첫 만남

"무인년(1차 왕자의 난이 일어난 1398년)에 부왕(태조)의 병환이 위독하여 오래 끌 때에, 내가 형제들과 경복궁에서 시병(侍病-병수발)하고 있었는데, 그때는 내가 이무의 이름만 들었을 뿐이지 서로 몰랐다. 이에 이무가 민무질을 통하여 나와 교분을 맺었다. 하루는 내게 고하기를, '남은과 정도전이 주상의 병환이 위독한 것을 엿보아 정적(正嫡-신의왕후 한씨의 아들들)에게 불리(不利)하게 하기를 꾀하니, 공은 미리 도모하라'고 하였다. 5, 6일 뒤에 다시 와서 내게 말하기를, '오늘 저녁에 정도전 등이 거사하려고 하니 이때를 놓칠 수 없다'고 하였다. 내가 말하기를, '그대가 먼저 그들이 모인 곳에 가서 그 계획을 늦추도록 하라' 하였다."

1차 왕자의 난 때 이무의 행적

"드디어 정도전이 모여 있는 곳에 갔는데, 길에 있던 10여 인과 맞닥
뜨렸다. 마천목이 쏘라고 청하여, 화살 네다섯 대를 쏘고 모인 곳에 들
어가니, 정도전 등이 이미 도망하였다. 이에 마음이 놀라고 두려웠었는
데, 길에서 이무와 박포를 만났다. 이무가 말하기를, '어째서 약속을 어
기었소? 내가 화살을 맞았소!' 하였다. 내가 대답하기를, 이미 내 병사
들에게 이무와 박포의 이름을 들으면 쏘지 말라 하였는데, 어찌하여
'나는 이무'라고 소리치지 않았는가? 말하고 박포를 시켜 조준을 청해
오게 하였다. 그러나 오래되어도 돌아오지 않고, 밤은 거의 새벽이 다
되고 군사 또한 약하였다. 조금 뒤에 박포가 이르러 말하기를, '조준이
오지 않을 것 같으니 친히 가서 청하는 것이 좋겠다'고 하였다."

이무의 기회주의적 행위

"이때에 궐내에서는 박위가 병사들을 지휘하고 있었기 때문에, 사람
을 보내어 세 번이나 불렀으나 나오지 않았다. 내 군사가 오히려 그쪽
보다 적었다. 이무가 바로 내 뒤에 있었는데, 나의 형세가 약한 것을 보
고 거짓말로 말 위에 엎드려 내게 말하기를, '정신이 몽롱하니 군(君)
은 나를 구제해 주시오'라고 말하였다. 내가 급히 사람들을 시켜 이를
부축해 말에서 내려놓게 하였다. 조금 뒤에 조온과 이지란이 궐에서 나
와 우리 쪽에 붙으면서 우리 쪽 병사들이 훨씬 많아졌다. 이무가 곧 다
시 왔기에, 내가 말하기를, '그대의 병이 급한데 왜 갑자기 왔는가?' 하
니, 이무가 말하기를, '장국물을 마셨더니 곧 나았다'고 하였다. 이무가
중립을 지키며 변(變)을 관망하고 두 가지 마음을 품은 것이 여기에서
드러난 것이다."

세자 옹립 주도

"내가 정권을 잡은 뒤에 그를 공신 1등으로 정하자 한두 사람이 말하기를, '이무가 무슨 공이 있느냐?'고 하였으나, 내가 그 체력과 풍채가 볼만하기 때문에 듣지 않았다. 뒤에 또한 큰 허물이 없었기 때문에 드디어 정승에 이르렀다. 임오년(1402)에 내가 종기가 나서 매우 위독하니, 민씨 네 형제와 신극례가 민씨의 사가(私家)에 모여 어린 자식을 세우자고 의논하였는데, 그 꾀가 실상은 이무에게서 나왔다."

이무는 "무인년의 일은 정말 정신이 몽롱하여 말에서 떨어졌다가, 장국물을 마시고 조금 나았으므로 억지로 일어난 것"이라고 변명했지만 소용없었다. 오히려 태종은 "네 말이 맞다면 내 말이 틀렸다는 뜻 아니냐"고 면박을 주었다. 결국 이무는 다시 옥에 갇혔다.

고사에 능한 태종은 공신들을 돌아보며 "한나라 고조는 공신을 보전하지 못했고 광무는 능히 보전했다"며 "그래서 나는 어떻게든 공신들을 보전하려고 했는데 일이 이 지경에 이르렀다"고 한탄한다.

이무를 죽이겠다는 결심을 밝히고 있는 것이다. 그러면서 방법까지 제시했다. "자고로 대신은 사사(賜死-사약을 내리는 것)하는 것이지 육욕(戮辱-능지처참이나 참수처럼 신체를 절단하는 사형법)하는 것은 불가하다."

정확히 무슨 말을 했는지 『실록』에는 나오지 않지만 "하륜이 본래 민씨(민제)와 사귀었기 때문에 그가 하는 말이 이무를 비호하는 듯했다"고 되어 있다. 워낙 총애하는 하륜의 말이어서 그런지 태종은 점잖게 경고한다. "이무의 처리 문제는 왕자와 종실 문제를 어떻게 할 것인지와 직결되어 있다." 하륜은 두려워 땀만 뻘뻘 흘리면서도 다시 한 번 이무를 죽이지 말 것을 건의했으나 태종은 말이 없었다.

이무, 세상을 떠나다

이제 이무의 사형으로 방향이 잡히면서 사건은 한 고비를 넘고 있었다. 다음날인 2일 윤목, 이빈, 강사덕, 조희민, 유기 등이 곤장을 맞은 후 먼 지방으로 유배를 떠났다. 다음은 순금사에서 최종적으로 올린 보고서다.

"윤목이 평양에 있을 때, 이무가 명나라 수도 금릉으로 가는 세자를 따라 지나다가 윤목에게 이르기를, '너는 잘 있으니 좋지만, 민무구, 민무질은 죄를 얻었다'고 하였고, 이빈이 서곡에 있을 때에 이무가 윤인계를 시켜 이빈에게 뜻을 전달하여 민무질에게 후하게 하였고, 이빈도 또한 후일(後日)을 생각하여 자주 가서 만나 보았습니다. 이빈이 상제를 마치고 서울에 도착하니, 이무가 이빈에게 이르기를, '민무질이 내게 향하는 것이 어떻더냐?' 하니, 이빈이 말하기를, '은혜를 감사히 여깁니다' 하였고, 또 이빈에게 이르기를, '민무구 형제가 비록 귀양 중에 있으나 반드시 후하게 대접하라'고 하였습니다. 그리고 또 조희민이 윤목에게 이르기를, '여강군과 여성군은 그 공이 사직에 있는데, 하루아침에 몰락하였으니 애석한 일이다. 그러나 국가에서 죄를 논하여 죽는 데에 이르지 않는다면, 후일에 등용될 운명은 알 수 없는 일이다'라고 하였고, 강사덕은 윤목을 보고 탄식하기를, '민무질이 외방에 귀양 가 있으나 혹시 만일 다시 서울로 돌아오게 된다면 늙기 전에 더불어 함께 놀겠다'고 하였습니다. 이무가 유기에게 이르기를, '근일에 부산하게 민씨의 죄를 청하는데, 나는 그 의미를 알지 못하겠다. 안순 등의 무리가 붕당을 맺어 매양 민씨의 일을 선동해 죄를 가하려고 하는데, 상감께서 이를 어찌 알겠는가?' 하니, 유기가 대답하기를, '공은 어찌하여 이런 말을 하는가? 조심하여 다시는 말하지 말라' 하였으니, 실상은 친구의 정으로 민씨가 죄를 당하게 된 것을 불쌍히 여긴 것입니다. 위의 이무 등 여섯 사람은 사사로이 서로 도모하고 의논하여 사직을 위태롭게 하기를 꾀하였으니 주범 종범을 나눌 것 없이 마땅히 능지처참해야 합니다."

이에 태종은 이들을 사형에서 한 등 감하여 '장 100대, 유배 3000리'를 명했다. 윤목은 사천, 이빈은 장흥, 강사덕은 영해, 조희민은 광양, 유기는 해남으로 귀양을 갔다. 같은 날 수사 기밀을 누설한 유용생은 부여에, 구종수는 울진에, 구성량은 울주에 장류(杖流-장형을 받은 후에 유배를 가는 것)에 처해졌다. 그 밖에 이무의 아들 이간·이승조·이공효·이공지·이탁 등도 전국 각지로 유배되었고 장님이었던 셋째 아들 이공유만은 형 집행이 면제되었다. 이날 민무질은 일단 목숨은 건진 채 유배지 삼척으로 돌아갔다. 그러나 이무가 죽으리라는 것은 명약관화했고 자신의 목숨도 결국 시간문제임을 알았을 것이다.

실제로 3일과 4일 의정부, 3공신, 대간, 문무백관 등이 이무와 민씨 형제 그리고 이들에게 붙었던 윤목 등을 모두 사형해야 한다고 서로 다투듯 상소를 올렸다. 이미 이무는 3일 유배지 창원으로 출발한 뒤였다. 그런데 생각할 시간을 달라던 태종은 결국 5일 사람을 보내 이무의 목을 베었다. 그리고 민무구·민무질 형제는 제주도로 유배지를 옮겼다. 제주도 유배는 당시로서는 가장 심한 유배형에 해당했다.

이것으로 일단 피바람은 멎은 듯했다. 그래서 태종은 분위기 쇄신 차원에서 엿새 후인 10월 11일 요즘 식의 개각을 단행했다. 영의정 이서가 물러나 안평부원군 봉작을 받았고 그 자리를 하륜이 이어받았다. 드디어 영상(領相)의 자리에 오른 것이다. 그 밖에 호조판서 이응, 예조판서 서유, 형조판서 함부림, 좌군 도총제 심구령 등이 새롭게 떠올랐다.

그래도 남은 불씨

이무가 참수형을 당하고 해가 바뀌어 태종 10년이 되었으나 민무구 형제와 관련자들에 대해 사형을 요구하는 상소는 그치지 않고 더 격하게 올라왔다. 학계에서는 이를 태종이 부추긴 것으로 보기도 한다. 그랬을 가능성도 크다.

1월 22일 태종은 상소를 올린 대간들을 불러 직접 이야기를 나눈다. 이들에게 자신의 속마음을 털어놓은 것이다. 이들에게 태종은 "경들의 말은 옳으나 내가 차마 못 하겠다"며 그 이유는 "노모가 있기 때문"이라고 말한다. 노모란 민제의 부인이자 자신의 장모 송씨였다.

이어 얼마 후에는 의정부, 3공신, 대간 등이 합동으로 상소를 올렸다. 골자는 민무구 형제와 윤목 등 귀양 간 5인의 아들들까지 극형에 처해야 한다는 것이었다.

심지어 새로 대사헌에 임명된 세자의 장인 김한로도 "민무구와 민무질, 이무의 아들 이간·이승조·이공유·이공효·이공지·이탁, 조희민의 아들 조금음·조동가·조벌, 그리고 그 아비 조호, 유기의 아들 유방선·유방경·유선로·유막동·유효복, 그리고 그 아비 유후, 윤목의 아들 윤주남·윤소남, 강사덕의 아들 강대·강말동 등을 율에 따라 벌해야 한다"고 상소를 올렸다. 그리고 김한로는 민무구 형제는 제주도에 두어도 위험하다며 조처를 취할 것을 건의했다. 물론 태종은 처음에는 "제주도에 유배를 보냈는데 더 이상 어디로 보낼 수 있다는 말인가"라고 묻지만 뭔가 생각이 있다는 듯 자신이 알아서 하겠다고 말했다.

3월 17일 태종은 상왕 정종에게 문안 인사를 하러 개경에 행차중이었다. 이때 성석린, 김한로, 조영무 등이 연일 민무구 형제의 사사(賜死)를 건의했고 심지어 세자까지 상소 대열에 참여하기도 했다. "3~4년을 미뤄온 결심을 어떻게 하루아침에 하라고 하느냐"며 버티던 태종은 결국 '재가'했다. 민무구와 민무질은 사약을 받고 세상을 떠났다.

조선의 화신(化身)이고자 했던 태종도 인간이다. 잠재적 위협 세력으로서 민무구 형제를 죽였지만 처남이자 혁명 동지인 민무구 형제에 대한 애틋함이 없을 수 없었다. 그러나 이런 감상에 젖어 있기에는 조선의 내외 사정이 너무나 급박하게 돌아가고 있었다.

제4부
과거와 미래 사이에서

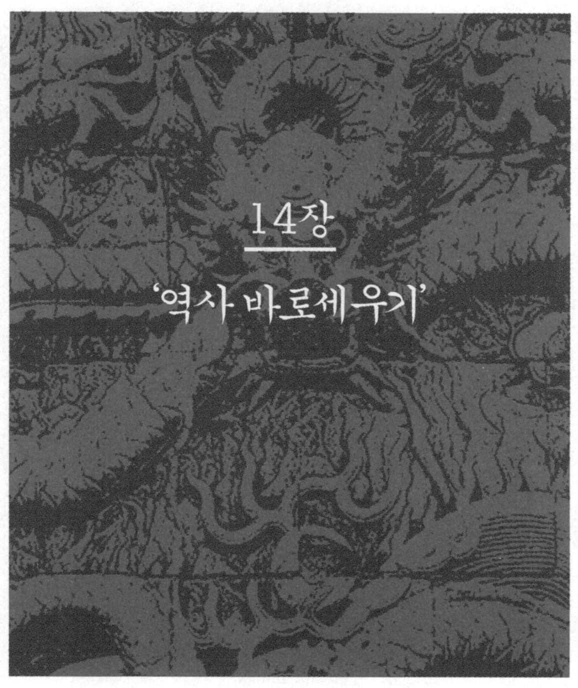
14장
'역사 바로세우기'

20
년 만에 문제가 된
이색의 비문

태종 11년 6월 29일 호조참의 이종선이 동래로 유배를 떠났다. 그러나 이것은 거대한 사건을 예고하는 미미한 경고음에 불과했다. 태종보다 한 살 아래인 이종선(李種善, 1368년 고려 공민왕 17년~1438년 세종 20년)은 고려 말의 거유(巨儒) 목은 이색의 아들로 고려 우왕 8년(1382) 문과에 급제한 뒤 좌랑, 정랑 등을 지내다가 조선이 건국되자 정몽주 일파로 몰려 귀양 갔다가 복직되어 1396년에는 병조참의가 되었고 태종 때는 언관을 지내기도 했다. 그리고 호조참의를 맡고 있다가 이날 귀양을 간 것이다.

명나라 사신 축맹헌과 임군례의 사통

늘 큰 사건은 엉뚱한 데서 시작된다. 훗날 대역죄를 범해 세종 3년

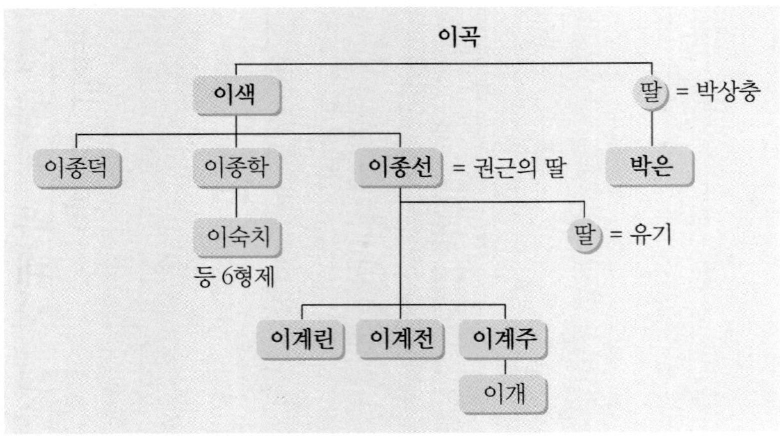

환형을 당하게 되는 통사 임군례가 이때 명나라에 갔다가 비명(碑銘) 하나를 가져와 태종에게 올렸다. 태종 초에 사신으로 조선에 오기도 했던 태복 소경 축맹헌에게서 선물로 받은 그 비명의 내용은 목은 이 색의 문덕(文德)을 찬양하는 것으로 우리의 성균관에 해당하는 명나라 국자의 조교 진련이 썼다고 했다.

당연히 태종으로서는 의문이 들지 않을 수 없었다. '조선에 와본 적이 없는 진련이라는 중국인이 어떻게 이색의 비문을 쓸 수 있는가?' 신하들은 축맹헌이 사신으로 왔을 때 이색의 시문(詩文)을 구해 돌아갔기 때문일 것이라고 답했지만 그건 말이 안 되는 소리였다. 태종은 "나도 이색의 시문을 보았지만, 진련이 어떻게 시문만 보고서 이색의 행장[行狀-일종의 약전(略傳)]을 이렇게 소상하게 쓸 수 있단 말인가" 라고 다시 따져 묻는다.

사실 신하들 중에서 일부는 전후 사정을 어느 정도 알고 있었던 것 같다. 태종의 빈틈없는 다그침이 이어지자 신하들은 권근이 지은 행장이 있는데 아마도 진련이 그것을 보고서 비문을 지은 것이 아니겠냐고 사실을 조금씩 털어놓았다. 특히 지신사 김여지는 임오년(1402) 축맹헌이 사신으로 왔을 때 대언 유기가 축맹헌과 사이가 좋았고 유기가 이색의 아들 이종선의 사위인 것을 감안할 때 "유기가 축맹헌에게 이색의 행장을 명나라에서 지어줄 것을 부탁했을 것"이라고 밝혔다. 일단 태종은 임군례를 불러 명나라 관리들과 사통(私通)해서 나라 간에 틈이 생기는 일이 없도록 하라고 엄중 경고하는 선에서 마무리하려 했다.

그러나 좌정승 성석린은 엄하게 처벌해야 한다고 진언했고 사간원에서도 이색 집안의 청을 받아 비명을 가져왔으면서 열흘 동안 숨기고 있다가 뒤늦게 태종에게 보고한 임군례의 잘못을 지적했다. 더불어 저간의 사정을 알고 있었을 이색의 아들 이종선도 처벌해야 한다고 상소했다.

이에 태종은 아들들이 아버지를 찬미하려는 것은 인지상정이니 문제 삼을 게 없고 임군례도 몸은 열흘 전에 들어왔으나 짐이 늦게 도착해 열흘 늦게 보고한 것이니 큰 문제가 안 된다고 했다. 그러나 원래 권근이 지었다는 이색의 행장을 다시 꼼꼼히 읽어보고 느낀 문제를 지적한다. 이색은 권근이 과거에 급제할 때 심사위원장인 좌주(座主)였다. "양촌(陽村-권근의 호)이 지은 행장을 지금 자세히 보니, 국체(國體)를 돌보지 않고 오직 목은만을 찬미하여, 그 내용이 사사로운 은혜로 의(義)를 가린 곳이 없지 않다." 마치 목은의 제자와 태조의 신하를 대등하게 보고 있는 것 같다는 지적이었다. 불충(不忠).

역사 바로세우기와 역사 왜곡 사이에서

다음날 태종은 의령군 남재를 비롯해 고려 말 조선 초 개국을 둘러싼 정황을 잘 알고 있는 공신들을 불렀다. 이 자리에서 태종은 권근의 글에 담겨 있는 문제의 대목들을 조목조목 지적한다. 이색의 입장에 선다는 것은 곧 이성계를 부정하는 것이었기 때문이다. 게다가 이색은 태종을 볼모로 삼아 남경까지 데리고 갔던 인물이었다.

태종은 공신들에게 "권근의 글은 누구나 읽어볼 수 있는데 어찌 공신이란 사람들이 '사실을 날조한 부분들'을 문제 삼지 않았느냐"고 호통을 친다. 이에 대해 『실록』은 "모두 두려워했다"고 적고 있다. 이어 공신들은 함께 진련의 글과 권근의 행장을 읽어본 뒤 "이것은 모두 허사(虛事)입니다"라고 말한다.

자 그러면 어떻게 할 것인가? 태종은 불과 20여 년 전의 일도 이처럼 사실과 다르게 기록되어 전해지는 실정이니 앞으로 과연 역사가 어떻게 바로 서술될 수 있느냐고 통탄했다. 그러나 그것은 보기에 따라서는 왕조의 입장에서 역사를 통일적으로 서술하려는 시각의 표출일 수도 있다. 남재 등은 권근의 행장을 없애버리자고 건의한다. 그러나 태종은 "하륜과 권근의 시문 중에서 이와 관련된 부분만 제거하라"고 지시했다.

하륜의 이름이 갑자기 거론된 이유는 하륜도 이색의 문인으로 그의 비명을 지었기 때문이다. 그런데 여기서도 내용이 대동소이했다. 하륜은 이때 영의정이었다. 사간원와 사헌부에서는 하륜을 처벌해야 한다는 상소를 올렸다. 특히 이때 대사헌으로 있던 황희는 이미 세상을 떠난 권근도 어떤 식으로든 처벌해야 한다고 주청했다.

그런데 이때에도 태종은 하륜을 보호하기로 결심한다. 김여지를 하륜에게 보내 "경의 글은 권근의 글을 모방하여 지은 것이라 한다"고 말했다. 자신의 사돈이기도 한 권근은 이미 이 세상 사람이 아니었고 하륜은 그의 글을 모방한 것으로 치부해 문제 삼지 않겠다는 뜻을 은밀하게 밝힌 것이다. 하륜에게 살아날 수 있는 길을 일러주고 있는 장면이다.

하륜을 구하기 위한 이중플레이

이색의 행장과 비명에서 특히 문제가 된 대목은 이성계 세력이 창왕을 내쫓고 공양왕을 추대할 때의 일이었다. 이때를 묘사하면서 행장이나 비명 모두 "일을 꾸미는 자들이 공(公-이색)이 자기를 따르지 않는 것을 꺼려하여 장단으로 내쫓았다"고 적고 있다. 다소 비하하는 의미가 담긴 '용사자(用事者)'라는 표현이 문제가 될 수밖에 없었다.

하륜은 태종에게 "용사자는 태조가 아니라 정도전과 조준을 가리킨 것"이라며 "그 시절 태조는 나라를 세울 생각이 없었고 정도전이나 조준 무리가 태조의 뜻과 달리 자기 마음대로 주륙을 행했기 때문에 그렇게 쓴 것"이라고 해명했다. 이색은 태조 5년에 세상을 떠났다. 그때만 해도 태종이 왕위에 오르리라는 것은 생각도 못 했을 것이고 정도전이 권세를 부리고 있었기 때문에 하륜은 다소 비장한 마음으로 이런 글을 썼을 것이다.

그러나 태종이 누구인가? 하륜의 말을 김여지가 듣고 와서 그대로 보고하자 "태조께서 나라를 얻었기 때문에 이같이 말할 뿐이지, 만일 나라를 얻지 못하였다면 의당 조준, 정도전 등과 같이 비교하였을 것이다"라고 한마디한다. 하륜의 변명을 받아들일 수 없다는 뜻이다.

그런데 며칠이 지난 7월 1일 태종은 전혀 다른 모습을 보여준다. 3공신은 공양왕 즉위 때 태조 이성계가 좌시중에 오른 사실을 거론하며 권근, 하륜이 말하는 용사자는 바로 태조이기 때문에 두 사람의 죄는 그냥 불경도 아니고 대불경에 해당한다고 말했다. 이에 대한 태종의 해명이 재미있다.

"하륜과 권근은 모두 나의 충신이다. 어찌 우리 태조를 비방했겠는
가? 이색이 본래 조준, 정도전과 틈이 있었고, 하륜과 권근 둘 다 이색
의 문인이기 때문에 보복하려고 생각한 것일 뿐, 본심에서 나온 것이
아니며 또 사직(社稷)에 관계된 일도 아니다. 다만 그런 식으로 보복하
는 것은 대신의 도가 아니다. 권근은 이미 죽었으니 죄줄 수 없고, 하륜
은 이미 집에 머물며 국정에 참여하지 않으니 경들은 더 이상 문제 삼
지 말라."

사헌부와 사간원에서는 하륜과 권근은 이색의 문인으로 정몽주 편
에 서서 태조의 추대를 반대했던 인물들이라는 급소까지 지적하며 처
벌 상소를 올렸다. 논리상으로 두 사람을 옹호하는 것은 더 이상 불가
능해졌다. 그럼에도 태종은 하륜에 대한 무한한 총애를 보인다. 그는
하륜의 아들인 총제 하구(河久)를 불러 "근자에 3공신과 대간에서 경
의 아비의 죄를 청했는데, 내가 좇지 않았다. 아비에게 두려워하지 말
라고 하라"고까지 말한다.

다음날에도 공신과 대간에서 두 사람을 처벌해야 한다고 상언하였
다. 이에 태종은 평소 때와 달리 논리적 반박은 하지 않고 "모든 일은
적당하게 하고 그만두는 것이다. 지금 이미 하륜으로 하여금 정사에
참여하지 못하고 집에 있게 하였으니, 이것으로도 족한 것이다"라며
좀더 솔직하게 말한다. "하륜과 권근이 처음에는 비록 태조에게 두 마
음이 있었더라도 지금은 나의 충신이 되었다. 너희들도 또한 나의 신
하이니 나의 말을 따르라."

하륜에 대한 태종의 본심

남재, 조온, 이숙번 등과 같은 공신들과 대간도 이번에는 한치도 물러설 생각이 없었다. 그러자 태종은 화를 내며 대간들에게는 파직시킬 수도 있다고 협박했다. 대간에서 세 번 간하여 임금이 듣지 않으면 대간을 교체하는 것이 옛 법이라고 말했다. 그리고 지신사 김여지를 은밀하게 불러 분을 참지 못한 목소리로 하륜에 관한 자신의 솔직한 생각을 시세에 대한 한탄과 섞어서 털어놓는다. 태종의 신하관을 엿볼 수 있는 대목이어서 다소 길지만 그대로 인용한다.

"하륜은 고금에 통달하고 충성을 다하니, 이와 같은 명신은 역사책에서도 많이 보지 못하는데, 공신과 대간이 반드시 쫓아버리고자 하니 무슨 심보인가? 저자들은 각사(各司)의 공사(公事)를 가지고 계문(啓聞)하여도 한 가지 일도 내 뜻에 맞는 것이 없는데, 하륜은 보익(補益)하는 것이 크고 많으니, 우리나라에 이러한 신하가 있는 것이 빛나지 않느냐? 너는 어째서 내 뜻을 여러 경(卿)에게 전하여 말하지 못하느냐? 맹세가 비록 아이의 장난이라 하더라도 너희들이 하늘을 가리켜 맹세한다면 너희들의 마음에 하륜이 정말 죄가 있다고 하겠느냐? 너희들의 마음에 반드시 죄가 없다고 할 것이나, 내 앞에서 감히 곧게 말하지 못하는 까닭은 밖에 나가면 꾸짖는 자가 있음을 두려워하기 때문이다. 내가 옛날에 대간과 지방 수령을 맡아보지 못하였기 때문에 그 폐단을 알지 못하였는데 오늘에 이르러서 알았다. 임금이 아무가 그르다고 하면 온 나라가 따르고, 한 재상이 아무가 그르다고 하면 또한 그와 같이 하는데, 고려 말기에 손바닥 뒤집듯이 패란(敗亂)이 서로 따른 것은 곧은 말을 하는 신하가 없었기 때문이다. 너희들이 무능하기 때문에 도리어 하륜을 해하고자 하니 부끄럽지 않으냐? 나라를 다스리는 도리가 임금이 말을 하면 신하가 그 그른 것을 바로잡지 못하고 뇌동(雷同)하여 물결치는 대로 따라가는 것이 옳겠느냐? 사풍(士風)이 퇴폐하고 쏠린 것이 한결같이 이에 이른 것은 무슨 까닭인가?"

태종의 이 말에 대해 『실록』은 "실은 이미 많은 사람들이 하륜과 권근의 글을 알면서도 고하는 자가 없다가, 임금의 뜻을 듣고 나서야 뇌동하여 서로 두 사람에게 죄를 청하기를 마지않기 때문에 탄식한 것"이라고 정확하게 해석하고 있다.

한편 하륜은 이날 무렵 네 차례나 상소를 올려 자신의 무죄를 주장했지만 태종은 귀찮다며 보지도 않고 모두 돌려보내 버린다. 그러면서도 저울추는 하륜 쪽으로 기울고 있었다.

맞불 전략

태종의 만류와 계속되는 경고에도 불구하고 공신과 대간들의 하륜 탄핵은 계속됐다. 태종은 자칫 자신의 정치적 기반이 허물어질 수도 있다는 위기감을 느꼈을 것이다. 태종은 태조 정권을 전복시키고 올라섰다. 하륜 문제는 이런 딜레마와 모순의 표출이었다. 태조를 세운 정도전, 남은, 심효생 등에 대립했던 인물들을 중심으로 해서 태종은 권력을 잡을 수 있었다. 조준은 예외적인 경우였고 하륜은 그 전형적인 사례였다.

정도전계를 비롯한 범(汎)태조 세력이 하륜을 몰아세우고 있다고 판단한 태종은 극약 처방을 쓰기로 결심한다. 하륜 처벌 상소가 이어지던 7월 2일 태종은 느닷없이 20년 전의 일을 끄집어냈다. 조선 개국 직후 정도전이 작성한 즉위 교서에서는 이성계에게 반대하던 쪽에 섰던 56명을 처벌하도록 명시했다. 그중 이숭인과 이종학은 '장 100대에 먼 지방 유배'라는 형을 받았는데 정도전 등의 지시로 몽둥이에 맞아 죽거나 교살당한 일이 있었다. 이 일을 문제 삼고 나선 것이었다.

하륜에 의해 재론된 이숭인 살해 사건

이날 태종은 승정원에 "이숭인, 이종학을 곤장 때린 뒤에 살해하였다고 말하는 사람이 있는데, 너희들이 들었는가?"라고 물어본다. 이숭인은 이색의 제자이고 이종학은 이색의 아들이다. 『실록』에 따르면 이런 말을 한 사람은 다름 아닌 하륜이다. 하륜이 은밀하게 저간의 사정을 기록해 밀봉해서 올렸던 것이다.

김여지는 정확히 알지 못한다고 말했고 한상덕은 그렇게 말하는 사람들이 많다며 이종학이 남긴 시를 볼 때 제 명대로 죽지 못한 것이 분명하다고 말했다. 또 『태조실록』 편찬에 참여한 바 있던 조말생은 "사관이 쓰기를 '임금(태조)이 이숭인, 이종학 등 12인의 죽음을 듣고 크게 노하여 이에 관련된 사람을 책하였다'고 하였습니다"라고 보고했다. 태종은 의정부에 명하여 당시 관련자들을 샅샅이 찾아내 정확한 진실을 밝히라고 명했다.

그리고 태종은 자신은 이런 일을 몰랐다며 만일 이게 사실이라면 국법을 무시하고 권신(정도전)의 사적인 지시에 따라 사람을 죽인 것이니 큰 문제라고 밝힌다. 정말 몰랐던 것인지 아니면 그냥 지나가려 했다가 이색의 비문 문제가 하륜에게까지 불똥이 튀는 바람에 새삼 문제를 삼았던 것인지는 태종 자신만이 알 뿐이다. 한 가지 분명한 사실은 맞불 전략이었다는 것이다.

이는 당시 신하들도 잘 알고 있었다. 사간원 좌정언 금유가 올린 글은 이색의 비문과 이숭인 장살 사건 재론이 서로 밀접하게 연결된 것임을 단적으로 보여준다.

"지금 의정부로 하여금 이숭인과 이종학을 잘못 형벌한 사실을 조사
하게 하였는데, 신 등이 생각하기를, 만일 잘못 죽였다면 태조의 탁월
한 안목으로 어찌 그 사실을 알지 못하였겠으며, 또 이숭인과 이종학의
자손이 어찌 보복하려고 하지 않겠습니까? 지금 하륜과 권근에게 죄주
기를 청하자 이런 명령이 있으시니, 신은 그 옳은 것을 알지 못하겠습
니다. 정지하시기를 청합니다."

정곡을 찌른 상소임과 동시에 하륜을 압박하려는 반대파의 방해 공작
일 수도 있었다. 이 글이 태종에게 전해질 경우 파문은 쉽게 예상할 수
있었기에, 대언들은 "주상의 이번 명령은 진정이시니, 만일 지금 아뢴다
면 주상이 반드시 노할 것"이라며 상소를 태종에게 전달하지 않았다.

드러난 실상

조사가 진행되는 가운데 아주 의미심장한 일이 생긴다. 7월 20일 박
은이 하륜을 적극 옹호하고 나선 것이다. 이색은 박은의 외삼촌이었
다. "용사자(用事者)라는 것은 조준 등을 가리킨 것이 분명하고, 이숭
인, 이종학의 죽음은 권신(정도전)이 한 짓이다." 이에 사헌부는 박은
을 불러 조사했고, 박은은 두 가지 사실 모두 하륜에게서 들었다고 밝
혔다. 다시 하륜을 불러 조사하자 하륜은 이종학의 아들에게서 들었다
고 실토한다. 분명 뭔가가 있었던 것이다.

7월 27일 사헌부는 조사 결과를 보고했다. 아직도 풍해도 신은현에
살아 있던 손흥종이 "남은과 정도전이 만일 이종학에게 곤장 100대를

쳐서도 죽지 않거든 교살하라고 했기 때문에 내가 교살했다"고 실토했다. 황거정의 경우는 다소 모호했다. 당시 이숭인의 장형은 나주에서 이뤄졌다. 그는 "장 이외에 다른 형벌은 없었는데 그 전에 이숭인에게 병이 있었기 때문에 장으로 인해 죽은 것"이라고 밝혔다. 그러나 당시 장형에 참가했던 사람들을 찾아내 확인한 결과, 장을 일부러 엉덩이가 아닌 허리에 치도록 했다는 것이 드러났다.

태종은 손흥종과 황거정을 즉각 잡아들이도록 명했다. 그리고 아주 흥미로운 말을 한다. 자신은 개국 전까지는 거의 모든 일에 참여하여 모르는 일이 없지만 개국 후에는 정치에 참여하질 못하고 함흥에 가 있었기 때문에 정확한 사정을 모른다면서 의령군 남재는 당시 정부에 있었고 철원군 이원도 당시 전라도 안렴사였으니 이숭인의 일을 알고 있었을 것 아니냐고 반문한다.

더불어 이숭인, 이종학 재조사의 흐름 속에서 태종의 어릴 때 스승이자 태조와 정도전의 반대편에 섰다가 고초를 겪은 우현보의 아들 우홍수에 대해서도 재조사를 지시했다. 『실록』에 따르면 우홍수의 아들 우승범이 글을 올렸다고 한다. 우현보야말로 전형적인 반(反)태조였다가 2차 왕자의 난 때 이방간 쪽의 거사 움직임을 미리 포착해 제자이자 태종의 고시 동기였던 이래를 통해 당시의 정안공에게 알려준 태종 즉위의 1등공신이었다.

이어 8월 2일 태종은 이색의 비문 사건과 이숭인·이종학 살해 사건을 절묘하게 연결시키면서 하륜을 영의정에 복직시킨다. 그의 논리는 간단하다. 이색의 사람들이라고 할 이숭인과 이종학을 태조가 죽이라고 한 것이 아니라 정도전 일파들이 독단적으로 한 것을 보아도 '용사자'라는 표현은 태조를 겨냥한 것이 아니라 정도전 일파를 가리킨 것이라는 논리였다. 즉, 태조와 권신들은 따로 놀고 있었다는 근거를 통해 하륜을 구한 것이다. 이로써 태종 11년 7월 한 달을 뜨겁게 달구었던 이색 비문 사건은 일단락된 셈이었다.

이색 비문 사건이 마무리되자 태종은 하륜을 8월 2일 영의정에 다시 앉혔다. 이 인사의 정치적 의미는 대단히 크다. 하륜과 박은을 중심으로 해서 정국을 운영해 가려는 태종의 구도가 다시 제자리를 찾았기 때문이다. 이렇게 해서 정국은 안정되었지만 집안 내부가 곪아가고 있었다. 처남 두 명을 사형에 처했으니 집안이 온전하다면 그게 비정상이다.

사실 태조와 정도전 등과 같은 개국 초 권신들을 분리하는 일은 태종으로서는 자신을 둘러싼 태생적인 모순을 풀어내는 결정적인 실마리였다. 아버지를 향한 쿠데타로 집권한 태종으로서는 아버지의 권위는 그대로 유지시키면서 거사의 명분을 권신 제거에 두면 되기 때문이다. 그러나 그게 말처럼 쉽지는 않았다. 크게 보면 개국공신과 정사공신이 충돌할 수도 있었고 개인적으로는 각각의 인물들과 맺었던 복잡한 인간관계로 인해 적과 동지를 구분하는 일이 불분명하기도 했다.

자신이 총애했던 남재의 경우가 대표적이다. 8월 2일 태종은 남재를 불러 이런저런 이야기를 나눈다. 이종학 사건 당시 남재는 대언이었다. 당연히 사건을 알아야 하는 자리였다. 그런데도 남재는 그 일은 몰랐다고 말했고 태종은 더 이상 캐묻지 않는다. 그러면서 1차 왕자의 난 때 죽은 남재의 동생 남은을 동정적인 시각에서 회고한다. 개국의 공은 남은이 컸다는 것이다. 반면 정도전에 대해서는 대단히 인색하다. "정도전은 개국할 때에도 일찍이 한마디 말도 없었고, 그 뒤에 적서(嫡庶) 문제(이방석에게 왕위를 물려줄 때의 일)를 분변할 때에도 한마디도 언급하지 않았고, 고황제(高皇帝-명나라 주원장)에게 죄를 얻었을 때는 굳이 피하고 가지 않고 사(私)를 끼고 임금을 속이었고, 이숭인 등을 함부로 죽였으니 죄가 공보다 크다."

실제로 8월 11일 이숭인·이종학 사건을 마무리하면서 태종은 손흥종, 황거정과 더불어 정도전도 서인으로 삼고 자손들의 관직 진출을 금하면서도 남은은 문제 삼지 말라고 지시한다. 그런데 이런 지시에 대해 좌사간 이명덕이 반박했다. 남재는 남은의 친형인데 이숭인과 이종학을 죽이려 했던 정도전과 남은의 모의를 몰랐다는 것은 임금을 기만하는 것이니 당장 의금부에 내려 국문케 해야 한다는 것이었다. 이에 대한 태종의 변명은 다소 궁색하다.

"남재 형제가 평소에 우애하지 못한 것은 사람이 다 아는 것이다. 어찌 남재가 알고서 사실대로 고하지 않았겠는가? 다시는 묻지 말라."

개국공신들의 반발

의정부에서는 연일 황거정과 손흥종은 그 정도로 끝나서는 안 되고 사형으로 다스려야 한다고 압박했다. 그런데 이는 정말로 사형해야 한다는 의견이라기보다는 태종에 대한 간접적인 압박이었다. 왜냐하면 태종이 사형을 거부하자 바로 의정부에서 올라온 의견은 정반대의 내용을 담고 있었기 때문이다.

"황거정과 손흥종은 실은 정도전과 남은의 계책을 따랐을 뿐입니다.

그리고 정도전과 남은도 사감으로 그렇게 한 것은 아니었습니다.”

이것만으로도 이미 위험수위를 넘고 있었다. 그런데 이종학과 이숭인은 고려의 당이었기 때문에 당연히 정도전 등은 조선 사직을 위해 고려의 당을 해쳤다며 “외형적으로 보면 임금을 속인 부분이 있지만 속마음은 이 나라 사직을 호위하기 위한 것”이라며 태종의 생각을 정면으로 반박했다.

태종은 진노했다. “임신년(1392) 7월에 대업(大業)이 이미 정하여졌는데, 어찌 피차의 당이 있겠는가? 정도전 등이 방자하게 무군(無君-임금을 무시함)의 마음을 자행하였는데, 어째서 사직을 호위하였다고 말하는가? 처음 이 말을 낸 자가 누구인가?”

드디어 개국공신들이 나섰다. 우정승 조영무, 한천군 조온, 홍녕군 안경공, 청성군 정탁, 옥천군 유창, 서천군 한상경, 평성군 조견이 연대해서 상소를 올렸다.

“남은과 정도전의 무리가 없었다면 태조가 누구와 더불어 개국하였겠습니까? 이것을 가지고 저것을 미워하는 것은 이치가 진실로 그러한 것이니, 정도전의 사사로운 원망이 아닙니다. 그 마음을 쓴 것은 공정한 데에서 나왔으니, 이것은 용서할 만합니다. 신 등이 또한 개국에 참여하였으므로 감히 이 청을 드리는 것입니다.”

개국공신들의 이례적인 반발에 태종도 ‘웃으면서’ 자신의 입장을 밝힌다. 두 사람을 법에 따라 죄주려 했으나 공신들의 뜻이 그러하면 다시 생각해 보겠다는 것이었다. 그러나 여전히 정도전에 대한 처벌의 입장을 견지하자 8월 18일 개국공신인 좌정승 성석린, 우정승 조영무,

찬성 이천우 등이 일종의 태업을 벌였다. 특히 자신들을 대간이 비판한 점을 문제 삼았다. 간접적으로 대간들을 통해 자신들에게 압력을 가하지 않았느냐는 일종의 시위였던 셈이다. 그리고 이 문제는 결국 태종이 한 걸음 물러섬으로써 해결되었다.

정도전은 이미 저 세상 사람이다. 개인적으로 정도전을 싫어했지만 조선 건국에 미친 정도전의 지대한 공은 굳이 개국공신들이 역설하지 않아도 태종 자신이 잘 알고 있었다. 정도전에게는 아들이 넷 있었다. 그런데 1차 왕자의 난이 일어나던 날 정유와 정영 두 아들은 이방원의 병사들에게 피살되었고 정담은 자살했다. 장남 정진만이 살아남아 전라도 수군으로 쫓겨가 있다가 4년 전인 태종 7년 태종이 불러들여 나주목사를 시켰다. 이것을 보아도 정도전에 대한 태종의 복합적인 심사를 알 수 있다. 정진은 이때의 일로 한때 주춤했다가 다시 중용되어 평안도 관찰사, 공조판서, 개성유후를 거쳐 세종 때인 1425년에는 형조판서에까지 오르게 된다. 이것을 보아도 정도전의 후손들을 관직에 나아가지 못하게 한 조처는 흐지부지된 것으로 봐야 한다.

다시 쓰는 『고려사』

새 나라를 개창한 태조 이성계는 건국 3개월 만인 1392년 10월 정도전과 정총에게 명을 내려 『고려사』 편찬을 지시했다. 그리고 2년 3개월 만인 1395년 1월 25일 삼사 판사 정도전과 정당문학 정총은 37권으로 된 『고려사』를 지어 올렸다. 아마도 1, 2차 왕자의 난을 통한 태종의 집권이 이뤄지지 않았다면 이것이 정본(正本)이 되었을지 모른다.

역사는 승자의 기록이다. 승자 정도전은 다시 이방원에게 패했다. 이제 역사의 붓은 이방원 쪽이 잡은 것이다. 태종은 태종 2년 6월 하륜과 권근에게 명해『삼국사(三國史)』를 짓도록 했고 다음해 8월에는『동국사략(東國史略)』을 짓게 하는 등 우리 역사에 깊은 관심을 보였다. 그리고 태종 9년에는 하륜에게『태조실록』편찬을 지시했다. 이렇게 해서『태조실록』은 1413년 완성된다. 이색의 비문을 둘러싼 논쟁이 터진 것은 바로 이『태조실록』편찬이 한창일 때였다.

이 과정에서 태종은 고려 말 조선 초의 기록을 자기 입장에서 분명하게 정리해 둘 필요를 느꼈다. 결국 태종 14년 8월 7일 역사 서술을 책임지는 춘추관 영사 하륜, 감사 남재, 지사 이숙번·변계량에게『고려사』개수(改修)를 명한다. 역사 다시 쓰기가 시작된 것이다. 방향도 분명하게 제시했다.

그런데 1416년 하륜이 사망하면서『고려사』개수 작업도 중단되고 만다. 하륜의 죽음과 함께 개수 작업도 중단되었다는 것은 태종이 얼마나 이 문제에 관하여 하륜의 시각에 의존하려 했는지를 분명하게 보여주는 사건이다.

『고려사』개수 작업은 태종을 이은 세종의 손에 넘어간다. 1418년에 왕위에 오른 세종은 그해 12월 25일 경연에서 "『고려사』에 공민왕 이하의 사적은 정도전이 들은 바대로 더 쓰고 깎고 하여 사신(史臣)의 본 초고(草稿)와 같지 않은 곳이 매우 많으니, 어찌 뒷세상에 전할 수 있으랴. 없는 것만 같지 못하다"고 말한다. 태종의 시각을 그대로 이어받은 것이다. 이에 변계량과 정초도『고려사』개수 작업을 재개할 것을 청했다.

이렇게 해서 1419년 9월 20일 유관과 변계량에게『고려사』개수를 명했고 1년 반 후인 1421년 1월 30일 변계량은 개수 작업을 완료했다고 보고한다. 그러나 이때부터 역사 공부를 본격적으로 시작했던 세종은 그게 마음에 들지 않는다며 다시 1423년 12월 유관과 윤회에게 재개수를 지시했고 1424년 재개수한『고려사』가 완성된다. '이씨 왕조'

정당화를 위한 내용적인 수정은 이것으로 끝이 났다. 그러나 중국의
『자치통감』, 『자치통감강목』 등을 달달 외우다시피 했던 세종은 서술
방식이 마음에 들지 않는다며 1449년 2월 춘추관에 『고려사』를 기전체
로 전면 개편할 것을 명한다. 그래서 김종서, 정인지 등이 주도해 2년
반이 지난 1451년 8월 『고려사』 139권이 완성되기에 이른다. 이것이
현재 우리가 말하는 『고려사』다. 이어 김종서 등은 1452년 별도로 『고
려사절요』도 펴냈다. 장장 60년에 걸친 『고려사』 편찬 작업은 이로써
마무리되었다.

15장
또다시 터진 비극

민무회 · 민무휼 사건

태종 11년에 접어들면서 지금의 함경도 지방을 둘러싼 명나라와 조선의 갈등도 어느 정도 봉합되고 양국 관계는 안정기에 접어들었다. 명 성조는 1405년 환관 정화에게 대규모 함대를 주어 남해 원정에 나서게 한 이래 1407년 2차 원정, 1409년 3차 원정, 1413년 4차 원정, 1417년 5차 원정을 보내는 등 시야를 남방으로 돌리고 있었다. 두 나라 사이에 이렇다 할 외교적 현안은 거의 없었다.

국내적으로도 정치가 안정되면서 각종 제도 개편과 민생 안정을 위한 정책들이 광범위하게 시행되었다. 학교 제도도 정비되어 좀더 많은 사람들이 교육 혜택을 받을 수 있었다. 1412년 4월에는 경회루가 완공되었고 다음해에는 서북면을 평안도, 동북면을 영길도로 바꾸는 지방 제도 개혁도 단행했다. 1414년에는 경기좌우도를 합쳐 경기도로 통합했고 대대적인 관리 감축도 이루어졌다. 반면 화통군 400명을 증원해

경회루_ 명나라 사신을 위한 연회나 국가적 행사를 열던 장소로 태조 4년에 창건하여 태종 12년에 확장 공사를 완료했다. 임진왜란 때 소실되었다가 고종 4년(1867)에 중건되었다.

군사력을 강화했고, 1415년에는 억불 차원에서 연등 행사를 폐지했다. 주자소에서는 연일 금속활자를 통해 『대학연의』를 비롯한 각종 국내외 서적들이 널리 간행되었다. 거북선이 제작된 것도 1413년의 일이다. 아마도 이 무렵 태종의 유일한 걱정이라면 세자 양녕뿐이라고 해도 과언이 아니었다. 그러나 세상사가 늘 좋은 일로만 채워질 수는 없는 법. 태종 15년 4월 또다시 한쪽에서는 비극적 사건의 씨앗이 싹트고 있었다.

염치용의 노비 소송 사건

조선 초에는 노동력 확보 차원에서 억울하게 노비가 된 사람들을 대대적으로 풀어주는 노비변정 재판이 한창이었다. 그러나 이 과정에서 권문세가들은 한 명의 노비라도 더 확보하기 위해 다양한 경로를 통해 로비를 벌이곤 했다. 염치용의 노비 소송 사건도 실은 매년 수천 건에 이르던 그런 소송의 하나일 뿐이었다.

원래 형조와 사헌부에서 황주목사를 지낸 염치용에게 속한다고 판결을 받았던 노비가 태종의 재심 명령으로 다시 내섬시에 속하게 되자 염치용이 억울한 마음에 공안부윤 민무회의 집으로 찾아가서 거짓말을 한 것이 발단이었다. 염치용은 일찍부터 민씨 형제들과는 가까운 관계였다. 염치용의 말에 따르면, 노비 서철 등이 돈이 많아 혜선옹주 홍씨에게 은을 뇌물로 주고 영의정 하륜에게도 말을 선물하여 내섬시에 속할 수 있도록 손을 썼다는 것이었다. 이 말은 곧 태종이 노비의 뇌물을 받은 후궁과 신하의 말을 듣고 노비를 내섬시에 귀속시켰다는 뜻이다. 다시 말해 사노비가 공노비로 신분 전환을 위해 태종을 상대로 로비를 시도했고 그 로비가 성공했다는 말이나 마찬가지였다.

문제는 민무회의 경솔한 행동이었다. 진위 여부도 가려보지 않은 채 며칠 후 이 말을 충녕대군에게 전하자 충녕은 즉시 태종에게 알렸다. 태종은 진노했다. 신하들을 부른 태종은 "내가 부끄러운 말을 들으니 도리어 경들을 보기가 부끄럽다"며 염치용과 민무회 등 관련자들을 불러들여 직접 심문을 벌였다. 그 자리에서 염치용의 말이 거짓이었음이 드러났다. 염치용은 즉시 의금부에 하옥되었고 민무회는 일단 석방되었다. 그러나 조정 대신과 대간들의 탄핵이 이어졌고 결국 8일 후 민무회는 직첩을 회수당했다. 대간에서는 민무회의 죄가 민무구, 민무질에 버금간다고 연일 글을 올렸으나 태종은 장모인 송씨가 아들 걱정 때문에 식음을 전폐하고 있다며 아무런 대답도 하지 않았다.

세자 양녕의 과잉 충성

민무회 문제로 조정이 시끄러운 가운데 불과 두 달 후에는 민제의 네 아들 가운데 살아남은 두 아들인 민무휼과 민무회를 결국 죽음으로 몰아넣게 되는 사건 같지도 않은 사건이 터진다. 6월 6일 대간과 형조에서 두 사람을 탄핵하는 상소를 올렸다. 일의 전말은 이랬다. 6월 초 태종이 편전에서 세자를 비롯한 세 아들과 이런저런 이야기를 나누고 있었다. 그때 갑자기 세자 양녕이 2년 전인 계사년(1413) 4월의 일을 끄집어냈다.

그때 중궁은 병환중이었다. 대궐 내에서 세 아들이 병수발을 하고 있는데 민무휼과 민무회가 누나의 병을 살피기 위해 병문안을 왔다. 마침 효령과 충녕은 어머니에게 약사발을 올리기 위해 중궁전에 들어갔고 대궐 뜰에는 두 민씨와 세자만이 있었다. 그때 막내 외삼촌인 민무회가 오랜만에 만난 조카에게 이제 민씨 집안은 망하게 생겼다고 말했다. 그러자 세자는 외삼촌인 두 민씨에게 "외삼촌댁 가문은 깨끗하지 못합니다"라고 반박했다. 이에 민무회는 억울하다는 듯이 "세자는 우리 가문에서 자라나지 않으셨습니까?"라고 반문했다. 못마땅해하는 표정을 짓는 세자의 얼굴을 보고 일이 잘못되었음을 알아차린 민무휼은 세자에게 "잡담이니 잊어버리시기 바랍니다"며 간청했다.

사실 여부를 떠나 왜 세자는 꺼져가는 불꽃이나 다름없는 두 외삼촌을 사지로 몰아넣을 것이 분명한 이런 이야기를 태종 앞에서 했을까? 이때 세자의 나이는 이미 22세였으므로 세상 물정을 충분히 알 수 있었다.

태종은 즉시 민무휼과 민무회를 불러 사실 여부를 따졌으나 두 사람은 모르는 일이라고 답했다. 실제로 없었던 일일 수도 있었고 있었는데 잊어버렸을 수도 있다. 결국 두 사람에 대한 관련 기관의 조사가 시작됐다.

　신하들은 앞을 다퉈 두 사람을 국문해서 처벌해야 한다고 주장했다. 태종도 이들의 '범죄' 사실을 기정사실화하면서도 두 사람의 어머니, 즉 장모를 생각해 결정을 하기 어렵다고만 말한다. 그리고 이틀 후 일단 민무휼의 직첩을 거두도록 지시했다. 민무회의 직첩은 이미 염치용 사건으로 인해 회수당한 상태였다. 그리고 두 사람은 7월 3일 경기도 해풍에 안치된다. 그리고 12일 두 사람의 어머니 송씨는 아들을 보살피겠다며 유배지를 향해 떠났다. 그해 12월 23일 민무휼은 원주로, 민무회는 청주로 유배지를 옮긴다. 경기도에서 각각 강원도와 충청도로 유배지를 옮겼다는 것은 두 사람의 죄에 대한 태종의 부정적인 생각이 더 심해졌다는 뜻이다. 결국 두 사람은 태종 16년 1월 13일 각각 자진(自盡)해 세상을 떠났다.

하륜의 퇴장, 박은의 등장

태종 16년 5월 25일은 여러 가지로 의미있는 날이다. 하륜이 역사의 무대에서 물러남과 동시에 그의 빈자리를 차지하게 될 박은이 우의정에 올라 전면으로 부상하는 날이기 때문이다. 이런 거대한 변화의 수레바퀴에는 늘 흐름을 잘못 읽어 희생당하는 인물이 있다. 공신 중의 공신인 이숙번이 바로 그다.

이날 태종은 하륜을 좌의정에서 물러나게 하고 남재를 영의정, 유정현을 좌의정, 박은을 우의정, 박신을 의정부 찬성, 윤향과 심온을 의정부 참찬, 민여익을 공조판서, 이원을 병조판서, 구종지를 한성부윤으로 교체하는 일종의 개각을 단행했다.

하륜은 1347년생으로 이때 정확히 70세였다. 하륜은 그에 앞서 옛 법을 근거로 70세가 되면 관직에서 물러나 여생을 한가롭게 보내는 것을 관례로 삼자고 건의한 바 있었다. 태종은 하륜을 계속 곁에 두고 싶어 했다. 그러나 필요할 때면 지신사 조말생이 언제든지 불러서 의견을 물을 수 있으니 하륜의 제안대로 하는 것이 좋겠다고 생각해 받아들였다.

하륜의 퇴장 못지않게 눈여겨 봐야 할 대목이 박은의 우의정 임명이다. 유정현은 비교적 자기 색깔이 분명치 않은 편이었고 결국 하륜의 빈자리는 박은이 채우게 되었기 때문이다.

불우했던 어린 시절

박은의 아버지 박상충은 앞서 잠깐 언급된 바 있다. 공민왕이 성균관을 재건할 때 대사성 이색이 경학에 뛰어난 인물들을 교수진으로 구성했는데, 그때 박상충이 정몽주, 이숭인 등과 함께 교수진에 들었다. 그런데 당시 친원파로 권력을 휘두르던 이인임을 사형해야 한다고 주장하다가 정당문학 전녹생과 함께 심한 장형을 받고 귀양 가던 길에 사망했다. 당시 정몽주, 이첨, 이숭인 등도 함께 귀양을 갔다. 이때가 1375년이었다.

박은은 박상충과 고려 말의 대학자 이곡의 딸 사이에서 1370년에 태어났다. 이곡은 이색의 아버지다. 그런데 어머니도 아버지 박상충이 죽던 해 충격을 받고 사망하는 바람에 여섯 살이던 박은은 하루아침에 고아가 됐다. 그러나 주위의 배려 속에 성장한 박은은 우왕 11년 문과에 2위로 급제하는 등 뛰어난 재주를 선보였고 조선 개국 이후 금주지사로 있을 때 인사고과에서 최고 성적을 받아 좌보궐이 되어 중앙에 진출했다.

실록에 따르면 박은은 일찍부터 이방원의 노선을 추종했다고 한다. 그리고 이 무렵 동료에게 탄핵을 받게 되자 당시 불우한 시절을 보내고 있던 이방원에게 글을 올렸다. 일종의 충성 맹세였던 셈이다.

"어리석은 사람이 지나치게 알아주심을 받아, 금주(錦州)에서 3년의 임기를 마치고 조정으로 들어와 문하부 간관(諫官)의 영광을 받았는데 갑자기 동료의 탄핵을 받게 되었으니 실로 나의 잘못으로 스스로 취한 것이나, 다시 군직(軍職)을 받게 되었으니 오직 공(公-정안공)이 용서한 덕택으로 생각합니다. 그러나 학문이 넉넉하지 못함을 슬퍼하고 말과 행실이 그릇될까 두려워하며, 외롭고 가난하고 병까지 있는 몸이나 뜻 과 기운이 아직 남아 있습니다. 각하가 보통 사람으로 대접하지 아니하 니, 내 어이 보통 사람과 같이 보답하리오. 이미 각하를 위하여 이 세상 에 태어났으니 마땅히 각하를 위하여 몸을 바쳐야 할 것입니다. 이제 각 하는 임금과 운명을 같이할 것이요, 나라와 존망을 같이할 것이니, 죽고 사는 것을 각하에게 바치는 것은 아첨하는 것이 아니요, 노둔한 자질을 밝을 때에 다 바치는 것은 저 개인 한 몸을 위한 것이 아닙니다. 공의 집 에 문객이 수없이 드나들어 어진 자와 어리석은 자가 같이 드나들 것이 로되, 진실로 뜻있는 사람이라면 그 누가 이렇게 하지 않으리오."

실제로 박은은 태종이 병으로 눈을 감기 하루 전에 세상을 떠나게 된다. 보통 인연은 아니었던 셈이다.

박은은 요즘 식으로 표현하자면 '화끈한 인물'이었다. 태조 6년 때의 일이다. 그전에 계림부윤 유량이 박은의 일처리와 관련해 의견이 엇갈 리자 호통을 친 적이 있었다. 이때 박은은 조금도 굴하지 않고 "나도 당신 나이에 이르면 당신처럼 높은 지위에 올라갈 터인데, 어찌하여 이처럼 곤욕을 주느냐"고 맞섰다. 그런데 나중에 유량이 '항복한 왜놈 과 결탁해 사직을 배반했다'는 무고를 당해 사헌(훗날 사헌부로 바뀜)

에 끌려왔다. 그때 사헌 집정은 두 사람 사이의 일을 알고 있었다. 그래서 박은이라면 유량에게 자백을 받아낼 수 있을 것이라 생각하고 사헌 시사로 임명했다. 박은이 유량의 생사여탈권을 쥐게 된 것이다.

유량은 사헌 뜰 아래에 묶인 채 머리를 숙이고 눈물을 흘렸다. 분명 그때의 일을 보복할 것으로 생각했기 때문이다. 그때 형리가 조서를 들고 와서 박은에게 내밀었다. 순간 박은은 붓을 내던지며 "어찌 죄 아닌 것을 가지고 사람을 죽도록 할 수 있느냐"며 형리에게 큰 호통을 친다.

결국 유량은 목숨을 구했고 훗날 정승에까지 오르게 된다. 그때 유량은 박은에게 "나는 진실로 소인배였다. 그대의 말채나 잡고 나의 평생을 마쳐야겠다는 생각을 한 지 이미 오래되었다"며 감사했다고 한다.

그런데 집정은 서명을 거부한 박은을 지방으로 내쫓았다. 춘천 지사로 발령을 낸 것이다.

"전하의 충신은 오직 박은뿐"

1차 왕자의 난이 일어났을 때 박은은 춘천 지사로 있었다. 아마도 그가 집정에게 쫓겨나지 않았더라면 거사에 좀더 깊이 관여할 수 있었을지도 모른다. 『실록』은 그가 "지방 군사를 동원했다"고 적고 있다. 이숙번의 안성 군사 동원과 비슷한 맥락이었는지 모른다. 그러나 큰 역할은 하지 못했던 것으로 보인다. 1차 왕자의 난 때 공을 세운 정사 공신의 명단에 박은은 빠져 있다.

권력은 정안공 이방원의 손에 들어왔고 정안공은 다시 춘천으로 돌아가려는 박은을 사헌 중승이라는 자리에 임명해 곁에 두었다. 이어 형조 지사로 있을 때 2차 왕자의 난이 일어났고 이때 다시 한 번 방원 편에 섬으로써 마침내 그는 좌명공신 3등에 책봉되어 반남군이라는 작호를 받았다. 반남은 그가 태어난 나주의 한 지명이다.

이때부터 그의 관운(官運)에 거칠 것은 없었다. 태종 원년 호조전서, 병조와 이조의 전서 겸임, 태종 2년 강원도 관찰사, 태종 3년 한성부윤에 올랐다. 이때 박은의 나이 불과 33세였다. 태종 6년 전라도 관찰사로 있을 때 앞서 본 명나라 사신 황엄이 제주의 불상을 구하기 위해 나주를 찾았다. 이때 다른 도의 관찰사들은 사신의 위세에 눌려 온갖 횡포에 굴복했지만 박은은 규정대로만 사신을 대접했다. 처음에는 엄포를 놓고 기세등등하던 황엄도 너무나도 당당한 박은의 기개에 눌려 더 이상 방자하게 굴지 못했다. 오죽했으면 한양으로 돌아온 황엄이 태종에게 "전하의 충신은 오직 박은뿐"이라고 말했을까.

천하의 하륜에 맞서다

태종은 하륜 못지않게 박은을 깊이 총애했다. 아니 총애하지 않을 수 없었다. 황엄에게 이 말을 전해 들은 태종은 곧바로 박은을 중앙으로 불러 처음으로 군부의 요직인 좌군 동지총제에 임명했다. 2년 후인 태종 8년에는 드디어 의정부 참지사가 되어 대사헌을 겸임하게 된다. 이때 세상은 민제가 "요즘 사람들이 하륜을 정도전에 비긴다"고 할 만큼 좌정승 하륜이 쥐락펴락하고 있었다. 『실록』에서는 "하륜이 좌정승이 되어 모든 일을 혼자서 결재하고, 우정승 이하는 다만 서명할 따름이었다"고 적고 있다. 그런데 오직 박은만은 옳지 못한 것이 있으면, 하륜 앞에 직접 나아가 옳지 않다는 것을 역설했고 자기 의견을 받아주지 않으면 서명하지 않았다. 당시에는 인사 문제의 경우 대사헌의 결재가 반드시 필요했다. 아마도 요즘의 신원 조회에 해당되는 것이었다고 할까?

그는 행정의 달인이었다. 지방관을 두루 거쳤고 중앙의 요직도 맡지 않은 게 없을 정도였다. 태종은 곧바로 박은을 형조판서, 서북면 병마 도절제사로 임명하고 태종 10년에는 평양성을 쌓는 특수 임무를 내리기도 했다. 이어 병조판서, 대사헌, 호조판서를 맡게 된다. 『실록』은 이런 박은의 품성에 대해 "식견이 밝고 통달하며, 활발하고도 너그러우며, 의논이 확실하였다"고 평가했다.

그가 죄수를 다루는 순금사 판사로 있을 때의 일이다. 그때만 해도 장형의 수가 일정하지 않았다. 그에 따른 부정부패는 말할 것도 없고 형벌이 공정하지 못했다. 억울한 희생자가 많을 수밖에 없었다. 그러나 이때 박은은 처음으로 태종에게 글을 올려 장형은 한 차례에 30대씩 하는 법을 제정할 것을 건의했고 태종은 이를 받아들였다. 『실록』은 "사람들이 많은 덕을 보았다"고 평가하고 있다. 종1품인 숭정대부에 올라 이조판서를 지내고 우군 도총제부 판사로 있다가 태종 16년 3월 마침내 47세의 나이로 우의정에 오른다. 이를 당시에는 소년입각(少年入閣)이라고 불렀다. 하륜의 시대가 가고 마침내 박은의 시대가 개막됐다. 불과 6개월 후인 11월 박은은 이조판서를 겸하는 좌의정에 오르게 된다.

이숙번을 내치다

태종 16년 6월 4일 태종은 안성부원군 이숙번을 연안의 농장에 거주
토록 지시했다. 사실상의 유배를 보낸 것이다. 신하들은 놀랄 수밖에
없었다. 하륜만큼 권세를 누리진 못했어도 그에 못지않은 공신 아니던
가! 이 즈음 태종의 심정은 대단히 착잡했다. 가뭄이 깊어 자신의 부덕
을 탓했고 세자에게 자리를 물려주고 싶지만 그럴 상황이 아니었다.

이보다 앞선 5월 20일 오랜 가뭄이 계속되자 태종은 의정부, 육조,
3공신, 삼군 도총제, 예문관, 대간들에게 두루 명해 가뭄을 가라앉힐
수 있는 방안을 각자 올리도록 명하고는 편전으로 가서 지신사 조말
생과 우대언 이백지를 불러놓고 자신의 심정을 솔직하게 털어놓는다.

"내가 부덕한 사람으로서 하늘의 꺼림과 노여움을 만나서 가뭄이 자
주 계속되는 바람에 밤낮으로 걱정하고 두려워하여 구제할 바를 알지

못하겠다. 내가 어찌 의복의 아름다움을 구하여 임금이 되었겠으며, 음식의 진미(珍味)를 즐기고자 임금이 되었겠는가? 의복이 단벌이면 춥고 음식이 떨어지면 굶는 것이니 이것이 가난한 것이다. 옷이 있어서 몸이 춥지 않고 먹을 것이 있어서 배를 주리지 않고, 편안히 베개를 베고 뜻을 펴고서 평생을 지내는 사람이야말로 얼마나 행복한가?"

이 말을 하던 태종은 감정이 격해져 대성통곡을 했다. 『실록』은 "눈물과 콧물이 턱 사이에 범벅되어 능히 말을 하지 못하였다"고 당시 장면을 적고 있다. 그리고 태종은 효령과 충녕 두 대군을 불러 신하들에게 이렇게 전하라고 이른다.

"대신 등은 내가 들어주지 않는다고 이르지 말고 모조리 품은 생각을 진달하라. 비록 나더러 삭발을 하라 하여도 내가 마땅히 따르겠다."

그만큼 태종은 이때 고립무원의 심정을 느끼고 있었다. 닷새 후면 하륜도 좌의정에서 물러날 것이었다. 그의 마음은 텅 빈 듯했다.

그런데 그 빈자리를 채워줘야 할 이숙번이 일종의 태업을 벌이고 있었던 것이다. 이때 그는 벌써 몇 달째 병을 핑계로 대궐에 나오지 않고 있었다. 게다가 2차 선위 파동 때 "50세가 되기를 기다려도 늦지 않는다"고 말했던 이숙번이다. 태종 16년에 마침 태종의 나이가 정확히 50세였다. 실은 2차 선위 파동 때 하륜은 "상의 나이가 60, 70이고 세자 나이가 30, 40이어도 불가할 텐데 하물며 지금 상의 춘추가 한창 때이고 세자가 아직 어리니 불가하다"고 결사적으로 반대한 데 비해 이숙번은 정승과 왕이 함께 통치를 해나가면 된다는 군신공치(君臣共治)를 내세웠다. 군신공치는 정도전의 이상이기도 했다.

이숙번의 벼락출세

1차 왕자의 난이 일어난 1398년 이숙번의 나이는 26세였다. 태조 2년 문과에 급제한 이숙번(李叔蕃, 1373년 고려 공민왕 22년~1440년 세종 22년)은 잠시 중앙직에 있다가 안산군수로 있던 중 하륜의 연결로 정안공 이방원의 부름에 응해 일순간에 정사공신 2등이 되어 떠올랐다. 정릉 공사를 위해 한양에 동원되었던 그의 병사들이 혁명의 주력군이 되었기 때문이다.

우부승지에 안성군에 봉해진 그는 2차 왕자의 난 때도 사병을 동원해 이방간 세력을 제압함으로써 좌명공신 1등에 올랐다. '좌 하륜 우 숙번' 시대의 개막이었다. 그후 태종은 이숙번을 주로 군사 쪽에서 성장하도록 배려했다. 도진무로 있을 때인 태종 2년에는 안변부사 조사의가 일으킨 반란을 성공적으로 진압했고 그 공으로 의정부의 지사와 참찬사를 지낸다. 정치 분야에서도 만만찮은 위세를 누릴 수 있는 자리였다. 동시에 그는 중군 총제, 순금사 판사, 중군 도총제, 의흥부 지사 등 군부 요직을 두루 겸했다. 말 그대로 문은 하륜, 무는 이숙번이 맡는 양대 체제였다.

태종 12년 40세의 나이로 종1품 숭정대부에 오른 이숙번은 잠시 병조판서로 기용되기도 했으나 곧바로 물러나 의정부에서 참찬사, 찬성사, 좌참찬 등을 차례로 거치며 승진을 거듭했다. 그런데 『실록』에 따르면 그는 "성품이 광란스럽고 시기심이 많았으며 교만하고 무례하게 행동하였다." 어린 나이에 막강한 권력을 누렸기 때문인지 지금의 신문로 근처에 대궐 같은 집을 지어놓고 일반인의 통행을 금하기도 하는 등 횡포가 이만저만이 아니었다. 이를 태종이 몰랐을 리 없고 행정 능력도 별로 없었기 때문에 가능한 한 그를 관리직에 임명하지 않았던 것으로 보인다.

태종 15년 관제 개혁과 함께 그도 의정부 좌찬성이 되었다. 그런데 공신은 직책을 맡지 않아야 공신을 보호할 수 있다는 태종의 고도의 견제에 따라 실직은 없는 안성부원군으로 작호만 높아졌다. 이때 이숙번의 나이 아직 43세였으므로 불만이 없을 수 없었다. 게다가 자신보다 세 살밖에 많지 않고 한때 자기 밑에도 있었던 박은이 우의정이 되었는데 자신에게는 아무런 자리도 주지 않으니 여간 서운한 게 아니었을 것이다.

토사구팽

다시 태종 16년 6월 초로 돌아간다. 하루는 태종이 새롭게 우의정에 임명된 박은과 병조판서 이원을 은밀하게 불러 이숙번이 그간 저지른 죄상을 일일이 거론하였다. 그렇다고 무슨 엄청난 사건이 있었던 것은 아니고, 임금은 가뭄 걱정에 잠을 못 이루는데 공신이라는 사람은 자신을 중용하지 않는다고 태업을 하는 데 대해 쌓인 불만이 폭발한 것으로 보인다.

아마도 이때 태종은 이숙번 제거 의사를 밝혔을 것이고 박은이나 이원도 반대할 이유가 없었다. 그래서 6월 4일 태종은 마침내 승정원에 "이숙번은 근래에 어찌하여 대궐에 출입하지 않는가?"라며 불경(不敬) 무례(無禮) 등 여섯 가지 죄목을 열거했다. 이때 덧붙인 말이 인상적이다.

"이와 같은 신하가 있으니, 하늘이 어찌 비를 내리겠는가?"

이에 승정원의 좌대언 서선은 개각이 있던 5월 25일에 이숙번을 만났던 이야기를 태종에게 털어놓는다. 이숙번이 요즘 정사는 어떻게 되어가느냐고 물어서 박은이 우의정이 되었다고 말하자 이숙번은 기뻐하지 않는 기색을 보였다는 것이다. 그러나 이것은 주관적 해석이다. 특히 이숙번은 이 말을 듣고 '박은은 일찍이 내 밑에 있었는데 명이 통하는 자'라고만 했을 뿐인데 서선은 "그 마음은 필시 '어찌하여 나를 버리고 박은을 쓰는가'라는 것"이라고 자의적으로 풀이했다. 물론 서선의 해석이 맞을 수도 있다.

이미 방향은 정해졌다. 태종이 주변 신하들에게 의향을 밝히면 나머지 신하들은 앞다투어 상소를 해서 그 방향으로 밀어붙였기 때문이다. 3공신과 우의정 박은이 상소를 올렸다. 외방에 두는 것만으로는 충분치 못하다는 것이었다. 이럴 때는 과거의 일을 뒤늦게 들춰내는 것도 정해진 순서다. 예전에 태종이 칠성군 윤저를 불러 '붕당을 만들지 말라'고 경고를 했더니 윤저가 권완에게 전하고 권완이 다시 이숙번에게 알려 이숙번이 이를 듣게 되었는데 당시 이숙번이 마음으로 분개하고 원망을 품었다는 것이다.

이어 대간과 형조판서 안등의 상소도 이어졌다. 외방에 안치하는 것은 그만한 중죄를 지었기 때문인데 의금부나 사헌부에서 제대로 조사도 하지 않고 그렇게 하는 것은 법에 어긋나기 때문에 국문을 하겠다는 것이었다. 그러나 태종은 이를 단호하게 거부한다. 정치적 사망 선고면 충분하다고 생각했기 때문이다. 하륜이 물러났고 박은이 들어왔으니 이숙번은 더 이상 써먹을 데가 없다고 본 것인지도 모른다. 어쩌면 장차 화근이 될 것으로 보았을지도 모른다.

그 이후에도 열흘 이상 각종 관련 부서와 기관에서 이숙번에 대한 탄핵 상소가 올라왔지만 태종은 더 이상의 처벌은 불필요하다며 거부했다. 그런데 6월 21일 태종은 의정부의 유정현, 박은, 박신, 윤향, 심

온 등과 육조의 이원, 황희, 안등, 민여익 그리고 대사헌 김여지 등과
술자리를 하면서 이렇게 말한다.

"이숙번은 천성이 본래 광망(狂妄)하여 간혹 무례하지만 마음이 실
제로 그런 것은 아니다. 이번에 외방으로 추방한 까닭은, 내가 이미 늙
었고, 뒤를 잇는 자손이 혹시라도 아비가 신용하던 사람이라 하여 그에
게 일을 맡겼다가 큰 문제가 생길지 모르기 때문이다."

여기서 '뒤를 잇는 자손'은 이미 양녕에서 충녕으로 넘어가고 있던
때였다. 세자 양녕이 충녕은 용맹하지 못하다고 했다가 태종에게 면박
을 당한 게 태종 16년 2월의 일이다. 후대, 특히 충녕을 향한 밑그림을
그리는 차원에서 이숙번의 숙청이 이뤄진 것이다. 자신은 이숙번을 통
제할 수 있지만 아들이 왕위에 오를 경우 군사 분야를 다뤄온 이숙번
이 불안했던 것이다. 태종은 2년 후 세종에게 자리를 물려준 직후인
세종 즉위년 10월에 "숙번은 내 뜻을 이어받아 민무구 등을 제거하는
데 온 힘을 다하였다"고 말한다. 태종은 이런 공을 잊을 수 없었기 때
문에 이숙번을 외방으로 내보는 이상의 조처는 하지 않았다.

원한의 고리를 풀다

이 무렵 태종은 양위를 염두에 둔 조처를 하나 둘씩 해나가고 있었
다. 마지막 남은 민씨 형제의 제거나 이숙번의 유배 등은 그가 밝힌 그
대로다. 왕위를 잇게 될 아들의 길을 평안하게 열어주기 위함이었다.

그러면서도 다른 한편으로는 과거 원한으로 얽혔던 사람들에 대한
화해 조처도 단행한다. 자기 시대의 원한은 자기 대에 끝을 내겠다는

치밀한 계산'으로 보인다.

이숙번이 한창 대신들에게서 탄핵을 받고 있던 6월 10일 태종은 정도전과 황거정의 자손들에게 내려졌던 금고(禁錮-관직 진출을 금지함)를 풀어주라고 명한다. 태종은 태종 11년에 이색 비문 사건으로 재론된 이숭인 장살 사건의 책임을 물어 정도전과 황거정의 후손들에게 금고를 내린 바 있었다. 이런 조처 덕분에 정도전의 유일하게 살아남은 아들 정진은 다시 벼슬길에 올랐고 세종 때는 한성부윤이 되어 청계천 사업을 주도하게 된 것이다.

또 7월 12일에는 1차 왕자의 난으로 정사공신 1등에까지 책록되었다가 이방간과 연루된 혐의로 공신록에서도 빠지고 평생 유배 생활을 해야 했던 조박의 아들 조신언에 대해 "관직에 등용하지는 않더라도 쌀을 주고자 하는데 어떻게 생각하느냐"고 신하들에게 묻는다. 조신언은 이방간의 사위이기도 했다. 신하들이 결사 반대하자 태종은 "내가 굳이 쓰지는 않겠다"며 대신 쌀을 보내도록 조처했다. 공신이자 동서인 조박과의 화해이자 2차 왕자의 난을 일으켰던 회안대군 이방간에게 내민 화해의 손길이었다.

그해 11월 30일에는 형조좌랑 박경무를 이방간이 유폐되어 있던 전주로 급히 보냈다. 세자 문제 등으로 어수선한 가운데 신하들이 이방간 문제를 거론하고 있는 상황을 감안해 혹시라도 '도망가거나 목매어 죽을까 두려워하여' 결단코 그런 일은 없을 것임을 다짐하기 위해서였다. 박경무는 이방간의 사위였다.

<u>16장</u>

만화(萬禍)의 근원, 세자 양녕

태종의 가장 큰 골칫거리

태종은 아버지 이성계와 달리 일찍부터 유학적인 세계관을 받아들이며 성장했다. 그에게 적장자 상속은 불변의 법칙과도 같은 것이었다. 그 자신이 두 차례의 정변을 일으키며 권력을 잡았기 때문에 역설적으로 왕위의 장자 승계에 대한 집착은 더욱 컸다. 그로써 정통성 문제도 상당 부분 해결될 수 있을 것으로 생각했기 때문이다.

아버지로서 자식에 대한 사랑은 극진한 편이었다. 아버지의 넘치는 사랑을 받다가 정몽주 척살 이후 점점 벽이 생기고 두 차례의 난을 거치면서 아버지에게 원수에 가까운 대접을 받아야 했던 태종으로서는 자연스레 자식 사랑으로 안타까움을 풀려 했는지 모른다.

양녕을 세자로 책봉하다

양녕은 1394년 태조 3년 시련의 세월을 보내고 있던 정안공 이방원과 민제의 딸 민씨 사이에서 태어났다. 이때 이방원의 나이 28세였으므로 당시로서는 늦게 본 아들이었다. 양녕은 어린 시절을 외갓집에서 보냈다.

아버지가 1차 왕자의 난을 주도할 때 양녕의 나이는 너댓 살이었고 왕위에 올랐을 때 여섯 살을 넘기고 있었다. 태종 2년(1402) 4월 18일 태종은 아홉 살의 장남 이제를 원자(元子)로 삼았다.

원자의 교육에 대한 태종의 배려는 남달랐다. 실은 이미 그 전해 8월 22일 지신사 박석명과 함께 여덟 살이 된 원자의 공부 문제를 논의했다. 태종 자신이 고려 말 원주의 각림사에서 배운 경험이 있었기 때문에 원자를 절에서 가르치면 어떻겠느냐고 박석명에게 물었다. 박석명은 고려 말에는 학교 제도가 무너져서 어쩔 수 없이 그렇게 한 것이고 성균관에 별도의 학당을 지어 학문을 익히게 하면 좋겠다고 해서 태종도 받아들였다. 원자의 학궁은 태종 2년 5월 6일 완성되었다.

태종 4년 8월 6일에는 원자 이제를 왕세자로 올리는 교서를 내렸다. 그런데 좋은 말을 담게 마련인 교서에 세자의 결함을 지적하는 말이 포함돼 있어 눈길을 끈다.

"원자 이제는 적장자의 지위에 있고 남보다 빼어난 자질이 있다. 그러나 예의와 겸양을 알지 못하니, 장차 어찌해야 어진 이와 친하겠으며, 고훈(古訓-옛글, 요즘 식으로 하자면 인문 교양)을 익히지 못하였으니, 또한 어찌해야 정치를 보필하겠는가?"

그런데 태종 5년 9월 14일자 기사를 보면 12세의 세자는 애당초 공부에는 뜻이 없는 인물이었다. 태종이 세자에게 글을 외워보라 하니 외우지 못했다. 이에 태종은 화가 나 세자전 환관 두어 명을 불러 종아리를 때렸다. 그만큼 태종의 마음은 바빴다.

이 무렵 세자가 태종과 함께 식사할 일이 있었다. 이때 태종이 주의 깊게 살펴보니 식사 예절이 완전히 엉망이었다.

"내가 젊었을 적에 편안히 놀기만 하고 배우지 아니하여 거동에 절도가 없었다. 지금 임금이 되어서도 백성들의 바람(民望)에 제대로 부합하지 못하니, 마음속에 스스로 부끄럽다. 네가 비록 나이는 적으나 그래도 세자다. 언어와 거동이 어찌 이렇게 절도가 없느냐? 서연관이 일찍이 가르치지 않더냐?"

두려움과 부끄러움은 그때뿐이었다. 거의 한 달에 한 번꼴로 세자의 행실이 문제가 된다. 11월 18일에는 태종이 직접 서연관을 불러 "세자가 복습한다는 핑계로 정상적인 일과를 거부하고 있다고 들었다. 앞으로는 절대 그렇게 하지 말라"고 명했다. 세자는 두려움 속에서도 꾀를 부리기 시작했다.

서연 제도의 정립

시간 순서상으로 보자면 조금 뒤바뀌었지만 여기서 우리는 한 가지 분명히 해둘 것이 있다. 조선시대 500년을 이어오게 되는 세자의 교육제도인 서연(書筵) 제도를 갖춘 장본인이 바로 태종이라는 사실이다. 이때는 아직 초기여서 그랬지만 훗날의 사례를 보면 대략 2~3세에 원자로, 8세 무렵에 세자로 책봉된다. 양녕의 경우에는 9세에 원자가 되고 11세에 세자가 되었으니 조금은 늦은 편이었다.

태종은 태종 1년 초 지신사 박석명의 의견을 받아들여 고려 때의 관습을 따르지 않고 학궁을 지어 유생들로 하여금 원자에게 공부를 가르치도록 했다. 그때까지는 아무런 제도가 마련되어 있지 않았다. 그래서 그해 8월 대사헌 이원이 상소를 올려 주나라의 모범을 따를 것을 건의했다. 먼저 '사(師)', '부(傅)', '빈객(賓客)'을 두고 이 자리는 각각 3정승이 맡도록 했다. 일반적으로 사는 영의정, 부는 좌의정이나 우의정 중에서 한 명이 겸임했고, 두 번째 사라는 뜻의 '이사(貳師)'는 종1품의 찬성이 겸임하기도 했다. 이들은 전반적인 교육 방향을 제시하면서 동시에 현장 경험을 세자에게 전해주는 것이 임무였다. 빈객은 정2품이 겸임하는 좌빈객과 우빈객, 종2품이 겸임하는 좌부빈객과 우부빈객이 있어 이들은 선생님의 구실도 했다. 이어 그 밑으로 전임 선생님 격인 종3품의 보덕(輔德), 정4품의 필선(弼善), 정5품의 문학(文學), 정6품의 사경(司經) 등이 있어 강의를 전담했다. 전임 선생님들은 문과 급제자로 나이는 30대에서 40대였으며 훗날 그 시대를 대표하는 대정치가나 대석학이 될 만큼 뛰어난 실력의 소유자 중에서 선발되었다.

앞서 본대로 태종 6년 8월 18일 태종은 1차 선위 파동을 일으킨다. 태종의 이 같은 정치 쇼는 세자보다는 세자를 둘러싼 세력, 즉 민무구·민무질 형제와 이무를 중심으로 한 세력들이 위협적인 단계에까지 이르고 있다는 현실정치적인 판단에서였다. 다행히 세자는 주변 사람들의 조언을 들어 자세를 더욱 낮춤으로써 적어도 폐세자의 위기는 넘겼다. 특히 환관 황도의 도움이 컸다.

한편 선위 파동 후에도 세자의 행태는 바뀌지 않았다. 오히려 좀더 안 좋은 방향으로 일이 진행되었다. 이는 태종 7년 2월 3일 세자를 담당하는 경승부의 책임자이자 세자 좌필선인 김주의 파직 사건에서 명확하게 드러난다.

사간원의 상소에 따르면 김주는 내시와 결탁해 늘 술에 취해 흥청거리고 시강할 때에도 세자의 뜻에 아부하고, 오로지 세자의 뜻에 맞추는 것으로 기쁨을 삼으며, 세자가 조그마한 착한 일이라도 하면 반드시 칭찬해 유교 교육에서는 금기시하는 교만한 마음을 키웠다고 한다. 또 곧은 말을 하는 선비가 있으면 은근히 견제했고, 어렵사리 공부에 취미가 붙었던 세자가 을유년(1405) 가을 『맹자』를 읽을 때 날마다 50여 편씩 외우자 김주는 "그 뜻만 알면 비록 한 번만 읽더라도 되니, 이처럼 부지런히 할 것이 있습니까?"라며 오히려 말리기까지 했다. 이미 아부하는 사람들이 몰려들기 시작했다는 것, 이것만큼 권력의 실존(實存)을 보여주는 것도 없다.

명나라 황가(皇家)와의 혼담

원래 태종 3년 태종의 즉위를 승인하는 고명을 받들고 명나라 사신 황엄이 조선을 방문했을 때 대신들은 태종에게 원자의 혼인 문제를 건의했다. 사신 황엄이 황제의 총애를 받고 있으니 황엄을 통해 황제에게 청해서 황제의 딸을 세자의 빈으로 맞아들이면 우리로서도 좋지 않겠느냐는 것이었다. 태종도 처음에는 대신들의 말이 옳다고 생각했다. 그래서 은밀하게 황엄에게 이런 뜻을 밝혔더니 황엄은 "얼마나 다행한 일인가" 하며 반색을 했다. 그런데 3년 후인 태종 6년 다시 사신으로 왔을 때 황엄은 그 문제에 대해서는 일언반구도 하지 않았다. 태종은 망신스럽기도 하고 자존심도 상했을 것이다. 그래서 자신의 과거 동기생인 전 총제 김한로의 딸과 세자를 정혼시켰다. 태종으로서는 이미 물건너간 일이었다.

그런데 태종 7년 5월 황엄 일행이 세 번째로 조선을 방문하면서 일이 묘하게 꼬이기 시작했다. 황엄은 태종이 직접 명나라 수도 금릉을 방문하라는 명나라 황제의 명을 전했다. 그러자 태종은 당시 역관 출

438

신으로 중국어에 가장 뛰어났던 우군 동지총제 이현을 시켜 황엄에게
전하라고 명했다.

　　"황제께서 신을 심히 후하게 대접하시니, 신도 친히 찾아뵙고자 하
　나 감히 국사를 버리고 갈 수가 없습니다. 대신 세자가 이미 조금 장성
　했고, 또 이미 '장가를 들었으니', 신을 대신하여 조현(朝見)하게 하려
　고 합니다."

　이에 대해 황엄도 흔쾌하게 "대단히 좋습니다"라고 답했다. 그런데
문제는 엉뚱한 데서 터졌다. 검교 한성부윤 공부가 이 말을 듣고는 이
현에게 은밀하게 세자와 황자의 혼인 문제를 제기한 것이다. 곧 황제
를 알현하러 가는데 그 전에 혼례를 치르면 문제가 있다, 특히 지금 황
제에게 출가하지 않은 딸이 두셋 있으니 황실과 혼인을 맺으면 북방의
위협도 막아낼 수 있다는 논리였다.
　이에 두 사람은 태종이 아니라 여흥부원군 민제를 찾아갔다. 조심스
러운 성품의 민제는 그 말을 듣고는 "이것은 내가 알 바 아니다" 하며
물러섰다. 그러자 두 사람은 이번에는 의정부 참찬사 조박과 형조참의
안노생과 의논했다. 안노생은 원래 정몽주 쪽 사람으로 정몽주가 척살
되자 한때 유배를 가기도 했지만 태종에 의해 발탁돼 경상도 안렴사,
좌사간, 이조참의 등을 지내고 이때 형조참의로 있었다. 한마디로 태
종이 아끼던 인물이었다. 여기서 이현은 자기 마음대로 "그렇다면, 내
가 이번에 천사(天使-명나라 사신)에게 고하기를, '지난번에 일이 많기
때문에 전하(태종)의 말씀을 잘못 전하였고, 세자께서 지금까지 아직
혼인하지 않았다'고 하겠다"고 말했다. 일은 점점 커져가고 있었다. 다
시 민제에게 말했으나 부정적이었고 민무구와 민무질도 "이번 일은

감히 아뢰지 못하겠다"며 뒤로 물러섰다.

그런데도 이들이 계속 민제를 설득하자 민제는 조박을 하륜에게 보내 이야기해 보라고 말한다. 누구보다 태종의 속마음을 잘 아는 하륜과 이야기해 보는 게 좋다고 생각했기 때문일 것이다. 뜻밖에 하륜은 대찬성이었다.

"만일 대국의 원조를 얻는다면 동성(同姓)이나 이성(異姓)이 누가 감히 난을 일으키며, 난신(亂臣) 적자(賊子)가 어떻게 생기겠습니까? 고려 때에 원나라 공주와 혼인을 맺음으로써 백 년 동안 내우외환이 없었습니다."

그리고 하륜은 당장 조박과 의정부 참지사 정구를 보내 영의정 성석린과 우정승 조영무와 의논토록 했다. 두 사람은 부정적이었다. 태종의 뜻이 이미 정해졌는데 어떻게 자신들끼리 새롭게 논의할 수 있느냐는 것이었다. 이렇게 해서 결론을 도출하지 못한 채 우왕좌왕할 때 목사를 지낸 황자후라는 사람의 귀에 이 이야기가 흘러 들어갔다. 황자후는 이를 김한로에게 전했다. 김한로로서는 기가 막히는 이야기였다. 화가 머리끝까지 치솟은 김한로는 병조판서 윤저에게 이를 전했고 윤저는 이를 이숙번에게 알려 태종에게 고하도록 했다. 태종은 진노했다.

"중국과 결혼하는 것은 나의 소원이나, 염려되는 것은 부부가 서로 뜻이 맞는 것은 인정상 어렵다는 것이고, 또 혼인하게 되면 반드시 중국의 사자(使者)가 끊이지 않고 왕래하여 도리어 우리 백성들을 소요(騷擾)하게 할 것이다. 고려 말에 기씨가 들어가 원의 황후가 되었다가 그 일문이 남김 없이 살륙되었으니, 어찌 족히 보존할 수 있으랴? 군신이 일체가 된 연후에야 나라가 다스려져서 편안해지는 것이다. 지금 조박 등이 사사로이 서로 모여서 이 같은 큰일을 의논하고 과인으로 하여금 모르게 했으니, 내가 누구와 더불어 다스리겠는가? 하물며 내가 황엄에게 세자가 이미 장가들었다고 분명히 고했는데, 어떻게 뒤늦게 이를 고칠 수 있는가?"

말을 마친 태종은 눈물을 흘렸다. 소국의 처지를 다시 한 번 통감했기 때문일까 아니면 믿었던 신하들이 자신은 빼놓은 채 세자의 혼인 문제를 마음대로 논의한 데 대한 서운함 때문이었을까? 이 일로 조박, 정구, 이현, 조희민, 공부, 안노생 등은 순금사에 투옥되었다가 얼마 후 모두 석방된다. 그리고 태종은 처음부터 민제는 중궁의 부친이고 하륜, 민무구, 민무질도 공신이니 죄를 묻지 말라고 지침을 내렸다. 죄는 내리지 않았지만 이때 태종이 민무구와 민무질에 대해 얼마나 괘씸하게 생각했는지는 결국 두 사람을 죽음으로까지 몰아간 데서 알 수 있다.

다시 기대를 저버리다

　세자의 나이도 점차 성인에 가까운 17세에 이르고 있었다. 태종 10년 11월 3일 세자가 은밀하게 기생 봉지련을 궁중에 불러들였다가 들통이 났다. 원래 중국 사신을 접대하던 날 봉지련을 보고서 첫눈에 반한 세자는 내시 두 명에게 명하여 봉지련을 궁중으로 불러오게 했다. 이를 알게 된 태종은 화가 머리끝까지 나서 내시에게 곤장을 치고 봉지련은 가두어버렸다.

　1년이 지난 태종 11년 10월 4일 빈객 이래가 조용히 태종에게 세자가 서연에 나오지 않는다고 호소했다. 그리고 10일여가 지난 10월 17일 『실록』에는 세자와 관련해서 "그가 군친(君親)을 공경하지 않고 허물을 고치기를 꺼리는 것이 이와 같았다"며 세자를 정면으로 비판하는 대목이 나온다. 각각 무재(武才)와 음악에 뛰어난 은아리와 오방이 은밀하게 세자궁을 드나들다 좌사간 정준의 탄핵을 받은 것이다. 지신사 김여지는 즉각 두 사람을 불러서 꾸짖었다. 그러나 이 말을 들은 세자는 정준을 불러 "그런 일로 임금께 고하지 말라"고 말한다. 이 일을 기록한 다음 『실록』의 사관은 세자를 그런 식으로 정면 비판한 것이다.

그리고 같은 날 이래는 태종에게 직접 진언했다. 세자가 색과 음악에 빠져 있고 사냥을 일삼는다는 것이었다. 이에 대해 세자는 처음에는 "그런 일 없다"고 딱 잡아뗐다. 그러나 이래가 전혀 물러설 기미를 보이지 않자 그때에야 "사냥할 때 쓰는 매는 오늘 당장 주인에게 돌려보낼 것이며 거문고도 효령군의 것인데 더 이상 타지 않겠다"고 다짐한다.

그러면 과연 이런 실행과 실덕을 거듭하는 세자에 대한 태종의 속마음은 어떠했을까? 태종 13년 2월 초 사냥을 갈 때 세자가 따라가겠다고 하자 태종이 거부했다. 이때 세자의 인상이 안 좋아지는 것을 보고 태종은 얼른 결정을 번복했다. 그런데 2월 28일 태종은 매사냥을 말리던 내시들에게 세자가 화를 내며 채찍질을 했다는 말을 듣고 지신사 김여지와 서연관 김자지를 불러 자신의 생각을 털어놓는다. 김여지와 김자지는 형제간이다.

"그동안 세자의 매 사육 때문에 종친과 대신, 그리고 대간까지 고초를 겪었다. 그러나 내가 세자를 징계하지 않아 일이 이런 지경에 이르렀는가?"

그러면서도 태종은 자칫 부모 자식 간에 의가 상할까봐 엄한 조처를 못 내리니 서연관들이 더 엄격하게 교육할 것을 당부한다. 평소의 태종답지 않은 이 같은 우유부단함은 세자를 더욱 비뚤어지게 만든 결정적 요인이었다.

폐세자 일보 직전까지 가다

결국 5개월 후인 태종 13년 8월 13일 내시 박유와 유문의가 세자 문제로 인해 장형을 받은 후 먼 지방으로 유배를 가는 사건이 발생한다. 원래 사건의 발단이 그리 심각한 것은 아니었다. 세자가 몰래 작은 매를 궁중에서 키운다는 이야기를 듣고 화가 난 태종은 세자에게 "매나 개 같은 애완물을 궁궐에서 키우는 것을 내가 일찍이 금하였는데, 어찌하여 아버지 임금의 명령을 따르지 않는고?"라고 따끔하게 꾸짖었다.

이때 태종은 고질병인 풍질을 앓아 몸이 좋지 않은 상태였다. 세자는 임금이 화가 난 데 놀라 자신도 병이 났다는 핑계로 예궐을 하지 않았다. 이에 세자 보덕 권우 등이 "부모가 노하여 매를 때려 피가 흐르더라도 감히 미워하거나 원망하지 못하고 거듭 공경하고 효도하는 것이 자식의 도리입니다. 더군다나 이제 상감마마의 옥체가 편찮아서 대소신료들이 모두 예궐하여 문안드리는데 저하만이 홀로 빠질 수가 있겠습니까?"라고 여러 차례 독촉했으나 세자는 요지부동이었다.

내시 박유와 유문의가 순금사에 투옥되었다가 장형을 받은 후 유배를 가게 된 연유는 이렇다. 두 사람에게는 각각 어린 내시인 강민과 한용봉이라는 양자가 있었다. 강민과 한용봉은 세자와 가까이 있으면서 이미 매사냥을 하도록 부추겨 세자의 환심을 얻으려 했다는 이유로 각각 자기 집으로 내쫓겼다. 그런데 이들이 다시 몰래 중궁을 드나들며 세자에게 아첨하다가 태종에게 발각된 것이다. 그 죄로 양부인 박유와 유문의는 그런 형벌을 받아야 했다. 또한 이 일이 이미 4월부터 있어 왔기 때문인지 태종은 경승부에 명을 내려 지난 4월부터 궐문을 지킨 병사들을 모두 찾아내 매를 때리게 한다.

문제는 이때부터다. 또 세자는 불식(不食), 즉 단식으로 맞선 것이다. 그동안은 세자가 단식을 한다고 하면 태종은 유야무야 넘어가 주었다. 그러나 이번에는 달랐다. 이틀 후인 15일 세자 이사 유창, 빈객 한상경·조용·변계량 등이 서연의 관리들을 거느리고 태종을 찾아와 세자의 불식과 예궐 거부의 심각성을 지적했다. 이에 대해 태종은 폐세자의 가능성까지 언급하며 단호하게 말한다.

"세자의 불식(不食)은 그 분함을 이기지 못해서이니, 어찌 잘못에 대한 뉘우침이 있다고 하겠느냐? 경 등은 모두 대체(大體)를 아는 자들이니, 한나라의 신하 사단(史丹－한나라 원제가 와병중일 때 황태자를 폐하자고 간언)의 말을 나타내어 그 허물을 면하고자 하나, 지금 세자의 허물은 그것과는 다르다. 옛날 중국에서 세자를 폐한 것은 모두 환관이나 빈첩(嬪妾)의 참소로 말미암아서였다. 나는 이와는 다르다. 세자의 마음은 반드시 그 자리를 족히 믿고 있기 때문일 것이다. 만약 과연 뉘우치지 않는다면 왕실에 어찌 적당한 사람이 없겠는가? 지난번에 매와 개의 오락 때문에 문책을 당한 사람이 여러 사람이었다. 이제 또 이와 같으니, 이것이 경 등이 가르친 효과냐? 경 등은 물러가라."

충녕대군이 떠오르다

태종 13년 9월 20일 세자는 일대 위기를 맞는다. 태종이 지금의 전라북도 지방으로 사냥을 떠날 때 세자가 인사라도 하겠다고 했으나 태종은 단호하게 거부했다. 이에 위기감을 느낀 세자 양녕은 공부에 전념했다. 세자가 되고 처음 있는 일이었다. 하루에 5장, 많을 때는 7, 8장씩 읽어 내려가 마침내 『대학연의』 공부를 끝마쳤다. 시작한 지 6년 만이었다. 서연관과 신하들은 세자가 일찍부터 이렇게 열심히 했다면 얼마나 좋았을까 하고 아쉬워했다. 그러나 태종의 불신은 그대로였는지 그해에 태종이 세자를 만나주었다는 기록은 더 이상 나오지 않는다.

그해 12월 30일 서연관들이 병풍을 만들어 『효행록』에서 내용을 뽑아 그림을 그리고 이어 이제현과 권근의 글을 덧붙였다. 세자는 그 병풍을 충녕대군에게 보이며 뜻풀이를 주문하자 충녕은 즉석에서 그것을 술술 해석했다.

반면 세자는 이틀 후인 태종 14년 1월 2일에도 몰래 장인의 집에 있는 말을 이용해 기생을 궁궐에 데리고 들어오다가 발각되었다.

같은 해 10월 26일 대군들이 자신들의 매형인 태종의 사위 청평군 이백강이 아버지 이거이의 상을 끝낸 것을 위로하기 위해 이백강의 집에서 연회를 마련했다. 이 자리에는 세자도 기생 초궁장을 끼고 참석해서 늦게까지 술을 마시고 놀았다. 그때 세자는 이백강의 부인인 정순공주에게 "충녕은 보통 사람이 아니다"라고 말한다. 이 말을 공주가 아버지 태종에게 전하자 태종은 기뻐하지 않으며 "세자는 여러 동생들과 비할 바가 아니다"라고 주의를 주었다.

그럼에도 불구하고 다시 큰 사단이 생길 조짐이 나타나고 있었다. 태종 15년 1월 28일 태종은 세자 빈객 이래와 변계량을 따로 불러 질책과 당부를 한다. 두 사람은 몸둘 바를 몰랐다. 그래서 그들은 이사 유창, 빈객 민여익과 함께 서연관을 거느리고 동궁으로 가서 태종의 말을 있는 그대로 전했다. 또 그동안 세자가 잘못한 일들을 일일이 거론하면서 반성을 촉구했다. 심지어 유창은 땅에 엎드려 슬픔을 이기지 못하고 눈물을 흘렸다. 그런데도 세자는 엉뚱하게도 "근일에 내가 아무것도 한 것이 없는데, 주상이 진노한 이유를 아직도 자세히 모르겠다"고 말한다. 10년 이상 세자의 학문과 행실을 책임져 온 태종의 과거 동기생 이래는 분노하지 않을 수 없었다. 세자의 자리가 흔들리고 있는 데 대한 걱정도 물론 컸을 것이다.

"이것이 바로 저하의 병근(病根)입니다. 저하의 뱃속에 가득 찬 것은 모두 사욕뿐입니다. 저하는 벌써 적장자로서 동궁(東宮)에 자리잡으신 지 여러 해가 되었으니, 주야로 깊이 생각하여 위로는 전하의 뜻을 받들고 아래로는 백성들의 소망을 붙들어야 마땅할 것입니다. 그런데 종종 과실(過失)로 주상께 견책을 당하여 그 지위마저 어려울 형편이니, 어찌 동궁의 지위를 반석과 같이 평안하게 여기는 것이 옳겠습니까? 전하의 아들이 저하뿐일 줄 압니까? 용렬하고 어리석은 신이 저하께 학문을 가르친 지 14년이 되었으나 보도(輔導-보필하고 인도하는 것)를 잘 하지 못하였습니다. 이제 왕명을 받드니 땅속으로 들어가고 싶은 마음뿐입니다."

이 말을 하는 이래의 얼굴에서는 눈물이 턱 아래까지 흘러내리고 있었다고 『실록』은 적고 있다. 곁에 있던 민여익, 변계량 등도 이래의 기탄없는 비판에 감격하여 울지 않는 사람이 없었다고 한다. 마침내 세자도 부끄러워하면서 사과했다. 그러나 그뿐이었다. 그 무서운 아버지 태종의 말도 안 듣는 세자 아니던가?

그해 12월 30일에는 아주 상징적인 사건이 일어난다. 불과 1년 전 세자가 충녕을 칭찬했다는 공주의 말을 전해 듣고 불쾌한 표정을 지었던 태종이다. 그런데 이날 충녕대군이 의령부원군 남재를 방문해 연회를 베풀었는데 그때 남재는 여러 사람이 있는 가운데 충녕에게 이렇게 말했다.

"옛날 주상께서 잠저(潛邸-왕이 되기 전에 살던 집)에 계실 때에 내가 학문을 권하니, 주상께서 '왕자는 참여할 데가 없으니 학문은 하여 무엇하겠느냐?' 하기에 내가 말하기를, '군왕의 아들이면 누가 임금이 되지 못하겠습니까?'라고 하였는데, 지금 대군이 학문을 좋아하시니 내 마음이 기쁩니다."

이 말을 전해 들은 태종은 화를 내기는커녕 크게 웃으면서 "과감하도다, 그 늙은이!"라고 하고 넘어갔다. 반면에 열흘 후인 태종 16년 1월 9일 사치스러운 복장을 한 세자 양녕이 주변 사람들에게 폼을 재며 "어떤가?"라고 묻자 그 자리에 있던 충녕이 평소의 그와 달리 "먼저 마음을 바로잡은 뒤에 용모를 닦으시기 바랍니다"라고 사실상의 면박을 주었다. 『실록』은 "세자가 매우 부끄러워하였다"고 적고 있다.

한 달 후인 2월 9일 태종이 충녕을 데리고 함께 사냥을 하고 있었다. 그때 잠시 쉬었는데 아마도 비가 내렸는지 태종은 "집에 있는 사람은 비가 내리면 반드시 길 떠난 사람의 수고로움을 걱정한다"고 말한다. 이때 충녕대군은 절묘하게 "『시경(詩經)』에 이르기를 '황새가 언덕에서 우니, 부인이 집에서 탄식한다'고 하였습니다"라고 받았다. 태종은 기뻐하며 "세자가 따를 바가 아니다" 하며 극찬했다.

그런데 이보다 며칠 전에는 여러 방면으로 자신을 압박(?)해 오는 동생이 부담스러웠던지 태종 앞에서 문무(文武)를 논하다가 "충녕은 용맹하지 못합니다"라고 말했다. 자신은 무인 기질이 있다는 은근한 과시였다. 그러나 무인의 용맹과 진정한 용기는 별개의 것이다. 태종의 대답에 바로 그게 담겨 있다.

"비록 용맹하지 못한 듯하나 큰일에 임하여 대의(大疑-크게 의심나는 일)를 결단하는 데에는 당대에 더불어 견줄 사람이 없다."

태종의 마음이 어느 쪽으로 기울고 있는지를 확연하게 보여주는 한 마디다.

마지막 기회

세자 양녕은 이때 이미 나이 22세를 넘기고 있었다. 그리고 양녕은 천성이 게으르고 끈기가 없고 놀기를 좋아해서 그렇지 머리가 나쁜 사람은 아니었다. 어쩌면 머리 좋은 자신을 과신해서 학문을 등한시했는지도 모른다. 이런 사람일수록 권력의 흐름에 동물적일 수 있다. 힘의 중심이 점차 동생 쪽으로 기우는 것을 느낀 양녕은 나름대로 노력했을 것이다. 그 결과 양녕은 6월 11일 드디어 세자로서 국정에 참여하는 '대리청정'을 할 수 있었다. 대리청정이란 군사권과 인사권을 제외한 제반 국정에 세자가 참여하는 일종의 실습이었다. 태종이 세자에게 준 마지막 기회였는지 모른다.

대리청정을 하는 동안 태종은 수시로 옛 글을 인용하며 사람을 쓸 때 항상 주의해야 한다는 점을 강조했다. 이와 관련해서 주목해야 할 일이 7월 18일 경복궁 경회루에서 일어난다.

이날 상왕(정종)이 방문하자 세자와 종친, 대신들을 불러 성대한 잔치를 벌였다. 모두 대취한 가운데 서로 돌아가면서 시를 짓기 시작했다. 그때 누군가가 "노성(老成)한 사람은 버릴 수 없다"고 하자 충녕이 이를 받아 "『서경(書經)』에 이르기를, '기수준(耆壽俊-나이가 많고 경험이 뛰어난 사람)이 궐복(厥服-해당 직위)에 있다'고 하였습니다"라고 공손하게 답했다. 앞서 보았듯이 이런 장면을 보면 가만있지 못하는 태종이다. 태종은 그의 학문이 통한 것을 감탄하면서 세자에게는 "너는 학문이 어째서 이만 못하냐?"며 그 자리에서 면박을 준다.

세자 자신의 놀기 좋아하는 경박함도 문제였지만 그의 주변에는 늘 유혹하는 무리들이 있었다. 9월 24일 궁궐의 토목공사 등을 책임지는 선공감의 부책임자인 구종수와 악공 이오방 등이 "세자에게 잘 보여 후일을 도모하고자" 대나무 다리를 만들어 궁궐 담을 넘나들면서 술

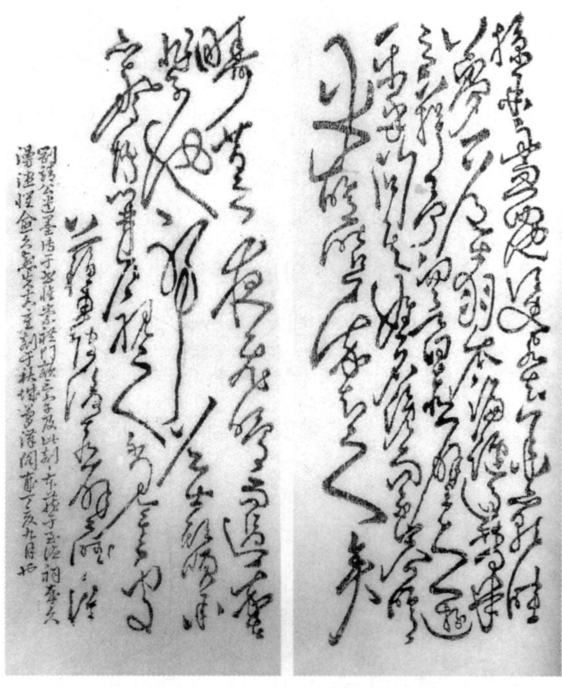

양녕대군이 직접 쓴 〈후적벽부〉_ 세자의 품위를 손상시키는 실행을 거듭하다. 결국 폐세자의 운명을 겪는다. 훗날 풍류객들과 교우하며 일생을 마치는 그의 자유분방한 성품이 전해지는 듯하다.

을 마시고 때로는 세자를 자기 집으로 맞아서 잔치를 벌이거나 여자를 바치고 매까지 선물하다가 들통이 났다. 그래서 다음날 구종수는 장 100대를 맞고 지금의 함경도 경성군으로 귀양을 갔고 이오방은 원래 그가 소속되어 있던 공주의 관노로 쫓겨났다.

그러나 사실 이들은 사형을 당할 뻔했다. 무엇보다도 궁궐을 넘나든 죄는 극형에 처해질 수밖에 없었기 때문이다. 이날 태종은 먼저 찬성 이원을 불렀는데 그는 구종수를 극형에 처해야 한다고 말했다. 또 얼마후 황희를 불러 그동안 구종수가 저지른 죄목과 세자의 행실을 이야기하자 황희는 구종수와 세자를 두둔했다. 구종수가 한 짓이라고는 매를 선물한 것뿐이고 세자는 아직 어리다는 것이었다. 특히 황희는 "매

450

와 개의 일에 지나지 않습니다"라고 강변했다. 태종은 황희의 이 같은
해명에 대해 부정적이었다. 세자에 대한 황희의 이 말은 1년 후 양녕
을 폐세자 시킬 때 큰 화를 부르는 빌미가 된다.

폐세자 결단

태종 17년 1월 1일 신년을 축하하는 잔치가 창덕궁 인정전에서 크게 열렸다. 신하들이 모두 취하여 즐겁게 놀며 일어나 덩실덩실 춤을 추자 태종은 무척 기뻐했다고 한다. 세자도 그 자리에 참석해 신하들에게 돌아가며 잔을 올렸다. 세자가 태종 옆에서 춤을 추고 있던 좌의정 박은에게 술잔을 올리려는 순간 박은은 세자 앞에 꿇어앉아 울면서 호소한다.

"세자께서는 앞으로 임금에 오르실 큰 직책인데 어찌 국왕의 명을 따르지 않습니까?"

어찌 보면 태종을 의식한 제스처였을 수도 있다. 그러나 세자에게 쉽게 할 수 있는 말도 아니었다. 이를 지켜보던 태종은 세자에게 "들었느냐? 이 말은 대신의 충언(忠言)이다"라고 말한다.

그러나 애당초 이런 말을 새겨들을 세자가 아니었다. 한 달여가 지난 2월 15일 온 조정을 떠들썩하게 하는 세자의 간통(혹은 강간) 사건이 터진 것이다. 실제로 이 사건이 터진 것은 두어 달 전인 태종 16년 12월경이었다.

어리 간통 사건

세자가 전 중추 곽선의 첩 어리의 미모와 재예(才藝)에 관한 이야기를 들은 것은 구종수와 함께 쫓겨난 악공 이오방한테서였다. 따라서 이 사건은 이미 오래전부터 진행되어 온 것이다. 이 말을 들은 세자는 즉각 이오방에게 어리를 데려오라고 명했다. 곽선은 고려 말 무인으로 이름을 날렸던 인물로 이때는 관직에서 물러나 있었다.

이오방은 곽선의 조카사위 권보를 찾아가 세자의 뜻이라며 도움을 청했다. 처음에 곽선은 처삼촌인데 자신이 어떻게 그럴 수 있느냐고 버티다가 결국은 "세자의 명이니 따르지 않을 수 없다"며 동참했다. 그래서 자신의 첩 계지를 시켜 어리의 뜻을 알아보았으나 부정적이었다. 이에 또다른 악공 이법화가 세자에게 "선물을 보내는 게 좋을 듯합니다"라고 해 그렇게 했다.

어린 내시를 시켜 수를 놓은 패물 주머니를 어리에게 보냈다. 어리는 이번에도 사양했다. 게다가 어리는 이 일을 곽선의 양자인 이승에게 전하고 이승의 집에 머물렀다. 이를 알고 이법화는 즉각 세자에게 달려가 "이 기회를 놓치면 안 됩니다"라고 재촉했다.

세자는 대궐 담을 넘어 걸어서 이오방의 집에 갔다가 이오방과 함께 이승의 집에 '쳐들어'갔다. 어리가 어디 있느냐고 찾으니 이승은 처음에는 모른다고 버텼다. 그러나 상대가 누구인가? 장차 임금이 될 세자 아닌가? 결국 이승은 어리가 있는 곳으로 안내했고 세자는 어리를 이법화의 집으로 데리고 가서 동침했다. 그것만으로 부족했던지 세자는 어리를 아예 궁중으로 데리고 간다. 이상이 사건의 대략적인 전말이다.

이를 알게 된 태종은 부끄럽기도 하고 화가 치밀어 어찌할 바를 몰랐다. 먼저 이 사건에 연루된 권보, 이승, 이오방, 이법화 등을 중죄로 다스리라고 명한다. 이어 신하들을 물리치고 조말생과 이원만 남게 하고는 폐세자를 염두에 둔 듯 이렇게 묻는다.

"세자의 행실이 이 같으니, 태갑(太甲)을 내쫓던 고사(古事)를 본받고자 하는데 어떠한가?"

그러나 두 사람은 주변에서 세자를 모시는 사람들을 정직하고 바른 사람들을 골라 가르치게 한다면 개과천선할 수도 있다며 반대 의견을 냈다. 일단 태종은 그들의 의견을 받아들인다. 그러고는 곧장 사인(舍人-임금과 신하 사이의 말을 전하는 직위) 심도원을 자신의 최측근 박은의 집에 보내어 관련자들의 처벌에 대한 의견을 구한다. 이것은 태종 특유의 의견을 듣는 방식이다. 정권 초중반기에는 지신사 박석명이나 황희를 조준, 하륜 등에게 은밀하게 보내 의견을 구했고, 말년에는 이처럼 박은에게 의존했던 것이다. 박은은 단호했다. 애당초 구종수를 참하였다면 오늘과 같은 일이 없었을 것이며 이번 관련자들도 능지처참하는 게 옳다고 말했다. 심도원이 와서 말을 전하자 태종은 의미심장하게 "그럴 줄 알았다"고만 말한다. 아직은 너무 심한 처벌이라고 생각한 것일까? 아니면 세자에 대한 처벌의 강도와 수위를 조절할 필요가 있다고 보았기 때문일까? 아마도 후자였던 것 같다.

이틀 후인 2월 17일 세자를 궁궐에서 내쫓아 세자의 장인 김한로의 집에 머물게 했다. 신하들은 마지막으로 한 번 더 세자에게 기회를 줄 것을 간청하였고 태종은 이를 받아들인다. 그래서 빈객 변계량, 탁신 등이 세자와 오래 궁리한 끝에 세자가 종묘에 일종의 반성문을 올리는 것으로 타협안을 찾았다. 세자는 22일 모두 8개 항목에 걸쳐 자신의 잘못을 열거한 다음 개과천선을 다짐하는 글을 올렸고 동시에 태종에게도 비슷한 내용의 상서를 올렸다. 두 글 모두 빈객 변계량이 작성했다.

이에 태종은 세자를 대궐로 돌아오라고 명했다. 신하들도 "세자가 허물을 뉘우쳤으니 기쁘다"고 인사했고 태종은 "앞으로 세자를 더 이상 보지 않으려고 했으나 이제 자신의 허물을 뉘우쳤으니 나도 기쁘다"고 답례했다. 그러나 태종의 속마음은 기쁨보다는 걱정으로 가득했을 것이다. 누구보다 태종 자신이 세자가 바뀌지 않으리라는 것을 잘 알고 있었기 때문이다. 오히려 이때쯤이면 태종의 스타일을 감안할 때 다음에 한 번 더 세자가 잘못을 저지를 경우에는 어떻게 해야 할 것인지에 관한 구상이 모두 끝나 있었는지도 모른다.

이때부터 세자의 행실은 더욱 나빠졌다. 태종이 지방 순회를 떠날 때 몸이 아프다며 전송하지 않고 활쏘기를 하는가 하면 온갖 여염집 여인들을 건드려 연일 문제가 됐다. 게다가 수시로 서연을 중단했다. 이런 가운데 태종 17년 한 해는 지나갔다.

넷째 아들 성녕대군의 죽음

태종 18년 2월 4일 태종이 충녕 못지않게 아꼈던 넷째 아들 성녕대군이 14세의 나이로 사망했다. 『실록』에 따르면 성녕대군은 "총명하고 지혜로웠고, 용모가 단정하고 깨끗하였으며, 행동거지가 공순하였으므로 임금과 정비가 끔찍이 사랑하여 항상 궁중에 두고 옆에서 떠나지 못하게 하였다." 또 성녕이 병을 앓고 있는 동안 충녕은 늘 옆에서 자리를 지키며 간호했다.

성녕의 죽음으로 태종이 받은 충격은 이루 말할 수 없이 컸을 것이다. 음식을 멀리하며 슬픔을 삭이던 태종은 열흘 후인 13일 한양을 떠나 이틀 후 개경에 도착한다. 뭔가 심상치 않았다. 태종은 전에도 뭔가 중대한 결단을 할 때는 개경을 찾았다. 태종에게 개경은 마음의 고향 같은 곳이었다. 눈치 빠른 신하들은 태종의 개경 행차가 무엇을 의미하는지 이미 알아차렸을지도 몰랐다.

이런 분위기를 감지한 병조판서 김한로는 2월 28일 자신의 사위 세자를 개경으로 보내겠다고 글을 올렸으나 태종은 단호하게 거부했다. 태종이 서울로 돌아가지 않고 계속 개경에 머물자 4월 2일 서울에 있던 사헌부에게 서둘러 서울로 돌아올 것을 청하는 상소를 올렸다. 이에 신하들 사이에서는 환도해야 한다, 하지 않아도 무방하다며 일대 논전이 벌어졌다. 이를 지켜보던 태종은 이렇게 말한다.

"내가 이 도읍(개경)에 온 지 50여 일인데 아직 눈물을 거둔 날이 없었으니, 비록 한경(漢京-서울)에 이르더라도 무엇이 다르겠는가? 내가 돌아가고 싶은 생각이 많이 있는데, 경들이 모두 나더러 여름을 지내게 하고자 하니, 내가 만약 여름을 지낸다면 번거롭게 하지 말라."

5월 1일 그동안 금지했던 세자의 알현을 허용하고 오랜만에 세자를 개성에서 만났다. 그러나 불과 열흘 후인 5월 10일 또 사건이 터졌다. 세자가 어리에게 아이를 갖게 한 사실, 성녕이 죽었을 때 활쏘기를 했던 일 등이 뒤늦게 드러난 것이다. 태종은 은밀하게 좌의정 박은을 불러 모종의 상의를 했다. 그 내용은 『실록』에 나오지 않는다. 그러나 이런저런 맥락으로 볼 때 박은에게 폐세자 문제를 언급했을 것이고 박은은 평소의 소신대로 폐세자 건의를 했을 것으로 보인다. 그리고 향후 시나리오도 협의했다는 것은 그후 진행되는 과정을 보면 쉽게 알 수 있다.

두 사람의 밀담이 끝난 후 태종은 좌대언 이명덕에게 세자 빈객 변계량을 불러오라고 명한다.

"지난번에 세자가 곽선의 첩 어리를 빼앗아 궁중에 들였으나, 내가 즉시 쫓아버렸다. 이제 들으니, 김한로의 어미가 숙빈(淑嬪)을 만나러 궁중에 들어올 때 어리를 데리고 몰래 들어가서 아이를 가지게 하였다. 또 세자전에 들어가 어리를 데리고 궁 바깥으로 나와서 아이를 낳게 하고, 도로 아이를 세자전 안으로 들이었다. 김한로 등이 나에게 충성하고 사직을 위하는 계책인가? 아니면 세자를 사랑하여 하는 것인가? 또 들으니, 세자가 성녕이 죽었을 때에 궁중에서 활쏘는 놀이를 하였다니, 동생의 죽음을 당하여 부모가 애통하는 때에 하는 짓이 이와 같다면 사람의 마음이라고 할 수 있겠느냐? 내가 변중량의 심행(心行)이 부정하다고 하였으나 아우 변계량의 마음가짐은 바르다고 하여 그대를 세자 빈사(世子賓師)의 자리에 있게 하였다. 아비가 능히 자식을 가르칠 수 없으니 스승이 어찌 능히 가르치겠는가마는, 그러나 세자로 하여금 이 지경에 이르게 하였으니 책임이 없을 수 없다."

변계량을 불러 호통을 친 다음 태종은 찬성 이원을 불렀다.

"옛날 이무를 처벌할 때 구종수가 의금부 도사가 되어 공사(公事)를 누설했고, 그 후 궁의 담장을 뛰어넘어 가서 세자전에 출입하였다. 일이 발각되자 내가 이를 싫어하여 경과 황희에게 물으니, 경은 그 죄를 묻자고 청하였으나 황희는 말하기를, '매와 개의 일에 지나지 않습니다'라고 하고 다시 죄를 청하지 아니하였다. 경은 그 일을 잊어버렸는가?”

이원은 이미 무슨 일이 일어나려는지 알았을 것이다. 이원은 “신은 잊지 않았습니다”라고 답한다. 그러면서도 태종은 정반대로 “장자 장손에게 나라를 전하는 것은 고금의 법칙이니 나로서는 다른 마음은 없다”고 덧붙인다.

얼마 후 박은과 이원이 함께 들어와 황희를 국문할 것을 청했다. 시나리오가 작동하기 시작한 것이다. 이미 태종은 박은과 밀담할 때 황희의 발언을 상세하게 이야기했을 것이며 그것을 들었던 이원으로 하여금 다시 한 번 확인을 받아놓은 다음에 박은과 이원이 자신에게 국문을 청하는 형식을 유도했다고 봐야 한다.

두 사람의 청에 대해 태종은 에둘러 이야기한다. “승선 출신에 불과한 황희를 2품으로 올려 공신에 준해 대우했다는 것은 천하가 다 안다. 그런데도 그런 말을 했다는 것은 심히 간사하고 사실을 왜곡한 것이다. 그래서 평안도 관찰사로 내쳤다가 이번에 한성부 판사로 좌천시켰다. 이 정도면 이미 처벌이 이뤄진 게 아닌가?”

그러나 박은과 이원은 재차 처벌을 요구했고 태종은 마지못한 듯 의금부도사 김상녕에게 한경에 가서 항쇄(項鎖-목에 칼을 씌우는 것)는 하지 말고 황희를 잡아오라고 명한다. 더불어 며느리인 숙빈에 대해서도 “부인(婦人)은 지아비의 부모를 중하게 여겨야 한다. 숙빈은 비록 지아비의 뜻을 따랐으나 나의 뜻을 어찌 알지 못하였는가? 어리를 몰래 들인 것을 내가 심히 미워한다”며 친정집, 즉 김한로의 집으로 내보냈다. 그리고 전날 한경으로 갔던 김한로도 급히 불러들이도록 명했다.

동료이자 사돈인 김한로를 살리다

개경으로 급히 돌아온 김한로에게 태종은 묻는다. "세자가 다시 어리를 불러들여 아이를 가진 사실을 알았는가?" 김한로는 몰랐다고 잡아뗐다. 그러나 태종은 "경이 알지 못한다고 하면 그만이지만, 국론(國論)이나 나의 마음으로서는 경이 실로 알지 못하였다고 생각하겠는가?"라고 묻는다. 김한로도 "정황으로 보자면 주상의 마음이나 국론에서는 반드시 신이 알고 있다고 할 것입니다"라고 답했다. 태종은 김한로에게 등골이 오싹해질 만한 경고를 한다.

> "나는 세자에게 마치 새끼를 키우는 호랑이와 같이 엄하게 하고자 하였다. 내가 용렬한 자질로 나라의 임금이 되어 외척(민씨 형제들)에게 변고가 있었고, 골육을 상하게 하여 부왕에게 죄지은 것을 심히 부끄러워 한다. 그러나 모두 나의 소치(所致)는 아니었다. 이제 또 아들의 처가 친척들에게 감히 좋지 못한 일을 행하고자 하겠는가? 나와 경은 어릴 때부터 교제가 두터웠고 또 한 집안을 이루었다. 경의 나이가 61세이니, 나와 경이 누가 먼저 세상을 떠나게 될지 알 수 없는데, 세자로 하여금 어질도록 만들어야 경이 그 부귀를 평안히 누릴 것이다. 이제 경은 어버이에게 효도하고 형제에게 우애하는 것을 가르치지 않고, 세자로 하여금 불의한 짓을 하게 하였으니, 이씨의 사직은 어찌 되겠느냐? 경의 한 일을 만약 바른 대로 진술하면 죄의 경중을 내가 마땅히 처리할 것이며, 어찌 반드시 의금부에 내려서 이를 묻겠는가?"

김한로는 갈팡질팡하며 말을 여러 차례 바꾸면서도 그 사실만은 몰랐다고 답했다. 태종은 김한로에게 집으로 돌아가라고 명한 다음 대언들을 불러 의견을 듣는다. 대언들은 김한로의 안색을 보니 거짓말을 하고 있다며 의금부에 내려 국문해야 한다고 말한다. 태종은 다시 김한로를 불렀다. 집에 갔다가 다시 불려온 김한로는 자신이 방금 집에 가서 계집종에게 물어보니 그런 일이 있었다고 했다며 자신은 당시에는 전혀 몰랐다고 밝히면서 그러나 지금이라도 알았으니 그에 준해 벌을 받겠다고 자청한다. 태종은 일단 집으로 돌아가라고 명했다.

밀고자는 누구인가

다음날인 11일 태종은 세자에게 혼자서 한양으로 돌아가라고 명했다. 동시에 한양에 남아 있는 병조 진무소에 특명을 내려 세자가 세자전에 들어가지 못하도록 조처했다. 세자 양녕은 고립무원의 지경에 떨어지고 있었다.

그래서 혼자 말을 타고 한양으로 향하던 세자는 도중에 대자암이란 곳에서 불사를 하고 개경으로 돌아가던 충녕대군 일행과 마주치게 된다. 이때 두 사람의 대화가 의미심장하다. 세자는 화를 내며 "어리의 일을 분명 네가 아뢰었을 것"이라고 하자 충녕은 아무 대답도 하지 않았다. 그러고는 두 사람은 각자의 길을 갔다.

한양을 향해 5리쯤 갔을 때 양녕은 갑자기 뒤에서 빠르게 달려오는 말 발굽 소리를 들었다. 태종이 다시 그를 부른 것이다. 그래서 다시 개경으로 돌아간 세자를 태종은 또 한 번 크게 책망하였다. 『실록』은 "세자가 물러났다가 분이 몹시 나서 다시 들어가 하소연하고자 하였으나 말투가 부도(不道)하였으므로, 충녕대군이 볼 때 부자지간에 불상사가 생길 것을 두려워하여 힘써 만류하였다"고 적고 있다. 그래도 세자는 막무가내였고 충녕은 세자의 소매까지 붙잡으며 만류하였다. 그래서 결국 한양으로 돌아간 세자는 자신의 분노와 억울함을 고스란히 담은 글을 태종에게 올린다.

한편 같은 날 개경에서는 김상녕이 잡아온 황희에 대한 태종의 심문이 이뤄졌다. 태종은 구종수 사건 때의 일을 이야기하면서 "구종수가 한 짓은 매와 개의 일에 지나지 않습니다. 만약 세자의 잘못이라면 나이가 어린 탓입니다"라고 말한 이유가 무엇이냐고 따진다. 태종은 황희가 지신사로 있으면서 민씨 집안과 원수가 되었으므로 세자에게 아부해서 미래를 도모하려 했던 것이 아니냐고 직격탄을 날렸다.

황희는 세자의 나이가 어리다고 한 것은 기억이 나는데 매와 개의 일에 관한 언급은 기억할 수 없다고 말한다. 태종이 미리 이원을 불러 확인해 두었던 까닭이 바로 여기에 있었다. 태종은 "내가 이원을 불러 증인으로 삼겠다"고 협박한다. 그리고 황희에 대한 자신의 속내를 털어놓는다.

"예전에 경의 말을 들은 뒤에 편전에 앉아서 정사를 볼 때 경이 서쪽에 있었다. 내가 경에게 눈짓하여 말하기를, '지금의 인심은 대개 옛것을 버리고 새것을 따르는데, 만약 옛것을 버리고 새것을 따른다면 노인은 생활하기가 어려울 것이다. 자손을 위한 계책을 누가 하지 않겠는가마는, 그러나 늙은 자를 버리고 돌아보지 않는다면 또한 어찌 옳겠는가?' 하였다. 경은 그때 반쯤 몸을 굽혀 얼굴을 숙이고 바깥을 향하여 이를 들었다. 내가 그날의 말을 너를 위하여 발설하는 것이다. 옛날 어떤 대신이 너를 가리켜 간사하다고 하였다. 네가 이조판서를 거쳐 공조판서가 되었다가 공조판서를 거쳐 평안도 관찰사로 나간 것은 내가 너의 간사함을 미워하였기 때문이었다. 그 임기가 차서 형조판서에 임명하였으나, 육조는 조계(朝啓-임금에게 직접 보고함)의 임무가 있으므로, 내가 너의 얼굴을 보기 싫어하여 한성부 판사에 임명한 것을 너는 어찌 알지 못하는가? 너의 죄를 마땅히 법대로 처치하여야 하나, 내가 오히려 차마 시행하지 못하여 논죄하지 않는 것이다. 너는 고향 교하로 물러가 살되, 임의대로 거주하여 종신토록 어미를 봉양하도록 하라."

황희는 모든 것을 잃고 교하로 돌아갔다. 그리고 다음날에는 "직첩을 거두어 서인으로 만들고 자손을 공직에 쓰지 말라"고 명했다. 태종이 이렇게 중죄를 내린 이유는 섭섭함이었다. 당초 태종은 '내가 죽는 날에 황희가 따라 죽기를 원할 것이다'라는 말을 여러 차례 할 만큼 그에 관한 무한한 총애를 보냈었다. 그러나 이때의 일을 겪으면서 태종은 '황희가 민씨 형제들을 척살할 때 지신사로 있으면서 사실상 주동자 역할을 했던 것이 부담스러워 민씨 형제와 가까운 세자가 왕이 되면 위험에 빠질 것을 두려워해 세자에게 아부하고 있다'고 생각했던 것이다.

양녕 폐세자되고 충녕이 뒤를 잇다

길고 긴 5월 한 달이 끝나가던 5월 30일 세자는 마침내 직접 글을 써서 내시 박지생을 보내 자신의 생각을 태종에게 밝혔다.

한마디로 아버지는 시녀들을 궁중에 들이면서 왜 자신만 안 된다는 것이냐고 따져 묻는 내용이었다. 또 자신의 장인을 유배 보낸 것은 부당하다고 역설했다. 이를 읽어본 태종은 진노했다. 주변에 있던 변계량과 여섯 대언들에게 문제의 상서를 보여주면서 말한다.

"이 말은 모두 나를 욕하는 것이니, 이른바 '아버지가 올바르게 하지 못한다'는 말인데, 내가 만약 부끄러움이 있다면 어찌 감히 이 글을 너

희들에게 보이겠느냐? 모두 망령된 일을 가지고 말을 하니, 내가 변명
하고자 한다."

그리고 세자에게 글을 내려 "만약 한 번만 더 김한로의 무죄를 청하
면 그를 죽여버리겠다"고 엄포를 놓았다. 모든 것은 이미 끝났다. 6월
2일 의정부 3공신, 육조, 삼군 도총제부, 각사(各司)의 신하들이 상소
하여 세자를 폐하도록 청하였다. 그리고 바로 다음날 태종은 폐세자
결단을 내리고 양녕을 경기도 광주로 내쳤다. 문제는 누가 세자의 자
리를 잇는가였다. 당초 태종은 "양녕에게 두 아들이 있는데, 장자는 나
이가 다섯 살이고 둘째는 세 살이니, 나는 양녕의 아들로써 대신 시키
고자 한다. 장자에게 문제가 생기면 그 동생을 세워 후사(後嗣)로 삼을
것이니, 왕세손이라 칭할는지 왕태손이라 칭할는지 옛 제도를 상고하
여 의논해서 아뢰어라" 하고 명했다.

당초 우의정 한상경을 비롯한 신하들은 양녕의 아들이 좋겠다고 말
했다. 그러나 영의정 유정현이 "지금은 어진 사람을 고르는 것이 마땅
하다"며 택현론을 제시했다. 좌의정 박은도 이에 동의했다. 일부 신하
들도 여기에 동의했다.

문제는 태종의 결정이었다. 태종은 내전에 들어가 부인과 의논했다.
이에 왕비는 "형을 폐하고 아우를 세우는 것은 화란(禍亂)의 근본이
됩니다"라고 말했다. 처음에는 태종도 왕비의 의견을 옳다고 생각했다
가 결국은 "이번에는 어진 사람을 고르는 것이 마땅하다"고 결심을 굳
혔다. 그러면서 신하들에게 누가 어진 사람인지를 골라서 보고하라고
명했다. 사실 태종은 이미 마음을 굳힌 상태였다. 신하들도 "아버지이
자 군왕인 전하만큼 잘 아는 사람이 누가 있겠냐"며 결정을 미뤘다.

아들은 효령과 충녕 둘이었다. 태종은 "충녕대군이 대위(大位)를 맡

을 만하니, 나는 충녕으로 세자를 정하겠다"고 밝혔다. 이에 유정현 등
도 "신들이 택현하자고 한 것도 충녕대군을 가리킨 것"이라며 기뻐했
다. 그러나 태종은 기뻐할 수 없었다. 그는 한동안 목이 메일 정도로
통곡하며 흐느꼈다. 이어 마음을 추스린 태종은 "이런 큰일은 시간을
끌면 반드시 사람을 상하게 된다"며 즉각 충녕대군을 세자로 책봉하는
예를 거행토록 지시했다. 세종대왕은 이렇게 해서 왕위에 오를 수 있
었다.

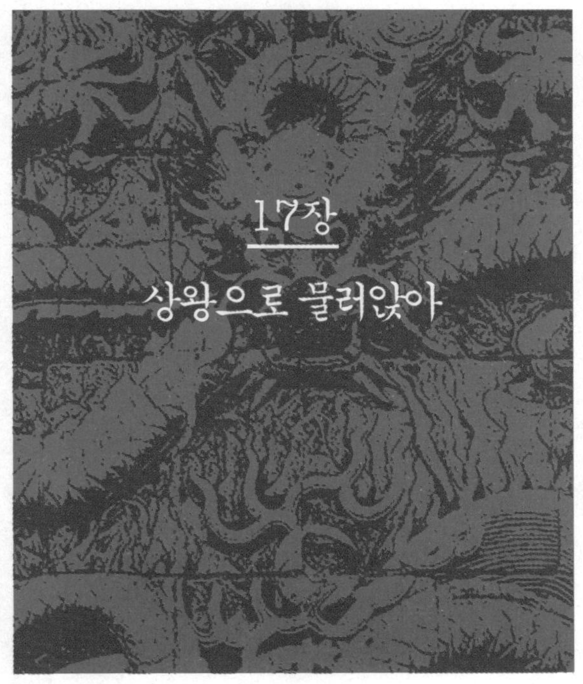

17장

상왕으로 물러앉아

세자 책봉 두 달 만에 왕위를 넘겨주다

태종 18년 6월 3일 마침내 양녕은 폐세자 되어 경기도 광주로 쫓겨났고 셋째 아들 충녕이 세자에 올랐다. 그리고 바로 이날 세자 책봉식을 지휘할 봉숭도감을 설치하고 의정부 찬성 최이와 참판 이적을 제조로 삼았다. 또 세자의 학문을 지도할 서연관으로 예문관 직으로 있던 이수를 한성으로 불러들였다. 이수는 세자가 어릴 때 효령과 충녕 두 대군에게 글을 가르친 적이 있었다.

태종은 선위를 서둘렀다. 중요한 결단을 할 때 늘 그랬던 것처럼 이때 태종은 개경에 머물고 있었다. 6월 7일 태종은 좌의정 박은을 세자의 교육을 전체적으로 책임지는 세자사로 임명했다. 그리고 7월 4일 충녕대군을 세자로 책봉한 지 한 달이 지나서 태종은 육대언을 불러 은밀하게 왕위를 물려줄 의사를 말하니 육대언은 울면서 반대했다. 이 틀 후인 6일에도 태종은 원래 병술년(1406)에 전위하려 하였으나 이루

지 못하였고 양녕이 법도에 맞지 않는 행동을 해 늘 염려하였다며 이
제 세자의 성품이 순수하고 바르기 때문에 나라를 맡길 수 있다고 말
한다. 그러나 이때는 결단을 하지 못하고 27일 개경에서 한성으로 돌
아온다.

좌의정 박은과 세종의 장인 심온의 신경전

이 무렵 신하들의 은밀한 정치는 활발하게 이뤄지고 있었다. 예를
들면 좌의정 박은은 태종이 선위하려는 뜻을 짐작하여 알고는 세자의
장인인 심온에게 넌지시 묻는다. 두 사람은 라이벌이었다.

박은은 심온에게 "요사이 임금의 의향을 그대가 아는가"라고 물었
다. 내선(內禪)의 의사를 알고 있는지 물어본 것이다. 심온은 이 말을
즉각 사위 충녕대군에게 알렸다. 충녕은 이런 말을 들으면 즉각 부왕
태종에게 고하는 조심스러운 성격의 소유자였다. 이때도 마찬가지였
다. 충녕은 이 말을 특히 괘씸하게 여겨 태종에게 즉각 고했다. 그러나
의외로 태종의 반응은 별다른 게 없었다.

실록에 따르면 선위한 후 세종이 태종에게 "박은이 어느 날 심온에
게 내선한다는 일을 말하였으니, 이것으로 보면 박은은 순결한 신하가
아닙니다"라고 말하자 태종은 "내가 내선하겠다는 말을 하였고, 박은
이 직접 이것을 들은 까닭에 그런 말을 한 것이다"라며 박은을 변호했
다. 박은에 대한 세종의 시각은 부정적일 수밖에 없었지만 부왕 태종
은 대단히 긍정적이었던 것이다.

"18년 동안 호랑이를 탔으니, 이미 족하다"

8월 6일 새롭게 세자가 된 충녕대군의 명나라 황제 알현 문제로 조정이 한바탕 홍역을 치른다. 원래 12일 후인 8월 18일 왕위 계승을 고하기 위해 새 세자가 명나라에 갈 예정이었다. 그런데 6일 태종은 장마가 끝나지 않아 길이 진흙탕이니 8월 28일이나 9월 1일에 출발하는 것이 어떻겠냐고 신하들에게 물었다. 박은과 이원은 원래 예정대로 18일에 출발해야 한다고 주장했고 심온은 태종의 의견을 지지했다. 상당한 논란 끝에 결국 28일을 출발일로 정한다.

그러나 불과 이틀 후인 8월 8일 태종은 세자의 알현을 중단시키는 결단을 내린다. 여러 가지 이유가 있지만 결정적인 것은 여전히 안정되지 못한 권력 승계 구도 때문이었다. 태종은 여전히 회안대군의 부자가 버젓이 살아 있고 양녕 또한 걱정은 하지 않지만 주변에서 틈을 엿보며 판을 뒤집으려 하는 사람이 없을 수 없다고 밝힌다. 결국 태종은 알현을 중단하고 이날 옥새를 세자에게 전해 사실상의 양위 의사를 공식화했다. 신하들은 양위의 불가를 간곡하게 역설했다. 그러나 태종의 결심은 이미 단호했다. "18년 동안 호랑이를 탔으니, 이미 족하다."

다음날부터 공신, 문무백관, 대간은 말할 것도 없고 성균관 유생들까지 양위 불가 상소를 눈물로써 지어 올렸다. 그럼에도 결국 이틀 후인 8월 10일 왕위는 태종에서 세종으로 넘어간다. 단 조건이 하나 있었다. "주상이 장년이 되기 전까지 군사는 내가 친히 청단하겠다"는 것이었다. 이 말을 듣고서야 신하들은 완전한 은퇴가 아닌 것을 확인하고 더 이상 양위 번복 상소를 올리지는 않는다. 마침내 세종대왕이 탄생한 것이다. 그러나 세종으로서는 영광보다는 시련의 시작이었다.

사돈 심온을 향한 칼날

세종이 왕위에 오른 지 보름이 지난 8월 25일 상왕 태종은 병조참판 강상인과 병조좌랑 채지지를 의금부에 가두도록 명했다. 강상인은 정안공 시절부터 30년간 태종을 따르던 측근 무신으로 줄곧 군사 분야에서 일을 해온 인물이다. 군사에 관한 일을 분명 자신이 청단한다고 했는데 그 사이에 강상인이 세종에게 직접 보고를 하고 상왕에게는 보고하지 않은 것이다. 기껏해야 순찰과 같은 단순 업무만 보고했다. 태종이 이를 그냥 버려둘 리 없었다. 이보다 큰 '괘씸죄'가 있을 수 없었다.

그러나 보기에 따라서는 사소해 보일 수 있는 이 사건은 곧바로 조정에 피바람을 불러일으키는 단서가 된다. 이미 강상인을 불러 문초할 때부터 태종은 보고 체계를 무시한 것 외에 세종이 인재 추천을 요청하자 강상인이 동생 강상례를 추천해 정5품의 무관직인 사직(司直)에 임명토록 해놓고 자신에게 와서는 세종이 그렇게 했다는 식으로 둘러 댄 것까지 거론하며 강도 높게 비판했다.

그러면서 태종은 분명 자신에게는 순찰 업무에 관해서만 보고하고 나머지 중요 군사 문제를 보고하지 않은 데는 배후 세력이 있을 것이라며 병조에 대한 대대적인 감찰을 지시한다. 감찰은 측근 환관 노희봉이 책임졌고 병조는 일단 승정원 대언 중에서 병조를 담당하는 우부대언 원숙이 접수토록 했다.

다음날 병조는 사실상 초토화됐다. 병조판서 박습을 비롯해 참의 이각, 정랑 김자온·이안유·양여공과 좌랑 송을개·이숙복 등이 의금부에 압송되었다. 이날 박습과 이각을 제외한 나머지 정랑과 좌랑들은 모진 고문을 당해야 했다. 강상인도 고문을 당했음은 물론이다.

이어 8월 27일 의금부는 이들에 대한 조사 결과 특별한 의도는 없었고 사리를 제대로 살피지 못한 불찰 때문이라고 변명을 하니 판서 박습과 참의 이각도 고문을 해야겠다고 건의한다. 이에 대한 태종의 지시를 보면 여느 때와 마찬가지로 이미 사태의 본질을 어느 정도 파악하고서 사태의 방향을 제어하고 있다는 것을 알 수 있다.

"박습은 판서로 재임한 날이 얼마 안 되니 그대로 두고, 강상인은 젊어서부터 나를 따라 오늘에 이르기까지 항상 상의원(尙衣院-왕과 왕비의 의복 등을 관장하는 기관) 제조(提調-책임자)가 되었고, 또 병조에서도 늘 중요한 직임을 맡겼거늘, 나의 은혜를 생각하지 않고 거짓으로 속일 마음만 품었으며, 며칠 전에도 거짓을 꾸며 그의 아우 상례에게 벼슬을 주고서 나에게는 '임금이 이 벼슬을 내리셨다'고 말하였으니, 임금의 교지를 거짓 핑계하고 나를 속인 그 죄도 역시 중하다. 마땅히 단단히 고문을 하되 죽지 않을 한도까지 하라."

일단 이 사건은 박습과 강상인을 용서하고 대신 강상인을 고향으로 내치는 선에서 마무리되는 듯했다. 그리고 병조에서는 이번 사건을 계기로 모든 군사 관련 업무를 먼저 상왕에게 보고하고 그 후에 세종에게 보고하는 방식으로 보고 절차를 변경하는 게 좋겠다고 건의했고 태종은 이를 받아들였다.

사은사 심온, 명나라로 출발하다

태종은 9월 1일 심온을 사은사로 임명했다. 또 다음날에는 "심온은 국왕의 장인이니 그 존귀함이 비할 데가 없다"며 영의정으로 임명했다. 사은사 심온이 명나라를 향해 떠나던 8일 『실록』은 이런 기록을 남기고 있다. "심온은 임금의 장인으로 나이 쉰이 못 되어 수상의 지위에 오르게 되니, 영광과 세도가 혁혁하여 이날 전송나온 사람으로 장안이 거의 비게 되었다."

심온은 어떤 사람인가? 심온은 1375년생으로 이때 그의 나이 불과 44세였다. 아버지 심덕부는 태조와 깊은 친분이 있었던 공신으로 정종 때 좌의정에까지 올랐다. 심덕부에게는 심인봉, 심의귀, 심도생, 심징, 심온, 심종, 심정, 일곱 아들이 있었고 심온은 다섯째였다. 그리고 막내 심종은 태조의 딸 경선공주와 결혼했기 때문에 태종과는 처남 매부 사이였다.

심온은 이미 11세 때 진사가 됐고 주로 대호군, 상호군 등 군부에서 경력을 쌓았고 태종 7년 동부대언이 되면서 본격적으로 중앙직에 진출했다. 그후 태종 11년 풍해도 관찰사를 거쳐 태종 14년 대사헌을 지냈고 이어 형조와 호조판서를 역임했다. 또 한성판윤, 의정부 참찬, 좌군도총제, 이조판서를 지내다가 세종이 왕위에 오르자 마침내 영의정

472

이 된 것이다. 『실록』은 심온의 사람됨에 대해 "성품이 인자하고 온순했다"고 적고 있다.

"임금 주위에 간사하고 교활한 자가 있다"

심온이 명나라 금릉을 향해 발길을 서두르고 있던 9월 22일 태종은 지신사 하연을 불러 이런저런 이야기를 나누다가 갑자기 눈물을 흘리며 "경은 원숙의 이야기를 들은 적이 있는가?"라고 묻는다. 뭔가 심상찮은 일이 벌어질 조짐임을 하연은 이미 알아차렸다.

태종은 그전에 대언으로 있던 원숙에게 자신이 병권을 계속 쥐는 이유와 관련해 "간사하고 교활한 자가 있으니 주상이 서른이 되기 전까지는 내가 군사를 살펴 보좌할 것이다"라며 이 말을 신하들에게 전파토록 지시한 바가 있었다. 원숙의 이야기란 바로 이 말을 하는 것이다.

문제는 '간사하고 교활한 자'가 누구인가 하는 것이다. 태종은 깊은 시름에 잠긴 얼굴을 하면서 다시 하연에게 이렇게 말한다.

"내가 근심을 잊고자 하면서도 아직 잊지를 못하고 있음은 간사한 사람이 있는 까닭이다."

태종이 말하는 '간사한 사람'은 다름 아닌 심온이었다. 심온은 태종의 심복 하륜과는 갈등 관계였다. 하륜이 권세를 누리고 있을 때 심온은 사위 충녕대군에게 하륜이 사람들을 불러모으고 뇌물을 많이 받으며 대낮에도 첩의 집을 드나든다고 말하면서 아버지 태종에게 보고하도록 한 적이 있다.

세자 양녕이 실덕을 계속할 때 이미 많은 신하들은 충녕대군을 주목

하연_ 원래 정몽주의 문인(門人)으로 세종 즉위와 함께 지신사가 되었다. 성품이 강직해 왕이나 신료의 잘못을 그냥 지나치지 않았다.

하고 있었다. 그때 태종은 심온을 불러 "감히 세자의 실덕을 공공연하게 말하고 다니지 말라"고 정중하게 그리고 반복해서 경고했다. 그러나 태종이 볼 때 심온은 조심하지 않았다. 이미 권력을 행사하려는 조짐을 보였던 것이다.

양녕이 폐세자 되고 충녕이 세자의 자리에 있을 때의 일이다. 심온은 사위 충녕에게 "사대부들이 나를 보면 모두 은근한 뜻을 보내니 심히 두렵습니다. 마땅히 사람들이 찾아오는 것을 사절하고 조용히 여생을 보내야 되겠습니다"라고 말했다. 그것이 바로 태종의 뜻이었다. 아버지의 뜻을 잘 아는 충녕은 즉시 장인의 말을 전했고 태종은 "심히 옳게 여겼다"고 한다. 그러나 태종은 충녕으로 세자를 바꾸는 순간부터 심온 문제를 고민해 왔다고 봐야 한다.

강상인 사건을 다시 문제 삼다

한 달여가 지난 11월 3일 태종은 조말생, 원숙, 하연 등을 불러 '장차

474

뒷날의 준비를 하기 위해서'라며 유배 가 있던 박습과 강상인을 불러들여 사건의 뿌리를 밝히는 게 어떠냐고 의견을 구한다. 정말로 반역할 마음이 없었다면 용서를 해야 할 것이고 반역할 마음이 있었다면 세종을 위해서라도 국법으로 처리해야 한다는 명분이었다. 물론 태종의 머릿속에 방향은 잡혀 있었다.

결국 태종은 좌의정 박은과 우의정 이원의 집에 사람을 보내 자신의 뜻에 대해 물어보도록 했다. 그 의미를 잘 아는 두 사람 모두 태종의 뜻에 찬동했다. 이렇게 해서 단천에 있던 강상인, 고부에 있던 박습, 사천에 있던 채지지, 무장에 있던 이각 등이 다시 붙들려 온다.

이들에 대한 국문은 11월 13일부터 시작됐다. 19일 태종은 "강상인이 이각을 보고서 빙긋이 웃었다는 보고를 들었다"며 "반드시 다른 뜻이 있을 것"이라며 고문의 종류까지 지시한다. 장형을 하지 말고 바로 무릎이 으깨지는 압슬형을 하도록 한 것이다. 20일에는 강상인이 끝까지 실수일 뿐 태종을 깔보고 그렇게 한 것은 아니라고 답했다. 그런데 다음날 강상인은 "국가의 명령은 한 곳에서 나와야 한다는 생각에서 상왕에게 아뢰지 않았다"고 말했다. 이는 박습과도 의논했다는 것이다. 심지어 "내가 새 왕의 덕을 보려고 그랬다"는 말까지 했다. 그러나 정작 태종이 듣고 싶어 하던 이야기, '배후'에 대해서는 일절 이야기하지 않았다. 압슬형은 계속 이어졌다.

22일이 되자 계속되는 압슬형에 강상인은 의미심장한 사실을 털어놓았다. 당시 태종과 세종을 함께 경호하느라 병사들이 나뉘어 경계 근무를 서야 했다. 이것이 군부의 책임자들에게는 여러 가지로 불편한 일이었다. 그래서 강상인은 어느 날 군사 문제를 잘 아는 심온을 찾아가 "군사는 마땅히 한 곳으로 돌아가야 된다"고 말했고 심온도 이에 찬성했다는 것이다. 심온의 이름뿐만 아니라 대마도 정벌의 영웅 이종무의 이름도 나왔다. 같은 말을 했더니 이종무가 빙긋이 웃으며 수긍했다는 것이다. 다만 우의정 이원을 대궐 앞에서 만나 물어보았더니 이원은 "이를 어찌 말할 수 있느냐"고 말했다고 했다.

다음날 보고를 받은 태종은 '내가 예상한 그대로'라며 계속 국문을 진행시킬 것을 명했다. 이종무 체포령이 떨어졌고 이원도 불충한 말을 듣고서 고하지 않았다며 투옥되었다. 일은 급속도로 커지고 있었다. 이날 옥에서 이종무, 이원과 강상인의 대질신문이 이뤄졌다. 이종무와 이원은 "강 참판은 사람을 죄에 빠뜨리지 말라"고 호통을 쳤고 강상인은 "고초를 견디지 못한 때문이니, 실상은 모함이다"라고 말했다. 실제로 이종무와 이원은 곧 석방됐다.

세종은 내시로부터 이 말을 전해 들었다. 그리고 즉각 상왕에게 가서 그 사실을 전했다. 나름대로 장인을 살리려는 노력이었다.

"주상이 지금 하는 말은 내가 들은 바와 다르다. 주상의 말대로라면 심온에게 무슨 죄가 있겠는가?"

여기서 태종의 행동이 흥미롭다. 그 자리에서 집에 있던 좌의정 박은을 불렀다. 그러나 박은은 병을 핑계로 대궐에 들어오지 않는다. 『실록』은 "상왕이 박은의 뜻을 헤아려 알고, 원숙에게 명하여 박은의 집에 가서 교지를" 전하도록 했다. 그 내용에는 심온 사건을 이해하는 모든 열쇠가 다 들어 있다.

"처음 강상인의 죄는 대간과 나라 사람이 두 번이나 청하였으니, 내가 그 정상을 모르는 것이 아니나 윤허하지 않고 다만 외방으로 내쫓기로만 하였다. 그런데 그 후에 생각해 보니 나의 여생은 많지 않고 본 바가 많으므로 이와 같은 대간(大姦)은 제거하는 것이 마땅하므로, 다시 그 일을 신문하여 이와 같은 사태에 이른 것이다. 심온이 군사가 한 곳에 모여야 된다는 말을 듣고 대답하기를, '군사가 반드시 한 곳에 모이는 것이 옳다'고 하였다 하니 경은 이를 알아야 할 것이다."

박은은 자신의 입장이 곤란해지는 것을 피하기 위해 대궐에 나아가지 않았다. 자칫 태종과 세종 사이에 끼어 무슨 일을 당할지 몰랐기 때문이다. 이를 파악한 태종은 이번 사건의 처리 방향을 박은에게 확실히 통보하기 위해 이 같은 교지를 내린 것이다.

너무 나간 박은

박은은 상왕의 뜻을 알았다. 즉각 태종의 처소였던 수강궁으로 나아갔다. 여기에는 세종도 함께 있었다. 태종은 세종이 보는 앞에서 심온의 문제점을 지적해 달라는 뜻으로 교지를 내렸던 것이다.

주로 심온이 자중하지 않고 권세를 휘둘렀다는 증언들이었다. 박은은 누군가가 심온에게 임금의 장인은 권력을 잡을 수 없다고 하자 심온이 태종의 장인 민제를 염두에 두고 "좌의정이 된 사람도 있다"고 반박했다는 이야기를 전해 들었다고 털어놓았다. 또한 심온의 사위, 즉 세종의 동서 유자해가 경복궁에서 자신을 보고 비웃으면서 '저 사람은 마땅히 물러나야 하는데 의기양양하기가 어찌 저 같은가'라고 욕하는 것을 자신의 친척인 이계주가 듣고서 전해주었다고 밝힌다.

여기서 『실록』은 강도 높게 박은의 처사를 비판한다. 세종이 왕위에 오른 직후 박은이 새롭게 관직에 임명할 사람들의 명단을 들고 왔다. 여기에는 중궁, 즉 왕비의 큰 아버지, 작은 아버지가 포함되어 있었고,

심지어 유자해까지 승진을 시켜야 한다고 건의했다. 오히려 세종이 말렸다. 그런데도 박은은 다시 유자해의 승진을 청했고 세종은 듣지 않았다. 박은은 세종에게 아부하고 있었던 것이다.

그런데 상왕이 심온을 향해 칼을 끄집어낸 후 이번에는 세종이 유자해의 승진을 박은에게 물었다. 박은은 머리를 숙이고 대답하지 않았다. 『실록』은 "이계주의 말을 듣고 유자해를 불쾌하게 여긴 때문"이라고 풀이한다. 어쩌면 박은은 이미 태종과 정치적 운명을 함께하기로 결심하고 있었는지 모른다. 다행스럽게도 박은은 태종이 세상을 떠나기 하루 전날 사망함으로써 세종과의 숙명적인 대결을 피하게 된다.

심온 체포 작전

사은사 심온이 조선의 일은 전혀 모른 채 금릉을 출발해 서울로 향하고 있던 11월 25일 태종은 전의감 판사 이욱을 의금부 특사로 임명해 병사들과 함께 의주에 가서 압록강을 넘자마자 심온을 잡아오라고 명했다.

그리고 다음날에는 박은 등을 불러 강상인과 심온의 대질 문제를 논의한다. 상식적으로라면 증거 확보 차원에서도 대질이 불가피했다. 그런데 태종의 뜻을 잘 아는 박은은 이미 정상(情狀)이 드러났으니 대질할 필요 없이 강상인을 처형해도 무방하다고 말한다. 여기서 이 사건의 조작 의혹이 싹트게 되는 것이다.

속전속결, 바로 이날 강상인은 백관이 지켜보는 가운데 거열형을 당했고 박습은 참수되었다. 11월 29일 박은은 중궁의 폐비 문제를 제기했다. 그러나 태종이 볼 때 심온만 제거하면 되는 것이었기 때문에 반대했다.

심온 체포 특명을 받고 의주로 떠난 이욱이 심온을 체포해서 한양으로 돌아온 것은 약 한 달 만인 12월 22일이었다. 느닷없는 체포와 장형, 압슬형을 견디지 못한 심온은 이미 사태를 파악하고서 모든 것을 포기했다. 다음날 심온은 사약을 받고 세상을 떠났다. 몸에 칼을 대지 않는 사약을 통한 사형이 그나마 태종이 심온에게 내려준 배려였다고 할까?

대마도 정벌을
단행하다

세종 원년(1419) 5월 7일 충청도 관찰사 정진이 급보를 올렸다. 정진은 정도전의 아들이다. 이틀 전인 5월 5일 왜구의 배 50여 척이 비인 지역을 침략해 우리 병선 7척을 탈취하고 수많은 병사와 민간인들이 희생당했다는 것이었다.

5월 12일에는 황해도 관찰사 권담이 급보를 올렸다. 왜구의 침입을 알리는 내용이었다. 조정에서는 이미 체포한 왜구 한 명을 통해 비인을 공격한 왜구가 황해도 해주로 가려고 했다는 것을 알고 있었다.

처음으로 대마도 정벌론이 제기된 것은 다음날인 5월 13일이었다. 이날 밤 늦게 태종과 세종은 좌의정 박은과 우의정 이원 등을 대궐로 불러 허술한 틈을 타서 대마도를 섬멸하는 문제를 논의했다. 이어 다음날 두 임금이 유정현, 박은, 이원, 허조 등과 대마도 정벌 문제에 대해 난상토론을 벌인다. 이 자리에서 대부분은 저들이 올 때 맞받아치는 것은 몰라도 대마도로 진격하는 것은 불가하다는 입장이었다. 오직 조말생만이 "허술한 틈을 타서 쳐야 합니다"라고 말했다. 태종은 조말생 편이었다. "항상 침노만 받는다면, 한나라가 흉노에게 욕을 당한 것과 무엇이 다르겠는가." 태종의 생각은 왜구의 대병력이 서해안을 떠돌고 있을 때 기습적으로 대마도를 공격하고 이어 대마도로 돌아가는 왜구 선단은 거제도에서 기다리고 있다가 일격을 가하자는 것이었다.

그리고 바로 이날 장천군 이종무를 최고 지휘관인 삼군 도체찰사로 임명하고 중군 도절제사를 겸임토록 했다. 좌군 도절제사는 유습, 우군 도절제사는 이지실이 맡았다. 중군 도절제사 이종무 휘하에는 우박, 이숙묘, 황상이 절제사로 포진했고, 유습 휘하에는 박초와 박실, 이지실 휘하에는 김을화, 이순몽이 들어갔다.

토벌군의 면모

먼저 삼군 도체찰사 이종무(李從茂, 1360년 고려 공민왕 9년~1425년 세종 7년)는 전라도 장수 사람으로 어려서부터 말타기와 활쏘기에 능해 아버지와 함께 왜구 토벌에 많은 공을 세웠다. 태조 6년에는 옹진 전투에서 공을 세워 첨절제사에 올랐고 상장군으로 있던 정종 2년에 2차 왕자의 난이 발발하자 이방간의 군사를 제압해 좌명공신 4등에 책록되었다. 일찍부터 태종의 사람이었던 것이다. 그후에도 중앙과 지방의 군부 요직을 두루 거친 이종무는 이때 예순을 바라보는 나이에 총사령관의 임무를 부여받았다. 그에게는 전함 227척, 군졸 1만 7285명이 주어졌다.

태종과 동갑이었던 좌군 도절제사 유습(柳濕, 1367년 고려 공민왕 16년~1439년 세종 21년)은 고려 말 문하시중을 지낸 유탁의 아들로 음보로 벼슬길에 올랐다. 태종 때 원종공신으로 녹훈되어 전라도, 충청도, 평안도 등지의 도절제사를 지냈고 좌군 동지총제를 거쳐 평안도 도절제사로 있다가 좌군 도절제사로 임명된 것이다. 평생을 야전에서 보낸 군사 전문가였다.

우군 도절제사 이지실은 고려 때 문하시중을 지낸 이인부의 아들로 유습과 마찬가지로 음보로 관직에 나와 경기좌우도 수군 도절제사, 중군 동지총제 등을 역임했고, 충청도 절제사로 있을 때 우군 도절제사로 차출되어 이종무, 유습과 함께 대마도 정벌을 지휘하게 된다. 그는 정벌이 끝난 후 공조판서로 임명된다. 당대 최고의 군인 3명이 도절제사가 되어 기해동정(己亥東征)에 나선 것이다.

한편 태종은 5월 20일 영의정 유정현을 삼도 도통사로, 의정부 참찬 최윤덕을 삼군 도절제사로 임명해 조정과 이종무 부대의 연락 조정 업무를 담당할 최종 전략 지휘부를 구성했다. 동정을 위한 준비는 모두 끝났다. 그리고 6월 6일 삼도 도통사 유정현에게는 규슈의 절도사에게 조선이 대마도를 정벌하는 뜻을 은밀하게 전하도록 지시했다. 자칫 대마도 정벌을 자신들에 대한 위협으로 받아들일 수 있으니 사전에 이 점을 분명히 해둘 필요가 있었기 때문이다.

출진

2만 명에 가까운 병력이 모두 거제도에 집결했고, 마침내 6월 17일 대마도를 향해 출발한다. 그러나 역풍이 부는 바람에 다시 거제도로 돌아와야 했다. 바람이 잡힌 6월 19일 이종무는 다시 진격 명령을 내렸다. 20일 대마도에 도착한 정벌군은 전격 작전을 전개해 왜구의 배 129척을 빼앗아 쓸 만한 것 20척을 제외한 나머지를 모두 불살라 버렸으며 가옥 1940여 호를 불태우고 114명의 머리를 베었다. 대승(大勝)이었다.

이 소식이 조정에 전해진 것은 열흘 후인 6월 29일이었다. 유정현을 수행했던 종사관에게서 승전보를 전해 들은 태종은 즉각 이종무에게 사람을 보내 다음 전략을 지시했다. 곧 태풍이 닥칠 터이니 무리하게 전과를 올리느라 해상에 너무 오래 머물지 말고 적절한 시기에 귀환토록 한 것이다.

바로 이날도 이종무 등은 대마도에 병사를 일부 상륙시켜 가옥 68호와 배 15척을 불태우고 왜구 9명의 목을 베는 등의 전과를 올렸다. 그러나 아군의 희생도 만만치 않았다. 좌군 절제사 박실이 이끄는 부대는 복병을 만나 고전했고 이때 100여 명의 아군이 전사했다. 훗날 총 전사자는 180명으로 확인되었다. 대마도 토벌군은 곧바로 귀환하기로 했다. 조정에 귀환 소식이 전해진 게 7월 6일인 것을 감안하면 7월 1일쯤 거제도에 돌아온 것으로 보인다. 보고에는 "전함이 침몰한 것은 없다"고 돼 있었다.

결국 대마도 도주는 9월에 사신을 보내 항복 의사를 밝혀옴으로써 기해동정은 우리 역사에 얼마 안 되는 해외 정벌로 기록되고 있다. 태종의 대마도 정벌은 아버지 태조의 요동 정벌에 비견될 수 있을 것이다.

신무기에 대한 관심

사실 대마도 정벌에서 상당한 피해를 입었음에도 불구하고 대마도 도주로부터 항복을 받아낼 만큼 성공을 거둘 수 있었던 데는 태종의 적절한 판단도 크게 기여했다. 그리고 화포와 화통을 비롯한 각종 첨단 무기 개발에 공을 들인 때문이기도 했다. 무기 개발에 대한 태종의

대마도 정벌도_ 대마도 정벌에 성공한 것은 태종이 각종 첨단 무기 개발에 공을 들인 결과이기도 했다.

관심은 대마도 정벌 이후 더욱 강화된다.

1년여가 지난 1420년 세종 2년 11월 17일 한강의 양화진에서는 성능 실험이 한창 진행되고 있었다. 조선의 군선과 정벌 당시 대마도에서 노획한 왜선(倭船)의 속도 비교 실험이었다. 원래 왜선이 조선의 군선보다 빨랐기 때문에 상왕이 대호군 윤득민에게 왜선보다 빠른 배를 만들도록 지시했고 이날 새로 건조한 3척이 첫선을 보인 것이었다.

귀화한 왜인들이 모는 왜선이 10미터쯤 앞에서 출발토록 했는데 마침내 윤득민이 만든 새 군선이 왜선을 앞질렀다. 태종은 대단히 만족해했다.

조선을 일으켜세운
거인과의 작별

1421년 11월 7일 상왕은 신하들과 정사를 이야기하던 중 1차 왕자의 난 때 죽은 개국공신 남은과 이제의 문제를 제기한다. 태조의 묘에 공신으로 함께 배향할 의사를 밝힌 것이다.

"나라를 세울 때에 공이 크고 작은 것은 내가 다 알고 있다. 남은은 밖에서 주창하였고 이제는 안에서 도왔으니, 그 공이 작지 않다. 내가 예전에 남은, 이제, 조인옥과 함께 앉았었는데, 남은이 밖으로 나가자 조인옥이 말하기를 '나라를 세운 것은 저 사람의 힘입니다'라고 하였다. 남은과 이제가 공이 큼이 이와 같은데도 태조에게 배향되지 않으니 하늘에 계신 태조의 혼령이 어찌 그들을 배향시키고 싶지 않겠느냐. 후에는 비록 죄가 있지만, 그들의 큰 공은 폐할 수 없다."

변계량 등은 반대했지만 태종의 확고한 뜻을 아는 박은은 지지했다. 이렇게 해서 다음해 1월 5일 남은과 이제에게 시호를 내리고 9일 태조의 묘에 배향토록 했다.

또 1월 14일에는 염치용 사건과 연루돼 성주에서 귀양살이를 하고 있던 이직을 한양으로 불러들였다. 이직은 민무휼의 장인이었다. 이직의 사면을 명하면서 던지는 태종의 이 한마디는 오히려 인간적이기까지 하다. "내가 그때 민씨의 불충한 행위를 미워하고 있었는데, 민무휼은 이직의 사위인 까닭으로 드디어 이직까지 미워했던 것이다."

17일에는 민씨 형제와 연루되어 귀양 가 있던 동서 노한도 원하는 곳에 살도록 지시했다.

2월 12일에는 양녕의 폐세자를 반대하다가 노여움을 받아 남원에 귀양 가 있던 황희를 불러올렸다. 이런 일들이 있을 때마다 대간들은 한결같이 결사 반대의 상소를 올렸지만 태종은 전혀 받아들이지 않았다.

태종은 1422년(세종 4년) 4월부터 중병을 앓기 시작했다. 잠깐씩 차도를 보이기는 했지만 회복 가능성은 없어 보였다. 세종의 지극한 간호도 힘이 되지 않았다. 이런 가운데 5월 9일 박은이 아직은 젊은 나이에 세상을 떠났다. 그리고 이날 밤 태종도 의식불명 상태에 들어갔고 결국 다음날 숨을 거둔다. 파란만장한 생이 마감되는 순간이었다. 이때 태종의 나이 56세였다. 『실록』은 조선을 일으켜 세운 거인과의 작별을 이렇게 기록하고 있다.

"태상왕은 총명하고 영특하며, 강직하고 너그러우며, 경전과 사기에 두루 통달하여 고금의 일을 밝게 알고, 어려운 일을 많이 겪어 사물의 진위(眞僞)를 밝게 알며, 한 가지 재주와 한 가지 선행이 있는 자도 등용하지 아니한 일이 없고, 선대의 제사에는 반드시 친히 참사하고, 중국과의 교제에는 반드시 정성을 다하고, 재상에게 국사(國事)를 위임하고 환관을 억제하며, 상줄 데 상주고 벌줄 데 벌주되 친소 관계로 차등을 두지 아니하고, 관직을 임명하되 연조로 계급을 올려주지 아니하고, 문교(文敎)를 숭상하고 무비(武備)를 닦으며, 검박한 덕을 행하고 사치와 화려한 것을 없애어 20년 동안에 백성이 편하고, 물산이 풍부하여 창고가 가득 차 있고, 해적들이 와서 굴복하고, 예의가 바르고 음악이 고르며, 모든 법의 기강이 서고 조목이 제정되었다. 성품이 신선과 부처의 도를 좋아하지 아니하고, 사찰을 개혁하여 노비를 거두고 전답을 축소하였으며, 원경 왕태후의 초상에 유학의 예법을 준행하고 불사(佛事)는 하지 아니하였다."

태종의 시대가 끝나고 세종의 시대가 시작되고 있었다.

권우(權遇, 1363년 고려 공민왕 12년~1419년 세종 1년) 1385년 문과에 급제하여 성균박사, 밀직사, 군기 주부 등을 지냈고 조선이 건국된 후 태조 3년(1394)에 성균관 직강, 예조좌랑, 사간원 좌헌납, 집현전 지제교, 예문관 응교를 거쳐 사헌부 장령을 지낸다. 그 뒤 성균관 대사성을 역임하고 태종 12년(1412) 세자 교육을 담당하는 세자 보덕이 되고 1418년 충녕대군(忠寧大君-후의 세종)의 세자 빈객에 오른다. 그는 어려서 형 권근에게 학문을 배웠고 커서는 정몽주의 문하에 들어갔다. 시문에 능했으며 성리학과 『주역』에 밝았다. 관직에 재임하면서 두 번이나 시관(試官)이 되어 정인지 등 100여 인을 선발하였다.

권정(權定, 생몰년 미상) 고려가 망하자 벼슬을 버리고 안동 옥산동에 은거했다. 후에 태조에 의해 승지로 임명되었으나 사양했다. 그후 태종 때 사간원 지사 등을 지냈고, 대사간에 임명되었으나 거절하고 고향으로 내려갔다.

권진(權軫, 1357년 고려 공민왕 6년~1435년 세종 17년) 고려 우왕 3년(1377) 문과에 급제했지만 당시 권세가인 염흥방이 자기 조카딸과 결혼시키려 했으나 거절해 미움을 받는 바람에 여러 해 동안 벼슬길에 나가지 못하였다. 그러다가 왜구의 침입으로 피해를 입은 의창현의 현령으로 있을 때 당시 문하시중 이성계의 눈에 띄어 전주판관이 되었다. 태조 7년(1398) 영의정 성석린의 천거로 종4품의 경력(經歷)이 되었고, 정종 때 합주지사가 되었다. 조준 무고 사건과 관련해 유배를 갔다가 태종 원년(1401) 관직에 복귀했고 태종 6년 강원도 관찰사가 되어 선정(善政)을 베풀었다. 이듬해 대사헌이 되고 태종 17년(1417) 형조판서에 오른다. 사신으로 여러 차례 명나라를 다녀왔고 세종 때는 우의정에까지 오르게 된다. 머리가 좋고 기개가 높았으며 청렴했다고 한다.

기철(奇轍, ?~1356년 고려 공민왕 5년) 기황후로 널리 알려진 누이동생이 원나라 순제의 제2황후로 책봉되어 태자를 낳자, 충혜왕 때 원나라에서 행성참지정사(行省參知政事)로 임명되고, 고려에서도 덕성부원군에 봉해졌다. 누이동생의 세력을 믿고 세도를 부려 민폐가 심했고, 딸을 원나라 순제에게 바쳐 총애를 받던 권겸과 결탁하여 친원파 세력의 핵심을 형성했다. 공민왕이 배원정책(排元政策)으로 그들을 탄압하자 역모를 꾀하다가 발각되어 권겸 부자와 함께 주살되고 그 도당도 모조리 쫓겨났다.

김겸(金謙, 1375년 고려 우왕 1년~1425년 세종 7년) 정종비 정안왕후 김씨의 조카이며 태조 5년(1396) 문과에 급제하여 무기를 관리하는 군기시 직장으로 있으면서 1398년 1차 왕자의 난 때 정안공의 군사에게 무기를 공급하는 공을 세웠다. 태종의 즉위와 함께 교서감 승을 거쳐 1401년 우사간 대부 겸 경연 시독관을 지내고 이듬해 형조·병조의 전서를 지냈다. 그후 주로 지방 행정가로 활동하게 된다.

김구덕(金九德, ?~1428년 세종 10년) 음보로 벼슬길에 올라 태조 5년(1396) 형조의 랑을 거쳐 단양·청풍·한산의 군수와 해주·광주·청주목사를 역임했고 통례문 판사가 되었을 때 딸이 태종 후궁으로 명빈(明嬪)이 되자 우군 동지총제에 올랐다. 태종 12년(1412) 한성부윤을 지내고, 강원도 관찰사와 의정부 참지사를 거쳐 훗날 돈녕부 판사에까지 오른다.

김사행(金師幸, ?~1398년 태조 7년) 고려 말 조선 초의 환관으로 공민왕의 총애를 받고 내시부 판사에 이르렀으며 노국공주가 죽자 왕명으로 정릉영전(正陵影殿)의 대역사를 일으킨 결과 국가 재력을 소모하고 민생을 괴롭혔다. 공민왕이 죽고 우왕이 즉위하자 선왕 때의 대역사를 일으킨 죄로 가산이 몰수되고 익주(益州)로 쫓겨났으나 곧 풀려났다. 조선 태조 초에도 역시 총애를 받아 벼슬이 도평의사사 사사에 이르고 가락백에 봉해져 환관이라는 신분에도 불구하고 항상 가마를 탄 채 궁궐에 드나들었다. 1차 왕자의 난 때 삼군부에 의해 참수되었다.

김사형(金士衡, 1333 고려 충숙왕 복위 2년~1407년 태종 7년) 음보로 벼슬길에 나섰고 공민왕 때 문과에 급제하여 조준과 함께 대간(臺諫)을 지내면서 평생 동지 관계를 맺었다. 1392년 삼사 좌사·동판 도평의사사로 있다가 50여 명의 대소신료들과 함께 이성계를 추대하여 개국공신 1등에 올랐다. 태조 7년(1398) 제1차 왕자의 난 때 조준과 함께 막판에 정안공 편에 서는 바람에 화를 면했고 이어 적장자를 후사로 세울 것을 주장해 정종이 즉위하자 정사공신 1등이 되었다. 태종 1년

(1401) 다시 좌정승에 복직되어 이듬해 영사평부사로 상락부원군에 봉해진 뒤 관직에서 물러났다. 개국공신 중에서 태조가 극진히 아낀 신하 중의 한 사람이며 신중하고 분수를 지키는 처세로 평생 단 한 번도 탄핵을 받지 않고 높은 벼슬을 지닐 수 있었다.

김수(金銖, 생몰년 미상) 고려 말 과거에 급제하여 여러 벼슬을 거쳐 대사간, 직제학에 이르렀다. 공민왕 10년(1361) 홍건적 침입 때 이를 토벌한 공으로 해평군에 봉해졌다. 조선 건국 후 공안부 판사를 거쳐 예조판서를 지낸다. 그후 일선에서 물러나 지금의 경상북도 선산에서 제자를 가르쳤고, 녹봉서당(鹿峯書堂)을 세워 후진 양성에 힘썼다.

김여지(金汝知, 1370년 고려 공민왕 19년~1425년 세종 7년) 고려 창왕 1년(1389) 문과에 장원급제한 후, 사헌부 규정에 제수되었으나 일이 있어 잠시 전라도로 유배되었다가 다시 복직되었다. 그후 좌정언, 예조좌랑, 계림부 판관 등을 역임했다. 조선 태종 때는 사헌부 장령, 예문관 직제학을 거쳐 태종 13년(1413) 지신사(知申事)로 고려 왕실의 후손인 왕걸오미의 동정을 알고도 보고하지 않은 죄로 파면된다. 이듬해 다시 직제학으로 기용된 뒤 충청도 관찰사, 대사헌을 거쳐 1417년 공조판서에 오르고, 이듬해 예조판서에 이른다. 그 해 세종이 즉위하자 한성부 판사를 지내고 이듬해 병으로 자리에서 물러났다가 1425년 예조판서와 참찬을 역임한다.

김자지(金自知, 1367년 고려 공민왕 16년~1435년 세종 17년) 고려 말 밀직제학을 지낸 김도의 아들로 고려 우왕 때 과거에 급제하여 1404년 사헌부 집의를 거쳐 형조참의, 형조·호조참판을 지냈다. 그후 대사헌, 평안도 관찰사 등을 거쳐 세종 때인 1428년 형조판서에 오른다. 학문에 뛰어났고 음양, 천문, 지리, 의약 등에 통달하였으며 불교를 배척하고 유학을 숭상한 유학자였다. 그의 아들 김하는 이순신 장군의 5대조 할아버지인 이변과 함께 조선 최고의 중국어 전문가로 이름을 날리게 된다. 반면 또다른 아들 김질의 증손자 김안로는 중종 때 권신으로 악명을 날렸다.

김첨(金瞻, 1354년 고려 공민왕 3년~1418년 세종 즉위년) 고려 우왕 2년(1376)에 문과에 급제한 뒤 예문관 응교를 지냈으며 공양왕 4년(1392)에는 정몽주와 내란을 음모하였다는 혐의로 파직당하고 유배되었다. 조선이 건국되자 복직되어 정종 1년(1399) 봉상시 소경(少卿)에 제수된 뒤 예조전서로 예문관 제학을 겸임하였으며 태종 4년(1404)에는 우군 총제가 되어 여진족의 유민을 다스렸다. 의정부 참지사 등 요직을 두루 거쳤고 1407년에는 민무질 등과 가까이 하여 왕족 간의 이간을 꾀했다는 죄목으로 파직되었다가 소격전(昭格殿)의 제조가 되어 도교(道敎)에 관한 자문에 임했다. 경사(經史)에 밝았고 아악(雅樂)을 교정하였으며 의례(儀禮)에도 조예가 깊었다. 특히 도교 부흥에 노력하였다.

김희선(金希善, ?~1408년 태종 8년) 태조 1년(1392) 호조판서를 거쳐 이듬해 전라도 안렴사(관찰사)로 있으면서 전국 각도에 의학원(醫學院)을 설치할 것을 조정에 건의하였다. 태조 4년(1395) 노비변정도감 판사, 중추부 동지사를 거쳐 이듬해 중추원 부사로 충청·전라·경상도에 내려가 백성들의 병고를 묻고 돌보았다. 태종 4년(1404)에는 대사헌으로 있으면서 동전으로 길흉을 점쳐 길한 곳을 도읍으로 정할 때 참여하였다. 이후 의정부 지사, 경상도 관찰사, 형조판서, 의정부 참찬사를 지냈다. 의학에 정통하여 중요한 의학 서적들을 저술하였는데 편저(編著)로『향약제생집성방(鄕藥齊生集成方)』·『우마의방(牛馬醫方)』등이 있다.

노한(盧閈, 1376년 우왕 2년~1443년 세종 25년) 태종의 비 원경왕후의 동생과 결혼해 조선 개국 때 음보로 등용되어 사간원 지사를 지냈다. 2차 왕자의 난 때 공을 세워 태종 때는 좌부승지, 경기도 관찰사, 한성부윤 등을 지내며 탄탄대로를 달리는 듯했다. 그러나 처남인 민무구·민무질 형제의 불충 사건에 연루되어 태종 9년(1409) 파직당하였다. 그후 양주 별장에서 14년간 은거생활을 하게 된다. 그리고 세종 4년(1422) 세상을 떠나기 직전 상왕 태종이 "노한이 민씨에게 장가를 들었다고 고신(告身)까지 거두게 된 것은 그의 죄가 아니니 급히 불러들여라"하는 전교를 내려 다시 한성부윤에 복직되었다. 그 뒤 형조판서, 대사헌 등을 거쳐 우의정을 지냈다.

맹사성(孟思誠, 1360년 고려 공민왕 9년~1438년 세종 20년) 최영 장군의 손녀 사위로 고려 우왕 12년(1386) 문과에 급제해 춘추관 검열이 되었고 주로 대간에서 경력을 쌓았다. 태종 즉위와 함께 좌산기에 오른 그는 태종 8년(1408) 한성부윤을 거쳐 대사헌이 되었을 때, 사헌부 지평 박안신과 함께 조준의 아들이자 태종의 사위인 평양군 조대림을 왕에게 보고도 하지 않고 잡아다 고문하였다가 태종의 큰 노여움을 사 처형될 뻔하였으나 영의정 성석린의 도움으로 겨우 죽음을 면하게 된다. 3년 후인 1411년 다시 중추부 판사로 임명되고 이듬해 풍해도 도관찰사로 나갔다. 이때 영의정 하륜이 음악에 밝은 그를 서울에 머물게 하여 악공을 가르치도록 아뢰었다. 1416년 예조판서가 되고, 1418년 공조판서에 오른다. 세종 때는 좌의정에까지 오르게 된다. 사람됨이 소탈하고 조용하며 엄하지 않아 비록 벼슬이 낮은 사람이 찾아와도 반드시 공복(公服)을 갖추고 대문 밖에 나아가 맞아들여 윗자리에 앉히고 돌아갈 때도 역시 공손하게 배웅하여 손님이 말을 탄 뒤에야 들어왔다고 한다. 효성이 지극하고 청백하여 살림살이 늘리기를 일삼지 않고 식량은 늘 녹미(祿米-봉급으로 받는 쌀)로 하였고, 출입할 때는 소 타기를 좋아해 사람들이 그가 재상인 줄 알지 못할 정도였다 한다.

민여익(閔汝翼, 1360년 고려 공민왕 9년~1431년 세종 13년) 고려 우왕 6년(1380) 문과에 급제하여 성균 사예에 올랐다. 조선 건국에 협조하여 개국공신 3등에 책록되었으며 우부승지를 거쳐 도승지, 대사간, 좌군 총제 등을 역임하였다. 1413년 경성수보도감(京城修補都監) 제조에 임명되어 한양의 도성을 수축하는 데 기여했다. 세자 빈객을 지내기도 했으며 공조판서, 의정부 참찬 등을 거쳐 1418년 5월 한성부 판사에 오른다. 그후 예조판서, 호조판서 등을 지냈다.

박상충(朴尙衷, 1332년 고려 충숙왕 복위 1년~1375년 우왕 1년) 공민왕 2년에 이색과 함께 문과에 급제한 뒤 예조정랑에 올랐고, 1367년 성균관의 전교령이 되어 학생들을 가르쳤다. 이인임을 대표로 하는 친원파에 맞서 친명 노선을 견지했으며 권신 이인임을 사형해야 한다고 주장하다가 오히려 친원파에 의해 귀양을 가다가 도중에 죽었다. 그는 태종 후반기 좌의정에 오르는 박은의 아버지이다.

박석명(朴錫命, 1370년 고려 공민왕 19년~1406년 태종 6년) 1385년 문과에 급제하여 우부대언(훗날의 우부승지)을 지냈고 1392년 조선이 건국하자 고려 공양왕의 동생인 귀의군 왕우의 사위였기 때문에 7년간 숨어 지냈다. 1399년 1차 왕자의 난 이후 정도전이 제거되면서 고려의 구신(舊臣)들이 대거 등용될 때 관직에 다시 나왔다. 태종의 각별한 총애로 6년간 지신사를 지냈고 그후 특진하여 의정부 지사에 오른다. 평소 사람을 알아보는 안목이 깊었는데 특히 태종에게 황희를 승지로 천거한 것이 유명하다.

박신(朴信, 1362년 고려 공민왕 11년~1444년 세종 26년) 정몽주의 문인으로 고려 우왕 11년(1385) 문과에 급제하고 여러 관직을 거쳐 사헌 규정이 되었다. 정종 1년(1399) 형조전서가 되었다가 태종이 왕위를 계승하자 승추부 좌부승지로 기용되었다. 1404년 개성유후, 숭녕부윤이 되고 사은사로 명나라에 다녀왔다. 1405년 대사헌으로 재직할 때 탄핵을 받고 아주(牙州)로 귀양 갔다가 다음해에 풀려난다. 그후 의정부 참지사, 호조판서, 병조판서, 이조판서를 역임하게 된다.

박위(朴葳, ?~1398년 태조 7년) 1388년 이성계를 따라 위화도에서 회군하여 최영을 축출하였으며, 그 공로로 경상도 도순문사에 올랐다. 전함 100척을 거느리고 일본의 대마도를 공략해 왜구를 토벌했으며, 그 공로로 문하평리에 올랐다. 이성계와 더불어 창왕을 폐하고 공양왕을 추대했고, 조선이 건국되어 태조가 즉위하자 문하부 참찬사를 거쳐 양광도 절도사가 되어 왜구를 물리쳤다. 그후 이흥무의 옥사에 연루되어 대역죄로 논의되었으나 태조의 호의로 석방되어 서북면 도순문사로 복직되었다. 1차 왕자의 난 때는 궁궐 내 군사들의 지휘 책임을 맡고 있었는데 정안군에게 불려 나왔으나 모호한 태도를 보인다 하여 회안군 이방간에게 척살당했다.

박자청(朴子靑, 1357년 고려 공민왕 6년~1423년 세종 5년) 원래 고려 왕실의 내시였던 인물로 조선 건국에 기여해 군인의 길을 걷게 된 특이한 인물이다. 태조, 태종, 세종에 걸쳐 한양 건설의 첫 번째 공로자로 꼽힐 만큼 공사 관리에 탁월한 재능을 보였고, 특히 태종 때 창덕궁 건설을 주도한 최고 책임자였다. 또 태종 7년 문묘(文

廟)의 공사를 감독하여 태종에게 실력을 인정받게 되고 중군 도총제로 승진하였다. 그후 공조판서까지 지내게 된다. 요즘 화제가 되고 있는 청계천의 모습을 만들어낸 장본인이기도 하다.

변계량(卞季良, 1369년 고려 공민왕 18년~1430년 세종 12년) 이색과 권근의 문인으로 어려서부터 총명하여 여섯 살에 글을 지었으며, 우왕 11년(1385) 문과에 급제했다. 글이 뛰어나 주로 성균관, 예문관 등에서 활약했으며 태종 12년(1412) 6월에는 한성부 판사를 지냈다. 태종 17년 예문관 대제학이 된 후 태종 말년까지 성균관 대사성, 세자 우빈객, 예조판서, 경연 지사, 춘추관 지사, 의정부 참찬 등을 역임하였다. 그의 활약은 세종 때 두드러진다. 세종 2년(1420) 집현전 대제학이 되었고, 특히 거의 20년간 대제학을 맡으면서 외교 문서를 도맡아 작성하여 명문장가로서 이름을 떨쳤으며, 과거의 시관(試官)으로 인재를 뽑는 일에 지극히 공정하여 고려 말의 폐단을 개혁하기도 하였다. 1차 왕자의 난 때 태종에게 주살당한 변중량이 그의 형이다.

변안열(邊安烈, ?~1390년 고려 공양왕 2년) 원래 중국 심양 사람인데 공민왕이 원나라에서 환국할 때 따라 들어와 원주를 본관으로 하사받았다. 홍건적 퇴치와 왜구 격퇴에 큰 공을 세웠다. 그러나 밀직사 판사 등 주요 관직을 역임하기도 했던 그는 1389년 마지막으로 왕위 복귀를 꿈꾸던 우왕이 최영의 친조카인 김저와 정득후를 시켜 이성계 세력을 제거하려 했던 사건에 연루돼 한양으로 유배되었고 얼마 후 사형당했다.

서선(徐選, 1367년 고려 공민왕 16~1433년 세종 15년) 원천석의 문인으로 태조 2년(1393) 문과에 급제하여 의정부 사인을 지냈고, 태종 4년(1404) 형조의랑 때 설화(舌禍)로 여흥(경기도 여주)에 유배되었다. 이듬해 사헌부 장령이 되었으나, 또 계사(啓辭)의 잘못으로 태종의 노여움을 사서 죽산에 유배되었다. 뒤에 우사간이 되어서도 말을 잘못하여 좌천되었다. 1415년 우부대언이 되어 동료들과 서얼의 차별 대우를 진언하였다. 그 뒤 예조우참의, 우대언을 거쳐 1417년에 충청도 관찰사가 되고, 세종 1년(1419) 사신으로 명나라에 다녀와서 한성부윤이 되었다. 그 뒤 경기도, 경상도, 전라도 등의 관찰사와 형조, 예조, 이조의 참판 등 내외직을 두루 거쳐 세종 때인 1427년 형조판서가 되었다.

설미수(偰眉壽, 1359년 고려 공민왕 8년~1415년 태종 15년) 고려 말 위구르에서 귀화한 설손의 아들이자 조선 개국에 참여했던 설장수의 아우다. 형 설장수가 정도전과 대립했기 때문에 태조 때에는 관직에서 물러나 있다가 태종 때 복귀했다. 공조전서, 한성부 판사, 중군 총제, 병조참지, 의정부 참지사, 의정부 지사 등 문무 요직을 두루 거쳤고 중국어에 능통했기 때문에 여러 차례 명나라를 다녀와 초창기 명나라와의 우호 관계를 정립하는 데 크게 기여했다.

설장수(偰長壽, 1341 고려 충혜왕 복위 2년~1399년 정종 1년) 본래 위구르 사람으로 1358년(공민왕 7년) 아버지 설손이 홍건적의 난을 피해 고려로 올 때 따라와 귀화하였다. 1362년 문과에 급제, 1387년(우왕 13년) 문하부 지사로서 중국어에 능통했기 때문에 명나라에 다녀왔고, 1389년(창왕 1년) 정당문학으로 표문(表文)을 가지고 다시 명나라에 다녀왔다. 공양왕을 세울 때 공을 세워 1390년(공양왕 2년) 충의군에 봉해졌고, 문하찬성사로 승진하였다. 1392년 정몽주가 살해될 때 그 일당으로 지목되어 해도에 유배되었다. 정도전과 사이가 좋지 않아 늘 갈등하였다. 조선이 건국된 뒤 태조의 특명으로 1396년(태조 5년) 검교문하시중에 복직되어 계림(鷄林-지금의 경주)을 본관으로 하사받고 연산부원군에 봉해졌다. 8차에 걸쳐 명나라에 사신으로 왕래하였고 시와 글씨에 능하였다. 특히 조선 초 사역원 설립과 교과과정 제정에 앞장선 중국어 통역 교육의 아버지였다. 저서로는 소학을 풀이한 『직해소학(直解小學)』이 있어 조선 초 최고의 통역 교재로 사용되었다. 동생 설미수, 설경수 그리고 경수의 아들 설순은 각각 태종과 세종 때 판서에까지 오르고 문화 사업에 크게 기여했다.

성석용(成石瑢, ?~1403년 태종 3년) 태조의 친구로 좌의정을 지낸 성석린(成石璘)의 아우이자 태종 때 형조·예조·호조판서 등을 지내게 되는 성석인(成石因)의 형이다. 창녕부원군 성석린의 집안은 조선 초 대표적인 문벌의 하나로 떠오른다. 맏이 성석린의 아들 성발도는 좌참찬, 성석용의 아들 성달성은 중추부 판사, 성개는 관찰사가 된다. 성석인의 후손들이 가장 번성하여 그의 세 아들 중 첫째 성억은 중추부 지사, 둘째 성유는 우참찬, 셋째 성급은 중추부 첨지부사에 오른다. 그 첫째에게 다시 세 아들이 있었는데 첫째 성염은 중추부 지사, 둘째는 우의정, 셋째 성순조는 형조참판에 이른다. 그 첫째에게 다시 세 아들이 있었는데 첫째 성임은 좌참찬, 둘째 성간은 사간원 정언을 지냈고 막내가 바로 성종 때의 명신이자 『용재총화』로 유명한 성현이다. 이상의 족보도 『용재총화』에 실려 있다.

신극례(辛克禮, ?~1359년 고려 공민왕 8년~1407년 태종 7년) 상장군으로 있던 1398년 바로 앞 집에 살며 가깝게 지내던 정안공이 1차 왕자의 난을 일으킬 때 적극 참여해 정사공신 2등, 2차 왕자의 난 때는 좌명공신 1등에 오른 무장이다. 이 공으로 취산군에 봉해졌다. 재미있는 것은 신극례 고모의 딸이 현비 강씨였다는 사실이다. 결국 혈육으로 보자면 신극례는 세자 이방석의 5촌 아저씨였다. 그런데도 그는 이웃에 살며 가깝게 지낸 이방원을 선택했다.

심효생(沈孝生, 1349년 고려 충정왕 1년~1398년 태조 7년) 고려 우왕 9년(1383) 문과에 급제했고 이성계에게 접근하여 1391년 문하사인을 거쳐 1392년에 사헌부 장령이 된다. 조선 개국에 동참하여 개국공신 3등에 책록되고, 1394년 10월 딸이 세자 이방석의 빈이 되면서 이조전서에 오른다. 1397년에는 정도전, 남은 등과 군사권을 장악하고, 요동 정벌 계획을 추진하기도 했다. 그 뒤 예문관 대제학이 되고 부

성균에 봉해졌지만 1398년 8월 무인정사(戊寅靖社-1차 왕자의 난) 때 이방원 일파에게 죽는다. 그는 문신이면서도 병기 제조에 능했다고 한다.

유관(柳寬, 1346년 고려 충목왕 2년~1433년 세종 15년) 조선 초의 명재상으로 손꼽힌다. 고려 공민왕 20년(1371) 문과에 급제했고 조선이 건국하자 태조 6년(1397) 성균관 대사성, 형조·이조전서를 지냈고 정종 2년(1400) 강원도와 전라도 도관찰사를 역임했다. 태종 9년 예문관 대제학으로 춘추관 지사를 겸하고 이듬해『태조실록(太祖實錄)』편찬에 참여하였다. 1418년 세종이 즉위하자 경연을 담당하는 좌빈객(左賓客)을 겸임했고, 세종 6년(1424) 우의정으로 승진했다가 그해 관직에서 물러났다. 집은 동대문 밖 숭신방으로, 지금의 서울 창신동 근처에 있었다. 높은 벼슬에 올랐으나 평생토록 초가집 한 칸에 베옷과 짚신으로 담백하게 살았다고 한다.

유정현(柳廷顯, 1355년 고려 공민왕 4년~1426년 세종 8년) 공민왕 때 좌대언으로 있으면서 정몽주 일파로 몰려 유배되었다가 조선 개국 후 풀려났다. 태종 4년(1404) 전라도 도관찰사 등을 역임하고, 태종 9년(1409) 4월에 한성부 판사로 정조사가 되어 명나라에 다녀왔다. 그후 형조·예조판서와 대사헌, 이조·병조판서 등을 거쳐 태종 16년 좌의정을 지냈고 얼마 지나지 않아 영의정이 되었다.

유창(劉敞, ?~1421년 세종 3년) 강릉 유씨의 시조이며 고려 공민왕 20년(1371) 문과에 급제하여 성균 학유가 되었다. 박사, 통례문 지후, 예의정랑, 호조의랑 등을 역임했고 태조가 조선을 개창할 때 공을 세워 개국공신 2등으로 성균관 대사성이 되었다. 태종 1년(1401) 승녕부윤으로 소요산에 들어간 태조를 찾아가 귀경을 권유하였으며, 1408년 태조가 죽자 의정부 참지사로 묘의 관리를 책임지는 수묘관이 되어 3년간 능을 지켰다. 1410년 길주도 찰리사 등을 지낸 뒤, 1413년 세자 이사(世子貳師)에 오른다. 1416년 옥천부원군에 진봉되었으며, 세종 3년(1421) 궤장(공이 많은 원로에게 수여하는 지팡이)을 하사받았다.

윤곤(尹坤, ?~1421년 세종 3년) 일찍이 문과에 급제해 문학으로 이름이 높았다. 1400년 이방원이 왕위에 오르는 데 협력한 공으로 태종 1년(1401) 좌명공신 3등에 책록되고, 우군 동지총제로 파평군에 봉작되었다. 그가 명나라로 떠나게 되는 것은 바로 이 무렵이다. 1406년 좌군 도총제로 있으면서 구암사의 노비를 빼앗아 파직되었다가 복직되고 1418년 세종이 즉위하자 평안도 관찰사에 오른다. 학덕이 높아 세종의 총애를 받았으며 이듬해 이조판서로 승진되었다. 이는 그가 평안도 관찰사로 있을 때 풍속을 바로잡는 등 많은 치적을 쌓았기 때문이다.

윤소종(尹紹宗, 1345년 고려 충목 왕 1년~1393년 태조 2년) 목은 이색의 문인으로 1365년 문과에 장원급제했고 위화도 회군 이후 이성계 편에 가담하여 이성계가 조준 등과 함께 사전(私田)을 혁파하고자 했을 때 협력하였다. 여러 차례 유배를 갔다가 정몽주가 살해된 뒤 풀려났으며 조선 건국 후에 대제학과 춘추관 동지사를 지냈다. 그 자신은 일찍 세상을 떠나는 바람에 큰 활약을 보여주지 못했지만 천재 소리를 들었던 아들 윤회(1380~1436)는 태종과 세종의 극진한 총애를 받으며 병조판서와 예문관 대제학 등을 지내며 뛰어난 학술적 업적을 남겼다. 증손자 윤자운(1416~1478)은 세조와 성종의 총애를 받아 영의정까지 오르게 된다.

윤향(尹向, 1374년 고려 공민왕 23년~1418년 세종 즉위년) 태종의 부마 윤계동(尹季童)의 아버지이다. 고려 우왕 때 생원으로 성균 사예 유백순·박초 등과 함께 불교 망국론을 역설하고 유학을 권장할 것을 주장하였다. 태종 4년(1404) 사간원 지사, 이듬해 사헌부 집의, 1406년 군자감 판사(判軍資監事)로서 일종의 암행어사인 충청도 경차관을 겸하였고 이듬해 이조참의, 대사헌, 한성부윤을 거쳐 1408년 전라도 관찰사에 올랐다. 1412년 한성부윤에 재임되고 이듬해 대사헌, 공조판서를 거쳐 1415년 호조판서가 되어 위화도 회군 당시의 공신녹권을 개정하라고 상소했다가 파직되어 적성에 유배되기도 했다. 1417년 풀려나 강원도 관찰사에 임명되고 경상도 관찰사를 거쳐 이듬해 형조판서로서 진하사가 되어 명나라에 다녀오던 중 평양에서 죽었다.

이곡(李穀, 1298년 고려 충렬왕 24~1351년 충정왕 3년) 고려 말 학자로 이자성의 아들이자 이색의 아버지다. 익재 이제현의 문인으로서 1320년 문과에 급제했다. 1332년(충숙왕 복위 1년) 원나라에 들어가 제과에 차석으로 급제하여 한림국사원 검열관이 되었다. 1334년 귀국하여 가선대부 시전의부령직보문각을 제수받고 1344년 충목왕이 즉위하자 귀국하여 정당문학, 도첨의찬성사가 되고 한산군에 봉해졌다. 이제현과 함께 『편년강목(編年綱目)』을 증수하고, 충렬왕·충선왕·충숙왕 3대의 『실록』 편찬에 참여하였다. 가전체 문학인 「죽부인전」이 서거정의 『동문선』에 전한다.

이맹균(李孟畇, 1371년 고려 공민왕 20년~1440년 세종 22년) 목은 이색의 손자로 우왕 11년(1385) 문과에 급제해 성균직학을 지냈고, 태종 때 내서사인(內書舍人), 단양군 지사, 예문관 직제학을 거쳐 태종 6년(1406) 사헌부 집의(종3품)에 오르지만 송옥(訟獄)을 지체하였다는 이유로 파직되어 원주로 유배되었다. 태종 18년(1418) 충청도 도관찰사가 되었다가 이듬해 4월 한성부 판사에 제수되었고, 세종 6년(1424) 공조판서로 승진하고, 이듬해 예조판서로 자리를 옮겼다. 그 뒤 이조판서, 집현전 대제학, 예문관 대제학을 거쳐 세종 22년(1440) 좌찬성에 제수되었으나 부인 이씨가 종을 죽인 사건이 발생하여 파직당하고 황해도 우봉(牛峯)으로 유배되었다. 곧 방면되었으나 돌아오는 길에 개성에서 타계하였다. 품성이 어질고 온화하였다. 어려서부터 학문적인 가풍을 이어받아 시문과 필법에 뛰어났다.

이문화(李文和, 1358년 고려 공민왕 7년~1414년 태종 14년) 조선 건국 후 1397년 좌승지를 거쳐 이듬해 도승지를 지냈다. 태종 2년(1402) 경상도 관찰출척사, 대사헌을 지내고 1405년 예조판서에 오른다. 1408년 호조판서 등을 역임하고 처녀진헌사(處女進獻使)로 명나라에 다녀왔으며 이듬해에 형조판서를 거쳐 대사헌에 이르렀으나 민무질 사건에 연루되어 면직당한다. 1411년 복직되어 개성부 유수로 있을 때 태종이 강력하게 밀어붙인 저화(楮貨-지폐)에 삼사신판(三司申判) 대신 호조신판(戶曹申判)이라는 글로 대체할 것을 주장하여 시행하게 하였다. 1413년 명나라에 갔다가 이듬해 귀국하여 의정부 참찬사를 지낸다.

이서(李舒, 1332년 고려 충숙왕 복위 1년~1410년 태종 10년) 1392년 이성계 추대에 참여하여 개국공신 3등에 책록되어 안평군에 봉해지고 형조전서에 임명되었다. 1394년 대사헌이 되고 1396년 신덕왕후 강씨가 죽자 3년간 정릉(貞陵)을 지켰다. 1400년 태종이 즉위하자 문하시랑 찬성사에 이어 우정승으로 부원군에 진봉되었다. 1402년 영의정 부사를 사임하고 1404년 다시 우정승이 되었다. 이듬해 75세의 나이로 치사(致仕-70세가 되면 관직에서 물러나는 것)하였다가 다시 영의정에 올랐고 기로소(耆老所)에 들어간 뒤 만년을 향리에서 보내다가 죽었다.

이숭인(李崇仁, 1347년 고려 충목왕 3년~1392년 태조 1년) 호가 도은(陶隱)으로 고려 말 삼은(三隱)의 한 사람으로 불리기도 한다. 흔히 삼은이라 하면 야은 길재, 목은 이색, 포은 정도전을 지칭했으나 요즘에는 길재 대신 이숭인을 포함해 삼은이라고도 한다. 공민왕 때 문과에 장원을 했고, 학문이 뛰어나 명나라 과거시험에 응시할 문사를 뽑을 때도 장원을 했으나 나이가 25세가 안 된다고 하여 응시하지 못했다. 그는 문장에 뛰어났고 성격이 고결하여 친원파와 친명파 양쪽에서 배척받았다. 그 때문에 여러 차례 감옥을 드나들어야 했으며 조선이 개국할 때 노선이 달랐던 정도전의 미움을 사서 그의 심복 황거정에게 살해되었다.

이원(李原, 1368년 고려 공민왕 17년~1430년 세종 12년) 권근 밑에서 공부를 했고 1385년 정몽주가 주관한 문과에 급제해 고려의 공조 예조좌랑과 병조정랑을 지냈고 태조 말년과 정종 때에는 우부승지, 좌승지를 지냈다. 아마도 2차 왕자의 난 때 정종 쪽의 동향을 이방원 쪽에 제공하여 좌명공신 4등에 책록된 듯하고, 그후 철성군에 봉해지면서 태종과 세종대에 경기도 관찰사, 대사헌, 한성부 판사, 이조판서, 우의정 등 핵심 요직을 두루 역임하게 된다. 그러나 말년에는 남의 노비를 빼앗고 친척에게 마음대로 관직을 주는 등 축첩과 뇌물 수수 등의 비리로 공신녹권과 직첩을 환수당하고 여산으로 유배되었다가 그곳에서 생을 마감하게 된다.

이인복(李仁復, 1308년 고려 충렬왕 34년~1374년 공민왕 23년) 이조년의 손자로 1342년 원나라에 가서 제과에 급제, 대령로금주판관이라는 원나라 벼슬을 받고 돌아왔다. 1344년 충목왕이 즉위하자 우대언이 되고 밀직제학에 올라 서연에서 진강

했다. 1352년(공민왕 1년)에는 조일신의 난을 평정했다. 1364년 찬성사로 좌리공신이 되었으며 왕에게 신돈을 멀리할 것을 간하다가 파직당했다. 이색과 가까웠고 주자학에 밝았다고 한다.

이지(李枝, 1349년 충정왕 1년~1427년 세종 9년) 이성계의 사촌 동생으로 어려서 부모를 여의고 일찍부터 이성계 휘하에 있었다. 위화도 회군 때는 주력군보다 먼저 기병 수백 명을 끌고 들어와 이성계의 집을 호위해 공을 세웠고 조선 건국과 함께 이조, 호조, 예조의 전서를 지내는 등 높은 관직을 두루 거쳤다. 그러나 1차 왕자의 난 때는 이방원과 반대편에 섰다가 귀양을 갔다. 이방원이 즉위하여 다시 그를 불러들여 영의정까지 지냈고, 신설된 돈녕부의 최고 책임자인 영사를 지내다가 나이가 많아 은퇴했다. 『실록』에는 그의 죽음과 관련해 한 가지 일화를 전하고 있다. 그는 관직에서 물러난 후 늘 절에서 부모를 위한 재를 올리며 살았다. 그런데 어느 날 후처 김씨와 함께 향림사에 갔다가 밤에 김씨가 향림사 중과 간통하는 장면을 목격하고 꾸짖자 그 자리에서 김씨가 "이지의 불알을 끌어당겨 죽였다."

이지(李至, ?~1414년 태종 14년) 1388년 상서원 소윤을 역임하여 위화도 회군에 참여했고 조선을 창업하는 데 참여하여 3등공신이 되었다. 그리고 중추원 부사와 지사를 역임하면서 척불론(斥佛論)을 내세워 유교 이념 정립에 힘썼다. 태종 즉위 후 태종 2년 대사헌에 발탁됐다. 직무에 충실하였으며 성품이 강직하였다고 한다.

이첨(李詹, 1345년 고려 충목왕 1년~1405년 태종 5년) 고려 공민왕 17년(1368) 문과에 급제하여 우왕 1년(1375) 우헌납에 올라 당대의 권세가인 이인임, 지윤을 탄핵하다가 오히려 10년간 유배되었다. 1388년 유배에서 풀려나 예문응교 등을 거쳐 공양왕 3년(1391) 좌대언을 맡았다. 조선 건국 후 태조 7년(1398)에 이조전서에 등용되어 중추원 동지학사에 올랐다. 태종 2년(1402) 의정부 지사로서 대사헌을 겸하였으며, 1403년 예문관 대제학이 되었다. 문장과 글씨에 뛰어나 하륜 등과 함께 『삼국사략(三國史略)』을 찬수하였고 가전체 소설 『저생전(楮生傳)』을 지었다.

장사길(張思吉, ?~1418 태종 18년) 원래 의주에서 독자 세력을 갖고 있던 토호였다. 그후 줄곧 뛰어난 무예와 지략으로 이성계를 보좌했으며 두 차례 왕자의 난 때는 이방원을 도와 모두 공신에 오르고 북방 개척에 기여한다.

정구(鄭矩, 1350년 고려 충정왕 2년~1418년 세종 즉위년) 1392년 조선왕조가 개창되자 한성부우윤, 1397년 좌간의대부, 이듬해 교서감 판사, 승지 등을 역임했다. 정종 때 도승지에 올랐고, 태종 즉위 후 대사헌이 되었다. 그후 예문관 학사, 중군 총제, 의정부 참지사, 공조판서, 호조판서, 개성부유후 등을 역임하였다. 서예로 명성이 높아 경기도 양주에 있는 태조 이성계의 능인 건원릉 신도비의 제액(題額)을 썼다.

정신의(鄭臣義, 생몰년 미상) 여말 선초의 문신으로 태조 2년(1393) 중추원 부사에 이르렀다. 태조 4년 하정사 유구의 부사가 되어 명나라에 파견되었다. 이때 표전 문제로 트집을 잡혀 이듬해 11월까지 억류되어 있다가 돌아왔다. 1396년 태조의 특명으로 유구를 진천군, 정총을 서원군, 김약항을 광산군으로 봉할 때 그도 오천군으로 봉했다. 1397년 중추원 지사에 임명되었으나 다음해 1차 왕자의 난이 일어나 정도전 일파가 몰락하자 그 일당으로 지목되어 영해진에 유배되었고 직첩과 토지 노비 등을 몰수당하는 불행을 겪었다.

정지(鄭地, 1347년 고려 충목왕 3년~1391년 공양왕 3년) 고려 말기 무신으로 수군 분야에서 왜구 격퇴에 큰 공을 세운 인물이다. 1374년(공민왕 23년) 전라도 안무사가 되었고, 1377년(우왕 3년) 순천도 병마사로 순천, 낙안 등에 침입한 왜구를 소탕했다. 1383년 남해에서 왜구를 대파한 뒤 해군 총사령관 격인 해도 도원수에 올랐다. 1388년 이성계의 위화도 회군에 동조하였고, 이때 다시 왜구가 창궐하자 큰 공을 세웠다. 그러나 1390년(공양왕 2년) 김저(金佇)의 옥사에 연루되어 유배되었으나 곧 풀려나 위화도 회군의 2등공신이 되었다. 이듬해 다시 윤이와 이초의 옥사에 연루되어 청주옥에 갇혔다가 홍수로 인해 사면되는 등 우여곡절을 겪기도 했다. 그후 개성부 판사로 임명되었으나 얼마 후 병으로 사망했다.

정탁(鄭擢, 1363년 고려 공민왕 12년~1423년 세종 5년) 고려 우왕 8년(1382) 문과에 병과로 급제하여 춘추관 수찬관이 되고, 사헌 규정, 좌정언, 병조좌랑 등을 역임하였다. 이성계의 추대를 제일 먼저 발의한 공로로 개국공신 1등에 책록되었으며 이듬해 성균 대사성으로 승진하였다. 1396년 중추원 우승지로 재임중에 전년부터 조선과 명나라의 현안 문제로 대두된 표전의 표문(表文)을 작성한 인물로 압송되었다. 이때 계품사 하륜을 따라 명나라에 가서 사실을 해명하고 돌아왔다. 이어 좌승지를 거쳐 1398년 중추원 부사에 승진하면서 청성군에 봉해졌다. 1차 왕자의 난 때 이방원을 도와 정사공신 2등에 책록되고 중추원 첨서사에 올랐다. 태종 3년(1403) 한성부 판사가 되었으며, 1405년 살인죄로 영해로 유배되었으나 공신이라는 이유로 곧 사면되었다. 그후에도 여러 차례 중국을 오가며 대명 외교에 크게 기여했으며 세종 3년(1421)에도 진하사로 명나라에 다녀온 뒤 우의정에까지 오르게 된다.

정희계(鄭熙啓, ?~1396년 태조 5년) 고려 공민왕의 측근으로 대호군에 올랐고 최영의 휘하에서 서문면 도순문사를 거쳐 밀직사를 지냈다. 부인이 이성계의 두 번째 부인인 훗날의 신덕왕후 강씨의 조카였기 때문에 이성계가 위화도 회군으로 최영을 타도하고 실권을 잡자 강씨의 도움으로 자혜부 판사에 등용되기도 했다. 그러나 공양왕 2년(1390) 이성계 제거 음모에 연루되어 안변에 유배되었다가 이듬해에 풀려났다. 1392년 이성계의 도움으로 개성부 판사와 문하평리 겸 응양위 상호군을 지내면서 역성혁명에 참가하여 개국공신 1등으로 계림군에 봉해지고 팔위상장군이 되었다. 후에 좌참찬을 거쳐 한성부 판사로 재직하던 중에 사망했다.

조견(趙狷, 1351년 고려 충정왕 3년~1425년 세종 7년) 어려서는 출가하여 여러 절의 주지를 지내다가 30세가 넘어 환속하였다. 1392년 상장군으로 있을 때 그의 형 조준을 따라 역성혁명에 참가하여 개국공신 2등에 책록되었다. 1394년 경상도 도절제사, 1397년 중추원 지사, 1400년 삼사 우복야(三司右僕射), 1402년 도총제에 올랐다. 이해 사은사로 지명되었으나 병을 칭탁하고 회피하여 탄핵을 받고 가산을 몰수당한 뒤 축산도(丑山島)에 유배되었다가 곧 풀려났다. 1403년 좌군 도총제가 되어 평성군에 봉해졌고, 진하사로 중국에 다녀왔다. 1408년에는 딸의 입명(入明)을 거부하였다가 개령에 유배되었으나, 곧 사면되어 다시 평성군에 봉해졌다. 세종 1년(1419) 우군 도총제 판부사를 지내고, 1421년 평성부원군에 진봉된다.

조기(趙琦, ?~1395년 태조 4년) 원래 최영의 휘하에 있다가 위화도 회군을 계기로 이성계 진영에 가담해 충성심을 보였다. 기록에는 무식하고 예의를 몰라 평판이 안 좋았다고 나온다.

조말생(趙末生, 1370년 고려 공민왕 19년~1447년 세종 29년) 태종 초 성균관 대사성을 지낸 조용(趙庸)의 문인으로 태종 1년(1401) 문과에 장원급제하여 이조정랑에 오른다. 1403년 등극사(登極使) 서장관으로 명나라에 다녀왔고, 1407년 중시에 2등으로 급제하여 전농시 부정이 되었다. 1411년에는 선공감, 승정원 동부대언, 지신사 등을 지내고 1418년 형조판서, 병조판서를 차례로 역임한다. 태종의 특별한 총애를 받아 항상 측근에서 보좌하였고, 세종이 즉위하자 주문사(奏聞使)로 다시 명나라에 다녀왔으며, 세종 8년(1426) 한때 장죄(贓罪)로 연좌되어 외직으로 좌천되기도 했다. 1432년 중추원 동지사, 1434년 중추원 지사가 되고, 이어 1435년에 중추원 판사가 되었으며, 1437년 예문관 대제학을 겸임하였다. 1446년 중추원 최고위직인 영사에 올랐으나 이듬해에 사망했다. 글씨에도 뛰어났다.

조박(趙璞, 1356년 고려 공민왕 5년~1408년 태종 8년) 개국공신 1등으로 태종과는 동서간이며 고려 말 이성계를 따랐고 정몽주 일파에게 수원에서 살해될 뻔했으나 도망쳐서 목숨을 건졌다. 1차 왕자의 난 직후인 1398년 12월 대사헌으로 있으면서 조준 등과 함께 『사서절요(四書節要)』를 지었고, 1400년 8월 조준을 무고한 혐의로 이천에 유배되었다가 태종이 즉위하면서 화려하게 복귀했다. 그후에도 의정부 참찬사, 대제학, 호조판서 등을 지내게 되지만 죽은 지 1년이 지난 1409년 불교를 신봉했다는 이유로 탄핵을 받아 공신녹권을 추탈당하게 된다.

조반(趙胖, 1341년 고려 충혜왕 복위 2년~1401년 태종 1년) 중국에서 태어나 일찍부터 중국어와 몽골어에 능통했다. 고려 말 조선 초 명나라와의 외교 관계 정립에 크게 기여했다. 고려 우왕 8년과 11년에 사은사로 명나라에 다녀왔다. 그 뒤 밀직부사로 재임할 때 권신(權臣) 염흥방의 종 이광이 그의 토지를 빼앗자 그를 죽여 투옥된 일도 있었다. 공양왕 1년(1389)에는 명나라에 갔다 와서 윤이·이초 사건을 보고하여 이색 등이 투옥되는 옥사를 일으켰다. 조선 개국 후 개국공신 2등, 복흥군에 책록되었으며, 중추원 지사에 올랐다. 그리고 조선 개국 사실을 알리려고 명나라에 다녀오고, 1394년과 1396년, 1397년에도 각각 급박한 외교 문제로 명나라를 다녀왔다. 이런 공이 인정되어 문하부 참찬사에까지 오르게 되며 아들 셋과 손자 넷이 모두 문과에 급제했다.

조용(趙庸, ?~1424년 세종 6년) 정몽주의 문인으로 고려 공민왕 23년(1374) 문과에 급제하였다. 조선 건국 후 태조 7년(1398) 간의대부(諫議大夫)로 발탁됐고 태종 3년(1403) 성균관 생원 200여 명의 요청으로 검교 한성윤 겸 성균관 대사성에 제수되었다. 예조판서, 예문관 대제학을 거쳐 세종 3년(1421) 검교 의정부 찬성을 제수받고 이듬해에 우군 도총제 부 판사를 끝으로 관직에서 물러났다. 젊어서부터 학문에 힘써 경사(經史)에 널리 통했으므로 배우려는 사람들이 우러러보았다. 세종은 경사를 읽다가 의심이 나는 것이 있으면 그에게 물어 오게 했다. 그는 매우 총명해 문장을 보면 거의 기억했고 효성이 지극했다고 『실록』은 평한다.

조인벽(趙仁璧, ?~1393년 태조 2년) 여말선초의 무신으로 공민왕 5년(1356) 아버지 조돈과 함께 동북면 병마사 유인우를 도와 쌍성의 회복에 공을 세워 호군(護軍)이 되었고, 1388년 처남 이성계가 주도한 위화도 회군에 가담해 공을 세웠다. 조선 개국 후 장인 이자춘은 환조, 부인은 정화공주로 신분이 바뀌었고 그 자신도 1393년 용원부원군에 봉해진다.

조인옥(趙仁沃, 1347년 충목왕 3년~1396년 태조 5년) 아버지는 판도판서 조돈이고, 줄곧 이성계의 곁을 지키며 환조(桓祖-이성계의 아버지 이자춘을 높여부르는 말)의 딸인 정화공주와 결혼한 무신 조인벽이 그의 형이다. 고려 말 음보로 관리가 되었고 1388년 우군 도통사 이성계의 휘하에 종군하면서 위화도에서 회군할 것을 건의하였다. 회군 후 최영 등 구세력의 숙청에 가담하고 일찍부터 남은 등과 모의하여 이성계를 왕으로 추대하려고 하였으나 이성계의 만류로 뜻을 이루지 못했다. 공양왕 2년(1390) 우대언으로 있을 때 정몽주 일파의 탄핵에 의해 파직되었으나 1392년 이성계의 천거로 이조판서에 오른다. 같은 해 정도전 등과 모의하여 이성계를 추대, 개국에 공을 세워 중추원 부사가 되고, 개국공신 1등에 책록되었다. 1395년 한산군에 봉해지고 이듬해 병으로 타계하였다.

조준(趙浚, 1346년 고려 충목왕 2년~1405년 태종 5년) 우왕 즉위년(1374) 문과에 급제하여 1382년 병마도통사 최영 휘하의 체찰사로 경상도에 침입한 왜구를 토벌하였다. 권간(權奸)의 발호에 실망하여 우왕 말년까지 4년 동안 관직을 버리고 은둔생활을 하면서 경사를 공부한다. 그후 이성계의 측근들인 윤소종, 허금, 조인옥,

유원정, 정지, 백군녕 등과 교우를 맺으면서 우왕의 폐위를 모의하던 중 1388년 위화도 회군으로 이성계 등 신진사대부의 세력이 강화되자 그 일파로서 중용되어 밀직사 지사 겸 대사헌에 올랐다. 같은 해 7월 이성계와 정도전의 지지 속에 급진적인 전제 개혁을 강조하는 상소를 올리면서 전제 개혁을 주도했고 이 과정에서 이색, 이림, 우현보, 변안열, 권근, 유백유 등 전제 개혁 반대파와 대립하였다. 1392년 정몽주 일파의 탄핵을 받아 정도전 등과 함께 체포되었다가 정몽주가 죽자 풀려났고 같은 해 7월 이성계를 추대하여 개국공신 1등으로 평양백에 봉해지고 문하좌시중(조선의 좌의정)으로 오도 도통사(총사령관)를 겸직, 병권을 장악하였다. 그후 태조가 무안공 방번을 세자로 책봉하려고 하자 비상시이므로 개국에 공이 많은 방원을 책봉해야 한다고 주장하였으나 묵살되고, 배극렴 등의 건의로 방석이 봉하여지자 이에 불만을 품고 사직하였다. 태조의 만류로 다시 문하좌시중을 지내다가 방번·방석의 어머니 신덕왕후 강씨의 무고로 한때 투옥된 뒤 풀려나 좌정승에 올랐다.

최이(催怡, 1356년 고려 공민왕 5년~1426년 세종 8년) 도평의사사의 지인(知印)이라는 관직에서 출발해 1390년(공양왕 2년) 사헌 집의가 되었다. 1391년 삼사 좌윤으로 있을 때 이방원과 인연을 맺어 조선 개국에 기여하였다. 태조가 즉위하자 중추원 우부승지를 거쳐 1400년(정종 2년) 이방원의 지원으로 대사헌에 올랐다. 태종 때는 전라도 도절제사를 거쳐 1405년 공조판서에 올랐다. 1415년 의정부 참찬, 1418년 호조판서를 거쳐 1420년(세종 2년) 경상도 관찰사 때 부하의 잘못으로 파직되기도 했다. 1424년 재기용되어 진향사(進香使)로 명나라에 다녀왔다.

하연(河演, 1376년 고려 우왕 2년~1453년 단종 1년) 정몽주의 문인으로 태조 5년(1396) 생원, 진사시에 합격하고 문과에 급제하였다. 예조참판 등을 거쳐 우대언으로 있다가 세종의 즉위와 함께 지신사로 임명되었다. 성품이 강직하여 왕의 비리나 다른 신료의 잘못을 그냥 지나치지 않았다. 이 때문에 태종과도 여러 차례 마찰을 빚기도 하였다. 특히 태종 14년(1414) 육조직계제가 시행되자 언론의 자유가 위축된 현실을 정면으로 비판했다. 세종 때에는 3정승을 두루 거쳤다.

한상경(韓尙敬, 1360년 고려 공민왕 9년~1423년 세종 5년) 1392년 조선이 개국하는 과정에서 밀직사 우부대언으로 있으면서 옥새를 이성계에게 바치는 등의 공으로 개국공신 3등에 책록되어 도승지에 올랐다. 형 한상질도 개국에 공을 세웠으며 특히 명나라에 주청사로 가서 '조선'이라는 국호를 받아오는 데 크게 기여했다. 한명회가 한상질의 손자다. 한상경은 태종이 즉위하자 의정부 참지사, 강원도 관찰사, 공조판서, 의정부 지사를 거쳐 대사헌에 올랐다. 1412년 호조판서가 되었으며 1415년에는 서원부원군에 봉해지면서 우의정이 되었고 이듬해 영의정에 오른다. 특히 글씨를 잘 써서 왕의 총애를 받았고 유희를 즐기지 않아 많은 사람들의 존경을 받았다고 한다.

| 사진출처 |

21쪽_ '동여도' 중 위화도 일대의 모습 서울대학교 규장각 소장

31쪽_ 정몽주 한국학중앙연구원

39쪽_ 태조 이성계 어진 한국학중앙연구원

42쪽_ 마천목 전라남도 곡성군 홈페이지

47쪽_ 이지란 한국학중앙연구원

49쪽_ 선죽교 ⓒ조선일보

56쪽_ 함흥본궁 ⓒ동아일보

57쪽_ 청량사 유리보전 ⓒ서한석

66쪽_ 황산대첩 기념 누각 ⓒ두산세계대백과사전 엔사이버

69쪽_ 이색 한국학중앙연구원

80쪽_ 정도전 영정 평택시 진위면 은산리 문헌사 (표준 영정), 권오창 화백 그림

109쪽_ 조반 한국학중앙연구원

116쪽_ '혼일강리역대국도지도' 일본 류코쿠 대학 소장

143쪽_ 남은유서분재기부남재왕지 경기 용인시 의령남씨문충공파종중

169쪽_ '도성도' 서울대학교 규장각 소장

173쪽_ 개경의 옛 모습 이찬, 『韓國의 古地圖』

192쪽_ 『대학연의』 ⓒ두산세계대백과사전 엔사이버

208쪽_ 조말생 한국학중앙연구원

211쪽_ 태종 친필 『太宗大王御筆』 개인 소장 (『朝鮮王朝御筆』, 예술의 전당 서울서예박물관)

235쪽_ 호패 육군사관학교 육군박물관 소장

290쪽_ 황희 한국학중앙연구원

313쪽_ 경회루 ⓒ두산세계대백과사전 엔사이버

414쪽_ 양녕대군이 직접 쓴 〈후적벽부〉 담양 秋城宗 齊室 夢漢閣 소장 (『朝鮮王朝御筆』, 예술의 전당 서울서예
박물관)
450쪽_
    하연 한국학중앙연구원

474쪽_ 대마도 정벌도 세종대왕기념사업회 소장

484쪽_

본문에 쓰인 사진과 그림 자료들은 위에서 밝힌 소장처와 권리자들에게 허락을 구하여 사용한 것입니다.
권리자를 찾지 못해 미처 허락을 얻지 못한 몇몇 자료들의 경우, 추후 연락을 주시면 사용에 대한 허락을
구하도록 하겠습니다. 자료를 협조해 주신 분들께 감사드립니다.

태종, 조선의 길을 열다

초판 1쇄 2005년 11월 1일
초판 12쇄 2021년 3월 25일

지은이 | 이한우
펴낸이 | 송영석

펴낸곳 | (株)해냄출판사
등록번호 | 제10-229호
등록일자 | 1988년 5월 11일(솔립일자 | 1983년 6월 24일)

04042 서울시 마포구 잔다리로 30 해냄빌딩 5·6층
대표전화 | 326-1600 **팩스** | 326-1624
홈페이지 | www.hainaim.com

ISBN 978-89-7337-701-5

파본은 본사나 구입하신 서점에서 고환하여 드립니다.